Business Ethics

企業倫理

楊政學◎著

序言

　　本書的特色，在於有系統整理出不同企業倫理面向的學理觀點，進而輔以不同產業個案企業倫理的實踐經驗，以驗證企業倫理思維在不同產業個案的實踐作為。同時本書亦在每個章節安排貼近讀者的案例，這些案例有別於外文翻譯書個案的陌生，而它就在你我日常生活的周遭，所以在進行課堂討論與分享時，會特別熟悉與熱絡，但又不失國際的廣闊視野。本書適合大專院校開設「企業倫理」、「專業倫理」相關課程，或機構進行「企業倫理」相關教育訓練課程的使用。

　　全書章節的安排，是以基本概念篇、外部倫理篇與內部倫理篇為主軸，共計有三篇十六章。在基本概念篇部分，討論有如下三個章節：為何要推動企業倫理、倫理的基本概念、企業倫理的基本概念。在外部倫理篇部分，討論有如下六個章節：企業與環境倫理、企業與社會責任、企業與職場倫理、企業與倫理教育、企業與校園倫理、企業與倫理判斷。在內部倫理篇部分，討論有如下七個章節：企業的經營倫理、企業的倫理領導、企業的行銷倫理、企業的人資倫理、企業的資訊倫理、企業的非營利倫理、企業的跨國倫理。

　　本書因著很多緣分的成全才得以圓滿完成，首先感謝家人及好友全力的支持；其次感謝明新科大企管系所修課學生課堂的參與及分享；再者衷心感謝各章節所引用資料的所有作者或譯者的成全；最後感謝揚智文化葉發行人忠賢，林新倫總編的支持，吳曉芳執編的用心，以及其他編輯部與業務部同仁的投入，終使本書能順利付梓出版，個人特致萬分謝意！

　　筆者學有不逮，才疏學淺，倘有掛漏之處，敬請各界賢達不吝指正，有以教之！在歇筆思索之際，想跟讀者分享一段個人學習的心路歷程：

公司之所以還會永續存在，

往往不是因為老闆有多好，

就只是因為公司還被需要。

企業很容易陷入追求的迷思：

追求企業領導者的卓越領航，

追求產品技術的創新與研發，

追求組織架構的革新與再造。

但卻忘記：

公司之所以能夠永續經營下去的真正原因，

是因為這家公司的存在還被社會大眾需要。

同理，人之所以存在的意義與價值，

就只是去做到給出別人的需要而已。

楊政學 謹識

竹東・浮塵居

2006年3月

目錄

序言　i

PARIT I　基本概念篇　1

Chapter 1　為何要推動企業倫理　3

1.1　企業倫理的推動與必要　4

1.2　企業倫理為何重要　8

1.3　社會對企業倫理的期許　10

1.4　本書的內容與章節　14

Chapter 2　倫理的基本概念　19

2.1　倫理與道德　20

2.2　倫理學的意涵　22

2.3　倫理的意義與功用　30

2.4　倫理的相關議題　32

2.5　道德的相關議題　39

Chapter 3　企業倫理的基本概念　49

3.1　企業倫理的意涵　50

3.2　企業倫理的產生與形成　51

3.3　企業倫理的理論建構　54

3.4　企業倫理的重要與運用　62

3.5　企業倫理的應用與推展　63

3.6　企業倫理的研究與展望　67

PARIT II　外部倫理篇　75

Chapter 4　企業與環境倫理　77

4.1　人與環境的互動與衝突　78

4.2　環境問題的形成與認知　83

4.3　台灣對環境問題的對策　89

4.4　環境保護的倫理與策略　96

4.5　企業對環境倫理的責任　103

Chapter 5　企業與社會責任　109

5.1　個人的社會關懷　110

5.2　企業社會責任的學理　111

5.3　企業社會責任的推行　115

5.4　企業的品牌塑造　121

5.5　企業與國際機構　125

5.6　企業社會責任的新發展　130

Chapter 6　企業與職場倫理　145

6.1　職場倫理與職場專業　146

6.2　台灣的職場倫理教育　149

6.3　企業職場倫理的必要　153

6.4　職場倫理的相關議題　158

Chapter 7　企業與倫理教育　163

7.1　倫理教育的向下紮根　164

7.2　道德量測的研究設計　166

7.3　道德發展的學理背景　168

7.4　道德發展的相關文獻　174

7.5　道德量測的實證分析　177

Chapter 8　企業與校園倫理　191

8.1　校園倫理的研究設計　192

8.2　校園倫理關係的轉變　195

8.3　校園倫理的定位與推行　200

8.4　校園倫理教育的回饋　209

8.5　校園倫理教育的必要　211

Chapter 9　企業與倫理判斷　215

9.1　倫理意識的自我測試　216

9.2　倫理決策的步驟與過濾　218

9.3　倫理判斷的步驟與操作　221

9.4　倫理判斷案例的演練　228

PARIT III 內部倫理篇 241

Chapter 10 企業的經營倫理 243

10.1 經營與倫理的關係 244

10.2 經營與倫理的理念 247

10.3 優質經營倫理的建立 249

10.4 倫理守則與政府法規 253

10.5 公司治理的倫理議題 258

Chapter 11 企業的倫理領導 269

11.1 倫理領導的研究設計 270

11.2 倫理領導的文獻討論 273

11.3 倫理領導的學理基礎 279

11.4 倫理領導的實證分析 286

11.5 倫理領導的個案研究 298

Chapter 12 企業的行銷倫理 305

12.1 產品與行銷倫理 306

12.2 廣告與行銷倫理 309

12.3 消費者與行銷倫理 315

12.4 企業行銷倫理的操作 319

12.5 服務業人員的倫理 322

Chapter 13　企業的人資倫理　329

13.1　人力資源的意涵與規劃　330

13.2　人力工程的意涵與應用　334

13.3　企業品德與勞工倫理　339

13.4　人力資本的倫理議題　344

Chapter 14　企業的資訊倫理　355

14.1　資訊倫理的界定　356

14.2　資訊倫理的思考　360

14.3　資訊倫理的教育　366

14.4　資訊智產權的倫理議題　374

Chapter 15　企業的非營利倫理　385

15.1　非營利組織的倫理議題　386

15.2　非營利組織的學理基礎　392

15.3　社會治理的倫理議題　396

15.4　政府的行政倫理議題　400

15.5　非營利倫理的案例討論　403

Chapter 16　企業的跨國倫理　415

16.1　跨國企業的倫理守則　416

16.2　跨國企業的公眾責任　419

16.3　跨國企業的文化因素　424

16.4　跨國企業的公民意識　428

16.5　跨國企業的公民經驗　432

16.6　跨國企業的區域關係　440

參考書目　447

中英索引　455

英中索引　462

PART I　基本概念篇

Chapter 1 為何要推動企業倫理

Chapter 2 倫理的基本概念

Chapter 3 企業倫理的基本概念

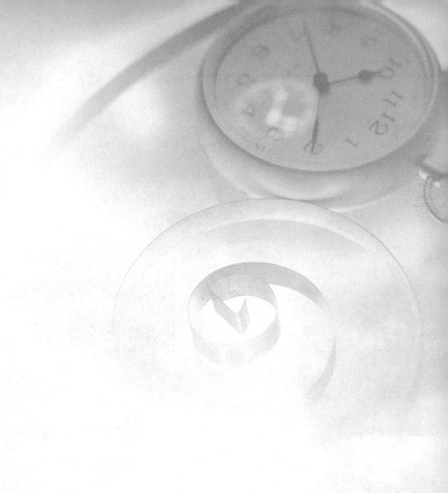

生命的慈、悲、喜、捨，是：

「讓人快樂」，就是「慈」；

「同情別人」，就是「悲」；

「心無煩惱」，就是「喜」；

「分享所知」，就是「捨」。

Chapter 1

爲何要推動企業倫理

1.1 企業倫理的推動與必要

1.2 企業倫理為何重要

1.3 社會對企業倫理的期許

1.4 本書的內容與章節

本章節說明本書撰述的想法，亦即探討「爲何要推動企業倫理」，討論的議題包括：企業倫理的推動與必要、企業倫理爲何重要、社會對企業倫理的期許，以及本書的內容與章節等四個部分。

1.1 企業倫理的推動與必要

本節擬由企業倫理是科技專業的根基，作者主持倫理計畫的目標，以及企業倫理教育的必要等方面，來說明企業倫理的推動與必要。

一、企業倫理是科技專業的根基

現代科技移入台灣，於不同的歷史時期有著截然不同的意義，是台灣邁入現代化旅程重要的力量之一，與時俱進的科技也促成了新專業認同的形成。形成專業認同的困境與可能性，迴盪在台灣獨特的歷史脈絡中，藉著新科技的植入，一次次於現代化的過程中，衝擊著不曾穩定的專業倫理與職業道德。僅擁有現代科技而無相應合適的專業倫理，儼然成爲台灣現代化過程中的最大缺憾，不僅無緣受現代科技之惠，反而容易引發更多的問題，此乃目前從事基礎人文教育改革極須面對之關鍵問題。

僅擁有現代科技而無相應合適的專業倫理，儼然成爲台灣現代化過程中的最大缺憾，不僅無緣受現代科技之惠，反而容易引發更多的問題，此乃目前從事基礎人文教育改革極須面對之關鍵問題。

唯有開創務實的前瞻性人文視野，才有能力保障符合人本主義的倫理實踐。開創一種全面認知時代變革的模式，人文學的感知是理解社會科學與自然科學之重要基礎。此外，更重要的是將同理心之範圍，擴大到由過去至未來的整體歷史感的體會。如此的歷史感始能體會，過去之天人合一世界觀的部落社區，然隨著地域性的不同，知識發展亦可能不同。

現代社會彰顯著以人為主體的世界觀，知識發展的可能在於普遍真理的追求，以前瞻性模擬 e 世代的社會風貌，即可粗淺地預估多元、互為主體的世界觀將成為主流。知識發展的可能將以尊重相對的經驗為主，全球化的資訊網路形成這個時期社會的風貌，一種特別由同理心組成的感知理性，或許會發展成倫理的主要內涵，科技文化多元關係將取代目前科技與人文的對立關係。社會道德將在多元的生活互動經驗中形塑，符合人性並賦予人性新意的資訊管理與創意，將是 e 世代所面臨的重要時代挑戰。當我們相信這些趨勢的演變時，多元生活經驗與資訊交流中，務實知識的開創與實踐能力，勢必成為當今教育的主要特徵。

二、作者主持倫理計畫的目標

因應社會未來的發展與變化，對於技職專業人才的培育，必須著重培養其專業能力、倫理判斷能力、人際溝通能力與面對時代挑戰的條件。明新科技大學與國立台北護理學院整合規劃，發展出跨校性共同學科，全面提升技職校院學生之基本倫理素養。作者很榮幸有機會擔任分項計畫一的計畫主持人工作，配合教育部計畫的經費補助與任務目標，持續推動三年的企業倫理教育。2005年更在信義文化基金會，委託中華民國管理科學學會辦理下，榮獲「第二屆企業倫理教師」，共同擔負企業倫理教育的紮根工作，為台灣這塊土地貢獻一己之力。

個人主持參與的教育部該項計畫之最終目的，在於使學生：能自學，增進相對經驗與知識的對話意願，並形成自主的經驗知識；能關懷，培養互為主體的群己關係，並跟多元領域之對象互動與合作。然而，在高等教育的專業倫理圈內，各技職校院間之交流並不密切。有鑑於此，本分項計畫為達成上述最終目的，以及通暢溝通管道俾利資源的共享，擬完成下列目

個人主持參與的教育部該項計畫之最終目的，在於使學生：能自學，增進相對經驗與知識的對話意願，並形成自主的經驗知識；能關懷，培養互為主體的群己關係，並跟多元領域之對象互動與合作。

標：

1.校內倫理教育之整體規劃，包括分科教學與融入教學。分科教學包括專業倫理等通識課程的規劃設計，而融入教學部分則將與各系合作，設計專業情境中的倫理兩難單元。
2.進行校際整合，透過兩校間的交流，規劃出倫理教學綱要，並將舉辦技職校院倫理教育研討會，廣納各界意見，研討出技職校院倫理教育的實質內涵。
3.推廣本計畫研發所得之成果，蒐集各類倫理教育相關書籍與資訊，提供倫理教育教師獲取資訊之管道，並可交流教學經驗，持續改善倫理教育教學品質。
4.針對不同科系的專業倫理課程，訂定上下連貫之專業倫理教材大綱及內容，使之能兼顧專業需求及時間限制，縮短和專業科目之落差。
5.以科學化心理測驗量表分析學生的道德認知推理，將教學的重心不僅僅放在「教」，也兼顧「學」。
6.研發專業倫理課程另類的教與學方式。
7.比較學生修課研習前與修課研習後之道德認知推理層次。
8.與技職校院交換專業倫理課程教學及研究心得。

三、企業倫理教育的必要

因應社會未來的發展與變化，對於技職專業人才的培育，必須著重培養其專業能力、倫理判斷能力、人際溝通能力與面對時代挑戰的條件，因此可發展「企業倫理」之專業課程，以提升技職校院學生之倫理素養。在國內商管教育上，除提升其管理技能面的能力外，亦能強化其管理行為面的涵養。

對身為教職工作的作者而言，在個人所服務的學校配合前項計畫，已具體推動三年多的專業倫理教育，包括：校園倫理與企業倫理等課程與活動，但還是感到：這是一條有點寂寞，

6

但很有意義的路。希望有緣閱讀到本書的教師與學生，可以共同來推動企業倫理的紮根教育，這是一件無論如何都要推動的任務。【案例1-1】是個值得省思的事件，也給從事教育工作的老師一個好的提醒。

案例 1-1

「逃票」事件的省思

　　歐洲某些國家的公共交通系統的售票處是自助的，也就是你想到哪個地方，根據目的地自行買票，沒有檢票員，甚至連隨機性的抽查都非常少。一位C國留學生甲君發現了這個管理上的漏洞，他很樂意不用買票而坐車到處溜達，在留學的幾年期間，甲君一共因逃票被抓了三次。

　　甲君畢業後，試圖在當地尋找工作。他向許多跨國大公司投履歷，因為他知道這些公司都想積極地開發亞太市場，可是他都被拒絕了，一次次的失敗，使他因而憤怒。他認為一定是這些公司有種族歧視的傾向，排斥C國人。

　　想想：為什麼跨國大公司拒絕聘用甲君呢？

　　甲君的學識及背景都是優異的，但公司更重視的是人的倫理與道德特質，在此案例中證明了兩點現象：

　　1.甲君不尊重規則。不僅如此，甲君更擅於發現規則中的漏洞，並惡意使用。

　　2.甲君不值得信任。公司許多重要工作的進行，是必須依靠信任進行的。

　　但令人遺憾且常看見的結果是：

　　甲君在心中暗罵多聲「打倒帝國主義」後，決定回到C國發展。由於有著「海歸派」的金字招牌，他很快就成為某個大學的副教授，並有望於最近被提升等為教授。

　　請問：

　　1.這案例給你的感受為何？

　　2.在現實的生活中，要去實踐企業倫理的價值，有時往往是需要勇氣的，你能分享一些看法嗎？你所堅持的理念是什麼？

1.2 企業倫理爲何重要

本節擬由爲何要關心企業倫理？爲何要重視企業倫理？企業倫理就是企業的良心等面向，來說明企業倫理爲何重要。

一、為何要關心企業倫理

違反企業倫理的經營及行爲相當普遍，涉及不同的**利益關係人**（stakeholder），有發生在國內外、跨國企業及本地公司，其分布於供應鏈不同的環節中，出現在不同產業內。在世界任何一個有商業活動的地方，幾乎每天都發生著一些違反法律及倫理的行爲。

缺德經營行爲經常涉及**個人私利**（private interest），侵犯了大眾的**共同善**（common good），**惡行**（vice）侵蝕了**德性**（virtue），**貪婪**（greed）埋沒了**良知**（conscience），**濫權**（abuse）侵犯了**正義**（justice）；或跟價值錯亂、道德無知、麻木不仁，或在道德模糊、倫理衝突的狀況下，缺乏**倫理解困能力**（ethical problem solving capacity）有密切的關係（葉保強，2005）。

二、為何要重視企業倫理

除了教育程度、分析能力、實事求是、想像力、領導力、衝勁，最重要的還是他的品德與動機，因爲愈是聰明的人，對社會造成的損害可能愈大。

在東方社會中，最常聽到的是：「我們缺資源、缺技術、缺資金、缺市場、缺政府的扶植、缺低利的貸款等」。事實上，最缺的是人才，更缺的是人品；反映在企業經營上的，就是缺「企業倫理」（高希均，2004）。新加坡前總理李光耀對人才有嚴格的要求，其指出：除了教育程度、分析能力、實事求是、想像力、領導力、衝勁，最重要的還是他的品德與動機，因爲愈是聰明的人，對社會造成的損害可能愈大（張定綺譯，1999）。

　　儘管台灣社會一直在力爭上游，但到處仍是缺少「品」的例子。商人缺少「商業品德」，消費者缺少「品味」，家庭生活缺少「品質」，政治人物缺少「品格」。

　　就企業而言，「倫理」所牽涉的對象有三大範圍：（1）與產品及業務相關：消費者、供應商、採購者、競爭者、融資者等；（2）與企業內部相關：會計人員、採購人員、董事、股東、員工等；（3）與經營環境相關：政府官員與民代、稅務機構、利益團體、媒體、社區。企業稍一不慎，就可能同時出現多種違背企業品德的例子，如：仿冒，侵犯智慧財產權；行賄，取得招標；忽視環保，轉嫁社會成本；哄抬價格，牟取暴利；輕視工廠安全，造成災難；壓低工資，僱用童工、外勞、女性勞動者（高希均，2004）。因此，面對這種風險，管理良好的公司，就會訂定嚴格的公司營運準則，以及公司的企業倫理，因而就構成了愈來愈受到重視的「公司文化」。

　　具體來說，推動企業倫理，常常會從多方面同時著手，如：（1）訂定嚴格的員工「可做」與「不可做」的準則；（2）設立獨立性的業務督導部門，包括採購、人事、招標、財務、管理等；（3）高層主管言行一致，以身作則；（4）加強員工道德訓練與參與；（5）董事會決策透明化，增設外部董事；（6）以利潤之一定比率回饋社會（高希均，2004）。

三、企業倫理就是企業的良心

　　「企業倫理」似乎是一個抽象概念，但常常可以真實地反映出社會大眾的評價。一個成功的大企業，正如一個成功的人物，其前提必定是符合該社會的高道德標準；由此才能衍生出公眾對這些人物與公司聲譽、地位、影響力的認定。在進步的西方社會，良好的「企業倫理」必是日積月累的努力成果，其反映出公司領導人對法令規定、商品品質、售後服務、技術創

> 良好的「企業倫理」必是日積月累的努力成果，其反映出公司領導人對法令規定、商品品質、售後服務、技術創新、員工平等、生產方法、環境影響、社會參與等多方面的重視與參與。

新、員工平等、生產方法、環境影響、社會參與等多方面的重視與參與（高希均，2004）。

　　企業倫理與企業形象牢不可分。卓越的企業形象絕不能只靠媒體上的宣傳、良好的公共關係，以及公開的捐贈而持久。要贏得消費者心目中良好的企業形象固然不易，但一件意外或者一種過失，可以立刻傷害到消費者對它的信心及支持。只有在倫理的基礎上，追求自利才會達成公益。企業倫理是根本，利潤是結果。企業遵守倫理規範、創造經濟價值，才會產生利潤。不顧根本只求賺錢，整個社會都必須為之付出代價（孫震，2003）。因此，所要提倡的是：「事業雄心要建立在企業良心上」（高希均，2004）。

> 只有在倫理的基礎上，追求自利才會達成公益。企業倫理是根本，利潤是結果。企業遵守倫理規範、創造經濟價值，才會產生利潤。不顧根本只求賺錢，整個社會都必須為之付出代價。

1.3 社會對企業倫理的期許

　　本節討論社會對企業倫理的期許，如法律為何不能代替企業倫理、企業不倫理的亂象、企業倫理與社會責任，以及企業應落實企業倫理等。

一、法律為何不能代替企業倫理

　　法律只能提供企業最低限度的約束，在法律範圍之外，企業仍有很大的空間來製造傷害。為了防止這些傷害，除了法律之外，道德提供了第二條防線來約束企業行為。

> 法律只能提供企業最低限度的約束，在法律範圍之外，企業仍有很大的空間來製造傷害。為了防止這些傷害，除了法律之外，道德提供了第二條防線來約束企業行為。

　　法律本質上是回應式的規範制度，絕大部分的法律都是針對特定問題而研制出來的，即先有問題，後才有法律，而且立法是一個漫長的過程。企業的研究發展一日千里，政府官員及立法議員在知識及科技上，永遠落後企業的發展，政府經常無法從企業取得最新的有關資料，因為企業的研究人員雖然比政

府官員掌握更多更新的有關知識，但他們仍對很多問題沒有肯定的答案，所以就算能提供資訊，亦有一定的不確定性。

社會及倫理規範，比法律更能影響人的行爲。很多人都不會一遇到紛爭就對簿公堂，他們會用其他非形式的規則，而不是用法律來解決紛爭。

二、企業不倫理的亂象

二十一世紀一開始的幾件震驚國際的大事，除了美國的911恐怖主義攻擊事件，以及由此而引發的美國攻打阿富汗及入侵伊拉克戰爭之外，**安隆（Enron）**的財務詐欺案及隨後一波波的商業醜聞，可算是這個世紀令人難忘的大事。

安隆、**世界通訊**（World Com）、**殼牌石油**（Royal Dutch Shell）、**彭馬拿**（Parmalat）、**亞好**（Ahold）、**三菱汽車**（Mitsubishi Motors）、**花旗銀行**（Citi Group）所涉及的弊案，分別代表了分布在不同國家的不同產業，涉案的都是著名的跨國企業。

安隆在2001年未破產前是一家相當有創意的能源貿易公司，世界通訊是美國最大的遠程通訊企業，殼牌石油是英國及荷蘭聯合的跨國石油公司，彭馬拿是義大利有名的奶類食品公司，亞好是荷蘭的跨國食品零售企業，三菱是日本第四大的汽車製造廠商。

安隆利用空殼公司刻意地隱瞞了巨大的虧損，目的是要令財報表顯得亮麗，操弄股價。世界通訊藉由會計的操弄手法，將開支變成資本支出做假帳。殼牌石油大幅地虛報石油的儲存量，企圖令公司的營利前景亮麗，有操弄股價之嫌。彭馬拿將大量的虧損隱藏到海外的戶口中，僞稱公司有鉅額的存款。三菱汽車的高層串謀隱瞞了車輛的各種零件的毛病十數年之久，在數次的交通意外發生後才被揭發。

在台灣，2004年震憾一時的博達財務做假案，被視爲安隆弊案的台灣版，加上各種的勞資糾紛、社區居民對企業造成環境污染的抗爭、消基會揭發的各種不實廣告，以及有問題的行銷手法等，亦經常被媒體廣泛報導，這些現象均顯示企業經營出現了倫理問題。

這一連串企業弊案令人憂心的地方是，導致弊案的背後還涉及一個廣泛及龐大的共犯社群，一個涉及多個個人、公司、社群，以不同程度知情地參與犯案的社會網絡。例如，以安隆財務浮報弊案爲例，如果沒有當時全球排名第五的**安德遜會計事務所**（Arthur Anderson LLP）的積極參與，共同串謀隱瞞做假的話，安隆弊案不可能隱瞞多時才被揭發。除了安德遜會計事務所外，安隆案的共犯社群，還包括：投資銀行及華爾街的分析師等。有間貸款給安隆的投資銀行，後來被揭發對安隆財務不佳其實很早就知情，而股票分析師明知安隆財務有危機，但仍公然爲安隆股票唱好。因此，這些組織或個人難逃安隆欺詐的部分責任。

三、企業倫理與社會責任

1996年**市場調查公司**（Market & Opinion Research International, MORI）的一次有關企業社會責任的調查，受訪人數是1,948人，年齡15歲（含）以上的英國公民，受訪者都大力要求英國企業需要加強，並認爲很多公司仍未認識到企業社會責任的重要性。有超過七成的受訪者表示，當決定購買一樣產品或服務時，該公司是否有高度的社會責任，會是他們是否挑選產品服務的重要考慮因素。有86%受訪者認爲一家支持社會及社區的公司，應是一家好雇主。

當要評價一家公司的商譽時，受訪者認爲最重要的兩樣項目：（1）公司的營利能力及財務健全性；（2）產品服務的品

有超過七成的受訪者表示，當決定購買一樣產品或服務時，該公司是否有高度的社會責任，會是他們是否挑選產品服務的重要考慮因素。

質。這一點自1990年到1996年都呈現同樣的走勢。根據MORI 2003的企業社會責任調查（樣本982人），公司的社會責任是決定是否購買產品服務的重要因素，結果仍是正面的：1997年（包括認為極重要及頗重要的比率）（70%）、1999年（82%）、2001年（70.89%）、2002年（86%）、2003年（84%）（Dawkins, 2004）。

MORI列出的不同責任（商業及社會）項目，要求受訪者排列這些項目的重要性，其結果如下（Hopkins, 2003）：

1.照顧員工福利；提供好的薪酬及條件；保障員工的安全（24%）。

2.保護周邊環境（21%）。

3.更多參與本地地區及（或）贊助本區活動（12%）。

4.為消費者提供良好服務（8%）。

5.減少污染或停止污染（7%）。

6.為員工提供良好的退休金及保健計畫（5%）。

7.誠實及可靠（3%）。

8.支持公益活動（3%）。

9.生產及保證產品安全與高品質（1%）。

10.產品定價公道（1%）。

四、企業應落實社會責任

MORI 1991千禧年民調（millennium poll）的其中一個部分，調查二十三個國家的25,000人，詢問他們對某一家公司形成印象時，哪些是最重要的因素？調查發現：整體而言，企業社會責任（包括，對員工、社區、環境）排行第一（56%）；再來是，產品品質及品牌（40%）；第三是，經營及財務績效（34%）。在二十三個國家的10位受訪者，至少有3名（包括西班牙、中國、日本等）認為企業要制訂更高的倫理標準，以及要

建立一個更美好的社會，同時有效地競爭（Corrado & Hines, 2001）。

2000年10月，MORI對英國2,099名成人做開放式調查，發現受訪者對企業社會責任的內容，包括以下：

1.對顧客的責任（20%）。

2.對在地社區的責任（17%）。

3.對員工的責任（11%）。

4.對環境的責任（7%）。

5.負責任或倫理地經營（5%）。

6.賺錢或成功（4%）。

7.對股東負責任（4%）。

2000年9月MORI受CSR歐洲（CSR Europe）委託調查，共計十二個歐洲國家12,162名受訪者，其中有七成消費者表示，一家公司對社會責任的承擔，是其選購該公司產品或服務的重要因素；而有44%願意購買價格比較昂貴的倫理及環保產品，受訪者亦認為公司善待員工，包括：保障他們的健康及安全、人權及就業是重要的。

1.4 本書的內容與章節

本書在內容架構的安排上，主要含括有基本概念、外部倫理與內部倫理等三大部分。其中，基本概念篇為第一章至第三章，外部倫理篇為第四章至第九章，而內部倫理篇為第十章至第十六章。至於，本書各篇章架構，則如【圖1-1】所示：

在企業倫理的基本概念篇，討論有：為何要推動企業倫理（第一章）：企業倫理的推動與必要、企業倫理為何重要、社會對企業倫理的期許，以及本書的內容與章節。倫理的基本概念（第二章）：倫理與道德、倫理學的意涵、倫理的意義與功用、

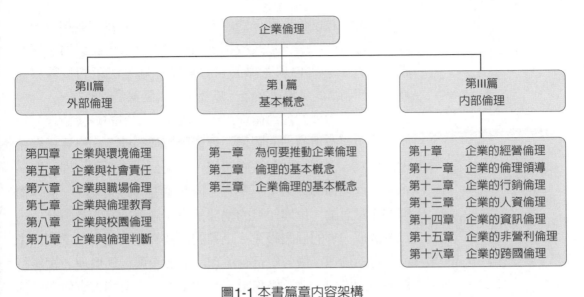

圖1-1 本書篇章內容架構

倫理的相關議題，以及道德的相關議題。企業倫理的基本概念
（第三章）：企業倫理的意涵、企業倫理的產生與形成、企業倫
理的理論建構、企業倫理的重要與運用、企業倫理的應用與推
展，以及企業倫理的研究與展望。

　　在企業倫理的外部倫理篇，討論有：企業與環境倫理（第
四章）：人與環境的互動與衝突、環境問題的形成與認知、台
灣對環境問題的對策、環境保護的倫理與策略，以及企業對環
境倫理的責任。企業與社會責任（第五章）：個人的社會關
懷、企業社會責任的學理、企業社會責任的推行、企業的品牌
塑造、企業與國際機構，以及企業社會責任的新發展。企業與
職場倫理（第六章）：職場倫理與職場專業、台灣的職場倫理
教育、企業職場倫理的必要，以及職場倫理的相關議題。企業
與倫理教育（第七章）：倫理教育的向下紮根、道德量測的研
究設計、道德發展的學理背景、道德發展的相關文獻，以及道
德量測的實證分析。企業與校園倫理（第八章）：校園倫理的

15

研究設計、校園倫理關係的轉變、校園倫理的定位與推行、校園倫理教育的回饋，以及校園倫理教育的必要。企業與倫理判斷（第九章）：倫理意識的自我測試、倫理決策的步驟與過濾、倫理判斷的步驟與操作，以及倫理判斷案例的演練。

在企業倫理的內部倫理篇，討論有：企業的經營倫理（第十章）：經營與倫理的關係、經營與倫理的理念、優質經營倫理的建立、倫理守則與政府法規，以及公司治理的倫理議題。企業的倫理領導（第十一章）：倫理領導的研究設計、倫理領導的文獻討論、倫理領導的學理基礎、倫理領導的實證分析，以及倫理領導的個案研究。企業的行銷倫理（第十二章）：產品與行銷倫理、廣告與行銷倫理、消費者與行銷倫理、企業行銷倫理的操作，以及服務業人員的倫理。企業的人資倫理（第十三章）：人力資源的意涵與規劃、人力工程的意涵與應用、企業品德與勞工倫理，以及人力資本的倫理議題。企業的資訊倫理（第十四章）：資訊倫理的界定、資訊倫理的思考、資訊倫理的教育，以及資訊智產權的倫理議題。企業的非營利倫理（第十五章）：非營利組織的倫理議題、非營利組織的學理基礎、社會治理的倫理議題、政府的行政倫理議題，以及非營利倫理的案例討論。企業的跨國倫理（第十六章）：跨國企業的倫理守則、跨國企業的公眾責任、跨國企業的文化因素、跨國企業的公民意識、跨國企業的公民經驗，以及跨國企業的區域關係。

重點摘錄

§ 僅擁有現代科技而無相應合適的專業倫理，儼然成為台灣現代化過程中的最大缺憾，不僅無緣受現代科技之惠，反而容易引發更多的問題，此乃目前從事基礎人文教育改革極須面對之關鍵問題。

§ 個人主持參與的教育部該項計畫之最終目的，在於使學生：能自學，增進相對經驗與知識的對話意願，並形成自主的經驗知識；能關懷，培養互為主體的群己關係，並跟多元領域之對象互動與合作。

§ 因應社會未來的發展與變化，對於技職專業人才的培育，必須著重培養其專業能力、倫理判斷能力、人際溝通能力與面對時代挑戰的條件，因此可發展「企業倫理」之專業課程，以提升技職校院學生之倫理素養。

§ 在國內商管教育上，除提升其管理技能面的能力外，亦能強化其管理行為面的涵養。

§ 除了教育程度、分析能力、實事求是、想像力、領導力、衝勁，最重要的還是他的品德與動機，因為愈是聰明的人，對社會造成的損害可能愈大。

§ 良好的「企業倫理」必是日積月累的努力成果，其反映出公司領導人對法令規定、商品品質、售後服務、技術創新、員工平等、生產方法、環境影響、社會參與等多方面的重視與參與。

§ 只有在倫理的基礎上，追求自利才會達成公益。企業倫理是根本，利潤是結果。企業遵守倫理規範、創造經濟價值，才會產生利潤。不顧根本只求賺錢，整個社會都必須為之付出代價。

§ 法律只能提供企業最低限度的約束，在法律範圍之外，企業仍有很大的空間來製造傷害。為了防止這些傷害，除了法律之外，道德提供了第二條防線來約束企業行為。

§ 有超過七成的受訪者表示，當決定購買一樣產品或服務時，該公司是否有高度的社會責任，會是他們是否挑選產品服務的重要考慮因素。

重要名詞

利益關係人（stakeholder）

個人私利（private interest）

共同善（common good）

惡行（vice）

德性（virtue）

貪婪（greed）

良知（conscience）

濫權（abuse）

正義（justice）

倫理解困能力（ethical problem solving capacity）

安隆（Enron）

世界通訊（World Com）

殼牌石油（Royal Dutch Shell）

彭馬拿（Parmalat）

亞好（Ahold）

三菱汽車（Mitsubishi Motors）

花旗銀行（Citi Group）

安德遜會計事務所（Arthur Anderson LLP）

市場調查公司（Market & Opinion Research International, MORI）

千禧年民調（millenniem poll）

CSR歐洲（CSR Europe）

問題與討論

1.請分享你個人在第一章節所學習到的心得？最令你印象深刻的議題為何？

2.本章提到作者曾主持教育部的倫理計畫，其目標是希望能提升學生什麼能力？

3.企業倫理教育的推行有其必要性，你個人的看法為何？

4.針對「逃票事件的省思」之案例，你個人有何分享的心得？

5.一家企業為何要重視企業倫理呢？請分享你個人的看法。

6.書中提及：「企業倫理就是企業的良心」，你個人贊成這項看法嗎？理由為何？

7. MORI於2000年10月的調查發現，企業社會責任的內容要項為何？請簡述之。

Chapter 2

倫理的基本概念

── 2.1　倫理與道德

── 2.2　倫理學的意涵

── 2.3　倫理的意義與功用

── 2.4　倫理的相關議題

── 2.5　道德的相關議題

本章節說明倫理的基本概念，討論的議題包括：倫理與道德、倫理學的意涵、倫理的意義與功用、倫理的相關議題，以及道德的相關議題等五個部分。

2.1 倫理與道德

本節討論倫理與道德的議題，包括：何謂倫理、何謂道德，以及倫理與道德等。

一、何謂倫理

倫理
ethics

所謂的倫理，即指人與人之間各種正常關係的道德規律，爲人類倫常觀念與人倫道理。

「倫理」（ethics）最早源自希臘文 "ethos"，原意爲本質、人格，也與風俗、習慣相關聯（何懷宏，2002）。由西方世界的觀點，所謂倫理就演變成，敘述一個人的品行氣質或社會風俗習慣，進而推至家族、社會關係，形成群體生活的共同信念與行爲通則。中國人最講究倫理，倫爲類、理爲分，亦即倫理泛指，萬事萬物間錯綜分別的條理；理是仔細辨別事物間，自然存在的條理法則。因此，所謂的倫理，即指人與人之間各種正常關係的道德規律，爲人類倫常觀念與人倫道理。換言之，倫理乃人類基於理性上的自覺，就人與人的各種關係，而制定出彼此相互間適當的行爲標準。以最簡單的角度來解釋，所謂倫理就是人與人相處的道理，亦即做人的道理（林有土，1995）。

「倫理」是：從道德觀點來做「對」與「錯」的判斷；人際之間的一種是非行爲的準則；符合社會上公認的一種正確行爲與舉止。「倫理就是理當如此，是不該講利害的。」

在台灣社會，「情、理、法」維繫著社會的安定與倫理。與情、理、法相左的情況出現時，我們稱之爲「寡情」、「悖理」或「違法」。情、理、法中的「情」與「理」，與當前大家關心的企業「倫理」，或謂道德、品德、形象相關。「倫理」在中外的哲學文獻中，可以出現很多嚴格的定義與界限。「倫理」是：從道德觀點來做「對」與「錯」的判斷；人際之間的一種

是非行為的準則；符合社會上公認的一種正確行為與舉止（高希均，2004）。對台灣社會最實用的定義，也許是孫震教授所鼓吹的：「倫理就是理當如此，是不該講利害的。」（孫震，2003）。

二、何謂道德

老子《道德經》云：「道可道，非常道。」，此句話的意涵，即所謂的「道」，通常不可以用語言文字來形容，如果可以用文字語言來形容的，就不是我們所謂的真理。一般所謂的道，是指人類在日常生活中應該共同遵守的道路。所謂的德，即是本著生命的原動力，而依行共同遵守之道所得者。綜言之，所謂「道德」（moral），就是指人類品行與行為的卓越表現，同時也是人類人倫關係中判斷是非善惡的標準。

道德包括避免（製造）傷害，以及促進快樂與幸福。道德的消極面是**不傷害**（do no harm），道德的積極面是**促進快樂**（promote happiness）。一個行為若涉及避免傷害他人，或促進幸福，都屬於道德行為。虐待、欺壓、殺害、欺騙、不誠實、操弄、背信等，都屬於傷害的行為，是不道德的。幫助他人、愛護弱小、尊重他人、除暴安民、公平待人、加強自由等，都可促進快樂，是道德的行為。踐踏人權是傷害人的尊嚴，是不道德的；保障人權是對人的尊重，是道德的。

「道德」與德行有關，是個人與善惡、傷害、快樂有關的行為及品德；而「倫理」則對應著倫常、綱常、天理等，是指人與人之間的道德關係，即人倫之理。道德可以用來形容個人的性格、行為、動機、決定等；倫理可以用來描述人際關係，亦可以用來描述組織、社群，甚至國家。倫理的意涵比道德為高，倫理可以指稱上下層次的概念意涵，而道德則用來表示現象與具體問題（何懷宏，2002）。

> **道德**
> **moral**
> 所謂「道德」，就是指人類品行與行為的卓越表現，同時也是人類人倫關係中判斷是非善惡的標準。

> 「道德」與德行有關，是個人與善惡、傷害、快樂有關的行為及品德；而「倫理」則對應著倫常、綱常、天理等，是指人與人之間的道德關係，即人倫之理。

三、倫理與道德

從學理上來說，倫理與道德皆指涉某種規範系統；若是嚴格加以區分，則倫理偏重於「社會」層面，道德偏重於「個人」層面。不過，在一般使用上，兩者經常被視為同義詞，有時更被連用為「倫理道德」一詞（沈清松，1992）。倫理與道德一般稱為「倫理學」、「道德哲學」，其根本假設在於：「人的存在除了物理、生理、心理的層次外，還有一個更高的層次，即向善之心的運作。人性不僅在於擁有健康的體格與心靈，同時還要具有崇高的理想與高尚的品格」。

2.2 倫理學的意涵

本節首先探討何謂倫理學，再者分別由倫理學的分類、倫理學的論點，以及倫理學的範疇，來說明倫理學的意涵。

一、何謂倫理學

倫理是指道德上的對與錯為何？「倫理學」（the principle of ethics）則在研究道德上的好行為為何？一門支配這些行為的準則，以及產生與支持這些行為及作法價值觀的學科。倫理學不同於人類學、心理學和社會學，後三者都在描述人的行為，並不規定人應當如何去行。一般人所接受的行為方式或符合法律條文的作法，卻不一定合乎倫理。

「倫理學」係指人類以人性為根源的道德本質，辨明道德法則的最高標準，確定人生的至善理想，以判斷人群生活關係的行為善惡價值，並指示人生應有的道德修養，以求其實現圓滿做人目的之規範科學。由此推演而出，可以瞭解倫理學的特

性，如下所列要項（黃培鈺，2004）：

（一）研究行為與品行之學科

認為倫理學只要在研究人的品行或行為的學科；只是人的行為範圍過於廣泛，界定不易。在談論人的品行上，則流於主觀偏狹。

（二）研究至善之學科

所謂至善，是指如何才能使人達到至善至美的境界，如古希臘的蘇格拉底、柏拉圖、亞里斯多德等三位哲人，均認為倫理僅在使人從瞭解善，到行善的過程；倫理學則是研究知善行善的學科。此一論述最大弊端在於，論點易流於抽象。

（三）研究道德法律與義務之學科

有別於早期僅就內容探討人的合理行為，由斯多噶學派開始，迄德國唯心主義學者康德、斐希特，均強調倫理在瞭解善的意義外，還特別著重人類行為在道德上，負有實踐的義務（Kroner, 1987）。缺點則是較注重道德形式，而忽略倫理的實質內容。

（四）判斷善惡之學科

認為倫理學就是判斷是非善惡的學科，以霍布斯為代表，不論人類行為之目的與道德，僅提及判斷標準而稍嫌不足。

（五）研究人類幸福之學科

此一觀點以功利主義者為代表，認為倫理學就是在研究使人快樂幸福的學科。強調善即快樂、惡即痛苦，人生之目的在求取快樂與幸福（羅素，1995）。此一論述太重功利，而忽視道德。

（六）研究人生關係之學科

　　以洛克等人為代表，認為倫理學是一種研究人與人關係的學科。由於過度重視關係的論述，忽視人生目的與道德，故亦有其缺陷與不足。

　　綜合上述各種論述，可以瞭解：「比較完整的倫理學，應該是指一種研究人類行為絕對規範的科學。此一學科主要目的，在於嘗試瞭解人類行為的合理面，並期望在道德的良善指引下，適度與外在人、事、物做互動交往，以成就圓滿如意的人生」。

二、倫理學的分類

　　倫理學又可分成三大部分：描述倫理學、規範倫理學、統合倫理學。此三者合稱為一般倫理學，有別於特殊倫理學。茲將一般倫理學與特殊倫理學，陳述如下：

（一）描述倫理學

　　描述倫理學（descriptive ethics）與人類學、社會學與心理學關係十分密切，在研究及描述人群、文化或社會的道德，對不同的倫理體系、儀文、作法、信念、原則、價值觀等作比較，構成規範倫理學的基礎。

（二）規範倫理學

　　規範倫理學（normative ethics）試圖發掘與發展，在社會中道德體系之基本道德原則或價值，並給予站得住腳的理由（justify），意即倫理的理論基礎。

（三）統合倫理學

　　統合倫理學（metaethics）是針對規範倫理學的研究，因為

著重分析，有時亦稱爲分析倫理學，探討道德名詞的意義與道德推理的邏輯，如探索好與不好在道德上的意義。研究好的意義，與說某件物品或行動是好的，是不一樣的。前者是統合倫理學的範疇，後者是規範倫理學。至於，分析道德推理，旨在澄清並評估前提假設，以及查驗道德論證的有效性。

（四）特殊倫理學

特殊倫理學將一般倫理學應用在解決特定問題上，其次是應用到特定領域。前者又被稱爲**決疑法**（casuistry），係藉由仔細地應用道德原則，以解決困難的道德問題、個案或兩難之藝術，如墮胎、安樂死、核子武器、生物科技等。這些道德原則是由一般倫理學中發展出來，並得到支持的理由；後者則產生：企業倫理學、醫學倫理學、工程倫理學、專業倫理學等。

總而言之，若依性質來做區分，倫理學主要有兩種：**經驗倫理學**（empirical ethics）及規範倫理學。經驗倫理學是研究人類倫理生活及行爲的經驗科學，利用觀察、建構假設、蒐集事實、測試假設、印證或推翻假設來建立知識。經驗倫理學的研究範圍很廣，議題具有多樣性。規範倫理學是對倫理作規範、觀念的分析及理論的論述，研究的範圍主要包括兩大問題：「人應該如何生活」，包括什麼是美好的人生（what is a good life）；以及「人應該如何行爲」，包括什麼是對的行爲（what is the right act）爲主軸。因此，規範倫理學主要是哲學的領域。

三、倫理學的論點

倫理學究竟是一門什麼樣的學問？它到底是用來做什麼的？尤其是，我們可以對現今的倫理學抱有何種期望？倫理學主要是用來提供一種全面的美好生活，還是重點解決行爲規範

> **經驗倫理學**
> **empirical ethics**
>
> 經驗倫理學是研究人類倫理生活及行爲的經驗科學，利用觀察、建構假設、蒐集事實、測試假設、印證或推翻假設來建立知識。

> **規範倫理學**
> **normative ethics**
>
> 規範倫理學是對倫理作規範、觀念的分析及理論的論述，研究的範圍主要包括兩大問題：「人應該如何生活」，以及「人應該如何行爲」爲主軸。

的問題？倫理學的思考是應當優先考慮如何達到快樂與幸福
呢？還是應當優先考慮與處理那些最緊迫、最嚴重的不幸？

　　針對近一百年來幾個有關倫理學的定義，以及對倫理學的
內容與主旨（何懷宏，2002），茲陳述說明如下：

（一）包爾生論點

　　德國哲學家包爾生在十九世紀末對倫理學的定義與說明，
還帶有比較明顯的傳統目的論色彩。他認為倫理學的職能與任
務就是決定人生的目的（善論），以及達到目的手段（德論或義
務論）。包爾生談到，倫理學之目的在於解決生活中的所有問
題，使生活達到最充分、最美好與最完善的發展。因此，倫理
學的職能是雙重的，一是決定人生之目的或至善，是屬於善論
或價值論的事情；二是指出實現這一個目的之方式或手段，是
屬於德論或義務論的事情。

　　在包爾生的倫理學中，顯然也已經有一種向現代倫理學過
渡的痕跡。他對至善的說明實際上是相當形式化的，只是相當
籠統地談到人各方面的潛能發展，以及各種生活方式的實現與
各種生命意義的開拓。在某種意義上，目的實際上相當程度上
被虛化了，可能也不得不虛化。另外，包爾生認為，就像手段
是服從目的一樣，德性論與義務論也是從屬於善論的。

　　包爾生還認為，用來實現完善生活的手段，並不只是一種
沒有獨立價值的、外在的、技術的手段，而是同時構成完善生
活內容的一部分，德性及其實行構成了完善生活的內容。因
此，道德生活中的一切既是手段，又是目的的一部分，是既為
自身又為整體而存在的東西。德性在完善的個人是具有絕對的
價值，但就完善的生活是透過它們實現來看時，德性又具有做
為手段的價值。目的與手段經常是混淆的，要在道德生活中區
分出手段與目的，有時候是很困難的，因而在做此類判斷時，
是需要用審慎心態來對待的。

（二）梯利論點

美國哲學家梯利定義倫理學為：「有關善惡、義務、道德原則、道德評價與道德行為的科學」。但西季維克則喜歡將倫理學稱之為一種研究，而不是一門科學，他把倫理學分為對行為準則的研究，以及對人的終極目的、真正的善的研究兩個方面。因為在某種程度上，倫理學所研究的善，只限於人的努力所能獲得的善。終極善的觀念對於確定什麼是正當行為，並不必然是根本的。西季維克把倫理學主要看作是有關正當（right）或應當（ought）的研究。

（三）摩爾論點

摩爾也認為倫理學的任務，是討論有關正當、人們的行為與品性的問題，並且要提出理由來。他的思想更傾向於價值論，而非義務論，認為怎樣給「善」下定義，是全部倫理學中的根本問題。他認為「善」是一種單純自明的性質，我們只能去直覺它，因此他批評那種用非道德的事物、用非道德的目的，去說明與解釋其「自然主義謬誤」。

（四）普里查德論點

普里查德試圖規定一種規範倫理學的自律性，即一種義務論的倫理學。他認為對於我們應該做什麼，對此問題要求理由是一個錯誤的企圖。一個人是否具有道德義務或責任，去履行某種行為，根本不可能找出什麼理由，對於責任的考慮不可能化約為任何其他考慮。因此，責任是不可推知也不可推卸的，而只能如摩爾直覺「善」，那樣去直覺「義務」。

（五）羅斯論點

羅斯的理論本質上與普里查德的沒有區別，但是為了解決義務間的衝突問題，他提出了「**顯見義務**」（prima facie duties）

與「實際義務」（actual duties）兩個概念。一個行為如果趨向於成為一種義務，又不必然是某人實際的或完全充分的義務，那麼履行它就是一種「顯見義務」，如遵守諾言及講眞話，就是「顯見義務」。但這類行為的總性質卻可能是這樣的，即履行它並不是某人的「實際義務」。例如，在某種特定的情形中，由於講眞話會傷害到某些無辜的人，那麼講眞話就不能構成該行為者的「實際義務」，是取決於一個行為總的性質，而「顯見義務」只取決於該行為總性質中的某一顯著部分。

（六）弗蘭克論點

弗蘭克認為倫理學的首要任務，是提供一種規範理論的一般框架，藉以回答何為正當，或應當做什麼的問題。他指出，一方面道德是一種社會產物，而不僅僅是個人用於指導自己的一種發現或發明。另一方面，在作為支配個人與他人關係的體系上，道德又不是社會性的，因為這一種體系完全可能是個人性質的。道德雖然鼓勵，甚至要求運用理性與某種個人的自覺，但道德還是指在自己的社會成員中，促進理性的自我指導或決定的一種社會規範體系。

四、倫理學的範疇

人類與其他多數生物不同之處，在於人有自覺能力。人類的自覺能力，可以從存在與行為兩面向來探究。若以存在來看，人生存在天地間，顯示人的獨立性，依此獨立性，人可以發展自己，成為頂天立地的君子，包括人與天、人與世界、人與物的關係。另外，人生活在人群間，可以發展成為兼善天下的聖人，可衍生包括人與人、人與群體、人與社會的關係。綜合上述，可歸納為人與自己、人與人、人與物、人與天四面向。這些關係構成一個人如何做人的問題，屬於實質上的具體

問題，其間必須藉由約定成俗的風俗習慣等來遵循。

　　人類的自覺能力若由行為面向來看，此種行為係由存在衍生出來的動態意涵，包括內在心智的活動與外在身體的作為。一般倫理學所指涉的行為，多以內在心智活動為主。此種心智的作為，包括：知識求真、道德求善、藝術求美、宗教求聖，由此對應的作為，即是知、行、感、信四大特性。其中道德的行，屬於狹義倫理學的探究對象。這種以行為為探究中心的倫理學內涵，因為涉及的形式重於內容，故為一般倫理學的課題。

　　人作為一個主體，除了前述的自覺能力外，人類的重要使命，倫理學的重要課題，即為知善行善。只是人類對於善的觀念，不是單純由知而來，亦非由行而來。善的觀念係由人的良知而來，但何謂良知 ？ 所謂良知本身就是一種準則，在人的心中形成一種判斷標準；掌管著心靈的幸福與痛苦，而以內在行為的善惡作為幸福與痛苦的標準，給予行善者幸福的感受，給予作惡者痛苦的感受。

　　換言之，良知是每個人道德是非善惡的標準。每個人如果想要知道自己行為的好壞，可以從良知獲得解答。良知在處理善惡問題時，絕對公正，人的理性與意志都無法左右，為一客觀的道德法則，存在於每一個人的主觀意識內，是綜合人的主觀與外在道德律的客觀而來。這種以良知為道德標準的方式，亦是人類古今中外不變的最普遍原理。

　　人類對善的追求，除了由良知而來之外，尚包含自由意志的基本條件。因為，如果沒有自由，就沒有善惡可言，更沒有後續所謂的責任問題。人的行為中，像是生理、心理的許多行為，都不是自由意志所能控制，因而都不能構成倫理行為。如呼吸、飢餓、疲倦等。但在倫理學所謂的人性行為中，許多行為卻是出自人的自由意志而來，如助人、偷東西等，因為人有自由，因此才有善惡，也才有責任可言。

倫理道德必須落實到實踐的問題；亦即倫理學並不只是課堂上的知識學科，其最終目的還在於能落實到人世間。倫理甚至進一步提升到宗教的層次，讓來世的解釋超越現實世界的諸多困境，而歸還道德的正義一面。

總之，倫理道德必須落實到實踐的問題；亦即倫理學並不只是課堂上的知識學科，其最終目的還在於能落實到人世間。由積極方面來看，倫理學強調各種德行的應然，驅使人們落實道德實踐，各種道德之目的探討、意義價值、相互關係等，包括各種道德實踐上必須避免的行為，以及違反各種禁令出現的罪惡名目，都將在一般倫理學的討論範圍。為彰顯道德的善，惡有時不得不揭發出來。倫理甚至進一步提升到宗教的層次，讓來世的解釋超越現實世界的諸多困境，而歸還道德的正義一面（鄔昆如，1999）。

2.3 倫理的意義與功用

本節首先探討倫理的意義，再者說明倫理的功用，以瞭解倫理的意義與功用。

一、倫理的意義

針對倫理不同角度的論述，可歸結倫理為何存在的意義，如下要項：

（一）人類生存需要中心價值與目標

人生在世不管其出生背景為何？亦不管其際遇變化，都需要有一個中心價值與目標，來作為其努力奮鬥與生存的方向。所謂的中心價值，每個人或許都有不同，但無論所求為何，每個人的目標達成，都需要經由不斷的努力與奮鬥而來；且在這一連串的過程中，無可避免會面臨價值衝突與抉擇的情況。倫理的學習與思維，可以幫助個人思考一些生存與奮鬥的意義與課題，更重要的是可以讓我們學習到不同的觀點，讓生命更為

柔軟。而生命的柔軟，常常是我們還願意嗎？我們能征服自己
幾次呢？

（二）人為群居的動物

　　人類是一種社會性動物，除極少數外，幾乎不可能離群索
居。人類誕生於一個家庭，成長後又將組成另一個家庭；對於
個人與家庭、個人與社會之間如何互動？均會形成目前日常生
活中相當重要的課題。人類社會的運作，需要所謂的共同規
範，此規範除法律規範外，最根本的成分實由倫理道德所組
成。因此，要瞭解人類社會的運作與維持其順利，必須要研究
倫理與其相關學科內容。

（三）人類對社會負有責任

　　人類身為萬物之靈，跟其他動物不同，除謀求一己之生存
利益外，更對社會負有一定的責任義務。早期的人們，由於物
質生活較為缺乏，故其關注之事務，多為求一己的物質享受與
富足，在追求經濟成長之餘，對於環境生態或社會風氣，均抱
持事不關己的心態。但長期下來，現代人普遍都有心靈空虛的
疾病，因憂鬱、抗壓度不足，而導致的自殺、殺人事件層出不
窮。另外，自然環境亦在人類濫取資源下，生態嚴重受到破
壞，如【**案例2-1**】的實例。藉由倫理的學習與探討，可以使個
人在追求物質滿足之餘，可以對社會、環境奉獻一己之心力，
進而影響他人、改造社會。

二、倫理的功用

　　倫理與道德是教人如何成為一個圓滿的個體，亦即是做人
的學科。一般學科像是經濟、會計、統計等學科，其功用都是
在教導大家成為一個知識分子；唯有倫理與道德是在教導人類

案例 2-1

墾丁龍坑生態區油污事件

2001年1月14號，希臘籍35,000噸的散裝貨輪阿瑪斯號，在鵝鑾鼻外海觸礁擱淺，船上所裝載的1,500噸燃油，約有1,100噸外洩，外洩的油污染了由龍坑生態保護區至鵝鑾鼻的沿岸約三公里長的海岸線，尤其以龍坑生態保護區首當其衝，最為嚴重。

直至該年2月17日止，污染事件進入細部清理及生態復育階段，但是在受到阿瑪斯號油污染的影響，龍坑的美麗風光已不再，美麗的珊瑚礁已變成了一片烏黑，當地的漁業與觀光業也大受影響，龍坑保護區要想再恢復往日的景觀，至少還要再過一年以上，殘存的油污還是必須靠大自然的力量去化解。

如何藉由瞭解與實踐，進而成為一個完整的個體。在早期的神話時期，個人依附於神的旨意下，沒有個人的存在意義與價值；文藝復興後，理性主義抬頭，深信人可以依賴其自身力量來改變自然環境，在經歷數百年的發展後，雖有一定成果，但仍有所欠缺不足，始終無法瞭解宇宙根源與人生死問題。

企業倫理則是在傳統倫理道德的理論探究外，特別藉由案例來討論、啟發人類心靈深處的智慧，藉由價值澄清，教導大家如何實現自我，完成知善行善的美好世界。同時，倫理教育的實施與紮根，有助於平衡過度強調的專業技術的教育，以導正及強化倫理行為的素養，而使得高等教育能在技術面與行為面間取得平衡（楊政學，2003a）。

> 倫理教育的實施與紮根，有助於平衡過度強調的專業技術的教育，以導正及強化倫理行為的素養，而使得高等教育能在技術面與行為面間取得平衡。

2.4 倫理的相關議題

倫理學為辨明道德法則的最高標準，是一種用以判斷人群生活關係的行為善惡價值，以求實現圓滿做人目的之規範科學。倫理學可分一般倫理學與應用倫理學。一般倫理學談論何

為道德理論，包含一套完整的，且對所有人皆有效的道德原則，可以讓我們來判定行為的對錯。

應用倫理學則企圖應用這些一般性道德原則，協助釐清並解決實際生活中面臨的具體道德問題（Beauchamp & Childress, 1979）。如果站在倫理學規範人的行為立場來看，首先是心靈追求安全與完美。人生總是希望發展與進步，使自己的存在日臻於善；這也就形成倫理價值在推動人的行為，使後者不斷地向著完美發展。

在倫理道德的層次上，人生的目的在於止於至善之境；倫理學主要的任務，是教人透過何種類型的生活方式，才可以達到至善的目標，完成人生的目的。正如個人在做許多事時都有目的，倫理道德此處的使命，就是教人過善的生活，在思想行為上都符合倫理的法則，使生活有意義、生命有價值，這都將跟倫理中善的概念結合（鄔昆如，1999）。一般倫理學探討的即善、惡、良知、自律與他律、人性、美德等相關問題，茲分別論述說明於后：

一、善與惡

（一）善的意義

所謂的善（bonum），是一種道德價值，是人類覺得必須追求擁有的德行。善是一種可欲，即是此種意思。由另一角度來看，善除了是人們覺得應該追求的道德外，同時更因為人們的實踐，才成為一般人所說的善。

善
bonum

所謂的善，是一種道德價值，是人類覺得必須追求擁有的德行。善是一種可欲，即是此種意思。

（二）善的種類

1.正善（bonum honestum）、娛善（bonum delectabile）、益善（bonumutile）：「正善」是正直的善，是人生依其本

性去修養，而完成自己的人格；就是指一個人依著倫理規範，按著良知去生活，行所當行、避所當避，做一個正人君子。「娛善」是能引起人的快感、享受與滿足；人每次行善之後，內心都會感到快樂、欣慰。「益善」則是一種方法，透過此種方法，吾人可以心安、心情愉快；如藥物對健康有益；飛機或火車對交通方便；閱讀對心靈有益處等。

2.至善與非至善：「至善」是最高的善，是十全十美、圓滿無缺的善。相對至善而言，其他的善都不夠完美，存在某種缺陷。故至善又稱「普遍善」、「無限善」、「絕對善」。其他的「非至善」，則稱「特殊善」、「相對善」。

3.其他種類的善：除上述善的種類外，善還有主觀善與客觀善：前者指當事人依其良知所認定的善，後者則是超越人的主觀意識，進入客觀領域的善。另外，還有真正善與表面善：前者是吾人所討論的善，而後者多半是偽裝而來的。

（三）惡的意義

惡是善的反面意涵，善是人想要追求的價值，但是惡則不一定是人厭惡的。此乃因為有人喜歡作惡，且以作惡為樂趣。一般通常將惡界定成：「一種缺乏善的行為或物體」；亦即惡是依附在善身上，由善的德行推演而來。善帶給個人快樂、愉快、心安；而惡卻相反，它帶給人痛苦、不安、煩惱。

（四）惡的種類

惡一般分成本體惡、物理惡與倫理惡，而以倫理惡或謂道德惡為現今討論的課題。當人的行為違反道德法則時，無論是積極的作惡，或是消極的不避惡或不行善，都是倫理惡的範圍。道德法則驅使人親親、仁民、愛物；如果不親親、不仁

民、不愛物，便犯了倫理惡。同樣的，倫理規範教人不可殺人、不可偷盜、不可欺騙，如果殺人、偷盜、欺騙，便是犯了倫理惡。因而，倫理惡才是吾人所要討論的真正的惡。

二、良知

（一）良知的意義

良知是主觀意義的道德標準，亦為倫理所支持的基礎；一個人依其良知做事，依其良知去行善避惡，在主觀上，此人就可稱為好人、善人。然為達到客觀的是非善惡標準，吾人必須將良知進行討論辯證，使本來屬於主觀性質的良知，儘量達到客觀上的標準與要求。

西方倫理學的良知，源自共識，所謂共識也就是內心與倫理法則的認同。基本上，認同的方式相當自然，帶有天生良知的意思。值得注意的是：良知的知或識，並不是一般的理知運作而來。良知是個人內心是非善惡判斷的功能；在個人內心運作中，是個人行為的法官，不受制於個人的理知或意志。一個人只要違反道德法則，良知就會開始進行譴責，使違反道德法則者內心不安。

> 良知是個人內心是非善惡判斷的功能；在個人內心運作中，是個人行為的法官，不受制於個人的理知或意志。一個人只要違反道德法則，良知就會開始進行譴責，使違反道德法則者內心不安。

（二）良知的作用

良知可以統攝吾人的行為，包括行為前、行為進行中、行為後等，均受良知規範。換言之，良知具有以下的作用：

1. 行為前的指導：使人趨善避惡，不致誤入歧途、鑄成大錯。
2. 行為中的監督：使人行善切實履行、不致半途而廢；行惡及早回醒、懸崖勒馬。
3. 行為後的褒貶：使人鑑往知來，不致重蹈覆轍。

（三）良知的由來

有關良知的產生，有與生俱來、後天經驗得來的說法，現今則多採綜合說，認為良知係混合兩者而來：

1. 與生俱來說：認為良知屬於人的本性，出於人的天賦，是人與生俱來者。無論是老人、小孩、男人、女人、好人、壞人，任何人都具有良心。

2. 後天經驗說：否認良知來自人的本性，認為係由後天的經驗而來。如人類對善惡之辨別，實由計較利害、趨善避惡所造成。因為良知由經驗得之，故某一行為會招致痛苦，所以不敢去做；某一行為會獲得好處，所以非常樂意去做，久了便形成牢不可破的習慣。

3. 綜合說：認為人類的良知，非單純絕對來自先天或後天的經驗。強調人都具有先天的良知素質與潛能，經後天經驗的刺激而發達，漸次形成完整的良知良能，此良知指引人何者當做、何者不應行，讓人的行為符合社會規範與眾人要求。

（四）良知的性質

對於良知到底屬於人類的理性，或是情感作用，或是意志判斷，存有不同說法，現今多採綜合說，認為良知係綜合人的理性、情感與意志而成（林有土，1995）。

1. 理性說：認為良知為與生俱來的理性作用，善惡之辨、是非之心，皆出於人的內心理性作用。所謂良知，即審定道德規律的能力，道德判斷全憑天生的理性，而非情感作用而來。

2. 情感說：認為良知係基於道德情感而發生，善惡、是非、愛恨，實在不是理性力量所能干預者。換言之，道德價值的判斷，實全憑情感的作用，而非理性力量。

3.意志說：認為人的良知乃由善的意志判斷而來，人的行為
究竟為善為惡，全憑意志的作用。所謂的良知，即是道德
意志表現於內外者，非人類的理性或情感作用而來。

4.綜合說：認為道德意識是綜合理性、情感、意志三部分而
來。人對行為善惡的判斷，必須先由理性來做思辨，接下
來再以情感辨別好惡，最後再依據意志表現在其語言行動
上，故良知實為人類理性、情感、意志三者的綜合體，而
非單一要素的作用而已。

三、自律與他律

人類行為的價值，必須基於道德判斷，道德判斷乃人類憑
天生的道德意志，對所表現的倫理行為、品格與意志，加以正
邪善惡的判斷。然而道德判斷的標準，究竟是來自人類本身的
自覺，還是由客觀的法則而來，其說法卻莫衷一是。因此，才
會有他律與自律的不同論點出現：

（一）他律說（客觀標準說）

此說認為道德判斷的標準在於客觀的法則，這種客觀法則
在不同時期，會以不同說法出現，如神法時期、國法時期，以
及社會法時期。

（二）自律說（主觀標準說）

社會環境在許多時空背景下急速變遷，外在的客觀道德律
不足依靠，於是發自內心的道德標準遂為人所提倡。認為道德
跟一般法律不同，可貴之處在於自律而非他律，在於人之內心
而非外表所現，在於求心安而非對社會的敷衍交代。自律說的
特點在於具有責任感，有助於陶冶人格，作為形成新社會的工
具；其缺點則在社會上的每個人各具其良知，如各憑其自心，

人類行為的價值，必
須基於道德判斷，道
德判斷乃人類憑天生
的道德意志，對所表
現的倫理行為、品格
與意志，加以正邪善
惡的判斷。然而道德
判斷的標準，究竟是
來自人類本身的自
覺，還是由客觀的法
則而來，其說法卻莫
衷一是。

容易限於一意孤行，會使道德與現實生活產生嚴重脫節。

（三）綜合說（道德目的標準說）

　　道德目的標準，不問社會或個人，凡合乎道德目的者為善，違背道德目的者為惡。他律說著重行為的結果與影響，自律說偏重行為的動機或意向，綜合說明顯統一兩者，具普遍性與永恆性，適合不同時代與社會需要。具有理想的道德標準，才能對倫理行為的善惡判斷有所依據。如無道德標準，或道德標準偏私不公，則勢必影響道德判斷，進而使善惡不彰、是非不分，進而妨礙道德良善行為的產生。

四、人性

　　人類的道德判斷，係依據道德目的做標準，來斷定人類行為的善惡。此道德目的之決定，卻係根據人性而來。凡違背人性標準者，不能成為道德目的，故人性是人類道德判斷的根源基礎。所謂「人性」，即人類的本性，經由社會影響所形成獨具的共同特質。自古以來，對於人類的本性性質為何，即存在不同觀點與論述，有強調性善者，有明說性惡者，亦有認為性有善有惡、性無善無惡者。

　　對於人性的觀點學說，雖有其論著基礎，然由於各執一端，無法道盡人性事實。基本上，人的本質是無善無惡，等到與外在事物接觸後，才會顯現出外在的善惡行為。但因為人類理性的發揮，具有趨善避惡的特質；更由於感情與意志的作用，使得人性在實踐行為時，不但能分別善惡，更可以趨善避惡，發揚人性的光輝。

凡違背人性標準者，不能成為道德目的，故人性是人類道德判斷的根源基礎。所謂「人性」，即人類的本性，經由社會影響所形成獨具的共同特質。

五、美德

　　亞里斯多德認為幸福不是短暫的快樂事件，而是持續性的
快樂。幸福是根據理智所產生的活動，而道德是造成理智行為
的根本。長期的道德活動雖不是幸福的保證，但幸福卻可以由
美德所引導的人類活動中產生。亞里斯多德對於如何獲得美
德，有一些看法：他認為要靠著實踐才能取得美德，一個人必
須培養良好的習慣。誠實就是一種美德，人們可以透過從事誠
實的活動，去培養誠實的美德，尤其是小孩子更重要，如應該
戒除說謊的習慣。

　　事實上重複不斷的行動可以變成習慣，漸漸變成性格，一
個人之所以會有勇氣、誠實等特徵，其原因是來自於他們隨著
時間所建立起來的習慣。擁有這些品德的人是有道德的人，他
們**做對的事情**（do the right things）。道德跟美德息息相關，培養
美德有助於道德行為的實現，愈多美德的人，愈能促成對的事
出現，減低壞事的發生，社會因著美德而得福。

> 道德跟美德息息相
> 關，培養美德有助於
> 道德行為的實現，愈
> 多美德的人，愈能促
> 成對的事出現，減低
> 壞事的發生，社會因
> 著美德而得福。

2.5　道德的相關議題

　　本節針對道德的相關議題進行探討，首先區分何謂有道
德、非道德與不道德，再者陸續討論道德與效益、道德與經
濟、道德與法律，以及道德與宗教的關聯性。

一、有道德、非道德與不道德

　　到底是什麼可以使我們區分出道德與非道德的現象呢？
「道德」的意義既與「非道德」（nonmoral）的意義相對立，這
時的意思是屬於道德的，也和「不道德」（immoral）的意義相

對立，這時的意思是有道德的或是合乎道德的，前者可以包含後者。

　　道德上的「好」或者說「善」（good），「正當」（right）與其他方面的，如在明智、法律、審美、理智、宗教等方面的「好」、「正確」之間有什麼不同？可以說，某些人們的行為、品性，乃至社會制度，之所以可以在道德上被評價、被視為道德現象，是因為其關係到「善惡正邪」。而善惡正邪關乎到他人、關乎到社會，並且一般是關乎到，對他人與社會利益的維護或損害。

　　「道德」的概念，與維護或違反那些被認為具有社會重要性的風俗習慣有關。某一類行為之所以被稱之為道德行為，是因為履行這類行為被認為具有社會的重要性，忽視或妨礙這類行為將造成社會的災難。無論是問題或爭論，還是判斷、原則、目的，可區分為「道德」與「非道德」，其差異點就是其對於社會的利害關係程度。

　　究竟哪些風俗習慣與行為規範，具有社會重要性的情況是會有變化的。有些過去對社會很重要的風俗習慣，確實可能變得不那麼重要，甚至已退出社會的公共領域，但這並不意味著一切都是相對的、變化的，還是有一些基本的、普遍的準則。

　　倫理學不僅應當考慮對他人與社會的影響，還要考慮這種影響是不是切實做到，即**德**（virtue）論、善論或**價值**（value）論的問題，要後於正當理論的問題。倫理學從傳統的以人為中心，走向現代的以行為為中心，從以德性、人格、價值、理想為其主要關注，走向以行為、準則、規範、義務為其主要關注，還有更深刻的社會變遷方面的原因。

二、道德與效益

　　效益論者對何謂道德，有以下的共識：行為的善（好）或

某一類行為之所以被稱之為道德行為，是因為履行這類行為被認為具有社會的重要性，忽視或妨礙這類行為將造成社會的災難。

惡（壞）由其目的及結果來決定，而用來判別善惡好壞的準則，就是**效益原則**（principle of utility）。符合效益原則的行為，就是善的、好的、正確的、道德的；違反效益原則的行為，則是惡的、壞的、不對的、不道德的（Beauchamp & Childress, 1979）。效益原則的核心涵義是：在所有可能的情況下，我們應儘量為所有人製造最大的**效益**（utility），而儘量減少反效益（disutility）。

邊沁與米爾認為，只有**幸福**（happiness）或**快樂**（pleasure）有內在的價值，而價值是由自身決定的東西。道德的最終目的，就是要實現這唯一具有內在價值的快樂；而效益的核心意義，就是促進快樂。

效益論一般分為兩種：**行為效益論**（act utilitarianism）及**規則效益論**（rule utilitarianism）。行為效益論主張，一個帶來或增加整體快樂的行為，就是道德的行為。規則效益論與行為效益論最明顯的不同，在於它不是單從行為是否導致整體快樂增加，而是討論該行為是否道德，而是先問這行為是否符合某行為規則，然後再問這些行為規則所導致的行為，是否可以提高社會整體的快樂。只有符合導致增加社會整體快樂的行為規則，才是道德的行為。

效益論以善或效益為道德的基本觀念，認為道德之目的以善為依歸。義務論主要以義務的觀念為道德基礎。**權利**（rights）與**義務**（obligations）不是建基在善或效益之上，它們是有其自身的獨立性（Frankena, 1973）。

> **效益原則**
> **principle of utility**
>
> 行為的善（好）或惡（壞）由其目的及結果來決定，而用來判別善惡好壞的準則，就是效益原則。效益原則的核心涵義是：在所有可能的情況下，我們應儘量為所有人製造最大的效益，而儘量減少反效益。

三、道德與經濟

人們在這種關係中比較關注的一個問題是：道德與經濟究竟是互補、促進，還是互相妨礙、衝突？或者說，兩者是存在一種正相關還是負相關？這裡需要分析而不能籠統地下結論，

因為兩種相關都是存在的，關鍵是看在什麼樣的情況與條件之下。一個社會道德的狀況是推進，還是阻礙經濟的發展，這就要看這個社會的道德與經濟間的微妙關係而定。例如，許多學者已經指出，道德誠信水準已經大大影響到企業信譽與個人信用，從而妨礙經濟的發展。

道德對經濟的影響與約束：一是怎麼掙錢，二是怎樣花錢。

1.怎樣掙錢：涉及到錢來路的正當性問題，涉及到與他人利益的分配、衝突，在這方面有必要建立具有某種強制的、恰當的道德規範加以約束，像如何防止欺詐行為等。

2.怎樣花錢：主要涉及到個人的價值觀念，涉及到他重視什麼，他是不是只追求物質的快樂等，在這方面有必要訴諸某些合理、有意義的價值觀念進行引導，如如何鼓勵投資文化教育事業等。

市場經濟中與道德相關的因素，主要有兩個方面：一是其參與者追求利益、追求利潤的目的、動機與欲望；另一是其實現這一目的之手段，這一手段簡單地說就是競爭，即不同生產者、不同銷售者之間的競爭。可以再把道德規範體系，區分為兩個層面：一個層面，是人們很容易看到的公共生活中行為規則，尤其是禮儀、禮貌、社交慣例與習俗等。另一個層面，則是要往較深處觀察才能發現，社會基本道德原則與主要規範，這些原則規範構成此社會的道德主體。

市場經濟發展的目的本身，是一種追求利益最大化的動機，它的兩個特點是：一是它的無窮擴大、難以滿足的性質；另一是它的互相衝突、難以兼顧的傾向。因此，我們就不能指望其自己突然由求利變為求德。另外，再看市場經濟發展的手段與方式。這一手段主要是自由的競爭，即便在最好的法律保障與規則最健全的情況下，貫穿市場經濟的活動還是競爭，而不會是統籌的安排、有意的關懷、合作與禮讓。

這種競爭也容易誘發人們以某些不正常的手段去爭取競爭的勝利,而無論市場經濟的動機或手段,在道德上都是中性的,它是否符合道德要依它朝著什麼樣的方向,以及是否遵循一定的規則與這些規則的性質而定。

市場經濟對於道德的消極影響,有以下要點:

1. 參與者的動機一般來說並不是道德的,也不是不道德的,而是道德上中性的,是對物質利益的追求,而這種利益有一種無限發展與相互衝突的傾向,這些傾向將很可能帶來道德問題,乃至**道德危機**(moral hazard)。

2. 在市場上若不建立一套公正的競爭規則,並使競爭者普遍養成遵守它的習慣,就可能是災難性的。如果把人們的道德意志、理性、感情的因素加進去,就有可能不僅使經濟發展在道德的積極中擴大,也使其消極的影響得到調節、緩和,甚至相當程度上的化解。

在一個基本生存條件的範圍內,我們也許可以說經濟與道德,是互為條件與基礎的。沒有起碼的經濟發展與相應的物質生活,一種普遍的社會倫理將不可能建立,或達到一個基本的水準,而沒有一種起碼的社會道德水準與相應的信任及合作關係,經濟與物質的生活也不能順利地發展。

四、道德與法律

道德與法律同樣作為對人們行為與生活的一種規範與約束,其關係是很接近的,而且在現代社會的聯繫比在傳統社會還要更為接近。法律是使用了強制的手段來「令行禁止」,尤其是禁止。法律很少有「賞」法,而道德則主要是透過內心信念、社會輿論來產生作用。也由此可以說法律是一種「硬約束」,道德是一種「軟約束」。前一種約束是直接的、剛硬的、立竿見影的。後一種約束則看來是間接的、較溫和的,但也是

長久的。

很難斷然地說對人的影響是道德的力量大，還是法律的力量大，但這兩種力量顯然是可以互相支持的。法律要得到有效遵守，除了有賴於制裁的機制與人們的法律觀念，也有賴於人們的道德意識。法律要從根本上得到人們的尊重而不只是畏懼，就必須符合人們的道德信念，符合人們有關何為正當的理念，而法律的變革也常常是根據人們調整的道德觀念。

若我們說「法律是最低限度的道德」，可能最容易同時顯示出法律與道德的重合與區分。從社會變遷的眼光來看，現代社會的道德幾乎可以說是一種「最低限度的道德」，亦即一種「底線倫理」，而法律則可以說是這種「底線倫理的底線」。

五、道德與宗教

道德規範與宗教規範的內容亦多有重合，如《聖經》中的「摩西十誡」，除了前三條：不可信仰別的神；不可褻瀆上帝之名；要守安息日等，是純宗教的規範外，其他諸條，如第四誡：孝敬父母；第五誡：不可殺人；第六誡：不可姦淫；第七誡：不要偷盜；第八誡：不可做偽證陷害他人；第九誡：不可貪戀別人的配偶；第十誡：不可貪戀別人的財物，這些都是道德的規範，最後兩條還是更嚴格的內心規範。其他如佛教、回教等重要宗教，也都包括：勿殺、勿姦、勿盜、勿說謊的道德內容。

宗教中的超越存在（上帝、真主）作為一種人們心靈信仰的對象，以及其中包含的天堂地獄、因果報應等內容，能夠給道德以一種強大的支持。它不僅指向行為，也指向內心；不僅管現世，也管來世；不僅管地上，也管天上。這種超越的力量是道德與法律所不能及的，但這一切都建立在「信任」的基礎上。隨著近代西方人的信仰出現危機，隨著政教分離，道德與

宗教也拉開了距離，但由於過去道德對宗教曾經聯繫得如此緊密，以致發生過「上帝死了，是否一切行為都可允許？」的精神疑問。

　　一般認為道德並不必定要以宗教為基礎，或者說宗教並不是道德的唯一基礎。這並不意味著要拒斥宗教對道德的支持，甚至並不意味著就拒斥某一種宗教。對某一部分人而言，宗教確實是道德的唯一精神基礎，只要這是出於他個人的自願選擇。在一個保障公民信仰及良心自由的社會裡，一個人究竟以何種精神信念支持他的道德行為，是不能強制與干預的。法律規範的只是人的行為而不是思想；我們不能透過政治的權力來強行建立或推廣某種道德，也不能透過權力來強制人建立或放棄某種精神信仰，只要這種信仰並不導致違法的行為。

　　總之，道德是道德的事情，政治是政治的事情，而精神信仰也同樣只是精神信仰的事情，這三者各有自己活動的範圍與界限，它們之間可以互相支持、補充，卻不可以互相替代或僭越地壓制。

在一個保障公民信仰及良心自由的社會裡，一個人究竟以何種精神信念支持他的道德行為，是不能強制與干預的。法律規範的只是人的行為而不是思想。

重點摘錄

§ 所謂的倫理,即指人與人之間各種正常關係的道德規律,為人類倫常觀念與人倫道理。

§ 「倫理」是:從道德觀點來做「對」與「錯」的判斷;人際之間的一種是非行為的準則;符合社會上公認的一種正確行為與舉止。「倫理就是理當如此,是不該講利害的。」

§ 所謂「道德」,就是指人類品行與行為的卓越表現,同時也是人類人倫關係中判斷是非善惡的標準。

§ 「道德」與德行有關,是個人與善惡、傷害、快樂有關的行為及品德;而「倫理」則對應著倫常、綱常、天理等,是指人與人之間的道德關係,即人倫之理。

§ 倫理與道德皆指涉某種規範系統;若是嚴格加以區分,則倫理偏重於「社會」層面,道德偏重於「個人」層面。

§ 倫理學則在研究道德上的好行為為何?一門支配這些行為的準則,以及產生與支持這些行為及作法價值觀的學科。

§ 經驗倫理學是研究人類倫理生活及行為的經驗科學,利用觀察、建構假設、蒐集事實、測試假設、印證或推翻假設來建立知識。

§ 規範倫理學是對倫理作規範、觀念的分析及理論的論述,研究的範圍主要包括兩大問題:「人應該如何生活」,以及「人應該如何行為」為主軸。

§ 倫理道德必須落實到實踐的問題;亦即倫理學並不只是課堂上的知識學科,其最終目的還在於能落實到人世間。倫理甚至進一步提升到宗教的層次,讓來世的解釋超越現實世界的諸多困境,而歸還道德的正義一面。

§ 倫理教育的實施與紮根,有助於平衡過度強調的專業技術的教育,以導正及強化倫理行為的素養,而使得高等教育能在技術面與行為面間取得平衡。

§ 所謂的善,是一種道德價值,是人類覺得必須追求擁有的德行。善是一種可欲,即是此種意思。

§ 良知是個人內心是非善惡判斷的功能;在個人內心運作中,是個人行為的法官,不受制於個人的理知或意志。一個人只要違反道德法則,良知就會開始進行譴責,使違反道德法則者內心不安。

§ 人類行為的價值,必須基於道德判斷,道德判斷乃人類憑天生的道德意志,對所表現的倫理行為、品格與意志,加以正邪善惡的判斷。然而道德判斷的標準,究竟是來自人類本身的自覺,還是由客觀的法則而來,其說法卻莫衷一是。

§ 凡違背人性標準者，不能成為道德目的，故人性是人類道德判斷的根源基礎。所謂「人性」，即人類的本性，經由社會影響所形成獨具的共同特質。

§ 道德跟美德息息相關，培養美德有助於道德行為的實現，愈多美德的人，愈能促成對的事出現，減低壞事的發生，社會因著美德而得福。

§ 某一類行為之所以被稱之為道德行為，是因為履行這類行為被認為具有社會的重要性，忽視或妨礙這類行為將造成社會的災難。

§ 行為的善（好）或惡（壞）由其目的及結果來決定，而用來判別善惡好壞的準則，就是效益原則。效益原則的核心涵義是：在所有可能的情況下，我們應儘量為所有人製造最大的效益，而儘量減少反效益。

§ 在一個保障公民信仰及良心自由的社會裡，一個人究竟以何種精神信念支持他的道德行為，是不能強制與干預的。法律規範的只是人的行為而不是思想。

重要名詞

倫理（ethics）

道德（moral）

不傷害（do no harm）

促進快樂（promote happiness）

倫理學（the principle of ethics）

描述倫理學（descriptive ethics）

規範倫理學（normative ethics）

統合倫理學（metaethics）

決疑法（casuistry）

經驗倫理學（empirical ethics）

什麼是美好的人生（what is a good life）

什麼是對的行為（what is the right act）

正當（right）

應當（ought）

顯見義務（prima facie duties）

實際義務（actual duties）

正善（bonum honestum）

娛善（bonum delectabile）

益善（bonumutile）

做對的事情（do the right things）

非道德（nonmoral）

不道德（immoral）

善（good）

德（virtue）

價值（value）

效益原則（principle of utility）

效益（utility）

反效益（disutility）

幸福（happiness）

快樂（pleasure）

行為效益論（act utilitarianism）

規則效益論（rule utilitarianism）

權利（rights）

義務（obligations）

道德危機（moral hazard）

問題與討論

1.請分享你個人在第二章節所學習到的心得？最令你印象深刻的議題為何？

2.何謂倫理？何謂道德？兩者間有何差異？請簡述之。

3.何謂倫理學？倫理學不同論點為何？請簡述之。

4.倫理學的分類為何？請簡述之。

5.何謂倫理的意義？請簡述之。

6.何謂善、惡與良知的意涵？請簡述之。

7.針對「墾丁龍坑生態區油污事件」之案例，你個人有何分享的心得？

8.道德與效益的論述為何？請簡述之。

9.道德與經濟的論述為何？請簡述之。

10.道德與法律的論述為何？請簡述之。

11.道德與宗教的論述為何？請簡述之。

Chapter 3

企業倫理的基本概念

3.1 企業倫理的意涵

3.2 企業倫理的產生與形成

3.3 企業倫理的理論建構

3.4 企業倫理的重要與運用

3.5 企業倫理的應用與推展

3.6 企業倫理的研究與展望

本章節說明企業倫理的基本概念，討論的議題包括：企業倫理的意涵、企業倫理的產生與形成、企業倫理的理論建構、企業倫理的重要與運用、企業倫理的應用與推展，以及企業倫理的研究與展望等六個部分。

3.1 企業倫理的意涵

在說明企業倫理意涵時，有必要先行探討何謂企業倫理，再說明何謂企業倫理學的概念。

一、何謂企業倫理

企業倫理
business ethics

「企業倫理」係將倫理觀念應用於企業經營規範之中，使企業經營得以在具有明確的道德標準與行為準則的基礎下，完成各項經濟性活動。

「企業倫理」（business ethics）在企業經營的所有過程中，始終以人性為出發點，亦以人性為依歸。企業倫理之規劃與推行都必須依循人性，凡所有措施絕不可以違反人性。倫理是依循人性的社會秩序、社會道德與社會規範。配合著人性為依歸的企業倫理，企業所推動的企業管理就是所謂的人性管理。因此，人性管理必須遵循著企業倫理；違反企業倫理的企業管理，就不是企業的人性管理。

企業倫理不只是隱約與存在心中的觀念，而已經是學術界、企業界與員工所共同重視及關懷的議題。企業在企業的經營過程，應該致力於企業倫理的規劃、建立與實踐。「企業倫理」係將倫理觀念應用於企業經營規範之中，使企業經營得以在具有明確的道德標準與行為準則的基礎下，完成各項經濟性活動。

倫理是企業中每一個工作成員都要遵守的共同倫理規範。企業倫理包括合乎道德觀念的企業思想與行為；企業倫理在企業經營的過程與環境中，其重要性在現代企業界中日趨重要。

在企業研究中，倫理係指進行研究時所該遵循的**行為守則**（code of conduct）或**社會規範**（societal norm），企業倫理就是企業中所有成員，所應當共同遵循的企業工作行為守則，以及企業團體的群眾規範。

二、何謂企業倫理學

在某一個企業中，企業倫理就是以該企業為主體，所構成的倫理關係與行為法則。企業所規劃及建構出的倫理關係與行為法則應適用於多元化，凡與企業有關係的任何對象均包含於其中。企業倫理是以倫理道德、倫理秩序與倫理規範來管理人及人事；而「**企業倫理學**」（business ethics），就是研究、探討、評論、判定及推動企業倫理的知識與學問，就是演繹企業的倫理與實踐，應用到企業經營管理上的**普遍性學問**（universal erudition）。

企業倫理學乃是：研究個人道德規範如何應用於企業活動與公司目標上，不是另一套的標準，而是研究個人在企業情境下所遇見的特殊問題。倫理與企業似乎格格不入，目前倡導企業倫理的呼聲時有所聞，但很多人還是認為在商言商，作生意不必理會道德原則。當然大多數的商人都願意潔身自愛，但不可否認的是，商場上的試探實在很大，能夠堅持原則的人究竟是少數。再加上營運上的壓力，權力與金錢的誘惑，使很多倫理的商業行為，如誠實、公平、尊重、服務、守承諾等，都被漠視忽略了。

> **企業倫理學**
> **business ethics**
>
> 「企業倫理學」就是研究、探討、評論、判定及推動企業倫理的知識與學問，就是演繹企業的倫理與實踐，應用到企業經營管理上的普遍性學問。

3.2 企業倫理的產生與形成

企業倫理的產生來自於企業生存的需要，企業倫理的形成

來自於時空職場的群眾所建構。企業倫理的產生與形成,都與企業經營的生存及其企業活動有直接的關係。

一、企業倫理的產生

因為企業生存是在創新與配合企業需求,所以企業倫理的產生與形成,也要配合時空職場的需求與企業活動的需求;企業倫理的規範、企業倫理的功能及企業倫理的價值,也應當以「天時、地利、人和」為原則。企業倫理始終以「企業群體」為中心、以「企業生存」為重心,而且永續地以「企業營利」為目的(黃培鈺,2004)。

在企業倫理的經營過程上,企業管理是在企業組織中,利用有系統的方法,經由企業計畫、企業組織、企業人事、企業領導、企業控制,以及企業合作等程序,來達到企業機構的總體目標,並獲致企業組織的整體利益。

企業管理是以「人」為中心,以「企業生存」為重心,以「企業營利」為目的。因此,企業管理是以「人性管理」為根本,將企業的五大機能,運用到企業經營,用以達成企業的經營目標及目的,並且藉之獲致合乎公益的共享與分配。

二、企業倫理的形成

企業倫理是以企業為主體,在企業群體中的人際關係與人際規範,包括:倫理道德的關係與人倫行為的法則。企業倫理,就是企業思想與企業行為的道德觀念與行為。在企業經營的諸多過程上,企業倫理的形成是因為全體員工的共同需要,也是因為分配利益的合理需求。

所謂專業倫理,就是企業經理人面對自身利益攸關群體的利益衝突時,所應遵循的決策道德原則與行為規範。企業倫理

> 企業管理是以「人」為中心,以「企業生存」為重心,以「企業營利」為目的。因此,企業管理是以「人性管理」為根本,將企業的五大機能,運用到企業經營,用以達成企業的經營目標及目的,並且藉之獲致合乎公益的共享與分配。

因企業人際之間的問題而產生，亦逐漸地促成企業倫理的形成。企業為了合乎企業生存的正當性，為了達到企業發展的穩定性，企業倫理的形成自然地應運而生。企業倫理的形成，自然地使倫理機制及倫理規範被建立起來，其內容包括：企業與社會的關係、企業與有關人員的關係，以及企業之內部行為規範。

三、企業倫理的範圍

企業倫理的定義為：企業倫理是將判斷人類行為舉止是與非的倫理正義標準，加以擴充使其包含社會期望、公平競爭、廣告審美、人際關係應用等。另外，有部分學者將倫理與道德相結合提出下列的定義，如企業倫理是一種規則、標準、規範或原則，提供某特定情境之下，合乎道德上對的行為與真理的指引，又如企業倫理為含有道德價值的管理決策（吳成豐，2002）。

Carroll更詳細界定出企業倫理的範圍，包括：個人、組織、專業團體、社會群體、國際文化等，其詳細內容如【表3-1】所示。

企業倫理是一種規則、標準、規範或原則，提供某特定情境之下，合乎道德上對的行為與真理的指引，又如企業倫理為含有道德價值的管理決策。

表3-1　企業倫理的範圍

項目	內容定義
個人	即個人的責任，以及解釋個人擁有的倫理動機與倫理標準。
組織	組織必須檢查流程與公司政策、明文規定的道德律令後，再做決策。
專業團體	以該專業團體的章程或道德律令作為準則方針。
社會群體	如法律、典範、習慣、傳統文化等所賦予的合法性，以及道德可接受的行為。
國際文化	各國的法律、風俗文化及宗教信仰等。

資料來源：摘引自吳成豐（2002）。

企業倫理的範圍涵蓋
了：個人的倫理標
準、組織的政策與規
定、團體的規章、社
會的規範與國際文化
等層面。

企業倫理的範圍涵蓋了：個人的倫理標準、組織的政策與規定、團體的規章、社會的規範與國際文化等層面。由這個企業倫理範圍的內容來看，企業倫理涉及的**利益關係人**（stakeholder）就十分廣泛，包含個人、團體（慈善、功利、利益團體等）、社會、政府機關、供應商、競爭者、媒體，乃至國際社會。

因此，一家具倫理性企業必備的基本條件，是處理好與廣泛利益關係人間的倫理關係。比如說，在企業內部，公司管理階層對員工採取人性管理，這是企業處理好與員工的倫理關係。至於，在企業外部方面關係人就比較多，比如企業與政府機關或媒體維持良好的溝通管道，但謹守分際，不作利益輸送或餽送厚禮的事，這是企業處理好與政府、媒體等利益關係人的倫理關係（吳成豐，2002）。換言之，倫理的企業必須掌握好「利己」與「利他」的分寸，在自利的同時也能有利他人。

3.3 企業倫理的理論建構

「企業倫理？沒這回事」；「企業與倫理是互相矛盾的」；「企業的事情是作生意，與倫理無關」，這些都正說明許多人心中的態度：意即認為企業適用另外一套的準則。如說謊、偷竊、詐欺、賄賂等，普通人來做是不對的，企業去做就對嗎？

茲以工作規範作為企業倫理理論之限制，說明如下：

1. 它無法回答當不同角色的職責發生衝突時，應該怎麼辦的問題。例如，同一角色，公司的期望與同事的期望可能衝突，或不同角色之間的衝突，如公司、家庭、社團與國家。
2. 往往因更高的道德會超過任何形式的角色道德，而犧牲第三者的利益。例如，忠誠，問題出在向什麼忠誠，黑道也

講忠誠，盲目的忠誠本身也有問題，如作假帳、說謊。公司管理者都覺得應該向股東忠誠，卻往往犧牲第三者的利益。若不配合公司政策，又會被視為害群之馬。

我們依照Norman Bowie提出三種企業倫理理論的建構模式：古典理論、社會契約論與新古典理論，並說明其理論依據及缺失。

一、古典理論

當我們說某種東西好，意思是它達到其應有的功能或目的。公司的功能為何？古典理論假定是使股東利潤極大化。此理論有兩種觀點的支持：

1. 根據功利主義的看法，人的啟蒙私利心，加上經由受法規管制的競爭過程所運作的看不見的手，公司追求利潤極大化，會使最大多數人獲得最大之利益。

2. 根據私有財產權的看法，誰是公司的老闆誰就有權決定如何投資，故股東有權，而且根據實證研究指出，股東追求的正是利潤極大化。

反對古典理論的理由如下：

1. 反對競爭市場原理的理由：Bowie由責任中心（deontolog-ical）倫理說出發，提出四點理由：

（1）競爭不足以產生利潤最大化的理想。公司是法人組織，乃依據與社會之契約而成立，此契約之主旨是公司之活動會達成最大的公眾利益。競爭過程必須受到政策制定之法規所管制；而受法規管制之行為是合作的行為，亦即政府制定遊戲規則，企業遵守這個遊戲規則。若無規則，追求私利的結果將是一片混亂。

（2）公共財若只有經過競爭市場程序，數量將無法足

夠。因大家都會故意低估公共財對本身的價值，結果是大家所出的錢會遠低於大家整體願出的錢。

（3）外部不經濟，由社會負擔成本是不公平的。如空氣污染、水污染、噪音、不受歡迎的工廠（如有危險性）。但這些項目很難評估，受害者通常會誇大受到的傷害，而使公司吃虧。

（4）公共事業（電話、電力、瓦斯）之性質不容許競爭存在，有些產業的進入成本高到使競爭不可能，而且這些產業即使瀕臨破產，也要社會挽救。

2.反駁私有財產說的理由：Bowie將私有財產說，作如下的區分：

（1）企業應該私人擁有與經營。

（2）企業決策通常應該由私人作決定，而非公眾作決定。

（3）企業人士可以對他們的財產作他們想作的。

公司擁有與使用財產，需要從屬在別人的合法權限之下嗎？例如，公司的搬遷與關廠，是否應考慮對社區的影響而受到限制呢？公司所有權人，不論就道德或法律而言，都不能隨自己喜歡，任意處置公司的財產。

二、社會契約論

公司存在應該受社會約束，公司應盡社會責任，不能只顧著賺錢。因為若不盡社會責任，社會會透過政府來干涉，如立法或管制，這都將對企業長期有不良的影響，此點從啟蒙式自利心觀點就可說明。

社會有權這樣作，並不代表社會這樣作是對的。而且既然是契約，社會就不應該改變契約，對公司有新的要求，即使遵守契約會造成社會的不利，也不可以廢棄契約。反過來說，遵

守承諾一事也不是絕對的。站在道德立場毀約，而不能只為著
方便或私利毀約，故社會在道德責任之基礎上，有權重訂與公
司之間的社會契約。

　　光有契約不代表自動是有效的契約，正如說「我答應」不
等於有了一個合法的承諾，如在被人用刀勒索的情況。因此，
有效的契約必須具備下列條件：

　　1.非在受威脅之下作成。

　　2.受契約影響的人都有代表在內。

　　3.代表必須具備一定的知識。

　　4.合乎分配的公平性。

　　另一個重要的觀念，即道德的最低限（the moral mini-
mum）：意謂不會引起對他人可避免之傷害，該行為稱之為符
合道德最低限之觀念。因此，公司契約應改成：在利潤不致造
成可避免傷害之前提下，公司之功能是利潤極大化。

　　這個定義的問題在於，什麼是「可避免之傷害」。有些傷害
是可以避免，如停止生產汽車，就可以避免所有的事故；但社
會可以接受某種程度之內的事故，故必須將倫理學上的一個基
本原則修正為，只有在能力範圍之內的事件，才必須負道義上
的責任。例如，多數的事故不是汽車公司的責任，只有車子設
計上的問題才由他們負責。其次，對公司而言，與獲利力有
關，把車子改得安全無虞，可能要花費巨額成本而使公司失去
競爭能力，故製造一部安全的車輛是超過公司的能力。

　　評估企業與社會間之契約的第三種方式是，該契約是否違
反契約中，各造之合法權與受其影響之人的合法權。例如，公
司要求員工忠誠，如吃苦耐勞、犧牲、奮鬥、團隊，是否違反
個人的私人權益。

三、新古典理論

　　根據以上之評估，Bowie提出公司功能新古典理論定義：在與普遍性公平的道德準則一致下，並尊重合法之私人權益，公司的功能是利潤極大化。或者以社會責任的定義來看：公司的功能是使企業各關係人之利益調和並極大化。雖然以上兩種定義都有其缺失，前者在於沒有證據說公司應該尊重私人權益；後者的問題在於不知如何調和。以下要從康德的倫理面，來證明這個企業功能的新古典定義是可接受的。

　　首先證明公平是企業實務的準則，康德的**無上命令說**（the categorical imperative），有三個**公式**（formulations）：

　　1.除非人願意讓他所行的成為普世性法律，否則他絕不該去行（普世性的適用程度）。

　　2.把全人類當作目的對待，而不僅是工具（尊重人的尊嚴）。

　　3.把你自己當作一個理想社會的成員而行動，你在其中既是子民，也是主宰（必須為理性的人所能接受）。

　　通過這三大考驗的公理，就是道德的；不能通過其中任何一條的，就是不道德。

　　第一點是黃金律的引伸，或一致性行動之原則。「你願人怎樣待你，反過來，你就該依此去待人。」例如，兩隊比賽，甲隊投手要求依揮棒三次出局的規則，但輪到他打擊時，他說要改成四次。他若說自己不矛盾，因為之前他是投手，現是打擊手，但他也允許對方投手也這樣作嗎？所以，公平對待別人，或不把自己當作特例處理，都是合乎道德之行為。依照康德的說法，即他願意他的行動成為一個普世性的法則。

　　若有人願意被騙，所以他可以騙人，此時黃金律似乎失效。但欺騙的手段是矛盾的，例如，想作弊的學生也會同意別人作弊，那麼考試的目的就蕩然無存了，考試的結果將不被承

認。

Bowie根據康德的無上命令說，證明遵守承諾是一件道德的行為。為什麼？用反面思考，若不守諾言成為一個普世性法則，作承諾就沒意義，守承諾就沒有用。所以鼓吹不遵守諾言，是**站不住腳的**（self-defeating）。

企業實務中合約之使用是遵守承諾最明顯的例子，像雇用契約、信用額度、訂貨與物品的供應、保證書等。有信任，才有合約，才有交易關係。現金交易中會出現欺騙，信用交易更是容易，若是交易中發生欺騙對方的行為，如未付款聲稱已付款；未交貨聲稱已交貨，不久交易就會中止，至少要變成最原始的現金交易，即一手交錢，一手交貨。用康德的說法，這種行為無法成為一個普世性的法則。

偷竊、詐欺、收回扣、賄賂等都是一樣，若是成為普世性的法則，將使企業無法運作。根據康德的說法，這是不道德的行為，故公平是企業實務預先假定之普世性準則。

但如何確保公平的準則呢？以下提出另一個觀念來討論：**羅斯**（John Rawls）的「**純粹程序正義**」（pure procedure justice）。

公平是把人所當得的給他；但什麼是人所當得的呢？可依能力、功績、努力、需要等來分配。不論用哪一種準則，必須考慮到其目的與情況。羅斯根據康德的無上命令說，發展一套公平理論，他的方式是建議進行一種思想實驗，想像所有人都在「**無知之幕**」（veil of ignorance）的後面，我們只知道他們是理性的人，具有尊嚴。

至於，他們的身分、教育程度、貧富、長相、膚色、性別等都不知道，這時我們問自己：「我們應依據什麼原則來作，才會符合公平原則呢？」即幕後的人都能接受的客觀原則。

例如，一塊蛋糕如何公平地分給三個人？若三人之間無特別差異存在（如無人有糖尿病），則用什麼程序可保證公平之分

配呢？切蛋糕的那人最後拿。又如，設立獎券的人，必須讓每個人都有公平獲獎的機會，只要程序正確，即使中頭獎的人是有錢人，也不會有人說話；這就是所謂的「純綷程序正義」。

但在實際運作上，我們發現無法作到完全的公平，這時只能有不完全的程序正義（imperfect procedure justice）。例如，刑法不可能作到完全公平，為處罰犯人，如何保護無辜呢？只有在程序上訂定。企業在升遷之考慮，不可能達到人人滿意的公平，但可以制定一個程序，以確保公平。

Bowie接著從尊重個人的原則（respect for persons），證明企業不可違反合法的個人權利。康德認為，只有人才能受道德準則之影響，人把有條件的價值放在東西上，但只有人有無條件的價值。人應把他人當作人看待，故不應該把員工當作一種生產工具，如機器、資本一般，照著利潤極大化的經濟法則。

康德的第二個公式也適用在契約制定上，而Bowie的論點如下：

1.有效的契約必須當事雙方都是負責任、自主的成人。

2.如果他是一個負責任、自主的成人，他必須看待自己或被別人，看成是一個有道德責任的人。

3.只有在他有權利對別人主張時，他才是一個有道德責任的人。

4.進入有效企業契約的人是一個有權利的人。

5.承認自己有權利，就是承認進入企業契約，別的當事人有權主張的權利。

6.一個人進入有效的企業契約，必須承認當事人有權主張的權利。

這些合法的個人權利是可以獲得保障的。但有人反對康德的看法，例如，Carr認為經營企業有如玩撲克牌，欺騙手段是正常的，成功的人必須故意誇大其詞（shrewd bluffing），隱瞞重要事實，說不正確的話，但他卻不希望別人也這樣待他。例

如，房地產價格通常要經過一番討價還價，而不是當初賣主所訂定的價格，這是聰明的誇大其詞，而不是不道德的謊言。

但這也有限度，例如，若賣方編造說已經有一個人要買，但他仍願意以該價格賣給買方，這是說謊，即使買主是他自己的兄弟所假裝的也一樣。

廣告充滿了這一類無傷大雅的誇大其詞與不道德的**欺騙**（bluff）。前者像用高而窄的盒子，不用短而方的容器，或像容器大小超過所裝東西的數量；後者如泡麵廣告。這種只說好的一面，似乎是人性的一部分。人很容易膨脹自己，但如何區別兩者？謊言是試圖誤導別人，是虛假的言詞；而意圖良或不良是區別兩者的重要觀念。

1. 準則一：在商言商，與產品成本數量品質無關的任何欺騙或虛假言詞，都不是廣告中不道德的欺騙。
2. 準則二：任何不會欺騙有理性之人的誇大其詞，並非不恰當，而理性之人乃知道有關產品成本、數量或品質之遊戲規則的人。

依康德的看法，企業實務若變成普世性法則，會使該實務本身受到損害者，就不應當。若社會愈多人說謊，社會就愈不穩定，終究會跨。例如，申報所得稅不實的人，若多到一個程度，整個稅制就完了。若是合約的神聖性不受尊重，市場的交易必定受影響。又如，因商品遭到順手牽羊不易察覺，商家只有提高標價來彌補損失。標價提高，會使偷竊事件更多，尤其是當人們知道商品價格中，包含失竊商品的成本時，他們一定不願多付，可能也開始順手牽羊。

一般人所公知與接受的小謊及誇大其詞，都會使市場不安，使社會機構的根基損毀。若好的成績與推薦信都不足以採信，這是什麼樣的社會？Bowie認為合法與不合法欺騙之分野，似乎在於雙方是否知道欺騙正在發生。

3.4 企業倫理的重要與運用

　　企業的成立過程及發展階段，在面對企業內部的人事需求，以及企業外來的社會環境要求時，建立企業倫理的需求性愈形重要。企業在事業及事務管理方面，都要靠企業倫理的建立及推動，才能順利達成企業的營利目的。

一、企業倫理的重要

　　企業倫理在企業的重要性，有如下幾點要項：
1.企業倫理幫助所有企業成員互助互利與團結合作。
2.企業倫理使企業營利的分配維持合理方式，使企業的投資者及業務員工對企業有向心力。
3.企業倫理促使企業與同業間公平與合作的互相競爭，使企業更積極與更具創造力。
4.企業倫理促使企業與社區更和諧，減低社會環境對企業存在及經營方式的質疑，使社區民眾贊同企業的存在。
5.企業倫理協助主雇關係維持良好，減少主雇之間的糾紛，促進主雇雙方的相輔相成。
6.企業倫理幫助企業與供應商互相信賴與互助互利，共同營造利益的達成。
7.企業倫理建立起主客間良好的交易模式，促使企業獲取充分的利潤，進而壯大企業的經營與發展。
8.企業倫理使企業具有道德的標準與行為的規範，並達成企業的創業理想與永續經營。
9.企業倫理的機制可吸引人心及獲得信賴，博得企業商譽，創造出更強的競爭力。
　　綜合以上論述，可知企業倫理對企業的生存、發展及永續

經營，都具有助益性與推動性的影響。因此，在企業的經營、謀利與造福企業中的所有成員，確實具有相當的重要性。

二、企業倫理的運用

企業所建制出來的企業倫理，不只是理論性規範，還需要實踐與推行。在企業的經營上，企業倫理必須推展到與企業有關的人、時、地、事、物上，其中以「人」為最主要。企業的經營者與管理者，都必須把企業倫理配合著人、時、地、事、物五大要素，運用到「人」上面，而所謂的人，包括個人與團體。企業倫理的運用目的，就是要使企業有關的任何人，獲得合理的人格對待與利益分享。

企業倫理可運用到與企業有關的各種個人或各種團體，包括：內部的股東、投資者、經營者、管理者與所有的工作員工；社區個人與社會群眾；生產顧客；商品供應商；同業廠商；公家機關的政府人員；有關的同業公會；委託研究的專業人員；聘請來執行特定工作的技術人員與專業人員。

企業所推動的企業倫理，可運用到所有與企業有關的個人或群眾，建立出與企業的行為規範，即從業人員工作的正當態度，並促使凡是與企業有關所有個人或所有團體，和企業本身保持和諧、互助、合作、共存與共榮，以及同享社會繁榮與企業利益。

3.5 企業倫理的應用與推展

企業倫理並不是現今時代才有，在早期時代的事業經營就有企業倫理，只是以前沒有企業倫理這個名詞罷了。在人群中，只要有企業的經營理念及經營行為，必然要有倫理規範與

企業倫理對企業的生存、發展及永續經營，都具有助益性與推動性的影響。

企業倫理的運用目的，就是要使企業有關的任何人，獲得合理的人格對待與利益分享。

道德準則的需求。在資訊科技發達的時代裡，企業的經營型態愈為多元化，企業的人事問題更加複雜化，企業的社會責任也趨向必須性，企業的利益分享也被需求合理化，於是企業倫理的機制與實踐是當然必要。

一、企業倫理的應用

企業倫理是以人性為基礎，對於企業管理的進行提供協助與評價。企業與有關係的個人及團體，所共同建構的一套倫理機制，是必須合理化與適合化。如果企業倫理能夠合理化及適合化，其所受的評價就較高，而且對企業的經營當然會有更多的幫助。

企業倫理要能真正地合理化與適合化，應當合乎企業倫理在時空環境中的各種應用趨向：

（一）合乎企業投資的理念

企業的成立，在於企業創造者及起初投資合夥人的理念下，而進行組合、創業與經營，這是企業的創業投資理念。但時代日新月異，企業投資理念也會因應企業的發展需要而有所變革，因而企業倫理的機制，也當然要隨之而調整。

（二）合乎企業員工的需求

企業所建制出的企業倫理機制，仍需要採納員工的需求意見，勞資雙方才能找到平衡點及獲得合作。在企業經營的所有過程上，勞資雙方都要遵循企業倫理的規範，遇有任何勞資的爭執問題，勞資雙方必須依照企業倫理的機制來加以解決。

（三）合乎國際情勢的需求

企業在國內或跨國的經營上，常會與國外的企業產生貿易

關係，包括出口業務與進口業務，也常會涉及外國政府的法令，或外國社會的群眾輿論及要求。因此，企業倫理必須符合國際情勢的需求。

（四）合乎社會生活的需求

企業倫理的功能，在促使企業與社會人群的融通；企業在經營事業的過程上，一方面不可以造成社會群眾生活的不便，也不可以帶給社會民眾，在健康上有危害的產品、噪音、水質污染、空氣污染、土地污染，以及交通的危害等。另一方面應幫助社會文化的良好發展，並貢獻社會資源，以使社會民眾能分享到企業的利益成果。

（五）合乎時代創新的理念

企業在經營業務或製造產品，自然地都會因應社會人群的需要而創造新理念。在資訊科技的時代下，企業倫理應當要在企業的經營原則下，配合企業發展的情況，為著合乎員工的需求，為著凡與企業有關的群眾之需求，企業倫理的機制應當合乎時代創新的理念，使企業倫理的規範及準則，在理念上及實踐上能夠適合實際的需要。

二、企業倫理的推展

企業倫理在一個企業的事業諸多過程中，已經占著顯要的地位。或謂：企業倫理是企業經營事業成功的潤滑劑，亦是企業營利的催化劑。企業倫理的研究與建構，已經成為當今企業的重要課題。當然，企業倫理的推展更是所有企業刻不容緩的重要工作。

企業倫理在企業的經營過程上，必須重視到企業內與企業外的各種有關的人、時、地、事、物。在專業導向的時代，經

理人的地位愈形重要，經理人的專業倫理更是必備的條件。在企業倫理的推展上，經理人要把企業倫理推行好，當然地也應當要把專業倫理推行好。所謂專業倫理，就是專業經理人面對自身利益、股東利益、與其他攸關群體的利益衝突時，所應遵循的決策道德原則與行為規範。專業經理人首先要有專業倫理的研究與理念，進而把專業倫理推展好，才能使企業能有永續經營的成果。

在企業倫理的推展上，領域可分成企業之內的領域，以及企業之外的領域。在企業推展企業倫理的過程中，以這兩種不同的領域，來推展不同的內容，而且推展的方式及法規，也有其不同之處。

(一) 企業體制內的企業倫理推展

企業體制內由企業領導人與經營管理者，共同依照企業內所有成員，在業務工作上、事務配合上，以及人情事故上，與員工代表經過多次的研討及修正，而訂定出一套適合企業所有成員，所需要的企業倫理機制。每一位企業的成員，上至企業負責人，下至每一位員工，都要尊重與遵守這一套具有共識的企業倫理機制。

(二) 企業體制外的企業倫理推展

企業體制外的企業倫理之推展，就是某一個企業與其他企業、任何社會機構、任何政府機構、任何社會群眾或甚至於任何個人間，所應當取得企業倫理機制的共識，並共同遵守、共同合作地使用，以適合業務上、事務上、人事上，或生活環境的各種需要。

3.6 企業倫理的研究與展望

　　企業界為了企業的經營與管理，企業倫理的理念已經普遍地被重視，所有企業也都建立起企業倫理的機制，以推行與實踐其企業倫理。愈是上軌道的企業，其企業倫理機制愈完善，其企業倫理的推行與實踐，也愈為切實與徹底。企業倫理的研究與展望，是在於研究與推動企業倫理，促使企業對內能實行具有合乎人性的管理制度，以及具有合理的利益分享機制，並促成企業的成功經營與永續發展。

一、企業倫理的研究

　　企業倫理乃在研究什麼是合乎道德上，好的行為、企業決策及作法。企業倫理並非是一個固定不變的題目，在美國早期討論的，多半跟工作場所中失去人性化與圍標的問題有關。後來是污染管制、公平就業法案等立法。1970年代國際化的結果，賄賂與政治獻金成為頭條新聞，同時消費者運動使焦點集中在產品發展、廣告、包裝與標籤標示的不實作法。

　　近年來，企業倫理課題集中在機構的責任，現在則看重個人的道德責任，像內線交易、惡意購併的問題，以及使一些著名公司倒閉的個人貪婪及不誠實作風，如1996年霸菱銀行倒閉案。

　　一般而言，企業倫理的研究範疇，包含五大部分：

1. 應用一般倫理原則到特定的企業個案或實務。決定哪些作法是不道德，或在道德上可站得住腳的。
2. 研究倫理與公司倫理之異同。公司是一個法人組織，其道德原則與個人有差別嗎？公司有良心嗎？用來形容個人的道德說詞，可否用在公司組織呢？

企業倫理的研究範疇，包含五大部分：應用一般倫理原則到特定的企業個案或實務；研究倫理與公司倫理之異同；分析企業的前提假定；探討總體道德問題；描述道德上值得讚賞的行為與典範。

3.分析企業的前提假定。道德前提假定與從道德觀點的前提
　假定，即針對經濟制度的道德性提出質疑，分析財產權、
　剝削、競爭等非道德的意義，以及企業本益分析、會計程
　序等的前提假定及用法，是否站得住腳。

4.探討總體道德問題。像富國對窮國之責任；多國籍公司對
　地主國之責任，此與經濟學或組織理論有密切的關係。

5.描述道德上值得讚賞的行為與典範。企業倫理學雖然是針
　對企業弊案而開始，但不應該停留在指出錯誤行為是什麼
　的消極作法。

　　研究企業倫理學使人對企業中的道德問題，採取更有系統
的方式去面對，而且提供更佳的工具。使人看見受到忽略的課
題，幫助人作出必要的改變；但研究企業倫理學本身無法使人
變得有道德。它乃假定人是知道道德的，知道對與錯之分別。
企業倫理學雖能證明某種作法是不道德的，但只有在其位的
人，才有辦法施行必要的改變。而根據哥倫比亞大學商學1989
年研究，針對二十家企業，1,500位經理人所作的調查報告指
出，這些經理人都把個人倫理道德，列為2000年理想CEO的第
一項特徵。

二、企業倫理的展望

　　企業倫理在企業的規劃經營上，已經是必須的重要項目，
而且是不可或缺的。企業倫理學的研究與發展，必須配合時代
與環境的實際需要，推展出合乎人性及適合道德的企業倫理制
度與策略。在企業倫理的展望上，有幾個重要及必要的理念：

（一）合乎情理法的企業倫理

　　企業管理與企業倫理兩者，都必須以人性為基礎及依歸，
並且以合乎人性為原則。企業管理是經營管理者依照企業的規

定，而對所有人員、事務、業務、貨品、營利等之管理，是以管理制度及規定爲依循，是法理情的管理方式。企業倫理一方面以管理機制及管理規定爲遵循，但也以合乎人性的倫理道德爲規範，其方式則爲情理法。

企業倫理同時、同等地重視情理法三者，也就是說企業倫理是必須合情、合理、合法的，而在以人性倫理爲依歸、以合乎人性的互助共愛爲基礎，在情理法三者並重時，情理法三者協調後，同時以情理法的次序爲方式的企業倫理，才合乎以人性爲依歸，才能以合乎人性的關懷爲準則，以及以充實美化人生爲目的。

（二）兼顧個人與團體的企業倫理

企業倫理是以人性爲主的道德規範與人事準則，其範圍是兼及人際個體與人際團體，而不只是人際個體而已。個人如果有不合乎倫理的言行，或者個人在企業中違反企業倫理的規範，都會與很多人發生波及的關係，甚至於會影響到某工作範圍的人際團體。有些管理者認爲倫理是個人的事情，純粹看每個人有沒有倫理原則。這些管理者覺得個人的不當行爲與他們無關，而倫理也與管理無關。但是愈來愈多人認爲倫理與管理密不可分。個人通常不是獨立行事，他們需要別人間接或直接的合作，才會在公司裡作出不倫理的事情。

一個人在社會中違反了倫理，以及一個企業員工在企業中違反了企業倫理，通常該違反倫理的個人，都是或多或少受到他人的協助，一個人不可能單獨地違反倫理規範。而且違反倫理的人，其言行作爲也自然地對其他很多人造成許多不利的影響。企業倫理的機制，一方面爲個人而設想、設計，但同時也是爲團體而設想、設計的。

三、企業倫理的倫理責任

企業倫理就是企業中的道德倫理,而在社會群眾生活中,道德倫理是有倫理責任的。企業在經營管理上,必須引用企業倫理來輔導及協助其發展。因此,企業在推動企業倫理時,是必須有倫理責任的。

(一) 企業對員工的倫理責任

企業在經營的過程上,對員工要有倫理的責任。倫理是人類行為的道德標準與行為規範;員工群體也是一個社會,企業應當要在員工社會中,建立一個合乎倫理規範的社會文化。企業以人性的立場,照顧員工愈多,員工對企業的回饋也愈多。企業愈尊重員工,員工也愈加尊重企業。

(二) 企業對投資者的倫理責任

企業對投資者的倫理責任,其一應當努力經營企業,要多替投資股東賺錢;其二不應當有不良的、不法的財物勾當,應當儘量保障投資股東的權益;其三應當盡其所能地經營企業,使企業能永續經營與發展。企業對投資者應當負起責任,使企業投資者能安心地投資,並合理分享利潤。

(三) 企業對貨品供應商的倫理責任

企業與貨品供應商間,除必須依照法定規章及雙方約定共同履行行為外,企業對貨品供應商還要負起倫理責任,比如按期取貨與按期付款等。貨品供應商也要對交易的企業負起倫理責任,例如,按期交貨、按數量交貨、按企業所下訂單的貨品格式交貨,以及按契約所定之時間領款等。

（四）企業對下游廠商的倫理責任

企業對下游廠商應當要善盡輔導及協助，一方面促使下游廠商經營順利及貨品充分供應，進而穩當地獲得利益；另一方面，企業也因與下游廠商合作良好而賺進應有利潤，企業也因而獲得發展，且應當負起輔導及協助下游廠商的倫理責任，要充分地與下游廠商互助合作，保持良好的人際關係與溝通，助使兩方能永續地配合及合作。

（五）企業對顧客的倫理責任

企業要能以顧客至上，以及顧客為尊的態度來服務，所提供的貨品要貨真價實、品質保證令顧客滿意，如【案例3-1】，要提供優良的貨品取悅顧客。企業的售貨場所也要用心布置，迎來送往也要親切合乎禮貌，令顧客有賓至如歸之感。顧客一方面為了需要而向企業購貨，另一方面購買貨品也是一種享受。因此，企業對顧客要誠實對待、和藹可親、要有愛心與耐心，盡心力去取悅顧客，令顧客高興與滿意。

（六）企業對社會的倫理責任

企業在某一個地方經營企業，對該有關的地區都要負起社會的倫理責任。企業一方面不應當破壞社會生態環境、不應當製造社區交通的不便；另一方面更應當要為社會帶來繁榮，以及協助地方發展出一些優質的文化。企業在地方上，所應當負起的倫理責任很多，舉凡維護良好的生活環境與關懷社會、貢獻社會等在內。

> 企業在某一個地方經營企業，對該有關的地區都要負起社會的倫理責任。企業一方面不應當破壞社會生態環境、不應當製造社區交通的不便；另一方面更應當要為社會帶來繁榮，以及協助地方發展出一些優質的文化。

案例 3-1

保力達毒蠻牛事件

「毒蠻牛」事件報導,是一件可能重創企業聲譽、財產、服務的危機。這些負面企業新聞,多屬於「外在環境造成的人為危機」;這一類危機跟消費者權益最切身相關,企業一言一行都會透過媒體,牽動社會大眾及主管機關的情緒,是影響成敗最直接的因素。企業若能處理得宜,危機可以在數天內化解,否則將釀成重大危機事件。

提神飲料蠻牛遭人置放氰化物,同家公司旗下的飲品「保力達B」也傳出疑似遭人下毒。保力達公司決定比照蠻牛處理模式,即日起要求所有經銷商及通路全面下架、停售並回收、銷毀。業者預估,全國將回收約十萬箱、一百二十萬瓶的保力達B,損失高達新台幣6千萬元,加上先前下架的蠻牛飲料,業者損失已近1億元。

另由於蠻牛及保力達B兩項飲品,即占了業者總營業額的九成,如今面臨接連下架、停售的情形,再加上後續可能接踵而至的訂單、消費者信心流失,已經讓創業近半世紀、一向穩居國內機能性飲料龍頭地位的保力達公司,面臨開業以來最嚴峻的挑戰。

保力達公司對受傷者的慰問、協助方面,除了已先派人員探視,並致送每人最高10萬元的慰問金外,對於醫療費用及不幸死亡消費者的後事處理,公司都將會負責到底。接連兩項主力產品下架,已經對保力達公司造成十分重大的衝擊,實際的損失更是無法估計,目前公司將全力處理產品下架的相關問題,以挽回消費者的信心,未來則考慮以重新更改包換、名稱等方式,讓蠻牛飲料儘速再度上市販售。

討論與心得

2005年7月16日的保利達毒蠻牛事件,嫌犯以千面人手法,在瓶裝蠻牛瓶罐中放入氰化物,造成一人死亡及兩人重傷害。保力達公司也依循以往嬌生的慣例,懸賞、重新包裝,並製作感性訴求的新廣告,試圖重新抓回市場。當事件涉及群眾時,企業應該持續溝通,使群眾相信組織是無心之過,或組織也是受害者,將民意的不滿轉為支持。

整個事件過程中,保利達公司在第一時間做出產品全面下架的決定,並致贈慰問金給受害人。雖然公司本身承受很大損失,但是其所帶來的企業正面形象,廣告效果卻是無窮大。短期損失可換取長期利益,這也是企業在善盡社會責任下,反而可因此獲利的結果。因此,在企業追求最大利潤的同時,更要以社會公民的一分子自居,善盡社會責任,企業方能夠歷久不衰永續經營。

試問:

保力達公司的危機處理方式為何?有何值得肯定之處?有何需要再改進之處?

重點摘録

§ 「企業倫理」係將倫理觀念應用於企業經營規範之中，使企業經營得以在具有明確的道德標準與行為準則的基礎下，完成各項經濟性活動。

§ 「企業倫理學」就是研究、探討、評論、判定及推動企業倫理的知識與學問，就是演繹企業的倫理與實踐，應用到企業經營管理上的普遍性學問。

§ 企業管理是以「人」為中心，以「企業生存」為重心，以「企業營利」為目的。因此，企業管理是以「人性管理」為根本，將企業的五大機能，運用到企業經營，用以達成企業的經營目標及目的，並且藉之獲致合乎公益的共享與分配。

§ 企業倫理是一種規則、標準、規範或原則，提供某特定情境之下，合乎道德上對的行為與真理的指引，又如企業倫理為含有道德價值的管理決策。

§ 企業倫理的範圍涵蓋了：個人的倫理標準、組織的政策與規定、團體的規章、社會的規範與國際文化等層面。

§ 企業倫理對企業的生存、發展及永續經營，都具有助益性與推動性的影響。

§ 企業倫理的運用目的，就是要使企業有關的任何人，獲得合理的人格對待與利益分享。

§ 企業倫理的研究範疇，包含五大部分：應用一般倫理原則到特定的企業個案或實務；研究倫理與公司倫理之異同；分析企業的前提假定；探討總體道德問題；描述道德上值得讚賞的行為與典範。

§ 企業在某一個地方經營企業，對該有關的地區都要負起社會的倫理責任。企業一方面不應當破壞社會生態環境、不應當製造社區交通的不便；另一方面更應當要為社會帶來繁榮，以及協助地方發展出一些優質的文化。

重要名詞

企業倫理（business ethics）

行為守則（code of conduct）

社會規範（societal norm）

企業倫理學（business ethics）

普遍性學問（universal erudition）

利益關係人（stakeholder）

責任中心（deontological）

道德的最低限（the moral minimum）

無上命令說（the categorical imperative）

公式（formulations）

站不住腳的（self-defeating）

羅斯（John Rawls）

純綷程序正義（pure procedure justice）

無知之幕（veil of ignorance）

不完全的程序正義（imperfect procedure justice）

尊重個人的原則（respect for persons）

誇大其詞（shrewd bluffing）

欺騙（bluff）

問題與討論

1.請分享你個人在第三章節所學習到的心得？最令你印象深刻的議題為何？

2.何謂企業倫理？請簡述之。

3.何謂企業倫理學？請簡述之。

4.企業倫理的範圍為何？請簡述之。

5.Norman Bowie提出的企業倫理理論建構模式為何？請簡述之。

6.企業倫理在企業的重要性為何？請簡述之。

7.企業倫理的應用，要能合乎哪些要項？請簡述之。

8.企業倫理的研究範疇，包含哪些部分？請簡述之。

9.在企業倫理的展望上，有幾個重要及必要的理念？

10.企業在推動企業倫理時，有哪些必須有的倫理責任？

11.針對「保力達毒蠻牛事件」之案例，你個人有何分享的心得？

PART II 外部倫理篇

Chapter 4　企業與環境倫理

Chapter 5　企業與社會責任

Chapter 6　企業與職場倫理

Chapter 7　企業與倫理教育

Chapter 8　企業與校園倫理

Chapter 9　企業與倫理判斷

生命的戒、定、慧，是：
「戒」，才能「不再重複發生」，
「定」，才能「不為發生反應」；
「慧」，才能「有不同的結果」。

企業與環境倫理

Chapter 4

4.1　人與環境的互動與衝突

4.2　環境問題的形成與認知

4.3　台灣對環境問題的對策

4.4　環境保護的倫理與策略

4.5　企業對環境倫理的責任

　　本章節說明企業與環境倫理，討論的議題有：人與環境的互動與衝突、環境問題的形成與認知、台灣對環境問題的對策、環境保護的倫理與策略，以及企業對環境倫理的責任等五個部分。

4.1 人與環境的互動與衝突

　　我們對自然環境之理解，是透過文化對自然環境之定義而來，也就是說我們是透過文化的詮釋架構，去理解外在之自然環境。文化群體透過文化象徵符號，對同樣的物理性質賦予不同的意義，而這一些對自然環境所賦予之象徵意義，是社會群體所建構出來的（Greider & Garkovich, 1994）。自然景觀之意義是來自於社會，而非自然原本就有的，當有新的技術或是新的人造景觀，挑戰社會文化對自然環境之定義時，表示文化群體對新的景觀正在進行協商，而協商過程可能導致文化的群體內部互相衝突，也可能是相當平和的。

一、人與自然環境

　　人們對環境的認知，是會受到大環境之影響，台灣自1950年代以後的發展，是以經濟發展為導向，政府運用了強大的制度性偏頗，強力影響人們對環境的認知，並灌輸了「人定勝天」的人與環境的關係。

　　假設有一位環境科學家或是景觀規劃家，受當地政府委託，企圖對當地的都市景觀進行規劃、改建、翻新，此種對景觀的規劃或是改建，通常不會受當地居民之歡迎，倒是有時候很受觀光客的歡迎。其根本的原因在於：居民是屬於當地文化群體的一份子，如果景觀工程師的規劃，不符合居民日常生活

中，對周圍景觀的文化定義，對當地居民來說將無法獲得認同，但是如果規劃的景觀有足夠的創意，是以觀光導向為主，則會受到觀光客之喜愛。

環境的象徵意義是在社會脈絡中進行建構的，也因此環境的存在並不只是自然客觀的那一面向，當代環境問題的真正起源是來自於社會。也就是說，依據我們的期望與價值，以此來組織事件，來滿足我們的期望。換句話說環境問題的根本原因，來自於當代社會的結構與文化因素。以這一觀點來說，環境問題就不是單單一個邪惡之人，或其他特殊的個人所造成的，而是支配社會的文化信仰與社會制度，或組織化社會過程反映出來的信仰力量，所造成的環境品質下降。環境問題是與人們的環境信仰有關，人們的行為取向所造成社會結構的影響，進而造成環境品質的下降（Cable & Cable, 1995）。

> 環境問題是與人們的環境信仰有關，人們的行為取向所造成社會結構的影響，進而造成環境品質的下降。

二、人與環境問題

人類對環境的破壞一直都存在著，而且從沒有停止過。以清代的台灣來說，因海洋貿易而繁盛的台南府城，因為漢人對台江上游的過度開發，導致台江內海出現所謂「陸浮」現象；幾乎過去的貿易港口，所謂的「一府二鹿三艋舺」，幾乎都是因為漢人對土地的開墾，造成大量的水土流失，因而將河道淤塞，於是原本的良港也因而沒落走入歷史。不過這一種在農業社會中，因人為過度開發而導致的環境問題，只是局部性的，而當時人們對環境問題之思考，也只停留在天災對人們日常生活的威脅，從來沒有考慮過人類的生活方式會威脅到大自然生態體系，最終有可能大自然反撲造成生態浩劫，而威脅到全體人類之生存，如【案例4-1】所述。

人們對環境的濫用並不是剛剛開始，但是他們並不是依據好或壞、安全或不安全等，客觀地決定環境之使用，而是受到

案例 4-1

遭受污染的斐濟群島的珊瑚礁

　　斐濟的珊瑚礁於2000年及2002年先後遭遇了兩次水溫上升的嚴重打擊，造成大片珊瑚白化。《國家地理雜誌》報導發現，不同地區間珊瑚礁情況的差異極大。有些珊瑚在失去了藻類後已經餓死，只剩光禿禿的石灰岩殘骸。但在一些鹿角軸孔珊瑚及其他石珊瑚已經白化的地點，卻有大量新生命出現。在大片裸露的岩石上長出一群群幼珊瑚，五顏六色的海洋生物成群聚集在新生的盎然綠意中；還有一些珊瑚礁根本不會發生白化，大型魚類在四周游動，在在證明了這個生態系統健康良好。

　　近來支持將斐濟部分珊瑚礁列為保護區，以協助科學家在此尋找答案的力量正在擴大。珊瑚礁保護措施將確保白化現象，不會因工業污水、過度魚撈或大量觀光客而更形惡化。但珊瑚礁最後會走向死亡抑或新生，也許還是取決於人類是否能夠阻止暖化的速度加快。

　　　　　　　　　　　　　　　　　　　　環境之文化價值與態度、社會階級及其相互關係所影響。社會團體透過對環境的使用與建構，所謂的「好」或「壞」的爭論，常會引爆衝突。也因此環境的議題常伴隨著利益團體，以各種不同層次的權力介入，操縱公眾對環境問題之認知，以能夠符合他們的團體利益。

　　社會的制度是由相互關係的文化規範與信仰行為系統所組成，用以提供正確的答案與標準。生產所依賴的是物理環境所提供之原料與資源，和生產過程相關的就是「經濟制度」；在社會中透過權力的運用，而影響到勞務與物品之分配的就是「政治制度」。當代人的政治與經濟制度，就是為了要促進「經濟成長」以提高生活水準，而經濟成長的意思，就是要能提供愈來愈多的財貨與勞務以供人們使用。

　　文化是由理想、價值、信仰系統所組成，提供個人在團體中行為的藍圖，文化價值既強化也反映了社會結構。我們不僅

在政治與經濟制度都鼓勵經濟成長，文化價值與意識形態也是。因此環境問題的根源來自兩方面，就是文化與制度。環境問題之文化根源，指的是信仰及意識形態，他們強化了社會結構。環境問題之制度根源，指的是與環境問題相關之「行為模式」，包括被社會信仰系統所支持，並造成環境被濫用的社會結構，如政治與經濟制度。

環境問題基本上是經濟決策之結果，意即將生產過程所產生之環境成本外部化。政治系統則決定了社會中權力的分配與使用，而政治制度之所以會與環境問題相關，是因為與社會中的資源，以及人們的信仰價值相關。所以，通常在社會中最有權力之團體，能夠決定如何使用環境，如果經濟成長被當作決策參考時，環境就要遭殃。想要根本的解決環境問題，唯有改變人們的倫理價值觀。

三、環境問題的準則

(一) 常態準則

常態準則（the normalcy criterion）說明，若存在於某一環境中的污染物，跟它存在於大自然中一樣程度的話，環境就算夠乾淨。唯此準則仍有下列的爭議存在：

1. 「天然的」污染水準各地不一，也不一定受歡迎。在一個地區「正常」的污染水準，不一定能作為其他地區可接受的水準。
2. 就算是可接受的污染，也必須是自由與被告知後的同意才行。
3. 天然污染並不一定有相對而來的好處。

> **常態準則**
> **the normalcy criterion**
> 常態準則說明，若存在於某一環境中的污染物，跟它存在於大自然中一樣程度的話，環境就算夠乾淨。

（二）最適污染減少準則

最適污染減少準則（the criterion of optimal pollution reduction）認為，若要使環境更為乾淨所必須使用的資源，可以在別的地方產生較高的人類整體福祉時，該環境已經夠乾淨了。

（三）本益分析

本益分析（cost and benefit analysis）不在追求一完全乾淨的環境，而是在追求資源分配最佳化。但本益分析也有問題，如利益分配的問題，以及負擔分配的問題。

（四）最大保護準則

最大保護準則（the criterion of maximum protection）說明，僅在任何從污染而來對人體健康有潛在威脅的危險被消除後，環境被認為是乾淨的。這準則假定任何污染都是有害的，而且我們不能拿人作實驗，來證明污染物是無害的。這準則也無法提供絕對的保護，因無人確知某一物質對人體到底有害或無害。其次，實行此準則的代價太高，對人類福祉不利。

（五）可證明傷害準則

可證明傷害準則（the criterion of demonstrable harm）說明，若每種已證明對人體健康有危害的污染物都已被除去，環境就算乾淨。這條準則把舉證的責任放在另一邊，除非污染經過證明有害，不然假定污染無害。想要消除某污染物的人士必須負責舉證，證明其有害。

此準則的優點是：施行起來較不昂貴，也比較不會把對人有益的物質消除掉。但有一個嚴重的缺點，就是很難證明某物質與人體健康問題，是否有因果關係；甚至他們拒絕用動物作實驗的證據，他們認為某種東西對動物有害，不一定會對人體有害。當動物的實驗不被接受時，會使得該物質的實際健康風

險不被偵測出來。

（六）傷害程度準則

傷害程度準則（the degree-of-harm criterion）認爲，若對人體明顯有害的污染物，不計任何成本都已消除，或減少到合理傷害水準下，環境就是乾淨的。但對健康的危險不確定物質中，經濟因素應加以考慮在內。

這個準則說明，當造成對人傷害的風險很大時，就必須把所有污染物消除掉，即使是費用很高或需要把污染源關閉才行，也必須去做。雖然成本效益無法決定嚴重威脅健康應被消除的程度，但它能決定可疑的或未能確定的威脅，必須加以消除的程度。

由於無一準則是恰當的，故很難對乾淨的環境建立適合之準則，即使牽涉到人體健康亦然。我們的問題是：如何在增加就業機會與所得，以及保護個人健康兩者間取得平衡。

從功利主義的觀點來看，不論是所得的增加，工作機會的增加或整體公衆健康的增加，都可以增加效用，所以都是好的。但功利主義允許這些好處間的**抵換**（trade-offs），只要抵換的結果會使總效用增加，如時常會有犧牲個人福祉，以換取較高整體效用的情況發生。尊重個人的倫理原則，可以用來平衡功利主義的想法，不會犧牲個人利益來換取較大整體利益。

> **傷害程度準則**
> the degree-of-harm criterion
>
> 傷害程度準則認爲，若對人體明顯有害的污染物，不計任何成本都已消除，或減少到合理傷害水準下，環境就是乾淨的。

4.2 環境問題的形成與認知

在引起全球環境問題原因的探討上，當代的資本主義經濟制度，被認爲是人類非理性經濟制度所造成環境的破壞。由於資本主義生產方式，造成自然資源的過度開發與使用，以及對工業廢棄物的排放超出環境容納量，所引發的環境問題。

一、全球的環境問題

　　二十世紀以後的環境問題，大概可以由幾個層面來討論。首先，由於內燃機的發明，石油、煤炭的普遍使用，將二氧化碳大量的排放到大氣中，到二十世紀末引發了全球性的溫室效應問題。據科學家估計，近一百年來二氧化碳增加了25%，而地球表面之年平均溫度上升0.5度，如果二氧化碳等溫室效應氣體繼續增加的話，到2030年地球之平均氣溫將增加3.5度，南北極的冰山溶解，海平面也將上升20～110厘米（岩佐茂，1994），將會淹沒低窪地區。

　　溫室效應將造成全球氣候改變，生態體系將出現浩劫。除此之外，還有氮氯碳化物所引起的臭氧層出現破洞，過度砍伐樹木造成熱帶雨林被破壞，以及土地過度利用與開發造成的土地沙漠化等問題，伴隨著南北半球貧富不均等全球政治議題，構成了複雜的環境問題，如【案例4-2】所述。

二、環境問題的論點

　　當人類在面對環境問題時，大概有技術與社會兩種層面論點：

（一）技術面論點

第一種論點認為環境問題是一種技術問題，如果人類改變環境進而傷害到人類，那麼只要發明高超之技術，將人為之環境破壞修正回去就可以了。

　　第一種論點認為環境問題是一種技術問題，所以只要技術專家、物理學專家，或是環境工程學專家去解決，環境問題就可以加以克服。這一論點的支持者認為，如果人類改變環境進而傷害到人類，那麼只要發明高超之技術，將人為之環境破壞修正回去就可以了，所以環境基本上是屬於技術性問題，環境是客觀可以被左右的。

案例 4-2

綠色和平警告全球氣候改變應減少傳統能源

綠色和平組織公布亞洲能源革命之旅報告指出,工業國家的高度發展,已經造成全球性氣候改變,呼籲工業國家必須停止使用類似像燃媒的燃料,以避免溫室效應擴大。

特別是工業國家因為使用傳統能源而造成的溫室效應,已經對於大自然造成傷害,特別是氣候的轉變;此外,如亞洲開發銀行等國際財務機構,大量援助使用傳統能源以加速經濟發展,更對環境造成影響。

其中燃媒是影響氣候的主要原因之一,在綠色和平組織的「焚毀未來」報告中指出,經濟合作暨發展組織雖然要求在未來二十五年,每年使用燃媒的生產比例不得超過0.3%,但亞洲的中國、南亞與東亞的成長比例都遠高於此。

亞洲燃媒最主要的供應國家為中國與澳洲,澳洲是全球第四大燃媒生產國,同時也是全球最大的燃媒出口國,中國則是全球最大的燃媒生產國;而在進口燃媒的國家中,日本、南韓與台灣分別是最主要的燃媒進口國,顯見亞洲國家對燃媒的高依賴程度。

各國政府目前正在加拿大蒙特婁集會,準備就京都議定書再行討論,綠色和平組織也呼籲各國政府重視氣候變化問題,減少使用傳統能源。全球暖化導致海平面上升,島國居民首當其衝,萬那杜的特卡島卜的拉陶村民,從2005年8月開始遷村,原本近海的木造房屋全部拆除,往內陸600公尺遷徙,因為海邊的棕櫚樹已經部分被海水淹掉。

聯合國氣候變遷會議正在加拿大蒙特婁召開,當地的「大潮」近年逐漸增強,拉陶村一年淹四至五次,已經不再適合居住。聯合國環境計畫署指出,拉陶村不是第一個,其只是氣候變遷下正式遷村的一個例子而已。

科學家評估,到2100年時地球海平面可能因為全球暖化上升3英呎(約1公尺),以多半居住在珊瑚礁島的太平洋島嶼居民受到的威脅最大,但是大陸沿海城市,如美國紐奧良、義大利威尼斯,以及極地都有可能被淹沒。

(二)社會面論點

第二種論點認為環境不只是技術問題,而是有相當複雜的現象。例如,所謂的焚化爐廢氣排放標準,所牽涉的不只是低

第二種論點認為環境不只是技術問題，而是有相當複雜的現象。物理環境的不可預知性及不可逆轉性，單單只靠物理科學是不可能解決的，環境問題最後還是屬於社會問題，因為所有的環境問題都是人為的。

於某一標準值就不會環境造成影響，而是包括了空氣的溫度、氣流、氣體組成元素等。最後可能釀成大災禍的，是一些通常想不到，無法加以預測與認知的，環境社會學家就稱之為「蝴蝶效應」。物理環境的不可預知性及不可逆轉性，單單只靠物理科學是不可能解決的，環境問題最後還是屬於社會問題，因為所有的環境問題都是人為的。

三、資本主義與環境問題

資本主義生產方式的邏輯，就是生產的運轉機制，當個人或是公司投資資本，去尋求最大利益與經濟的成長，其副產品就是生態系統與社會系統間的緊張關係。通常大部分生態系統之資源，無法同時滿足市場價值與使用價值，而生產的運轉機制就是將市場價值放在首位。如此，所謂的生產就是盡量將自然資源當原料轉化成產品以獲利，這樣大量使用自然資源之結果，就是使得生態體系解組，進而使生態體系之使用價值下降，而人類的維生機能也將因此下降 （Schnaiberg, 1980）。

環境問題的根本原因，就出現在於生產過程的最初與最後環節上，生產者因獲利的壓力，無限制的從自然界中提取原料，又因成本的考量，不願意負擔處理工業廢棄物之成本，將有毒工業廢棄物排放到自然界中。此外，消費者也因方便性及便宜的考量，不願意負擔廢棄物之處理成本，而將大量使用後之垃圾丟到自然界。大家都不願意承擔處理廢棄物之成本與責任，就只有任由生態體系瓦解，人類也將最後受害。

另一種環保問題導向，主要是與地球資源的運用相關。所關心的是，假設地球自然資源有其限度，無法支持現階段資本主義經濟制度的無限擴張，所引發「成長極限」與「永續發展」的問題（Meadows, 1972）。

在《增長的極限》一書中，一開始將世界模擬成兩種模

式。一種稱之為「指數的增長」，作者認為決定人類命運的五個參數：人口、糧食生產、工業化、污染及不可再生自然資源的消耗，不僅不斷的增加，而是按照「指數的增長」模式增加，這和所謂「線性模式」的增長是不同的。

另一模式是系統生態學的「回饋循環路徑」。任何複雜系統都存在許多循環、連鎖或有時滯後的關係，而回饋循環路徑是一種封閉的線路，它連結一個活動與這個活動對周圍狀況所產生的效果，這些效果反過來作為信息又影響下一步的活動。如果不限制上述五個參數的指數增長與有限地球資源的對立，回饋循環路徑就會變成一種惡性循環，而造成這一現象之原因，人類本身並沒有意識到。

地球是有限的，生態危機的原因是，人口增長與經濟增長過快，如果維持這兩種增長不變的話，地球的生態將發生崩潰。另外，人類許多重要資源的使用，以及許多污染物的生產，都已經超過可持續性的比率，如果不對這種趨勢作明顯性削減，接下來人類糧食、工業能源之生產，將會出現不可控制的下降，如【案例4-3】的檢討與規範。

該書建議如果要防止這一現象，必須修改人們物質消費與人口成長之趨勢，以及迅速提高物質與能源使用率，並認為永續發展社會在技術與經濟上是可能的，而且比以擴張來解決問題的社會更可行。該書是以「實用主義的價值倫理」觀點，來看待人與環境的關係，並認為環境存在的目的是在為人類服務，為人類提供維生之資源，如此環境才具有價值。所提出的警告主要是在提醒人類，假設人類想要維持現的生活方式不變，就必須正視環境問題。

> 人類許多重要資源的使用，以及許多污染物的生產，都已經超過可持續性的比率，如果不對這種趨勢作明顯性削減，接下來人類糧食、工業能源之生產，將會出現不可控制的下降。

案例 4-3

勇敢迎向京都議定書的新紀元

　　以控制過度排放溫室氣體以免導致全球氣候變化加劇為目標的「聯合國氣候變化綱要公約京都議定書」，於1997年擬定後，經過七年多的角力，終於從2005年2月16日開始正式生效。希望在2008年至2012年間，把包括二氧化碳在內的六種溫室氣體排放量，能夠削減到比1990年排放量還要低5.2%的水準。

　　「京都議定書」標誌著世人，在面對近年來因地球暖化引發各種天候災變的衝擊後，終於願意透過自省與具體行動，為挽救地球生態與人類的未來，踏出重要的一步。在這股最新的潮流趨勢下，美國、澳洲等工業化大國，抗拒簽字加入接受規範到底能持續多久，固然是「京都議定書」未來執行成效高低的重要觀察指標之一；而中國及印度等新興國家，並未納入「京都議定書」溫室氣體排放減量的規範名單，是否會使三十五個工業化國家減少排放量的努力成效大打折扣，自然也是另一個值得觀察的重要指標。

　　就台灣來說，則可以說是處於一個非常特殊的尷尬位置。由於台灣並非聯合國會員國，並未獲邀參加成為「京都議定書」的簽約國。因此表面看來，我們不必像已簽字的歐盟國家必須立即受到議定書的約束，也不必像美、澳因拒絕簽字而承受國際間的壓力，甚至不像中、印等國要被討論是否也應一併適用。

　　姑不論地球暖化、溫室效應的影響並無國界的限制，台灣作為地球村的一員，既無法自外於其影響，更不應有意無意的扮演導致地球暖化的幫兇角色。單從現實利害的角度來看，台灣雖非「京都議定書」簽約國，但是等到2012年減量管制屆期後，一般預料屆時國際間將會進一步啟動制裁機制，也就是對溫室氣體排放量未達管制標準的國家地區，針對相關產品展開禁止出口的貿易制裁。到時候，台灣儘管非簽約國，但要進行國際貿易，同樣要受到約束，這對外貿占國民生產毛額居高不下的台灣而言，影響將是全面而深遠的。

　　政府早在1998年，也就是議定書出爐的第二年，就曾召開過全國能源會議，分別訂定各種管控目標。但是七年下來，我們的二氧化碳排放量不只未能比照議定書所訂標準較1990年減量，反而是較當年的排放量倍增，排放總量高居全球第二十二位，以亞洲國家人均排放量而言，也是僅次於汶萊高居第二位。這些數據，將導致我們未來必須面對可能遭到貿易制裁的威脅。

　　其次，台灣近年來由於國民實質所得增長及休閒觀念當令，汽車的增加量甚為可觀，以致春節假期交通運量屢創新高，其中自然也意味著運輸部門所排放的溫室氣體量也在迭創新高。是則

如何鼓勵民眾儘量使用大眾運輸交通工具，以及對個人持有汽車課以空氣污染防治特別捐，都是值得正視的課題。

　　能源部門的廢氣排放量，在國內是僅次於工業及運輸部門的第三位，這方面涉及使用火力發電的比例，能否漸次移轉為水力、風力、核能發電為主的課題，但是如果要避免將來遭到制裁，的確有必要對我們的能源政策做切實的檢討。

4.3 台灣對環境問題的對策

　　台灣的人口密度僅次孟加拉，居世界第二，聯合國資料顯示，人口每增加2%，環境品質就會下降1%，而台灣人口已由光復時的800萬人，增加到現在的2,400萬人，足足增加了1,600萬人口。形成了環境問題，而政府亦針對問題提出一些解決的對策。

一、環境問題的形成

　　台灣自1988年起，汽機車每年增加超過一百萬輛，密度世界第一，而造成自有交通工具無可救藥成長的元兇，恰恰是政府的交通政策。由於政府忽視大眾交通工具的發展，鼓勵發展汽機車產業，結果發展汽機車工業，卻犧牲了國民的健康，也造就了大量的呼吸器官疾病，肺癌進入十大死亡原因的榜首。

　　台灣在還沒有發生豬隻口蹄疫以前，養豬密度居世界第三位，全台共飼養的一千餘萬頭，光高屏溪沿岸就養了接近一百八十萬頭，而一頭豬隻的排泄污染量是人的四到六倍，占高屏溪污染的三分之二。其次，才是家庭污水與工業污水。

　　台灣的工廠密度在1996年時為每平方公里二‧六六家，居世界前茅。台灣政府為因應加入世界貿易組織後，農業可能破產的問題，而准許農民在農地上蓋農舍，於是很多農舍淪為地

下工廠之廠房，工廠所產生之廢水直接就排入灌溉溝渠，擴大了農地受污染的面積，如【案例4-4】及【案例4-5】的實例。

台灣河川短、水流急，再加上降雨集中夏季，雖然降雨量多，但是有80%的雨水流入大海，台灣水資源嚴重不足。面對這一問題，政府的解決方式是蓋水庫，卻不知地下水才是天然之水庫，據估計台灣一年大約可補足40億立方公尺的地下水，但是台灣至1991年後，每年抽取進80億立方公尺地下水，是補足量的兩倍。

這一兩年台灣年年缺水，政府的農業休耕計畫，將灌溉用水移作工業用水，並鼓勵大量的農地休耕，卻不知農業灌溉用水，也具補足地下水與涵養生態的作用。休耕可能傷害到當季水中昆蟲的繁殖，破壞農地生態之平衡。超抽地下水直接的苦果，就是沿海魚塭養殖區地層下陷。據水利會調查報告，台灣地層下陷面積已超過總平地面積的11%，在林園一些地區，地層下陷已經有一層樓高了。

台灣的農藥使用率也居世界前茅，在台灣幾乎已經很難看到農民使用有機肥料，而是使用化學肥料。過量的化學肥料與農藥，不僅直接危害人體健康，而且也加速土地的貧瘠化，而且這一些化學肥料與農藥，會隨著農田灌溉系統直接流入河道，而污染河流（楊瑪利，2001）。

1971年左右，台灣政府為了對付嚴重影響台灣人民健康的B型肝炎，開始宣導民眾的衛生觀念，並推行用完就丟的保麗龍與塑膠餐具。現在台灣人的日常生活上，幾乎離不開塑膠袋，幾乎所有的東西都以塑膠袋與保麗龍包裝。現在台灣每年製造了2,100萬的垃圾，雖然最近垃圾量有漸減的趨勢，但是各縣市垃圾處理的問題，逼著環保署在2002年提出每縣一座焚化爐的政策，並在2003年2月正式實施禁用塑膠袋政策。前者企圖減少台灣的垃圾掩埋量，因為有很多縣市的垃圾掩埋場是設置河川地；後者則為了減少垃圾量。

案例 4-4

鴨蛋遭戴奧辛污染

　　彰化縣線西鄉養鴨場鴨蛋遭戴奧辛污染事件，行政院環境保護署公布環境檢測結果，彰濱工業區內的台灣鋼聯公司排氣檢測值明顯偏高，且最靠近工廠的養鴨場，包括空氣、土壤及植物中戴奧辛濃度也異常偏高，環保署認為台灣鋼聯公司的確有污染嫌疑。

　　根據環保署2005年2月至4月三次檢測結果發現，鴨蛋遭污染的養鴨場，在地緣上最靠近台灣鋼聯公司，且是第一家被確認鴨蛋遭戴奧辛污染的養鴨場，土壤戴奧辛濃度超出背景值六倍；植物部分，樹葉測值為117皮克／公克、草為20皮克／公克，甚至比焚化爐附近的植物背景值還高，有異常情形。

　　附近可能的戴奧辛污染排放源，除和美垃圾焚化爐已關閉未使用外，包括慶欣欣鋼鐵廠及榮成紙業中型焚化爐，檢測值均符合相關管制標準，惟有處理電弧爐集塵灰的台灣鋼聯公司，三次平均測值達210奈克／立方公尺，明顯偏高。

　　早在2003年下半年，台灣鋼聯公司即因排氣檢測值達150～200奈克／立方公尺，遭環保署要求改善，但二次改善皆未過關，不過礙於當時國內缺乏相關管制標準而無法強制處分。由於「鋼鐵業集塵灰高溫冶煉設施戴奧辛管制及排放標準」2005年6月17日公告實施，因此將緊急要求業者必須在2005年9月前，將排氣標準改善、降至10奈克／立方公尺，2006年9月前則須改善至符合1奈克／立方公尺的新標準；業者則承諾會在6月底進行年修時，一併完成改善。

　　台灣的環境問題幾乎已經嚴重到，令人無法容忍的地步，問題是台灣民眾似乎不覺得環境對他們來說是一種問題，即使大部分的人已認知到環境問題（王俊秀，1994），但是對於如何以行動支持環保，卻和環境問題上的認知存有很大的落差。主要原因在於政府重經濟發展，忽視環境保護，在經濟發展與環境保護間，選擇了經濟發展，而民眾亦長期接受經濟發展的教育，故對環境自然而然也就忽視了。

案例 4-5

墾丁核三廠污染

　　墾丁核三廠出水口西側至雷打石附近沿岸的珊瑚，在夏季7、8月高溫炎熱，西南季風盛行或大雨之後會發生白化，每年白化的面積會改變，在5公尺以內的珊瑚，幾乎不分種類及大小，皆有白化現象，但在6公尺以下，則只有較敏感的種類，如尖枝列孔珊瑚有白化現象，10公尺以深之水域，珊瑚都沒有白化；在10月以後冬、春季珊瑚又會恢復生機。

　　核三廠排水口的珊瑚白化事件，揭開了南灣海洋汙染的序幕。墾丁國家公園管理處為了因應大幅成長的遊憩壓力，大舉修築道路與興建遊客服務設施，民間也因應遊客的商機而大興土木，沿岸土地被大量開發，卻很少人願意去做需要花費額外經費的水土保持；於是大量的泥沙土石，在大雨過後，被沖刷入海，而沉積下來的泥沙，直接覆蓋在海底，成為珊瑚及其他生物揮之不去的夢魘。

　　在黃沙覆蓋的海底，即使白天也是一片漆黑，那些需要陽光的造礁珊瑚，宛如生長在黑色煉獄之中，相繼發生大規模的白化與死亡。從墾丁的西岸到東岸，珊瑚因此而白化與死亡的面積，遠遠超過核三廠溫排水的影響。依調查結果發現，墾丁的珊瑚礁已經面臨嚴重的危機，可能在十至二十年之間逐漸消失。

二、環境問題的對策

　　從1970年代開始，台灣之環境保護模式有兩種，一是公害防治，二是自然生態保育。其動機有下列幾點要項（曾華壁，1998）：

1. 是「經濟考慮」。在相關的環保工作中，發展觀光是一重點，法規也以維護古蹟與保育稀有動植物為主，推動觀光以賺取外匯。

2. 是「現代化之追求」。當時國際環保問題日益受到重視，而台灣等東亞的新興國家，常被舉例是環境惡地，於是政府也開始重視環境保護。問題是這些政府作為只是一種表

象，並未意識到根源。

台灣的野生動物保護，第一波自1970年起，對「觀光區」實施禁獵開始，保護珍禽異獸。國貿局並明定禁止二十七種獸類產品出口，經濟部並設置獵物官與巡山員去執行任務。當時官員分析台灣野生動物日漸絕跡的原因有三：受農藥之害、遭人為殺害牟利、缺乏管理。1972年則實施全面停獵三年，為台灣自然保育史上之重要里程碑。但問題是巡山員不具司法警察資格，無法對違法者逕行舉發；其次是處罰過輕，法令不周延，致使禁獵之成效不彰。

1970至1990年期間，台灣一共設置了三十五處森林保護區，作為鳥類與野獸之棲息地。自然保護區之設置，代表生態保育工作進入另一新里程碑。這種以環境保護及經濟與社會發展為著眼的保育類區，明白把保育納入開發計畫的基礎中，每一類區域常與全國開發計畫中的一項或數項目標有關，所以保護區之劃定是永續發展的方法之一。例如，宜蘭蘭陽之雁鴨保護區，以及現在的七股黑面琵鷺保護區，既保護野鳥，也保護當地的漁業資源可以永續利用。

1970年後都市綠化也日漸受到重視。都市綠化規劃之所以受到重視，是因為此時人民開始注意到休閒生活之需要。當時的輿論也認為規劃都市之公園，優先於國家公園之設置，認為公園有益於市民之身心健康。例如，將1976年訂為「綠化年」，並宣稱要選適當地點規劃國家公園。而1970年也是台灣風景規劃與觀光事業推動發展之重要時期，也開始注重古蹟的維護，並定1978年為「觀光年」，大力推動觀光事業。

其實政府由1970年代，就開始有計畫的規劃各地之風景區，作為居民休息與旅遊之地，但是很少作整體景觀之設計，只是以點為主，而且也不注重地方人文特色之發展。此時的景觀觀念還停留在，以「規劃者」觀點為主，而並不考慮生態與人文之整合。

　　國家公園之設置始於1872年美國黃石公園，其目的是提供國民休憩及學術研究之用，並對天然之景觀予以永續保存。國家公園之設置等於是我國各種保護自然中的最高手段，而墾丁於1982年成立，是我國第一個國家公園。國家公園之設置除了具保育功能外，也兼具休閒功能，這種思考模式已經進入考慮生態有其自成系統，不再只是為人服務。

　　在制度的建制上，1980年以後台灣的環保層次，由環境衛生、審美觀光的層次，提升到「環境保護」階段，最明顯的是1987年行政院環保署成立，而此時民間環保運動伴隨著解嚴開始出現。例如，始自1985年的反核四運動；1986年的鹿港反杜邦運動，以及一些政府重大建設與環保團體間的對立，此時台灣進入了環境運動抗爭階段，民眾也開始意識到環境問題的存在。

　　這種對環保問題的注意，也只是表面上重視，在生活模式上，台灣到目前仍然是不環保的生活模式，例如，消費仍然是大量製造垃圾，居家仍然任意製造廢水。事實上，環境保護是意識、生活與制度面的全面配合及提升，如【案例4-6】所述，保護的對象不再是捍衛人們現有的生活方式，而人與環境的融合，企圖去改變人們現有的生活方式，而人們日常生活方式之改變，包括制度之變革及強制的政策執行，以及伴隨著環境倫理之內化，這一些都牽涉到人們對環境象徵意義的認知過程。

案例 4-6

提升回收再利用品質

　　垃圾強制分類政策已上路，但部分廢棄物再利用業者的再利用方法、技術與產品品質有待改善，行政院環境保護署2005年篩選三百家業者加強查核及輔導，以提升廢棄物再利用的安全與品質。

　　根據環保署廢棄物管理處統計，國內各類事業廢棄物再利用的比例，達總申報量的63%左右，顯示廢棄物再利用已成趨勢。環保署表示，目前全國共有九十項公告再利用的事業廢棄物，從一般熟悉的廢鐵、廢紙、塑膠、玻璃、廢酸洗液，甚至斃死畜禽；非屬公告的事業廢棄物再利用項目，如混合五金廢料、廢溶劑、污泥等廢棄物，業者也可自行以個案或通案方式，向目的事業主管機關申請核准後再利用。

　　環保署說，現行法規對於廢棄物再利用業者的管制，較一般處理業者寬鬆，業者只要符合公告管理方式的條件，即可收受事業廢棄物逕行再利用。為加強對再利用業者的查核、輔導，環保署規劃自2005年3月下旬起，專案篩選出三百家廢棄物再利用業者，除調查業者相關申報資料外，並配合實地現勘，瞭解再利用設備與出產產品質量，評估業者是否確實有處理再利用廢棄物的能力。一旦被查出再利用狀況不良者，環保署除將持續稽查取締外，也會商請目的事業主管機關廢止再利用項目及許可。

附件：

(一) 廢棄物貯存方法

1. 一般事業廢棄物之貯存方法：（1）貯存地點、容器、設施應保持清潔完整，不得有廢棄物飛揚、逸散、滲出、污染地面或散發惡臭情事；（2）貯存容器、設施應與所存放之廢棄物具有相容性，不具相容性之廢棄物應分別貯存；（3）貯存地點、容器、設施應於明顯處以中文標示廢棄物之名稱。

2. 有害事業廢棄物之貯存方法，除感染性事業廢棄物外，（1）應以固定包裝材料或容器密封盛裝，置於貯存設施內，分類編號，並標示產生廢棄物之機構名稱、貯存日期、數量、成分及區別有害事業廢棄物特性之標誌；（2）貯存容器或設施應與有害事業廢棄物具有相容性，必要時應使用內襯材料或其他保護措施，以減低腐蝕、剝蝕等影響；（3）貯存容器或包裝材料應保持良好情況，其有嚴重生鏽、損壞或洩漏之虞，應即更換；（4）貯存以二年為限，超過二年時，應於屆滿三個月前向貯存設施所在地主管機關申請延長。

（二）廢棄物貯存設施

1.一般事業廢棄物之貯存設施，除經中央主管機關公告者外，（1）應有防止地面水、雨水及地下水流入、滲透之設備或措施；（2）由貯存設施產生之廢液、廢氣、惡臭等，應有蒐集或防止其污染地面水體、地下水體、空氣、土壤之設備或措施。

2.有害事業廢棄物之貯存設施，除感染性事業廢棄物外，（1）應設置專門貯存場所，其地面應堅固，四周採用抗蝕及不透水材料襯墊或構築；（2）應有防止地面水、雨水及地下水流入、滲透之設備或措施；（3）由貯存設施產生之廢液、廢氣、惡臭等，應有蒐集或防止其污染地面水體、地下水體、空氣、土壤之設備或措施；（4）應於明顯處，設置白底、紅字、黑框之警告標示，並有災害防止設備；（5）設於地下之貯存容器，應有液位檢查、防漏措施及偵漏系統；（6）應依貯存事業廢棄物之種類，配置監測設備、警報設備、滅火、照明設備或緊急沖淋安全設備。

（三）委託清除處理

工廠委託清除處理廠商處理廠內之廢棄物時，以保障自身權益。（1）委託對象是否具經營事業廢棄物清除處理業務許可；（2）委託公民營清除處理機構或有餘裕量之處理設施時，其許可是否在有效期限內；（3）委託的廢棄物種類及數量，應與許可內容相符；（4）清運車輛是否明確標示有公司行號名稱、許可證字號及聯絡電話等資料。

委託廠商確定後，應簽訂書面契約以保障權益，並於清除處理後向受委託單位索取妥善處理紀錄文件，已供查驗。

4.4 環境保護的倫理與策略

本節探討環境保護的倫理與策略，首先說明環境的哲學觀點，其次說明環境的倫理觀點，最後則是討論環境的管理策略。

一、環境的哲學觀點

（一）西方環境哲學觀點

西方「人類中心論」主義，是西方環境問題的主要根源，這也是現代世界觀的形成過程，稱之為「機械論世界觀」，培根、笛卡爾、牛頓、洛克、亞當‧斯密的都是其奠基人。培根為機械論世界觀指明了方向；笛卡爾為自然世界提供了數學模式；牛頓的三定律完成了用數學解釋世界的任務，最後自然界就變成了數理的自然界，而認為自然界就是受這種數理法則所統治。

在社會科學的領域中，洛克確定了社會成員私有財產制，將個人看成單獨的存在；亞當‧斯密則在經濟學領域完成了牛頓在自然科學的成就，將人化約為貨幣，最後十九世紀末、二十世紀初到現在，科學幾乎已經發展將所有社會事件與人性予以量化的技術，於是人類所謂的精神與自然界一樣都被數理化。

這種「機械論世界觀」的思想之所以能擴張與實踐，主要是因為以科學技術充當了強而有力的手段與工具，人類也通過技術實施對自然的征服與統治，所以西方的人類中心論主義與科學技術是相伴而行的。於是在西方的數理世界觀中，人的存在狀態，以及自然界都被量化，人對自然不存在感情，對自然世界也就沒有敬畏之心，所表現出來的就是人類通過支配自然，而造成的環境災害。

（二）東方環境哲學觀點

在古老的中國自然哲學中，開始確立自然觀的是老子與莊子。老子所表現的自然觀，稱之為「無為自然觀」（岸根卓郎，1999）。老子認為所謂的自然就是「無為」，將人為與意識性之作為消除，就稱之為自然。所以順應自然、無所作為就是老子

的自然觀，在老子的自然觀之下，人與環境的互動過程中，絕對不會引起環境問題。同樣的，老子也把無為用在處理社會國家的事務上。所謂的忠臣與孝子可以作為社會的楷模，並稱讚仁義道德，老子認為這一些正是大道衰敗後的現象。環境學家或是景觀學家的出現，正是表示環境已經遭受到破壞，這並不值得高興。

同樣的，莊子的自然觀，稱之為「無差別自然觀」（岸根卓郎，1999）。莊子的論述，主要是從人類對事物的認識作為起點，其認為當人們想要認識外在事物時，第一個步驟就事先對外在事物進行分類，例如，對與錯、善與惡、好人與壞人。但是莊子認為當人類對外在事物加以分類時，差別待遇就會跟著出現，如此就會對自然事物之認識有所偏差。

事實上，自然事物是渾然一體，並沒有人為的差別在，而是人類強加人為的分類，最後自然界也就被曲解了，而人們也唯有拋棄這種差別意識，才能真正的認識自然。

岸根卓郎認為，東方對自然界的認識與東方人所居住的環境，有很大的關係，他稱東方世界的人是「森林之民」，而且稻作農業是在豐富的自然條件下，才能成立的產業；並且森林是「生態世界」或是「輪迴世界」，因此在這種自然條件下，人與自然之關係，人民只有順從自然。

西方人之自然觀稱之為「草原自然觀」，由於缺少森林，所以所獲得之自然恩惠也就稀少，而且氣候夏季乾燥，缺少暴雨，於是自然被認為易於控制，所發展出來的人與自然之關係，就會成為人對自然的征服。最後，她認為想要解決當代的環境問題，通過東西文明之交流才是最根本的辦法。

二、環境的倫理觀點

我們由台灣政府對環境問題之反應，隱約可以發現台灣的

「環境倫理觀」。台灣1970年代一開始是從「生態保護」開始，當時主要是因爲面對國際的壓力，以及發展觀光的需求所帶動。當時台灣的環境倫理，應該稱之爲「環境的工具性倫理觀」，也就是說環境的價值，在於對人類有其利用價值，所以才需要加以保護。

隨著台灣的經濟發展，人們對生活品質的要求日漸增高，台灣設立了國家公園，此時「環境的存在價值倫理觀」就出現。這一倫理觀念認爲，環境存在本身就有其價值，不爲人爲的需求或是思想所左右。1980年後台灣民眾環保意識日漸增高，不過政府的環境政策，因爲篤信「經濟發展」，經常因此而左右搖擺。

（一）環境的工具性倫理觀

「環境的工具性倫理觀」是「人類中心主義」所衍生的倫理觀。「人類中心主義」認爲由於人類具有思想與語言，因此也累積出文化。人類自許萬物之靈，而且將人與自然的關係，看做是「人與自然的鬥爭」，並且認爲「人定勝天」（王俊秀，1999）。原本人類要生存，就必須向自然界找尋維生的資源，所以人原本就依賴自然界，而人類也無力危及自然生態的平衡。但是工業革命以後一切都改觀了，人類發現有力量去改造地球之地表面貌，於是人與環境間的關係變成「人定勝天」，此時自然界變成了人類的「奴隸」，專供人類使用。

由於人類慾望無窮，相信科技萬能，篤信「物質消費的成長」就是好，就是「進步」的經濟成長觀念，於是無限制的從自然界提取原料物質，然後將廢棄物排放到自然界，最後造成了現今對環境的破壞，如【案例4-7】所述。當人類意識到環境問題，「成長的極限」被提出以後，「永續性」成爲重要的議題。

如果是以「環境的工具性倫理觀」來看永續發展的問題，

「環境的工具性倫理觀」是「人類中心主義」所衍生的倫理觀。「人類中心主義」認爲由於人類具有思想與語言，因此也累積出文化。

案例 4-7

台塑汞汙泥事件

　　國大代表劉銘龍曾公布國內過去所有汞污泥去向追蹤報告，結果發現，數萬公噸的汞污泥去向不明，近10萬噸汞污泥有些未固化即掩埋、有些甚至作為地基，這是一個很頭痛的問題，尤其是位於新莊的正泰公司僅是簡易固化處理後，即掩埋在廠區，甚至有些作為地基，這是非常麻煩的行為，因為隨意處理汞污泥會造成水源、土壤污染，進而影響到附近居民的健康。

　　台塑汞污泥事件發生後，讓台灣形象大損；但以台塑這樣的大型企業都出現處置草率情形，其他中小企業或工廠會如何處理，實在令人擔憂。根據劉銘龍深入查證結果發現：中化公司前鎮廠在1981年產生的700公噸汞污泥，未經處理就掩埋於廠內，1981年以後所產生的汞污泥經脫水固化者約45公噸，未脫水者仍存放於該廠土地中，總計共產5,000公噸汞污泥；苗栗縣的國泰塑膠公司苗栗廠，在1984年前將尚未固化的汞污泥5,000公噸放置於該廠膠皮廠地下室，目前國華人壽已經購得該土地，擬在該區開發為竹南工商綜合區等。

　　由上述資料可知，台灣製造汞污泥的公司，對於處理汞污泥根本是毫無章法，對於生活在台灣土地上的居民造成嚴重的威脅，這是現今很棘手的環保問題。

　　那麼所提出的環境對策，就是人類不斷的以人類之意志與對環境之理解來做環境保護。另一種對策可能是人類只保護對人類日常生活比較急迫的環境或是生態問題，對大多數主張經濟成長的國家來說，只會做選擇性的環境保護策略。

（二）環境的存在價值倫理觀

> 另一種倫理觀稱之為「環境的存在價值倫理觀」。這倫理觀主張環境本身就有其存在的價值；環境本來就不為人類而存在，人類實在有義務維護生態的持久平衡。所以用此角度來看待人與環境的關係，稱之為「生態中心論」。

　　另一種倫理觀稱之為「環境的存在價值倫理觀」。這倫理觀主張環境本身就有其存在的價值；環境本來就不為人類而存在，人類還沒有出現在地球以前，地球環境就已經存在了，而且人類也只是現今地球上的物種之一。到目前為止對生態所作的破壞都是人為的，人類實在有義務維護生態的持久平衡。所以用此角度來看待人與環境的關係，稱之為「生態中心論」。

　　環境倫理觀主要分三種：

　　1.大地倫理學：將生態理解為一個共同體，人類只是共同體

的一份子，而人類對待其他生物就如同人類對待共同體
中的成員一樣，負有直接的道德責任。

2. 深層生態學：認為人的存在與自然環境密不可分，人類
只是其中的組成分子之一，而維持環境的穩定是人類的
價值之一。

3. 自然價值論：由**羅爾斯頓**（Holmes Rolstot）於1988年提
出，他認為自然生態體系擁有內在價值，而這種價值是
客觀的，不能因人類之主觀偏好而左右，因而維護其內
在價值生態系統之完整性，是人類的客觀義務。

以「環境的存在價值倫理觀」取向，來思考環境保護時，
人類將面臨兩難。如果人類有義務要維護生態之平衡，如果人
類過度介入可能會落入「人類為保護環境，而無止境的干預環
境」的政策對策中，最後可能返回「環境的工具性倫理觀」中
而不自知。這是因為西方人對環境倫理的思考，喜歡用人對環
境的義務，來加以建構人與環境的關係，事實上環境生態與人
的關係，應該是「天人合一」的倫理觀，包括「自立性」、「持
續性」與「共生性」（岸根卓郎，1999）。

「自立性」指的是地球並非一個開放系統，而是一個封閉的
系統，在這一系統中資源的總量是有限的。在資源有限的前提
下，必須貫徹的是「受益者負擔原則」，這一原則並不是指受益
者付費原則，而是「自己的生產負荷要自己了結，不得轉嫁給
他人」。例如，二氧化碳排放量世界第一的美國，必須自己想辦
法解決，而不是付一筆經費要他國封口。

「持續性」指的是現代人對後代人的生存負有責任，這一原
則同樣表現在土地的使用上。例如，一塊土地我們是向後代子
孫借來的，而不是繼承自祖先，所以我們實在沒有理由將土地
的使用價值，在我們這一代終結。例如，燁隆鋼鐵拿錢買下七
股溼地，但是卻沒有理由要將溼地消滅，因為用溼地的不只是
燁隆鋼鐵而已。

事實上環境生態與人
的關係，應該是「天
人合一」的倫理觀，
包括「自立性」、「持
續性」與「共生性」。

「自立性」指的是地球
並非一個開放系統，
而是一個封閉的系
統，在這一系統中資
源的總量是有限的。

「持續性」指的是現代
人對後代人的生存負
有責任，這一原則同
樣表現在土地的使用
上。

「共生性」指的是所有生物物種、生態體系、景觀都有生存權利，也就是說將生存權擴展到人類以外的生物。

「共生性」指的是所有生物物種、生態體系、景觀都有生存權利，也就是說將生存權擴展到人類以外的生物。例如，人類捕食魚類只要夠吃就好，不要因為貪心而趕盡殺絕，也不要因為所謂的「害蟲」吃掉農作物，而非殺之、絕之而後快。這就是東方的自然哲學，所衍生出來的環境倫理觀，承認自然本身具有靈魂，天與人在根源上是一樣的，人類不是萬物之靈，無法對萬物負任何責任，只是和萬物共存，人與萬物是沒有什麼區別的；甚至可以萬物為師，來修練自己身上的平等心。

三、環境的管理策略

企業生產製造產品為人類帶來許多便利，但是卻對地球環境造成危害，使得人們的居住環境帶來無法挽救的損害，為了貪圖一時的獲利而讓世界蒙受極大的災害，這並非企業設立的目的，也不應該只看短期利益而忘記長遠的未來，更何況企業設立的目標應該是以永續經營為最終目的，因此對於環境的影響必須多加考量。

「環境管理」為近年來先進國家積極發展推動的環境保護策略，以配合過去行之已久的「排放管制」策略。環境管理的目的，在於鼓勵產業界從組織內部開始規劃其環保改善及污染預防措施，以期達到永續發展的目標。未來國際經貿與環保的關係將日益密切，國內廠商處於國際市場中，其環保工作的推動極可能面對類似ISO 9000國際品質標準的要求。

事實上，**國際標準組織**（International Organization for Standardization, ISO）之環境管理小組（ISO/TC 207）正積極推動相關事務，加速擬定ISO 14000環境管理系列二十餘項之國際標準，並已自1996年9月起，陸續公告推出有關環境管理系統等八個相關標準，未來將成為國際貿易及環境保護的重要里程碑。鑑於ISO 9000所造成之世界性風潮，未來ISO 14001將可能

與ISO 9000一樣風行世界各地，預期將逐步納入各國貿易規範
條件之中，對以貿易為導向之我國經濟體制影響極為重大。我
國對國際貿易之依存度相當高，尤應密切注意國際潮流之發
展，並加以因應與配合。

　　ISO 14001為ISO 14000環境管理系列標準中，針對組織環
境管理系統之驗證規範，與組織環境績效之提升及企業界之對
外貿易最為相關，故為各類有意推動環境管理系統組織之關切
所在。目前世界各國政府與企業界均熱切推動中，自1996年9月
ISO 14001公告後，截至1998年中旬全世界通過驗證的廠商已超
過四千五百家，而各許多大型跨國企業，亦紛紛要求其供應商
與世界各地子公司實施ISO 14001工作。整體而言，全世界各類
組織，包括產業界、政府單位、服務業等，實施ISO 14001環境
管理系統的風潮已日趨熱烈。

> 全世界各類組織，包括產業界、政府單位、服務業等，實施ISO 14001環境管理系統的風潮已日趨熱烈。

4.5 企業對環境倫理的責任

　　本節將特別列舉國內兩家企業，即宏碁與台達電公司，在
環境倫理的具體作法，以瞭解這兩家標竿型企業如何落實對環
境倫理的責任。

一、宏碁電腦：全方位綠化

（一）環保訴求高漲

　　隨著生活品質的提高，消費者愈來愈重視環保問題，在資
訊領域上，宏碁電腦公司是第一家在台灣推出綠色電腦的廠
商。宏碁的綠色電腦是以「全方位」的綠色電腦為訴求，除了
節約能源外，在設計時更做了整體的環保考量，包括原料選
擇、製程、組裝、包裝到產品廢棄後的材料再回收。在選擇原

物料時，宏碁與上游廠商訂立合約，要求他們保證生產零件的製程是，無污染、不排放**氟氯碳化物**（CFC）等有毒氣體。

在宏碁本身的製程方面，也改採無污染的方法，例如，原清洗電路板的清洗劑中含破壞臭氧層的CFC，便將其改用水洗；電腦的鐵製外殼改成塑膠直接射出；包裝全部使用再生紙；紙箱內固定用的保麗龍，則改用瓦楞紙折，這項作法還曾獲得專利；金屬與塑膠部分易拆卸，利於分類回收。

（二）不斷推展的綠色效應

繼宏碁電腦之後，以環保為號召的綠色電腦紛紛出籠，各家廠商包括美格、彩樂、誠洲等多家監視器廠商，都推出或量產綠色機種。除此以外，1996年10月28日成立電腦回收聯盟，解決廢電腦的問題，未來的工作內容為建立資訊業界與環保署的溝通管道，將回收的電腦送給偏遠地區或為開發國家，藉著回收工作，減少廢電腦所造成的污染問題。

（三）成本與環保的交戰

綠色電腦的要求，即省電、低噪音、低污染、可回收、符合人體工學，這些環保科技並非台灣資訊業所專長，所以將成為成本的負擔。此外，由於材質的回收與處理，勢必增加額外設備投資及營運成本，尤其產品定義及標準不是很明確，相關周邊及零組件發展未完全配合，但就長期而言，環保訴求是市場的主流。

（四）政府慢半拍

由於消費型態決定著市場的走向，促使我國必須更積極去迎合環保要求，只是沒有政府的主導，廠商們各自孤軍奮鬥，根本就無法有產業形象全面升級的成效，當國內許多家大廠商，例如，宏碁、神達、凌亞都已獲得美國「能源之星」的認

證時，資策會才成立「中華民國綠色電腦推廣協會」，因而被業者批評為與民爭利、搞小團體，其定位問題及理事長人選一直受到爭議。

經由資策會執行長與北縣、北市兩電腦公會協調後，終於正式誕生，這個協會結合產業、官方、學術研究單位的力量，設立電腦驗證中心，負責檢驗及核發我國綠色電腦 "Green Computer" 的標誌，並且努力尋求歐美等國家的相互認證，全力推廣綠色電腦產品。

二、台達電子：從產品開始都為環保

台達電董事長鄭崇華對於環保的堅持，表現在整棟大樓採光大量使用太陽光，同時巨大的背投影電視牆上不斷地播放綠色環保的畫面。創業三十餘年將台達電從收音機電子元件起家，一路做到世界第一大的交換式電源供應器廠商，唯一不變地就是「產品必須節約能源」。

宣導環保節能觀念，雖然力量可能有限，但是還要努力去做環保工作，被業界稱為「節能教父」的鄭崇華，把節能的觀念從自己身體力行，台達電東莞廠的四十棟宿舍使用太陽能集熱板，並且在所有的塑膠射出成型機裝設馬達控制器，一年就節省了三分之一的電力，鄭崇華腦袋裡總是有很多環保的創意，並且把這些想法落實到產品設計上，已經有人做過的東西，公司會避開，台達電都比較喜歡去做別人沒有做過的產品。十多年前，鄭先生就開始研究如何減少印刷電路板的重金屬污染問題，即使當時無鉛焊錫的成本高於含鉛焊錫十倍，鄭崇華還是堅持把一條生產線改成無鉛製程，2000年更獲得SONY全球第一座的綠色環保夥伴獎章。

2004年，在南科興建台灣第一座「綠色廠辦」，外觀屏除科技廠房慣用的玻璃帷蓋，採用太陽能發電、節能燈具，節約近

三分之一的能源消耗，雖然綠色廠辦會比傳統的廠房貴三分之一的成本，但是還是很值得。其成立的台灣電子文教基金會，初期都以捐贈獎學金為主，但從2003年開始聚焦在環保與節能領域。2004年底基金會與科教館合作，巡迴全國各校園，教育學生綠色能源的觀念，台達電就是要塑造這樣的自動自發精神，然後擴大到社會互相關心。

台達電子董事長鄭崇華先生，曾表示過以下的觀點：

1. 新的綠色科技都需要傻瓜來堅持推動，那我寧可做那一位傻瓜。
2. 希望大家都用能源概念的角度來考量事情，節約能源畢竟是這一代應該做的事情。
3. 寧可拿不到訂單，也不可以送回扣。
4. 基金會的運作，也必須導入企業的經營模式，才能發揮最大的效益。

重點摘錄

§ 環境問題是與人們的環境信仰有關，人們的行為取向所造成社會結構的影響，進而造成環境品質的下降。

§ 常態準則說明，若存在於某一環境中的污染物，跟它存在於大自然中一樣程度的話，環境就算夠乾淨。

§ 最適污染減少準則認為，若要使環境更為乾淨所必須使用的資源，可以在別的地方產生較高的人類整體福祉時，該環境已經夠乾淨了。

§ 本益分析不在追求一完全乾淨的環境，而是在追求資源分配最佳化。

§ 最大保護準則說明，僅在任何從污染而來對人體健康有潛在威脅的危險被消除後，環境被認為是乾淨的。

§ 可證明傷害準則說明，若每種已證明對人體健康有危害的污染物都已被除去，環境就算乾淨。

§ 傷害程度準則認為，若對人體明顯有害的污染物，不計任何成本都已消除，或減少到合理傷害水準下，環境就是乾淨的。

§ 一種論點認為環境問題是一種技術問題，如果人類改變環境進而傷害到人類，那麼只要發明高超之技術，將人為之環境破壞修正回去就可以了。

§ 第二種論點認為環境不只是技術問題，而是有相當複雜的現象。物理環境的不可預知性及不可逆轉性，單單只靠物理科學是不可能解決的，環境問題最後還是屬於社會問題，因為所有的環境問題都是人為的。

§ 人類許多重要資源的使用，以及許多污染物的生產，都已經超過可持續性的比率，如果不對這種趨勢作明顯性削減，接下來人類糧食、工業能源之生產，將會出現不可控制的下降。

§ 「環境的工具性倫理觀」是「人類中心主義」所衍生的倫理觀。「人類中心主義」認為由於人類具有思想與語言，因此也累積出文化。

§ 另一種倫理觀稱之為「環境的存在價值倫理觀」。這倫理觀主張環境本身就有其存在的價值；環境本來就不為人類而存在，人類實在有義務維護生態的持久平衡。所以用此角度來看待人與環境的關係，稱之為「生態中心論」。

§ 事實上環境生態與人的關係，應該是「天人合一」的倫理觀，包括「自立性」、「持續性」與「共生性」。

§ 「自立性」指的是地球並非一個開放系統，而是一個封閉的系統，在這一系統中資源的總量是有限的。

§ 「持續性」指的是現代人對後代人的生存負有責任，這一原則同樣表現在土地的使用上。

§ 「共生性」指的是所有生物物種、生態體系、景觀都有生存權利，也就是說將生存權擴展到人類以外的生物。

§ 全世界各類組織，包括產業界、政府單位、服務業等，實施ISO 14001環境管理系統的風潮已日趨熱烈。

重要名詞

常態準則（the normalcy criterion）

最適污染減少準則（the criterion of optimal pollution reduction）

本益分析（cost and benefit analysis）

最大保護準則（the criterion of maximum protection）

可證明傷害準則（the criterion of demonstrable harm）

傷害程度準則（the degree-of-harm criterion）

抵換（trade-offs）

羅爾斯頓（Holmes Rolstot）

國際標準組織（International Organization for Standardization, ISO）

氟氯碳化物（CFC）

問題與討論

1.請分享你個人在第四章節所學習到的心得？最令你印象深刻的議題為何？

2.生態環境的破壞與維護，人類能否掌握？生態環境的破壞是人類的損失嗎？

3.台灣資訊產品以外銷為主，許多國際化的資訊業者會面臨不同的環保標準要求，企業本身應如何因應國外的環保認同之差異？

4.政府應建立什麼制度來協助資訊業者，並教育消費者接受綠色新產品？

5.消費大眾及政府各有何力量及優勢，可以促使業者正視環保問題以改善產品？

6.企業在自己仍保有產品競爭優勢的情況下，是否須積極推動與產品本身無關之各項環保改進措施？請分享你個人的看法。

7.針對「遭受污染的斐濟群島的珊瑚礁」之案例，你個人有何分享的心得？

8.環境問題的準則為何？請簡述之。

9.針對「綠色和平警告全球氣候改變應減少傳統能源」之案例，你個人有何分享的心得？

10.針對「勇敢迎向京都議定書的新紀元」之案例，你認為京都議定案的簽訂與企業息息相關嗎？台灣雖然不是聯合國會員，但亦應善盡環保責任及做好各項環保要求，你同意嗎？

11.針對「鴨蛋遭戴奧辛污染」之案例，你個人有何分享的心得？

12.針對「墾丁核三廠污染」之案例，你個人有何分享的心得？

13.針對「提升回收再利用品質」之案例，你個人有何分享的心得？

14.環境保護的倫理觀點為何？請簡述之。

15.請簡述宏碁電腦全方位綠化的作法為何？

16.針對「台塑汞汙泥事件」之案例，你個人有何分享的心得？

企業與社會責任

Chapter 5

5.1　個人的社會關懷

5.2　企業社會責任的學理

5.3　企業社會責任的推行

5.4　企業的品牌塑造

5.5　企業與國際機構

5.6　企業社會責任的新發展

本章節說明企業與社會責任，討論的議題有：個人的社會關懷、企業社會責任的學理、企業社會責任的推行、企業的品牌塑造、企業與國際機構，以及企業社會責任的新發展等六個部分。

5.1 個人的社會關懷

一個知識分子除需具備獨立的心靈之外，還需具備對社會濃厚的關懷。一個對社會關懷的人，具有對事熱情、對人愛心的生命特質。熱情是人類生命的原動力，愛心則可以破除人與人之間的隔閡。一般說來，年輕人比較具有熱情、愛心，但也最容易喪失、褪色。要使人的熱情愛心能恆久堅定，必須用理想引導熱情、激發愛心。這種理想包括：熱愛生命、尊重人權、追求正義，三者形成對社會關懷的驅動力。藉由這三種驅動力，可以培養個人為社會大眾服務的美德，用平等的觀點對待所有人。

社會關懷除了是一種理念外，更重要的是由參與方式而達成。社會關懷的參與，主要有觀念的參與，以及行動的參與。在觀念的參與上，可以為社會問題提供解決方案，而行動的參與，則必須透過執行並控制解決問題的過程。所謂社會關懷的參與，就是如何面對及處理層出不窮的社會問題。現代社會由於知識普及，強調普遍參與的觀念，因此人人有提議、解決問題的權利與責任。教導社會大眾如何享受權利、負擔義務，就屬於知識分子的責任，而知識分子是代表社會的良知。

具有道德良心的知識分子為民眾的代表，但如知識分子濫用、依恃其影響力，利用輿論製造壓力，引導社會大眾走向錯誤方向；或是在樹立聲望後，利用專業權威作為與統治者討價還價的籌碼，背棄當初堅持的理想與信念，此種知識分子對社

> 社會關懷除了是一種理念外，更重要的是由參與方式而達成。社會關懷的參與，主要有觀念的參與，以及行動的參與。在觀念的參與上，可以為社會問題提供解決方案，而行動的參與，則必須透過執行並控制解決問題的過程。

會危害之大，遠超過一般人，亦違背知識分子當初經世濟民的
理想。因此，一個知識分子是否具備服務的美德，以及堅守原
則的剛毅精神，就顯得特別重要。

　　知識分子對社會的關懷參與途徑，最有效者乃為社會服
務。社會服務的種類很多，例如，到慈善機構做志工或義工，
或是照顧弱勢團體、關懷老人等均是。只是社會服務要做得
好，單憑熱忱是不夠的。社會服務牽涉到觀念、態度與技巧，
這些都必須經過訓練而來。所謂「志工要社工化，社工要志工
化」，意即當志工的人要有社工的專業及認知，而當社工的人要
有志工的熱忱與認眞。

　　社會服務的觀念，由西方教會傳入東方社會。現階段台灣
政府必須藉由教育方式，對在學青少年做有計畫的訓練，使其
透過有意義的工作，獻出自己的精力與熱忱。不僅對社會有很
大助益，同時對青少年的人格健全，也有一定程度的幫助（韋
政通，1994）。

　　一個知識分子如能具備批判的心靈，且時時刻刻對社會抱
持關懷的心，則我們的社會必可像溪水一樣，清澈且綿延不
絕；我們的文化，也才能在道德重建中，獲得新生與滋長。每
一個知識分子都是活水源頭，彼此相互共勉，台灣社會自然可
以開創美麗的未來。因應社會未來的發展與變化，對於技職專
業人才的培育，必須著重培養其專業能力、倫理判斷能力、人
際溝通能力與面對時代挑戰的條件。在於使學生：除了能自學
外，更能關懷社會，亦即培養互為主體的群己關係，並跟多元
領域之對象互動與合作（楊政學，2004）。

5.2 企業社會責任的學理

　　本節探討企業社會責任的學理基礎，首先定義何謂企業社

因應社會未來的發展
與變化，對於技職專
業人才的培育，必須
著重培養其專業能
力、倫理判斷能力、
人際溝通能力與面對
時代挑戰的條件。在
於使學生：除了能自
學外，更能關懷社
會，亦即培養互為主
體的群己關係，並跟
多元領域之對象互動
與合作。

會責任,再者說明企業社會責任金字塔理論,最後討論企業表現模式的學理。

一、企業社會責任的定義

「企業責任」(corporate responsibilities)或「企業社會責任」(Corporate Social Responsibilities, CSR),是企業倫理的核心觀念,同時亦是一個**爭議性的觀念**(contestable idea)。

但企業社會責任究竟指什麼?管理學界對這個理念,常見的定義如下,例如,企業責任就是認眞考慮企業對社會的影響(Paluszek, 1976);或謂:社會責任就是(企業)決策者的義務,在保護及改善本身利益的同時,採取行動來保護及改善整體社會福利(Keith & Bloomstrom, 1975);或謂:社會責任這個理念,假定企業不只有經濟及法律的義務,同時有超出這些義務的一些社會責任(McGuire, 1963);或謂:企業社會責任融合了商業經營與社會價值,將所有利益關係人的利益,整合到公司的政策及行動之內(Connolly, 2002)。

二、企業社會責任金字塔論

管理學者**卡爾路**(Carroll)於1996年,將企業的社會責任類比於一個金字塔,責任金字塔包括了四個部分,如【**圖5-1**】所示,分散在一個金字塔的四個不同層面之內。這四個部分如下所述:

(一) 經濟責任

係指企業作爲一個生產組織爲社會提供一些合理價格的產品與服務,滿足社會的需要。**經濟責任**(economic responsibilities)位於金字塔的最底部,表示這類責任爲所有責任的基礎。

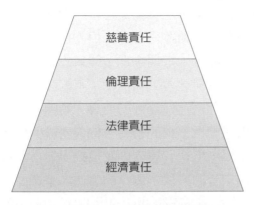

圖5-1 企業社會責任金字塔模型
資料來源：Carrol (1996).

（二）法律責任

企業之可以在一個社會內進行生產等經濟及商業活動，是要先得到社會的容許的。社會通過一套管制商業活動的法規，規範了公司應有的權利與義務，給予公司一個社會及**法律的正當性**（legitimacy）。公司若要在社會上經營，遵守這些法律就是公司的責任。**法律責任**（legal responsibilities）位於經濟責任之上。

（三）倫理責任

在法律之外，社會對公司亦有不少倫理的要求及期盼，包括了公司應該做些什麼，不應該做些什麼等。這些倫理的要求及期盼，都與社會道德有密切的關係，其中包括了消費者、員工、股東及社區相關的權利、公義等訴求。**倫理責任**（ethical responsibilities）位於法律責任之上。

（四）慈善責任

企業做慈善活動，中外都很普遍。一般而言，法律沒有規

法律責任
legal responsibilities

公司若要在社會上經營，遵守這些法律就是公司的責任。法律責任位於經濟責任之上。

倫理責任
ethical responsibilities

在法律之外，社會對公司亦有不少倫理的要求及期盼，包括了公司應該做些什麼，不應該做些什麼等。這些倫理的要求及期盼，都與社會道德有密切的關係。

定企業非做善事不可，企業參與慈善活動都是出於自願，沒有人強迫的。做慈善活動雖是自願，但動機可不一定相同。有的企業是爲了回饋社會，定期捐助金錢或設備給慈善公益組織，或經常動員員工參與社會公益活動；有的公司做善事主要的目的是搞公關，在社區上建立好的商譽，動機非常功利，不純是爲了公益。這種動機不純的善行，依義務論而言，不值得我們在道德上的讚譽，但功利論者則認爲只要能令社會獲益，動機純不純是無關宏旨的。依卡爾路的看法，企業如能盡到**慈善責任**（philanthropic responsibilities）相等於**做一個好的企業公民**（be a good corporate citizen）。

慈善責任
philanthropic
responsibilities

法律沒有規定企業非做善事不可，企業參與慈善活動都是出於自願，沒有人強迫的。企業如能盡到慈善責任相等於做一個好的企業公民。

這四個責任構成了企業的整體責任。雖然分置在不同的層面上，這四個責任並不是彼此排斥、互不相關，而是彼此有一定的關聯的。事實上，這些責任經常處於動態緊張之中，而最常見到的張力面，是經濟與法律責任之間、經濟與倫理之間、經濟與慈善之間的緊張與衝突。這些張力的來源，一般都可以概括爲利潤與倫理的衝突。

三、企業社會表現模式

企業社會表現模式
corporate
performance model

企業社會表現模式有三大面向：社會責任、社會回應及社會問題，每個面向分別有不同的次面向，產生了一個包含三大面向96項的立體社會表現模式。

Carroll（1996）整合了不同的社會責任的構思，而提出企業社會表現模式（corporate performance model）。這個模式有三大面向：社會責任、社會回應及社會問題，每個面向分別有不同的次面向，產生了一個包含三大面向96項的立體社會表現模式，如【圖5-2】所示。

三大面向連同其不同的次面向，構成了一個（4×4×6＝96）項目的立方體：

1.社會責任面：經濟、法律、倫理、慈善等責任。
2.社會回應面：**事前準備行爲**（proaction）、**包容或吸納性行爲**（accommodation）、**防衛性行爲**（defense）、事後回

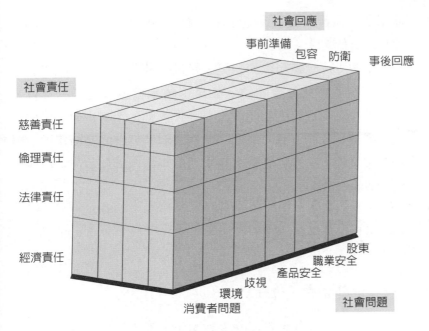

社會回應

社會責任

事前準備　包容　防衛　事後回應

慈善責任

倫理責任

法律責任

經濟責任

股東
職業安全
產品安全
歧視
環境
消費者問題

社會問題

圖5-2 企業社會表現模式
資料來源：Carroll (1996).

應行為（reaction）。

3.社會問題面：股東、職業安全、產品安全、歧視、環
境、消費者問題。

5.3 企業社會責任的推行

　　一個企業應負擔多少社會責任呢？一個企業經理人是否知
道什麼是他們的社會責任？誰又能決定企業做何種活動對社會
是有益處的呢？對一般企業而言，政府應照顧社會的需要，當
因企業發展而可能造成社會問題時，政府就應該參與解決問
題。若企業愈少關心因其行動所引發的社會問題時，政府就會
愈加干涉其有關各方面的經濟，甚而可能對企業加以更多的法

律限制。但若企業愈關心其社會責任，則其創造利潤的活動力愈相形減低。

基本上，企業組織的功能就是創造利潤，而政府應以其所課徵之稅收解決社會問題。如果企業承擔愈來愈多的社會責任，那企業與政府的功能就沒有多大差別，企業也會因而愈強大並累積更多的資源，成為一個無法與其反抗的壟斷組織。對一個企業而言，應先衡量本身能力與平衡內外利益後，再決定應採取的行動。

一、社會責任的類型

（一）依社會責任的行動

不管對企業社會責任的爭論如何，不可否認的是，現今企業愈來愈重視其應負擔的社會責任。社會責任的分類有很多種方法，如可將一個企業所採取社會責任之行動，分為八類：

1. 在製造產品上的責任：製造安全、可信賴及高品質的產品。
2. 在行銷活動中的責任：如做誠實的廣告等。
3. 員工的教育訓練的責任：在新技術發展完成時，以對員工的再訓練來代替解僱員工。
4. 環境保護的責任：研發新技術以減少環境污染。
5. 良好的員工關係與福利：讓員工有工作滿足感等。
6. 提供平等僱用的機會：僱用員工時沒有性別歧視或種族歧視。
7. 員工之安全與健康：如提供員工舒適安全的工作環境等。
8. 慈善活動：如贊助教育、藝術、文化活動，或弱勢族群、社區發展計畫等。

（二）依社會責任的受益人

若將社會責任依受益人之不同，可分類爲：

1.內部受益人：包括顧客、員工與股東，這些是與企業有立即利害關係的人。

（1）對顧客的責任：提供安全、高品質、良好包裝及性能好的產品。對顧客的抱怨立即採取處理措施，提供完整而正確的產品資訊，或誠實不誇大的產品廣告。

（2）對員工的責任：關於企業對員工的責任，法律上有許多相關的規定，如工作時數、最低薪資、工會等，目的是在保障員工的基本人權。除了法律上保障的權利外，現代企業亦會提供員工其他福利，如退休金、醫療、意外保險等；或是教育訓練補助、生涯發展協助等，這些都是企業社會責任的延伸。

（3）對股東的責任：企業管理者有責任，將企業資源的利用情形及結果，完全公開且詳實的告知股東。企業股東的基本權利，並不是要保證自己一定會獲得利潤，而是保證能獲得公司正確的財務資料，以決定其是否繼續投資。

2.外部受益人：外部受益人可分爲兩類，特定外部受益人與一般外部受益人。

（1）特定外部受益人：如企業採用平等僱用原則，使得婦女、殘障、少數民族等成爲受益人，雖然此原則已有法律上的規定，但不管是過去還是現在，歧視女性、殘障、少數民族等弱勢族群者，企業機構一直扮演著主要的角色，所以現代企業應該負起此社會責任，以彌補錯誤。

（2）一般外部受益人：企業參與解決或預防一般社會問題的發生，常被認爲是最實際的社會責任，因爲這些活

動使得一般大眾都受益。例如，保護環境活動，防止水污染、空氣污染，或者捐贈教育機構、贊助文化藝術活動等。

從上述分類可知，企業社會責任的範圍廣泛，企業的管理者應憑著誠心與決心，衡量企業的能力與平衡內外利益後，再估量應從事何種活動。

雖然企業履行社會責任的原因，許多是來自於工會、消費者運動，以及環保運動等之壓力，但是企業是否應善盡社會責任的問題已受到肯定。人們發現過去與現今人們所受的種種苦難，導源於人類自私的心態，重視金錢物質的掠取，輕視精神文化之發展，故而現今社會強調倫理的重建。

企業如能遵守企業倫理，才能得到社會的支持，創造更多的利潤，同時也能回饋社會。企業不但要先從「利己」的社會責任做起，更要提升到「利他」的倫理層次，以塑造一個名符其實的現代企業。

二、社會責任的落實

企業社會責任愈來愈受重視，如由【案例5-1】中可知，國外的廠商要求國內的代工生產工廠，必須要落實企業的社會責任，才有資格接單生產的情形，足見企業社會責任受重視的程度。

企業往往知道倫理的重要性，但能真正實踐者卻很少；隨著外國的投資人愈重視企業社會責任，致使國內的廠商也要愈來愈注意才行。由注意員工的工作時數、勞動環境、到衛生安全等，都必須要確實落實才行。因此，企業必須先向員工宣導企業社會責任的觀念，並且為企業社會責任設立一個專屬的部門，讓企業社會責任能確實的執行。

以往，企業都會視社會責任為企業的負擔，甚至認為它是

案例 5-1

企業社會責任的推行經驗

2000年，全美最大成衣連鎖專賣店GAP，拿著「人權安檢查核協定」（Human Right Compliance Agreement）上門，要求在大陸、柬埔寨、印尼、約旦及台灣代工生產的台南企業簽署，等確實做到該協定後，才有資格接單。台南企業只要稍稍犯規，總經理楊女英就會被叫去說明，若未能限期改善，還得面臨抽單的命運。慢慢地，所有美國品牌客戶都提出相同要求，包括：不得超時工作、勞動環境符合安全衛生等條件，還會隨時派員到工廠稽查。

來自國外買主的壓力，讓台南企業驚覺：企業社會責任時代已經來臨。為因應變局，台南企業開始向員工宣導CSR的觀念，在每個工廠設置CSR專責人員，並要求周邊外包工廠配合，2004年更在董事會下設CSR專責部門。

不僅國際化程度高的傳統製造業面臨到CSR的衝擊，講求全球運籌的高科技製造業，更是如此。例如，2000年全球最大的電源供應器廠商台達電，陸續收到國外買主SONY、惠普、IBM等寄來的問卷，想瞭解台達電在CSR的落實情形。

為了填答問卷，台達電開始重視CSR資訊的揭露，董事長鄭崇華甚至親自帶隊到各事業部與廠區查察，逐一將相關資訊寫成文字並量化，然後由各事業部出版自己的CSR中、英文報告書，寄給相關客戶。因為國外買主要求到台達電廠區實地稽核，逼得台達電不得不進一步輔導自己的上游供應商，一起符合CSR的標準。

2005年初，台達電決定成立CSR管理委員會（CSR Management Board），由董事長鄭崇華擔任主席及環保長（Chief Environmental Officer），成員包括五位最高階主管，下面還設有環境委員會、公司治理委員會與健康安全委員會等。同時，台達電也彙整各事業部資訊，共同發行一本CSR報告書，寄給客戶、會計師與政府機關。

相較於歐美，國內企業對CSR的認知仍在萌芽階段，遺憾的是，台灣還欠缺「社會責任型投資」（Social Responsible Investment, SRI）的臨門一腳。因為社會責任型投資需要花很多力氣查證企業是否真正落實CSR，投資人也要認同這種商品，最重要的是制訂共同的CSR標準。

經濟部投資業務處為了幫助海外台商與國際接軌，2003年即積極鼓吹企業遵循「OECD多國企業指導綱領」，將CSR融入企業經營，同時2004年也開始訂定符合國情的台灣企業社會責任評等系統。

企業的壓力，因爲要落實社會責任，必定會爲企業帶來額外的成本，而企業將會有不必要的開銷，使得企業所獲利潤減少。但是這些所謂的壓力、負擔，也有可能會變爲企業最大的競爭優勢，若企業社會責任能確實落實，將會爲企業帶來正面的企業形象，此形象有助於企業的成長，並能使企業達成永續經營的最終目標。

事實上，多數大企業皆有白紙黑字的「企業倫理」規範，只不過從沒人眞正去落實。發表「社會責任報告」已經成爲另一項重要的企業經營成績單，而企業發表社會責任報告是大勢所趨。企業將相關資訊透明化，並且藉此表明自己是「正直的企業」，更能增加投資人信心。在商場競爭中，企業形象將日益重要，未來消費者購物時，「形象」將會是重要選擇因素之一，因此讓大衆知道企業的努力，其實是有百益而無一害的，更可能是未來企業勝出的重要因素。

企業倫理似乎是一個抽象的概念，但是往往可以眞實反映出社會大衆的評價。一個成功的企業，就好像一個成功的人，必定要符合社會的高道德標準，才可衍生出大衆對公司的聲譽、地位、影響力的肯定。在西方，良好的企業倫理是日積月累才有今天如此般的成果，而剛起步的台灣，只要願意一步一步落實，相信也會有所成績的。

2005年國內《遠見雜誌》舉辦第一屆社會責任獎，以推廣企業社會責任的理念，並以實質具體的作爲來加以落實。獲獎的企業計有如下：科技業A組首獎光寶科技，楷模獎台積電；科技業B組首獎台達電子，楷模獎智邦科技；服務業首獎台灣大哥大，楷模獎統一超商；製造業首獎中華汽車。

多數大企業皆有白紙黑字的「企業倫理」規範，只不過從沒人眞正去落實。發表「社會責任報告」已經成爲另一項重要的企業經營成績單，而企業發表社會責任報告是大勢所趨。企業將相關資訊透明化，並且藉此表明自己是「正直的企業」，更能增加投資人信心。

5.4 企業的品牌塑造

　　偉大的品牌能滿足或超越消費者的期望，其道理非常明白。隨著市場日趨成熟，競爭日益激烈，行銷人士也體認到，現今促使人們購買產品的因素，已經複雜得多。不再侷限於功能、效益；也非取決於價格或定位。除了產品的功能，接觸、印象、情感關係集結起來，都會左右消費者行為，我們稱之為「360度品牌管理」（360 degree branding）。意謂所有觸及消費者的事物，都塑造了品牌，如風格設計、包裝、新聞報導、配送貨車，以至於服務經驗。因為所有環節都與建立品牌息息相關，所以考慮品牌的倫理面，是必要的步驟。

> ### 360度品牌管理
> ### 360 degree branding
> 除了產品的功能，接觸、印象、情感關係集結起來，都會左右消費者行為，我們稱之為「360度品牌管理」。意謂所有觸及消費者的事物，都塑造了品牌，如風格設計、包裝、新聞報導、配送貨車，以至於服務經驗。

一、企業品牌塑造與企業社會責任

　　全方位品牌管理雖然算是相當新的概念，但長久以來已經成為企業行為的一部分。茲由以下幾點要項，來說明企業品牌塑造與企業社會責任的關聯（羅耀宗等譯，2004）：

（一）由倫理角度思考360度品牌管理

　　亞洲塑造品牌從來都不是，僅指直接針對消費者的傳統廣告；在亞洲行銷產品，事實上等於簽定社會契約，這種社會契約正在迅速超越生產好產品，以及提供可靠的承諾。顧客的期望現在涵蓋企業責任的其他領域，例如，安全與衛生保健議題、環境保護實務、勞資關係。因此，品牌的建立已超越行銷範疇，企業必須為對社會所造成的影響負起責任。

（二）品牌至上

　　把品牌塑造與社會責任視為不同的活動，不只是誤解也是

錯失良機。在每個環節都重要的360度環境中，品牌塑造活動與企業行為，在利益關係人與消費者心中，已經是交織成一體。要在今天的市場取得成功，必須擁有強大的品牌，為了達成此目標，企業社會責任與品牌價值存有密不可分的關係。

（三）負責任的品牌是亞洲的未來

由於亞洲的消費者要求企業負起社會責任，所以很容易由產品的品質，跳到透明化，跳到關懷健康、安全、環境與對待員工上。亞洲領導人希望得品牌之助，增進人們對經濟表現的信心。少了私人機構的支持，很少政府能夠處理貧窮、流行病等問題。此外，顧客希望他們所購買的品牌，不只為了消費，更要能從內心產生好感，也能符合內心深處對世界的期望與信念。亞洲各地高達四分之三的消費者說，他們會改用致力行善的品牌。

（四）好名聲傳千里

對亞洲許多企業而言，流通是促進成長的條件。都市以外的地方，存在著龐大的隱性消費族群，但是那裡的流通基礎設施比不過大都市。要打進這些地方，必須考慮利害關係人，包括：政府官員、地方性非政府組織、行動團體等，因為其能決定你的品牌在哪經營、如何經營。

（五）知易行難

有些公司透過特別的計畫或公益慈善活動，而不是制定與公司及其業務特質相符的企業社會責任架構。他們沒有排出利益關係人的優先順序，也忘了將企業社會責任與投資報酬率掛鈎，或者是沒找到方法來證明其效能。更糟的是，獨立式企業社會責任廣告，常會引來冷嘲熱諷：說這家公司做好事固然可喜，但大可不必花那麼多錢宣傳自己的善舉。

（六）品牌是起步

品牌本身有助於調和相互衝突的渴望與優先順序，在基本層次上，品牌應該用來確定一公司支持哪些個別專案或公益慈善計畫。這可以使他們得到正當性，並且簡化溝通過程。在許多例子當中，最佳的途徑或善盡責任方式，是以高效率運用公司的獨特資源與專長，投入對社會有益、對消費者福利有幫助的事情。

二、提升企業社會責任效能

在亞洲地區，以品牌作為基本的指引，必須有六條共同的軸線貫穿公司，才能成功的採納與執行企業社會責任，其提升企業社會責任效能的六大步驟，如下要項：

（一）由上而下的切實力行

清楚明白的向全公司表示，每個業務都必須表現負責任的行為。這不是溝通計畫或行銷策略，而是要確保公司的成長與演進，能反映出所奉行的原則。

（二）投入所有的資產

在亞洲談到企業社會責任時，特別重視一個構面，就是確保供應商與供應鏈的行事端正。這些組織的行為都攸關公司CSR方案是否具有公信力，以及外界對公司品牌的認知程度。

（三）員工參與度

企業良好的商譽可以促使員工展現更多的熱情，發揮更高的生產力，願意待在公司並樂於擁有公司品牌。

(四) 建立意義深遠的夥伴關係

和其他非政府組織、團體合作,往往能以更高的效率產生效益,並且提高公信力。這種夥伴關係,不僅能迅速交付服務,也能檢驗、證實公司活動,並為那些活動背書。這些需要與平常不曾接觸的人進行溝通,是現在企業需要執行的基本技能。

(五) 以有趣可信的方式宣傳公司表現

必須有辦法衡量公司的進步情形,連市場軼聞也不放過,如果提不出證據或利用一些數字,來證明公司所為產生的效果,別人未必會相信你公司。

(六) 視覺化

犀利的設計與清楚的企業認同,能讓公司的故事鮮明生動,可以利用影片、照片與圖形,更可以藉用第三人的見證及參與。

三、企業的公民價值

企業愈來愈願意在企業社會責任投入大量長期資金,他們體認到必須與形形色色的利害相關人對話,而且自己的所作所為應該被許多人「看得到且能夠衡量」,而且需要由上到下全力投入。他們認清企業社會責任,不是用來粉飾門面的東西,而是深深存在於企業核心的要務。

現階段的公司應該具備的企業公民價值 (corporate citizenship value),如下要項 (羅耀宗等譯,2004):

1. 企業公民價值已反應在公司每一個核心價值的討論中,並在公司治理中扮演重要的角色。

企業愈來愈願意在企業社會責任投入大量長期資金,他們體認到必須與形形色色的利害相關人對話,而且自己的所作所為應該被許多人「看得到且能夠衡量」,而且需要由上到下全力投入。

2.每家公司均廣泛使用內部稽核、內外部標竿比較，以及持
　續改善的量化指標，來逐步提高其公民績效的標準。在設
　定目標、達成目標狀況及溝通上，也都採取高度透明化的
　作法。

3.在報告與評估的工作中，採用廣為人知的國際標準或規
　範，如**全球永續性報告推動計畫**（GRI）、國際道德責任
　組織、國際環境標準證書、聯合國人權宣言、國際勞工組
　織宣言等。

4.採用外部獨立組織的稽核員，其成員來自會計師事務所或
　非政府組織（NGOs），監督報告與績效量化的作業。

5.5 企業與國際機構

　　世界上有半數人每天生活費用不到兩塊美金；五分之一的
人每天生活費用不到一塊美金。世界上有60億人口，其中有50
億住在開發中國家，這些國家的國民生產總額卻只占世界的
20％，而這50億人口中，有30億人口住在亞洲。**世界銀行**
（**World Bank**）的主要目標就是，減輕開發中國家的貧窮狀態。
以下章節係以世界銀行為例，來說明企業與國際機構的角色互
動關係。

一、處理貧窮的發展計畫架構

　　世界銀行認為，政府、公民社會與企業成員必須全面參
與，並負有成敗之責任；公共與民間機構必須進行結盟，計畫
必須是可以衡量評估的，以及計畫本身是長期可行的。

　　隨著民間部門蓬勃發展，才能創造經濟成長，靠經濟成長
來創造長期就業，持續消弭貧窮。在市場機制系統演進過程，

企業逐漸體認到公司治理、勞工、環保與倫理，若採取高標準，對企業最有利。在推動企業制衡制度後，所有市場參與者較能得到公平的待遇與機會，也可提高企業在人權、健康、安全、勞工與環保問題的負責程度，這種制衡可望構成公司治理的架構。

愈來愈多國家與公司體認到，依據誠信與高尚價值觀，來發展企業社會責任的長期策略，能為企業創造業務利益，並對整體公民社會產生積極貢獻。在國家層級上，開發中國家必須推動改革，強化市場力量，打造有利於良好公司治理與社會責任的環境。因此，政府部門應協助如下要項：

1.改善司法與管理體系，以保障權利，公平處理抱怨。

2.處理金融部門改革的挑戰，提高資本分配透明化的效率。

3.正面迎擊貪腐的問題。

世界銀行在致力改善公司治理與企業社會責任時，努力支持如下要項：

1.司法、管理與金融改革，以便改善民間機構的營運環境。

2.提高容納並強化機構與市場力量。

3.提高公家機關的透明度與責任。

二、提升公司治理與企業社會責任

世界銀行致力提升公司治理，以及推動企業社會責任的落實，其具體作法如下要項：

(一) 公司治理的評估

世界銀行鼓勵各國政府與企業自行訂定出，提升公司治理與企業社會責任的最佳計畫，並改變誘因獎勵實行。評估該計畫，進而與政府高級官員討論，並建議採取國際模式的方法與成本效益。透過技術援助的方式，支持政府與專業機構，而且

靠著訓練政府與民間部門重要職員，以建立政府與企業的制度
性能量。

在運作方式上，世界銀行與**國際貨幣基金**（**IMF**）、合作發
展遵守標準與準則申報（**ROSC**），以及**金融服務行動計畫**
（**FSAP**）。再對有心改革的國家，評估其公司治理政策及作法，
進而提出建議或修改法令。

（二）企業社會責任的訓練

灌輸跨國企業、本國公司及公共部門的企業社會責任，其
運作方式為：在作法上，提供「企業社會責任」的網路課程；
在目標上，讓參與者瞭解企業社會責任的基本理論、設計與執
行；在對象上，鎖定政府高官、企業、公共部門、社會領袖、
學者及新聞記者等。

（三）在亞洲推動的援助計畫或訓練

世界銀行在亞洲推動的援助計畫或訓練，有如下幾點要
項：

1.在中國、印尼、泰國、韓國，推動董事的訓練。
2.在印尼、泰國、韓國，推行國際會計與稽核標準。
3.在印尼訓練法官與相關人員，強化法院的職能。
4.成功案例：對蒙古的農業銀行推動重整計畫，起死回生並
　達到民營化的目標。

（四）推動公司治理及改革

透過參與投資的方式，來要求被投資公司推動公司治理及
改革，如以投資上海銀行為例，其運作方式為：在投資前，堅
持上海銀行需根據國際會計標準與稽核標準，由國際事務所進
行查核；再透過世界銀行旗下的**國際金融公司**（**IFC**），投資上
海銀行並取得董事席位；進而要求上海銀行推動公司治理及改

革,包括:成立稽核委員會、創設風險管理委員會等。

三、未來面對的挑戰

世界銀行在扮演推動企業社會責任的角色上,在未來將面對的挑戰,有如下要項:

(一)公共部門改革

1.使公共部門提供有效能的公共服務,對公民負責。
2.讓決策過程大致透明化且可預期。
3.建立制衡機制,以確立權責並避免獨斷。
4.充分授權,保持彈性,才能臨機應變。

(二)建立能量

1.強化不足的合格專業人員。
2.提升機構的力量或職權。
3.訓練會計師、律師、法官,以推動改革所需要的其他專業職能。
4.發展專業的機構:如董事會、會計師,配合嚴格的授證及倫理標準,來進行國際接軌。

(三)訓練計畫的評量

1.採逐步評量的方式,推動大量的個人訓練。
2.利用科技,包括網路學習等方式,將訓練普及化。

(四)持續改革與夥伴關係

1.世界銀行的改革,相當分散也有一定期限。
2.透過本地其他機構的良好夥伴關係,來持續進行改革。

（五）家族企業

1.大型家族企業的公司治理問題
（1）家族企業通常不理會企業的其他所有權人（小股東）。
（2）害怕失去控制權，通常較依賴銀行融資，導致易受外在衝擊，獲利能力也較低。
2.從以關係爲基礎的制度，變成以法規爲基礎的制度措施
（1）選舉獨立或外部董事。
（2）建立稽核委員會。
（3）區隔董事會的監督功能與營運部門的經營功能。

四、推行企業社會責任的必要

世界銀行認爲推動企業社會責任的必要性理由，有如下幾點要項：

1.改善公司治理與企業社會責任，同時對抗貪污腐敗，是世界銀行減輕貧窮、推動改革，密不可分的一部分。
2.世界銀行在擴大及修正公司治理計畫的同時，也體認到積極與其他機構或民間部門，結成夥伴的重要性。
3.堅信公司治理、企業社會責任與反貪腐，是推動改革的基礎，而其成功的關鍵，是在公家機關與民間機構中，尋找支持決心改革的人。
4.跨國公司可發揮其影響力，要求供應商與其他事業夥伴，遵循公司的治理制度及高標準的倫理道德，使公司治理可以強化。

因此，世界銀行面對的任務及挑戰，就是支持改革、建立機構能量，透過可以衡量的訓練計畫，擴大供應合格的專業人員，並且在景氣好、改革壓力消失時，維持與強化改革動力。

5.6 企業社會責任的新發展

本節探討社會責任的新近發展,討論的議題包括:企業社會責任的演化、三重基線與企業社會責任、三重基線企業的內涵,以及永續經營的新理念。

一、企業社會責任的演化

自二十世紀九十年代中期開始,以「企業社會責任」為議題的論爭,在英美等發達國家可說已經暫告一個段落,社會大眾及有企業倫理意識企業的共識是,企業的社會責任不應只限於傳統的法律及經濟的責任,而應包含多樣的社會倫理責任。

今天企業要履行的責任是多元的,企業的責任範圍及內容,亦隨著社會的期望、規範演化及價值的改變而改變。例如,在論述企業社會責任時,人們常用的語言,如「**超越最低線**」(beyond the bottom line)、「**企業公民**」(corporate citizen-ship)、「**長青企業**」(green corporation)、「**良心企業**」(corporation with a conscience)等名詞,都或多或少反映出目前社會對企業的觀感及期望。這些觀感及期望,不是在一個短時間之內突然湧現的,而是經過了二十多年的不斷爭論及反思而逐漸形成的。

就算在1970年代,單薄的企業社會責任論並沒有得到壓倒性支持。1971年,美國的**經濟發展委員會**(Committee for Economic Development)就發表了一份具有影響力的報告(Social Responsibilities of Business Corporations, New York: Committee for Economic Development, 1971),將企業的社會責任理解為,一種因應社會規範、價值及期望的對企業行為的要求(葉保強,2005)。

　　值得注意的是，這份報告在論述企業社會責任時，並沒有明顯地提及企業在法律上的責任。報告用三個同心圓來展示企業的社會責任。在最核心的一個圓之內，包括了明確的經濟責任：有效率地生產產品、提供就業及促進經濟發展。中間一個圓之內的責任，包括：因應不斷在變化的社會價值及優先次序，來發揮其經濟功能。這些社會價值及優先次序，包括：環境保育、員工關係、消費者權益等的尊重。

　　最外的一個圓之內，是正在形成或尚未定型的責任，這些責任籠統地包括：改善社會環境的責任、協助社會解決貧窮、失業、城市衰落或青少年問題等。社會之所以對企業有這些期望，主要是由於企業有足夠的資源、技術及人才，來做這些政府不一定能做，或做得更好，而且有益公德的事情（Boatright, 2000）。

> 社會之所以對企業有這些期望，主要是由於企業有足夠的資源、技術及人才，來做這些政府不一定能做或做得更好、有益公德的事情。

　　1980年代開始，美國《財富》雜誌（*Fortune*）選出了美國最受愛戴的公司，用了八個基本特質來做評估公司的表現，其中一項是企業的社區及環境責任。該雜誌向全國8,200個資深行政人員進行意見調查，請他們將他們心目中最值得愛戴的公司排名。不少民間組織及商業媒體，制訂了不少有趣的**企業社會責任指標**（indices of corporate social responsibility），來表述及評估公司的社會責任。

　　美國的**經濟優先秩序議會**（Councilon Economic Priorities, CEP）在1986年，出版了一本專門評價美國企業的報告，名為《**為美國企業良知打分**》（*Rating America Corporate Conscience: A Provocative Guide to the Companies Behind the Products You Buy Every Day,* Reading, MA: Addison Wesley Publishing, 1986），對美國公司及其產品打分數，其使用了一些評價的準則（葉保強，2005）。

　　這份報告被稱為首份為有社會意識的消費者，所編的完備購物指南。報告用了一些企業社會表現的準則，來為不同的企

業打分數,以下就是所採用的準則:

　　1.慈善活動。

　　2.在董事會及公司高層的女雇員數目。

　　3.在董事會及公司高層的少數族群雇員數目。

　　4.公司對外資訊的公開。

　　5.在南非的投資。

　　6.常規軍火合約。

　　7.核武軍火合約。

　　這份報告一出版,立刻引起各方注意及討論,人們在討論報告所選的準則是否合適,或這些準則是否適當地使用。但報界的評論一般是正面的,消費社群亦覺得報告對瞭解一間公司的社會表現有一定的幫助。CEP隨後每年都定期出版同類的報告,就不同公司的表現給予評分。

　　1994年CEP出版了一本名爲《**爲更美好的世界而購物:社會負責的購物簡明指南**》(*Shopping for a Better World: The Quick and Easy Guide to All Your Socially Responsible Shopping,* 1994),報告包括了以下準則:

　　1.環境。

　　2.慈善。

　　3.社區參與及發展。

　　4.提升婦女。

　　5.提升少數族群。

　　6.對家庭的福利。

　　7.工作間福利。

　　8.公司透明度。

　　另一個有趣的發展,是由一個獲家集團所制訂的社會責任準則(Walker Group indicators of SR companies: 1994),包括了以下20個表現指標:(*Corporate Character: It Driving Competitive Companies: Where It Driving Yours?* 1994,引自

Carroll, 1996）

　　1.生產安全產品。

　　2.不污染空氣或水源。

　　3.遵守法律。

　　4.促進員工誠信。

　　5.工作間安全。

　　6.不作誤導及欺騙廣告。

　　7.遵守不歧視政策。

　　8.用保護環境的包裝。

　　9.防止性騷擾。

　　10.推行物料循環再造。

　　11.無有問題公司的行為紀錄。

　　12.快速回應顧客問題。

　　13.減少製造垃圾。

　　14.提供員工醫藥保險。

　　15.節約能源。

　　16.僱用失業工人。

　　17.捐助慈善教育。

　　18.使用可解及可再造物料。

　　19.僱用友善有禮及關心他人的雇員。

　　20.不斷改善品質。

　　1990年代企業社會責任的討論及實踐，出現了一個新的形式。在社會責任這個招牌下，人們納入一些新的觀念，如企業公民、**企業的社會表現**（corporate social performance）等，來表述企業的社會責任。在實踐上，除了提及的企業社會責任指標的制訂外，有關的組織還推出了各式各樣的**企業倫理評審**（business ethics audit），用來評估企業的倫理績效。同時，亦設立各種**企業倫理獎**（business ethics award），頒發給倫理表現出

色的企業，給予這些企業社會的承認（葉保強，2005）。

在投資界方面，一些投資社群發動了**社會投資運動**（social investment movement），分別創立了不同的**倫理基金**（ethical funds），專門挑選投資有商業倫理表現的企業作爲投資對象，讓關心企業倫理的投資者購買。企業內部亦有相應的發展，公司**治理**（corporate governance）成爲近年的一個熱點，無論學界及業界，都紛紛研究如何加強公司治理，以強化企業對社會的責任。

另一項值得注意的是，企業的內部倫理發展，除了制訂相關的倫理守則之外，不少的企業都設立了**倫理專員**（ethical officer），負責發展企業倫理，以及培訓員工這方面的認知及能力，同時擔任了諮詢工作。這種將企業倫理制度化的活動，是企業倫理發展的一個重要進展。企業公民已經成爲1990年代，一個引起注意的企業社會責任運動，也可以說是企業社會責任活動的延伸。

倫理基金 ethical funds
倫理基金專門挑選投資有商業倫理表現的企業作爲投資對象，讓關心企業倫理的投資者購買。

倫理專員 ethical officer
倫理專員負責發展企業倫理，以及培訓員工這方面的認知及能力，同時擔任了諮詢工作。

二、三重基線與企業社會責任

1992年，地球高峰會宣示了永續發展的全球願景，數百家大企業爲了響應永續發展的號召，簽署了**永續發展商業契約**（Business Character for Sustainable Development）。

近數十年由於環境保護導致重大轉型，包括了石綿、汞、CFC、PCB等產業，環境保護及其後的永續發展對產業產生極大的衝擊。破壞環境的產業愈來愈受到社會及政府的壓力，不得不改弦易轍。於此同時，新的產業、產品、科技、生產方式、營運模式亦應運而生，充分體現資本主義神奇的破壞性創造的規律。然而，最基本的是，資本主義要繼續存活及發展下去，更是需要新的理念及願景，以及相關配套的社會與倫理關懷及規範。

　　企業的領導人，必須重新認識企業的基本目標，同時要瞭解什麼是推動企業發展的重要因素。二十一世紀有遠見的領袖必須認識到企業的健康發展，除了金融資本及物質資本外，還需要自然資本、人文資本、社會資本及倫理資本。如何平衡及良好運用這些資本，提高企業生產力，為社會創造財富，無疑是企業的世紀大挑戰。

　　一直以來，主導企業的唯一基線，就是利潤，但經驗證明這並非企業的正道。二十一世紀的企業若要永續經營，必須徹底調整理念，從對單一基線的堅持，轉變成對「三重基線」，即所謂的財務、環境及社會方面的關懷。實現企業社會責任的企業（簡稱CSR企業），就是遵從三重基線企業（triple bottom line business）（Elkington, 1998）。

> 企業若要永續經營，必須徹底調整理念，從對單一基線的堅持，轉變成對「三重基線」，即所謂的財務、環境及社會方面的關懷。

三、三重基線企業的內涵

　　何謂「三重基線」？三重基線包括：財務基線、環境基線及社會基線。

（一）財務基線

　　財務基線（financial bottom line）是指公司經營的經濟效益，由公司財務年報展示出來。CSR企業除了作財務審計之外，還作環境審計及社會審計。事實上，有些CSR企業使用了「生態效率」這個指標，用以審計公司在經濟活動中的環保績效。有些CSR企業更將CSR經營原則，納入到董事會的公司治理決策原則之中。

> **財務基線**
> **financial bottom line**
> 財務基線是指公司經營的經濟效益，由公司財務年報展示出來。

　　財務底線是指公司經營的經濟效益，紀錄這條基線就是公司每年向股東交待公司績效的財務報表，即公司的溢利或虧損等財政資訊所代表的效益。**審計**（audit）財務年報是會計的工作，會計師依行之有年的審計程序及規則，來檢核報表的資訊

是否真實、正確及公平。

目前大多數的審計都只限於財務資訊，但有少數宣稱實行可持續經營的公司，會在財務報表外，另做一些環境審計或社會審計。事實上，有些公司使用了「生態效率」這個審計指標，用以評審公司在經濟活動中的**環保業績**（environmental performance）。

（二）環境基線

環境基線（environmental bottom line）是公司經營是否有遵守環境原則，其主要的關心是，宣稱實行可持續原則的公司，是否真的符合可持續發展原則？財務基線主要關心經濟資本，而環境底線的核心是**自然資本**（natural capital）。怎樣記錄及報告自然資本相當複雜，而自然資本的內容本身亦有待確定。

基本上，人們一般將自然資本分為兩種：關鍵的自然資本，以及再生、可替代的自然資本。環境基線要求公司關注公司活動，不要損害自然資本的可持續性，公司對那些自然資本已經構成影響，公司未來的活動將會對那些自然資本構成衝突等。相關的指標包括：公司在遵守環保法令及標準的情況、內部環保管理系統的表現、能源使用、廢物處理、循環再造、使用生態科技等情況。

很多國家現時要求公司申報其環境的業績，例如，美國的有毒物體排放紀錄，就規定那些要排放超過指定的600種化學物體某個指定數量公司，要申報其排放量。企業做環境業績報告是一個全新的經驗，沒有先例可援，可喜的是，近年不少的環保及民間組織參考財務審計的規則及指標，積極地制訂相關的指標、報告程序及規則。至少就評估公司的環境表現方面，國際標準組織回應1992地球高峰會而制訂的ISO14001，以及在歐洲的生態管理及審計計畫的規則，都是目前國際上認可有一定公信力的標準。業界現正研議制訂一套最低限度的指標，量度

環境基線
environmental
bottom line

環境基線是公司經營是否有遵守環境原則，其主要的關心是，宣稱實行可持續原則的公司，是否真的符合可持續發展原則？

環境業績。在國家或生態系統層面的環境業績，現時尚未有一套公認的指標來做審計（Elkington, 1998）。

（三） 社會基線

社會基線（social bottom line）的重點，放在社會資本及人文資本的保持及開發。社會資本包括：社會成員之間的互信，以及建立互惠合作的關係與能力。若社會資本貧乏，成員之間互相猜疑不信任，社會難以凝聚共同目標，合作困難，更難持續發展。

人文資本在可否持續發展上，亦是關鍵的，對包括教育、醫療衛生及營養方面人文的投資，才能創造高素質的公民來協助可持續的發展。企業可就其專業在保障人權、廢除童工、保護勞工及婦女權、社區發展、教育及醫療衛生方面，做很多有意義的工作。這方面的活動，一般都被視為企業社會責任範圍的活動。近年開始流行的社會審計（social audit），目的就是量度企業社會責任。

> **社會基線**
> **social bottom line**
>
> 社會基線的重點，放在社會資本及人文資本的保持及開發。社會資本包括：社會成員之間的互信，以及建立互惠合作的關係與能力。人文資本在可否持續發展上，亦是關鍵的，對包括教育、醫療衛生及營養方面人文的投資，才能創造高素質的公民來協助可持續的發展。

四、永續經營新理念

三重基線企業還採取了其他有創意的經營理念，例如，生命週期產品（life-cycle products）、「搖籃到搖籃」生產，以及精實生產。

（一） 生命週期產品

傳統的生產中，產品的成本只包括：工資、土地、機器、原材料、管理、技術等，並沒有將社會及生態成本計算在內，只將社會及生態成本外部化，讓社會及後代人來承擔。從工業革命開始一直到二十世紀占絕大部分的年代，人類的生產組織（公司、工廠），都是在傳統生產模式下進行的，並造成環境問

> **生命週期產品**
> **life-cycle products**
>
> 從一個生態的角度來檢視一個產品的生命週期，從其「誕生」到「死亡」，所留下的生態足跡，即從產品的構思開始，經歷設計、研發、生產、銷售、使用、損壞、棄置，都涉及不同程度的生態成本。產品生命週期是指產品生態的生命週期，而不是指其企業的生命週期。

題難以有效解決的主因之一。

從**生態效率**（eco-efficiency）的角度，這只是產品生命週期生態成本的一部分，其他如，資源效率、污染、資源耗損、能源效率、廢棄物處理及回收等，都沒有計算在內。事實上，從一個生態的角度來檢視一個產品的生命週期，從其「誕生」到「死亡」，所留下的**生態足跡**（ecological footprints），即從產品的構思開始，經歷設計、研發、生產、銷售、使用、損壞、棄置，都涉及不同程度的**生態成本**（ecological cost）。

永續經營公司採用更準確反映生態現實的經營理念及原則，其中之一就是「生命週期產品」這個觀念。產品生命週期是指產品**生態的生命週期**（ecological life-cycle），而不是指其**企業的生命週期**（business life-cycle）。前者的成本包括一個產品**從搖籃到墳墓**（from cradle to grave）間的生態成本，後者只包括產品生產過程中的經濟成本。明顯地，企業週期的成本只占生態生命週期的一小部分，忽視了物料使用的資源效率、產品棄置的成本、回收的成本、污染的成本等。絕大多數的公司，只關心產品的經濟成本，產品一旦到了消費者手上，責任就算完成；同時，公司亦不會關心生產產品的原材料，是否符合生態倫理。

今天的規模經濟製造了愈來愈多的價廉物美產品，公司用盡五花八門的行銷手法來推銷產品，用過一次即丟的產品充斥市場，產品的使用週期愈來愈短，產品用不到一兩年就要報銷，新產品源源不絕地出現，消費者不斷被鼓勵購買新產品，不斷的消費被塑造成文明人快樂的泉源。從我們日常用品的易折損性，就可以見到可持續發展推動的困難。無論從家電到一般的電子產品，用不上幾年就有新的型號出現，而舊的型號假若有輕微的毛病，維修費根本就貴過買一個新的型號，有的產品根本就沒有維修；一樣產品若有小小瑕疵，就頓時變成垃圾，被迫要被丟棄！

消費者不在乎被丟棄的產品究竟跑到那裡去,更很少關心其中所涉及的環境成本,包括:資源浪費、掩埋場及焚化爐的社會及環境成本。生產者亦不會認為這些成本是他們的責任,亦很少從一個更宏觀的生態層面,去思索如何減低這些生態成本,包括挑選一些生態友善的原材料、一些尊重生態環境的供應商、利用技術來減少或甚至取消污染,如設計完全封閉的生產系統,讓污染留在系統之內,不會流出到環境中,或減少用有毒物料來生產,使用再生的資源來生產等。

(二)「搖籃到搖籃」生產

二十一世紀所要談的**永續企業**(sustainable business),不是只認識到產品生命週期這個基本道理,負起產品從「搖籃到墳墓」的責任;同時更要跨前一步,承擔「**搖籃到搖籃**」(from cradle to cradle)的責任,用最創意的方法及科技,從設計、生產、行銷、維修、保養、回收等各方面,實行零污染、資源效率、無廢物、零浪費等永續經營理念。

依生命週期產品,搖籃到搖籃等理念出發,永續企業將經營重點從製造產品,轉變成為消費者提供產品功能的服務。依這個構思,顧客不用購買產品,而只是租用產品,公司定期為顧客提供產品維修保養及更換產品,顧客不用為更換、維修及棄置產品費心,因為這都是公司的責任。

在以提供產品功能服務的經營下,顧客無需擁有產品,但可以享受產品提供的功能。例如,家中的冰箱、空調、行動電話、電視機、音響,甚至是傢俱、汽車等,都是租回來的,從一個長遠的生態角度來看,這個作法正合乎永續企業的目標。

(三)精實生產

另一個永續企業使用的理念,是所謂的「**精實生產**」(lean production)。這個理念來自日本,豐田汽車公司利用這個理

搖籃到搖籃
from cradle to cradle

永續企業更要跨前一步,承擔「搖籃到搖籃」的責任,用最創意的方法及科技,從設計、生產、行銷、維修、保養、回收等各方面,實行零污染、資源效率、無廢物、零浪費等永續經營理念。

精實生產
lean production

任何吸收資源但沒有創造出價值的活動,都被視為廢物。例如,生產無人會用及不符合消費者需求的產品,生產過程中毫無必要的步驟、無意義的人流及物流等,都屬於廢物。

念，為汽車業創新很多的生產技術。依這個理念，任何吸收資源但沒有創造出價值的活動，都被視為廢物。例如，生產無人會用及不符合消費者需求的產品，生產過程中毫無必要的步驟、無意義的人流及物流等，都屬於廢物。

精實生產所依循的思維，有五大原則（Elkington, 1999）：

1.公司要認真思考每一樣產品所創造的價值。

2.公司必須找出該產品的**價值流**（value flow）。

3.價值流必須連續不間斷。

4.鼓勵顧客從整個系統中抽取價值。

5.參與其中的人要追尋完美。

在開發新產品時，要有一個有用的方向，否則會走歪路。由**歐洲道瓊**（Europe Dow）所研製出來的「**生態方向盤**」（eco-compass），就是這樣的工具，在研發新產品時，研發小組必須同時兼顧不同的面向，以及彼此相互的關係。生態方向盤的六個面向如下：

1.潛在的健康及環境風險。

2.資源保育。

3.能源強度。

4.物料強度。

5.再製造、再使用、循環再造。

6.改良產品的耐用性。

由生態方向盤所指引的目標，必須包含如下要項：

1.減低物料強度。

2.減少對人類健康及對環境的風險。

3.減少能源強度。

4.加強廢物再用及再製造。

5.加強資源保育及使用再生物料。

6.延長產品的功能與服務。

我們必須承認，生態效益高的產品，並不能保證在市場上

生態方向盤
ecocompass

在開發新產品時，要有一個有用的方向，否則會走歪路。由歐洲道瓊所研製出來的「生態方向盤」，就是這樣的工具。

生態方向盤的六個面向如下：潛在的健康及環境風險；資源保育；能源強度；物料強度；再製造、再使用、循環再造；改良產品的耐用性。

生態方向盤所指引的目標，必須包含如下要項：減低物料強度；減少對人類健康及對環境的風險；減少能源強度；加強廢物再用及再製造；加強資源保育及使用再生物料；延長產品的功能與服務。

有競爭力，因為消費者選擇產品時，環境效益只是產品眾多性質的一種，而通常不是最優先的。其餘的性質，如價格、品牌、耐用性、功能等，會被視為更重要的考量因子。當公眾愈來愈重視環境生態價值，並且將這個重視轉化為行動的時候，生態效益本身雖然不足以決定一個產品的市場競爭力，但卻可以成為其競爭力不可或缺的條件。

重點摘錄

§ 社會關懷除了是一種理念外，更重要的是由參與方式而達成。社會關懷的參與，主要有觀念的參與，以及行動的參與。在觀念的參與上，可以為社會問題提供解決方案，而行動的參與，則必須透過執行並控制解決問題的過程。

§ 因應社會未來的發展與變化，對於技職專業人才的培育，必須著重培養其專業能力、倫理判斷能力、人際溝通能力與面對時代挑戰的條件。在於使學生：除了能自學外，更能關懷社會，亦即培養互為主體的群己關係，並跟多元領域之對象互動與合作。

§ 企業社會責任融合了商業經營與社會價值，將所有利益關係人的利益，整合到公司的政策及行動之內。

§ 經濟責任指企業作為一個生產經濟責任組織為社會提供一些合理價格的產品與服務，滿足社會的需要。

§ 公司若要在社會上經營，遵守這些法律就是公司的責任。法律責任位於經濟責任之上。

§ 在法律之外，社會對公司亦有不少倫理的要求及期盼，包括了公司應該做些什麼，不應該做些什麼等。這些倫理的要求及期盼，都與社會道德有密切的關係。

§ 法律沒有規定企業非做善事不可，企業參與慈善活動都是出於自願，沒有人強迫的。企業如能盡到慈善責任相等於做一個好的企業公民。

§ 企業社會表現模式有三大面向：社會責任、社會回應及社會問題，每個面向分別有不同的次面向，產生了一個包含三大面向96項的立體社會表現模式。

§ 多數大企業皆有白紙黑字的「企業倫理」規範，只不過從沒人真正去落實。發表「社會責任報告」已經成為另一項重要的企業經營成績單，而企業發表社會責任報告是大勢所趨。企業將相關資訊透明化，並且藉此表明自己是「正直的企業」，更能增加投資人信心。

§ 除了產品的功能，接觸、印象、情感關係集結起來，都會左右消費者行為，我們稱之為「360度品牌管理」。意謂所有觸及消費者的事物，都塑造了品牌，如風格設計、包裝、新聞報導、配送貨車，以至於服務經驗。

§ 企業愈來愈願意在企業社會責任投入大量長期資金，他們體認到必須與形形色色的利害相關人對話，而且自己的所作所為應該被許多人「看得到且能夠衡量」，而且需要由上到下全力投入。

§ 社會之所以對企業有這些期望，主要是由於企業有足夠的資源、技術及人才，來做這些政府不一定能做或做得更好、有益公德的事情。

§ 倫理基金專門挑選投資有商業倫理表現的企業作為投資對象，讓關心企業倫理的投資者購買。

§ 倫理專員負責發展企業倫理，以及培訓員工這方面的認知及能力，同時擔任了諮詢工作。

§ 企業若要永續經營，必須徹底調整理念，從對單一基線的堅持，轉變成對「三重基線」，即所謂的財務、環境及社會方面的關懷。

§ 財務基線是指公司經營的經濟效益，由公司財務年報展示出來。

§ 環境基線是公司經營是否有遵守環境原則，其主要的關心是，宣稱實行可持續原則的公司，是否真的符合可持續發展原則？

§ 社會基線的重點，放在社會資本及人文資本的保持及開發。社會資本包括：社會成員之間的互信，以及建立互惠合作的關係與能力。人文資本在可否持續發展上，亦是關鍵的，對包括教育、醫療衛生及營養方面人文的投資，才能創造高素質的公民來協助可持續的發展。

§ 從一個生態的角度來檢視一個產品的生命週期，從其「誕生」到「死亡」，所留下的生態足跡，即從產品的構思開始，經歷設計、研發、生產、銷售、使用、損壞、棄置，都涉及不同程度的生態成本。產品生命週期是指產品生態的生命週期，而不是指其企業的生命週期。

§ 永續企業更要跨前一步，承擔「搖籃到搖籃」的責任，用最創意的方法及科技，從設計、生產、行銷、維修、保養、回收等各方面，實行零污染、資源效率、無廢物、零浪費等永續經營理念。

§ 任何吸收資源但沒有創造出價值的活動，都被視為廢物。例如，生產無人會用及不符合消費者需求的產品，生產過程中毫無必要的步驟、無意義的人流及物流等，都屬於廢物。

§ 在開發新產品時，要有一個有用的方向，否則會走歪路。由歐洲道瓊所研製出來的「生

態方向盤」，就是這樣的工具。

§ 生態方向盤的六個面向如下：潛在的健康及環境風險；資源保育；能源強度；物料強度；再製造、再使用、循環再造；改良產品的耐用性。

§ 生態方向盤所指引的目標，必須包含如下要項：減低物料強度；減少對人類健康及對環境的風險；減少能源強度；加強廢物再用及再製造；加強資源保育及使用再生物料；延長產品的功能與服務。

重要名詞

企業責任（corporate responsibilities）

企業社會責任（Corporate Social Responsibilities, CSR）

爭議性的觀念（contestable idea）

卡爾路（Carroll）

經濟責任（economic responsibilities）

法律的正當性（legitimacy）

法律責任（legal responsibilities）

倫理責任（ethical responsibilities）

慈善責任（philanthropic responsibilities）

做一個好的企業公民（be a good corporate citizen）

企業社會表現模式（corporate performance model）

事前準備行為（proaction）

包容或吸納性行為（accommodation）

防衛性行為（defense）

事後回應行為（reaction）

人權安檢查核協定（Human Right Compliance Agreement）

CSR管理委員會（CSR Management Board）

主席及環保長（Chief Environmental Officer）

社會責任型投資（Social Responsible Investment, SRI）

360度品牌管理（360 degree branding）

企業公民價值（corporate citizenship value）

全球永續性報告推動計畫（GRI）

非政府組織（NGOs）

世界銀行（World Bank）

國際貨幣基金（IMF）

合作發展遵守標準與準則申報（ROSC）

金融服務行動計畫（FSAP）

國際金融公司（IFC）

超越最低線（beyond the bottom line）

企業公民（corporate citizenship）

長青企業（green corporation）

良心企業（corporation with a conscience）

經濟發展委員會（Committee for Economic Development）

企業社會責任指標（indices of corporate social responsibility）

經濟優先秩序議會（Councilon Economic Priorities, CEP）

企業的社會表現（corporate social performance）

企業倫理評審（business ethics audit）

企業倫理獎（business ethics award）

社會投資運動（social investment movement）

倫理基金（ethical funds）

公司治理（corporate governance）

倫理專員（ethical officer）

永續發展商業契約（Business Character for Sustainable Development）

三重基線企業（triple bottom line business）

財務基線（financial bottom line）

審計（audit）

環保業績（environmental performance）

環境基線（environmental bottom line）

自然資本（natural capital）

社會基線（social bottom line）

社會審計（social audit）

生命週期產品（life-cycle products）

生態效率（eco-efficiency）

生態足跡（ecological footprints）

生態成本（ecological cost）

生態的生命週期（ecological life-cycle）

企業的生命週期（business life-cycle）

從搖籃到墳墓（from cradle to grave）

永續企業（sustainable business）

搖籃到搖籃（from cradle to cradle）

精實生產（lean production）

價值流（value flow）

歐洲道瓊（Europe Dow）

生態方向盤（eco-compass）

問題與討論

1.請分享你個人在第五章節所學習到的心得？最令你印象深刻的議題為何？

2.企業社會責任的定義為何？請簡述之。

3.企業社會責任金字塔論的內涵為何？請簡述之。

4.企業社會表現模式的內涵為何？請簡述之。

5.社會責任的類型為何？請簡述之。

6.針對「企業社會責任的推行經驗」之案例，你個人有何分享的心得？

7.企業品牌塑造與企業社會責任的關聯為何？請簡述之。

8.在亞洲地區，其提升企業社會責任效能的步驟要項為何？

9.現階段公司應該具備的企業公民價值為何？請簡述之。

10.何謂社會投資運動？請簡述之。

11.三重基線商業的內涵為何？請簡述之。

12.何謂生命週期產品的內涵？請簡述之。

13.何謂「搖籃到搖籃」生產的內涵？請簡述之。

14.何謂精實生產的內涵？請簡述之。

15.何謂「生態方向盤」的面向與目標？請簡述之。

企業與職場倫理

Chapter 6

6.1 職場倫理與職場專業

6.2 台灣的職場倫理教育

6.3 企業職場倫理的必要

6.4 職場倫理的相關議題

本章節說明企業與職場倫理，討論的議題有：職場倫理與
職場專業、台灣的職場倫理教育、企業職場倫理的必要，以及
職場倫理的相關議題等四個部分。

6.1 職場倫理與職場專業

本節探討職場倫理與職場專業，首先說明職場倫理與應用
倫理的關聯，再者探討職場專業與應用倫理的互動。

一、職場倫理與應用倫理

「職場倫理」一般亦稱為「專業倫理」，在談論職場倫理
前，必須先就一般倫理學、應用倫理學來做論述。從倫理學的
意涵與涵蓋範圍來說，一般倫理學的探討對象，主要是跟道德
理論有關，包含一套完整、且對所有人皆有效的道德原則，可
以讓我們來斷定一個人行為的是非對錯。應用倫理學則是應用
這些一般性的道德原則，協助釐清並解決世人在實際生活中面
臨的許多具體的道德問題（Beauchamp & Childress, 1979）。換言
之，應用倫理學乃是一般倫理學理論的應用。

若我們將一般倫理學規範的道德原則，應用於新聞採訪編
輯等事項上，即形成**新聞倫理學**（journalism ethics）；若是把
此一領域更擴大到整個傳播媒體等相關問題上，則形成**傳播倫
理學**（communication ethics）。如將一般的道德原則應用於醫療
領域相關問題上，即形成**醫學倫理學**（medical ethics）；若是把
此一領域更擴大到生命科學的問題上，則形成**生命醫學倫理學**
（biomedical ethics）。同樣的，相關的倫理原則應用到政治議題
上，將形成**政治倫理學** （political ethics）；應用到企業議題
上，將形成**企業倫理學**（business ethics）；應用到科學議題

上，將形成科學倫理學（science ethics）等。

　　傳統哲學中的倫理學多屬一般倫理學，主要關心普遍有效的概括理論及原則。應用倫理學乃相對一般倫理學而言，凡是應用一般的道德原則去釐清或解決具體道德問題者，都可以歸入其中。換言之，應用倫理學是研究如何使道德規範運用到現實具體問題的學問，它的目的在於探討如何使道德要求，能藉由社會整體的行為規則與模式來加以實現。

　　直到今天，應用倫理學基本上仍是一個相當籠統的概念，通常指稱關於醫學、經濟、政治、生態、科技及國際關係等，不同領域間倫理問題研究的一個總稱。其中醫學倫理、經濟倫理、政治倫理、生態倫理、科技倫理及全球倫理等，是最近二十年來隨著科技迅速發展與社會生活急速變化而產生的，試圖對各自領域中所出現的倫理道德問題，提出一套有效的解決方法。

　　從內容來看，傳統倫理學的適用範圍僅侷限在個人領域，因此，傳統認為倫理道德與宗教信仰一樣屬於個人的私事。而應用倫理學主要涉及整個社會的行為互動，如全球倫理、政治倫理、經濟倫理、媒體倫理、科技倫理、性別倫理、生命倫理、生態倫理等，其中層次涉及國家、人類全球性。從主要範疇來看，傳統倫理學的主要範疇是善，而應用倫理學重視正義、責任、尊嚴等基本範疇的內涵。

　　傳統對倫理道德的認知往往是與善的概念相關，所謂道德行為往往指有益於他人的積極性行為。近代倫理學研究的首要任務，慢慢轉而強調正義的概念。這並不是說近代倫理學不主張善的概念，而是說在比較小的範圍內，道德內涵主要是團結、同情、互助、奉獻；而在當代廣博社會領域中，公正概念才能比較準確反映人與人間的最基本道德關係。生態倫理學著重對未來人類權益的考量，政治倫理學中對社會弱勢群體，以及全球倫理中對貧困國家的關懷，都不是以善的理念為出發，

傳統哲學中的倫理學多屬一般倫理學，主要關心普遍有效的概括理論及原則。

應用倫理學是研究如何使道德規範運用到現實具體問題的學問，它的目的在於探討如何使道德要求，能藉由社會整體的行為規則與模式來加以實現。

而是著眼社會正義的原則，以對未來人類及弱勢群體應有權益的關注爲理論依據。

二、職場專業與應用倫理

基本上，應用倫理學的研究領域與問題分類，可以從以下幾方面出發，如從關係劃分，可以分成：（1）人與人的關係：又分公共領域與私人領域；（2）人與自然的關係；（3）人與自我的關係。至於，應用倫理學的特點，主要是跨學科的研究領域，與經濟學、政治學、法學、醫學、生態學、國際關係、人類學等均有關係。應用倫理學主旨不在建立一個知識系統，而是將其注意力放到個案研究，藉由蒐集可分析的眞實資料，來建構相關的學科理論。

專業倫理應該包含在應用倫理的範圍內，因爲它也是一般道德原則的應用，只不過專業倫理所牽涉的對象，特別限定於某一專業領域，故其涵蓋範圍較應用倫理來得小。換言之，對於某一類型、事件的相關倫理運用，可以歸爲應用倫理的範疇；但所謂的專業倫理通常與某一職業有關，故生態倫理、環境倫理可視爲應用倫理，而不能被當作專業倫理來談論。

「倫理」是一套價值規範系統，「倫理學」則是對於這套價值規範系統，所做出相關研究的學問。「一般倫理」所論者，爲那些適用社會所有成員的價值規範，「專業倫理」則是針對某一專業領域中的人員所訂出之相關規範，而專業人員，係指社會中各行各業具有專業職業技能者，如教師、醫生、護士、記者、工程師、律師、法官等。針對不同專業領域，各自有其必須遵守的專業倫理，此種倫理內涵，如教學倫理、工程倫理、醫學倫理、新聞倫理、科學倫理等。

所謂的專業，指稱的是一種全職的工作，此種工作爲社會帶來貢獻，也受到社會的尊重，從事這種工作的人必須受過相

對於某一類型、事件的相關倫理運用，可以歸爲應用倫理的範疇；但所謂的專業倫理通常與某一職業有關，故生態倫理、環境倫理可視爲應用倫理，而不能被當作專業倫理來談論。

當高等的教育，並在某一特殊的知識領域受過訓練。

專業倫理有兩個層面，一是牽涉組織內部的問題，一是攸關某一專業與社會之間的關係。其中，組織專業對社會擔負責任問題，較受世人關注，也是職場倫理的主要重點。這一部分除有賴專業人士本身自覺外，社會其他成員、甚至政府組織，均可對專業施加壓力，或直接訂定規範要求遵守。對社會影響愈大的職業，受到的注意相對也最多，相關的倫理規範也愈詳細，如【案例6-1】的討論。

6.2 台灣的職場倫理教育

台灣地區的學校教育，中學以前為普通教育，亦即學校所傳授學生者，多為普通基礎之課程、如國、英、數、史地、理化等，其用意在使學生具備以後進修專業學科之基礎。大專院校及高等職業學校之授課內容，以專業知識教育及專業技術教育為土。不管是中學教育或是人學教育，對於倫理教育的內涵較少觸及，更不用說是職場倫理教育的接觸。

一、職場倫理課程的開設

1990年代末期以來，由於社會環境激烈變遷，社會上職業道德的表現不如往昔。另一方面社會分工細密，專業程度亦高，許多職業除需專業技能外，還需兼具相關的道德內涵存在，各大學院校除加強一般倫理道德教育外，還開始關注專門的職業教育的內涵，故許多學校工學院陸續開設工程倫理；商管學院陸續開設企業倫理；醫學院陸續開設醫學倫理等課程。作者服務的明新科技大學管理學院，更將企業倫理訂為管院各系學生的院訂必修課程。

案例 6-1

花旗爆弊連連與重建計畫

（一）花旗頻爆弊，金招牌蒙塵

　　1999年花旗涉嫌編造不實的計畫，透過發行名為Yosemite的有價證券，募得數十億美元資金，幫助美國能源巨擘恩隆公司拉抬股價，降低該公司的信用危機，結果恩隆公司於2001年12月2日申請破產，不堪損失的投資人，於2004年8月下旬一狀告上紐約州最高法院，索賠25億美元。

　　2004年9月27日，日本金融廳因日本四家花旗私人銀行違反銀行法為由，勒令花旗暫停營業一年，並自2005年9月30日起撤銷其營運執照。日本金融廳當時表示，花旗的違規情事包括：非法提供日本富有客戶信託、證券和保險等服務，但依照規定，這些服務必須分開處理。另外，花旗也未適當查核有洗錢行為客戶之開戶資料。

　　針對日本花旗私人銀行遭勒令停業及撤銷執照一事，花旗執行長普林斯2004年10月25日特地召開記者會，向日本社會道歉。在2004年初，花旗也遺失12萬名日本客戶資料的磁碟片，裡頭記錄了客戶的姓名、地址、帳戶及存款金額等資料。

　　2004年11月11日，台灣花旗銀行則爆發網路申請信用卡系統洩漏客戶資料的重大疏失，當時財政部全面暫停花旗申請新的網路銀行業務，直到花旗銀行改善缺失為止。 醜事連連的花旗，2004年股價下挫5%，而史坦普500指數的金融指數卻上漲0.1%。

（二）花旗金融集團推五計畫，試圖重建聲譽

　　全球最大金融集團花旗，2004年在日本與歐洲等地，因為爆發一連串交易醜聞，使得聲譽大受損傷。為了挽回受損名聲，並重新贏得客戶信任，花旗將自2005年3月1日起推展「五點計畫」，藉由加強人員訓練與獨立控管，重塑企業倫理文化，以重建花旗形象與名聲。花旗將這五項計畫製作成影片，並要求員工觀看，確保大家瞭解所應負擔的責任義務。

　　這項五點計畫分別是著重於：員工訓練、增進溝通、人才拔擢與發展、績效評估與薪酬、加強控管。花旗希望藉由這項五點計畫的實施，能讓該銀行成為「最受敬重的全球金融服務集團」。此外，所有員工還必須強制性參加每年一度的倫理訓練會議，該銀行還將設立「倫理熱線」，讓對公司運作與經營有所疑慮的員工得以暢所欲言。在加強銀行獨立控管方面，花旗則將利用更多資源在監管、稽查與創立新的結構，稱為「獨立全球監管功能」，以加強風險評估，確保公司運作朝向正軌。

除這些專門職業倫理課程外，不少大學也將倫理道德課程開設於跨學院的通識課程。以一般倫理教育跟專業倫理教育二者關係來說，專業倫理教育乃以一般倫理教育為基礎的衍伸應用。不過，所謂專門職場倫理，由於牽涉到面臨不同情境與職業內容，故較一般倫理教育常需以較多之個案或事例，來予以解說與討論。

二、職場倫理教育的推行

目前各大學院校開設的專業職場倫理教育，其目標多希望經由專業倫理教育，使各個專業領域都能夠成為具有良好專業道德教養的社群，其中的成員也都有良好的專業道德教養。換言之，一個有良好專業道德教養的專業人士，應該具備下列若干條件：

1. 具有良好的一般道德的教養，意即除具有比較成熟的道德認知發展外，也養成道德實踐的良好習慣。
2. 對於自身專業領域涉及的倫理議題，具有相當程度的認識與敏感度。
3. 對於自身專業領域較常涉及的一般倫理原則，具有相當的認識與素養。
4. 在專業方面具有相關的倫理知識，足以認清事實，做出正確的事實判斷。
5. 能夠將一般倫理原則，應用到自身專業領域涉及的倫理議題上。

綜合上述，不難發現：較好專業職場倫理的養成，應該是先在中小學階段，讓一般人民接觸一般倫理教育的課程。到大學階段後，再依據不同學群、學院的專業性質，分別給予不同的專門職業道德教育。如受限於中小學教育不能普遍實施一般倫理教育，至少應先讓學生具備相關概念；大學後在通識課程

中，先教授一般倫理課程，其次在不同學院、學系，普設專業
倫理課程，如此才能使專業倫理得以發揮原有之功效。

三、企業職場倫理的產生

　　企業職場就是，企業人員執行任務及參與其活動的工作環
境。不同的企業機構就有不同的企業倫理，因為不同的企業機
構就有不同的企業職場，有不同的企業職場就有不同的企業倫
理。在所有企業職場的企業倫理雖有不同，但其不同性，並不
是完全不同，而是**差異性**（differentiate）的不同與**類比性**
（analogy）的相同。亦即在所有的企業職場中，一個企業職場與
其他的企業職場間，有些企業倫理是相同的，謂為**類似性**
（analogous）的企業倫理。【**案例6-2**】是中鋼事業體內，董事
長參與員工分紅的倫理面與制度面的討論。

案例 6-2

中鋼董事長林文淵請辭案

　　中鋼董事長林文淵2005年10月15日宣布，因對近日有關他支領員工分紅的非理性指責，已損
及其人格與尊嚴，決定辭去中鋼董事長及集團相關兼職，同時將一千六百餘張員工分紅配股的中
鋼股票，扣除稅款公證全數捐給慈善機構。

　　林文淵因支領員工分紅一事腹背受敵，他很感慨地說：「原來有很多敵人就在身後」，對於民
進黨新潮流的指責，他也說對於自己人的攻擊，令他非常沮喪，願上帝寬恕這些人。他還是堅持，
中鋼董事長可以參與員工分紅，因為中鋼是董事長制，董事長實際執行公司經營與決策，在一定的
比例內與員工分紅是合理的，以國際相同規模的企業行情而言，他認為中鋼董事長還是領太少了。

　　林文淵強調，他參與中鋼員工分紅所領的一千六百餘張股票，都強制信託在中鋼員工信託帳
戶內，連賣都不能賣，竟然有媒體惡意報導，說這些員工分紅所得都已轉作政治捐獻或其他用
途，他抨擊台灣惡質的媒體文化令人深惡痛絕。如果不提出辭呈，根本沒有人認真聽他說什麼，
現在社會意識形態高漲，整天都是只在謾罵，這種惡質文化如果繼續擴散，絕非國人之福，他希
望他的請辭與捐款的決定能讓社會回歸理性。

　　企業職場會產生由企業全體人員，所認同、所共識的企業倫理。一個企業職場所產生的企業倫理，也自然地被企業全體人員所尊重、所遵守。企業倫理的規範與實踐，自然地有助於企業職場的穩定與安定。企業倫理對於企業職場，亦能具有維繫、維護與保障的功能。

6.3 企業職場倫理的必要

　　不同專門職業有其倫理內涵，如在現代社會中，不同行業的人有其必須遵守的職業規範，有些以法律的形式出現，有些則是以道德形式作為約束。本節茲以企業倫理為例，來加以說明如下：

一、職場倫理是企業文化的重要內涵

　　在企業的人力資源管理中，培養專門職業的倫理觀，是企業文化的重要內容，也是當代企業持續發展的必要基礎。所謂企業中的專門職場倫理觀或倫理導向，就是企業中的從業者在企業團隊中，所顯現出的職業操守與團隊意識。現代企業中，每一個企業團隊的成員，都要具備符合該團隊利益的職場倫理觀，這是在一個企業團隊服務的根本。

　　假如一個人沒有職業道德，也就不具備任何資格來從事任何工作。隨著職位階層愈高，對其職業道德的要求也就愈高。例如，企業的中高階管理人員，乃至總經理層級，社會上對這一層次的人員在職業道德上的要求，遠遠高於對一般人員的要求，因為這一層級人員的職場倫理觀，常常會影響到整個企業的走向，甚至是企業的命運。

　　一個現代企業所需要的人才，是同時具備專業知識與技能

> 企業中的專門職場倫理觀或倫理導向，就是企業中的從業者在企業團隊中，所顯現出的職業操守與團隊意識。現代企業中，每一個企業團隊的成員，都要具備符合該團隊利益的職場倫理觀，這是在一個企業團隊服務的根本。

的人才，其中有兩方面的涵義：

　　1.專業技能的職業化。

　　2.專業倫理的職業化。

　　兩者具有不同的價值，但都同樣重要。知識與技能是就業的資本，相對地，職場倫理也是就業的資本。一個企業經理人如果其資歷才能與他人相仿，則決定其出線與否或是勝負關鍵者，則為良好的道德操守與信譽。

二、經理人應當具有與組織契合的倫理觀

　　企業經理人就是專門從事企業經營管理的人，其成員包括：總經理、財務經理、人力資源經理、公共關係經理、市場營銷經理等人員，涉及企業經營管理的各個專業領域。但無論是總經理，還是某個部門的專業經理人才，當他任職某個企業時，必須具備與所服務的公司相契合一致的職場倫理觀，恪守應有的職業道德。如果專業經理人不具備上述條件或是認知，將會為自己或所屬企業帶來極大的職業風險。

　　若經理人員以企業為平台，一味做自己想做的事情，置企業整體利益不顧或有所忽視，一旦出現問題將給企業造成嚴重損失，企業所有者只能自己承擔責任。此種現象說明，一方面台灣企業經理人的倫理觀不足，另方面也顯示企業長久以來對企業倫理的忽視。很多公司在人力資源管理中，有建立職位說明書制度，但往往是低層職員的職責較為明確，愈往上愈不清晰，到了總經理階層則相關倫理規範，付之闕如。很多人進入企業後，不知道企業文化為何，也不懂團隊合作的意涵，以為團隊就是一個工作群體而已。

　　以人力資源管理為例，相關專業經理人的職責，主要在代表企業履行人力資源管理職責。其次，兼顧企業與員工雙方的利益，而這些就是人力資源經理人必須遵循的倫理觀。作為一

個專業經理人，必須針對不同行業的企業，乃至不同經濟類型企業的特點，都有一定程度的瞭解。沒有對企業切實的瞭解，就無法辨別出企業的人才，並且有效推動企業內部人力資源的流動，也難以確定企業真正需要的人才為何。

以企業倫理的角度來看，在人力資源招聘的過程中，除專業技能外，還需瞭解應徵者的品德倫理觀為何？守密程度、工作配合程度，乃至於對企業的忠誠度，都應列入審查決定的內容要項之一。在員工進入企業服務後，還需要有相關考核機制，隨時注意員工對企業的態度。建立一套行之有效的績效考核方法與具備可行性的晉升制度，將員工的職業生涯與企業的前景結合起來，就是企業與員工間應有的倫理關係。這種倫理觀念有助培養員工的忠誠度，藉由利害共生、命運共同體的觀念，進而達到企業與員工雙贏的局面。

> 建立一套行之有效的績效考核方法與具備可行性的晉升制度，將員工的職業生涯與企業的前景結合起來，就是企業與員工間應有的倫理關係。

三、培訓是形成職場倫理的重要途徑

職場倫理本為企業有意識地建立的，即企業藉由培訓加以引導形成。但實際上職場倫理的產生，常常是由員工不斷在與企業互動過程中所產生。不少企業常常想要有意識開發引導員工的企業倫理觀，使員工具有積極性，進一步促進企業的發展。但由於不少企業只有技能與業務內容的培訓，欠缺對員工與企業彼此互動關係的企業倫理養成，故許多員工進入到一個企業，多是憑著自己過去的經驗，在新的企業中先行因應，而後再不斷磨合而來。

有些企業曾經嘗試灌輸企業價值觀，但往往流於形式，在發放員工手冊與行為規範後，就沒有進一步的動作，再沒有人來與員工深入探討與企業的關係，包括倫理關係。事實上，如果觀察許多不同企業的倫理觀，不難發現：若企業愈多投入企業文化的養成，則員工的企業倫理較容易訂定與形成。員工對

> 若企業愈多投入企業文化的養成，則員工的企業倫理較容易訂定與形成。員工對企業的瞭解更多，對自身與企業間關係的認識，也會更為深刻。

企業的瞭解更多,對自身與企業間關係的認識,也會更為深刻。

企業本身除培訓外,另一形成員工企業倫理觀的重要關鍵,在於賞罰要嚴明,有功要獎勵、有過則處罰;不能只是有過處罰、有功不獎勵。許多企業對不遵守企業規定者,往往規定許多處罰條款,但對遵守企業規範、符合倫理要求者,卻往往沒有獎賞。沒有正面強化、沒有實質鼓勵,就不會產生所希冀的轉化行為。

在很多公司,企業文化都變成一種理念,每個員工都能倒背如流,但沒有人真正自覺去做。員工已經認定只要不違反制度即可,做得太好也不會得到任何好處。假如沒有一個完善具有激勵性的制度,就談不上真正的企業文化。

企業需要兩種激勵,一是經濟方面的激勵,一是倫理方面的激勵。所謂的企業倫理激勵,必須在企業與員工在倫理觀與價值觀的認同基礎上,才能進行與奏效。通過思維與觀念間的溝通,雙方在企業倫理上達成共識,企業所提倡的文化理念才能真正深入員工人心。同時利用物質激勵方法,促使員工把自身潛能以最大程度轉化為生產力,則企業目標最終必能獲得實現。【案例6-3】的討論是件不倫理的勞資互動,勞工在資方惡性倒閉下所受到的傷害,家庭生計更是面臨困難。

所謂的企業倫理激勵,必須在企業與員工在倫理觀與價值觀的認同基礎上,才能進行與奏效。通過思維與觀念間的溝通,雙方在企業倫理上達成共識,企業所提倡的文化理念才能真正深入員工人心。

案例 6-3

聯福紡織惡性倒閉

　　1996年8月16日清晨，聯福製衣員工們依然興高采烈地結伴進入工廠上班，但在員工進廠不久，突然傳出公司貼出關廠公告，只見公告欄一張小字條寫著，「9月15日暫時關廠」，一張小小字條，宣告了全廠400餘名勞工即將面臨失業、薪水與資遣費全無著落，家庭生計面臨困難的命運，被迫連續多月採取激烈的抗爭，更是他們始料未及，遑論10月20日甘冒慘遭火車輾斃之險的鐵軌上靜坐抗爭。

　　聯福公司400餘名勞工血汗錢催索不著，而李老闆雖欠下他們這群辛苦勞工的工錢，卻花大把鈔票在南非置產享受，且擁有南非護照，資產也早就外移到美國及南非，若要凍結資產也將無路可行。

討論與心得

1. 工廠在毫無預警下關閉，使得員工被迫接受失業的事實，甚至有將退休的員工，退休金也將無著落，這些員工對於未來只有一片茫然，處於弱勢的員工，對於老闆這樣的作為也無可奈何。當員工預見企業將產生不當行為時，或可利用工會的力量，適時地利用工會機制加以預防或牽制，使員工不致失業，因而造成社會問題。

2. 勞基法雖有提供個別勞工被解僱之保護，減少因勞資衝突帶來總體經濟的損失，但員工之家計及工作問題，仍無法獲得完善之解決。因此，有賴政府制定強制法規，使勞基法所規定的退休金提撥，以及相關資遣辦法，能有效落實於各行各業，以保障勞工權益。

3. 一套有效防範資方惡性關廠的法令，在政府對企業主提出處治之前，公司員工應設法找出有利於此項事件之相關資料，近期可能或可疑之行為，以幫助政府單位能迅速及正確地作出決定。

6.4 職場倫理的相關議題

針對職場倫理的議題，本節討論：人力派遣發展的問題、就業安全的信任問題，以及短期勞工人力素質的問題。

一、人力派遣發展的問題

在過去大規模生產的型態下，很難去做到工作彈性化，但隨著服務業的產生，以及製造業本身生產型態的改變，使彈性化的可能增加了。另外，在台灣愈來愈多勞工，對於過去固定時間的工作模式，已經不再喜歡，其可能需要比較有彈性的工作方式，所以會有這樣的一個供需產生。

大部分的公司事實上都採用彈性配置的方式，公司發展核心專業，然後其餘外包，有些真的外包出去，也有可能找一些人力派遣，或者種種短暫性的工作安排。如此，就可以達到提高自己的靈活度，降低勞動成本的考量，順便也達成整體人力配置的靈活度。

另外一種方式，是讓雇主能相對比較彈性，去調動員工的工作內容或是工作崗位。其實就是「多能工」的概念，但問題是，你要讓員工能達到這樣的彈性，你就必須對他們施以種種的訓練，若不給訓練而要他們去做不同性質的工作，這是不可能的。但現在很多雇主都認為，這事實上是可以大幅度的降低成本，他們寧願花比較少的成本給員工教育訓練，讓他們也熟悉不同性質的工作，發展不同的技能，然後他在工作上又可以做相當有彈性的調度。

二、就業安全的信任問題

當我們在使用彈性化措施的時候，降低了就業的安全性，

產生了一些工作關係信任的問題。雇主已不再保障就業的安全性，甚至降低整個員工的就業安全性，因為他用非典型安排來取代正式全職的員工，這造成正式員工的危機感。

反之，屬於非典型工作型態的勞工們，他們也很沒有安全感，因為這種非典型工作型態，本身就是一種非常短期性、不確定性的工作安排，他們的工作期間到底能夠多久，雇主到底是誰，連他們自己都不確定，而且幾乎沒有組工會的可能性，甚至正式的工會都排擠他們，所以這一群人事實上反而是一個新的弱勢族群。

三、短期勞工人力素質的問題

很多雇主在使用非典型雇用型態時，是著眼在短期、成本降低的考量。如果他們真正思考深入一點，去思考使用這種短期勞工的利弊得失的話，他們很可能會卻步。因為短期性的臨時工、暫時工，技能的層次上都是比較低的，尤其是一些臨時工，他們本身沒有什麼專業的技能，他們做的都是比較勞力密集，比較粗重危險的工作。

在每個公司裡面，都有屬於組織的特殊技能，這些並不是外來的短期員工馬上可以上線的。當老闆逐漸用外來的、非典型員工，來取代正式員工的時候，他所要面臨的可能是，工作品質的降低，還有外來非典型員工所帶來的種種問題，對這些員工的素質也沒有辦法控制。

> 當老闆逐漸用外來的、非典型員工，來取代正式員工的時候，他所要面臨的可能是，工作品質的降低，還有外來非典型員工所帶來的種種問題，對這些員工的素質也沒有辦法控制。

另外一個很嚴重的問題是，老闆絕不會願意去訓練、培養這些員工，所以導致整個勞工的技能受很大的影響，雇主已經不願意去承擔訓練這樣的工作，所以現在教育訓練的工作，就逐漸由雇主的身上轉移到勞工的身上，這是一個很嚴重的問題，這也是人力資源管理一個密切相關的議題。【案例6-4】是就勞退新制可能引發的失業問題，進行相關議題的探討。

案例 6-4

失業潮再現？北市領失業給付者，增長三成以上

勞退新制恐引發新的失業潮，台北市勞工局發現最近民眾申請失業給付的人數，從2004年下半年起明顯增加，而且申請者年齡也在下降中；勞工局的八處就業服務站，每天擠滿了求職和申請失業給付的民眾。勞工局統計，北市每月請領失業給付者近千人，比上半年增加三成以上，2004年北市失業給付金額多達8、9億元。

2004年上半年民眾申請失業給付，每個月平均在700至800人，但由2004年下半年迄2005年1～2月，即增為900至1,000人。

台灣地區中小企業平均壽命才十三、十四年，有的體質不好、有的本來就是投機做生意，根本不打算給員工退休金、有的則是採用勞動派遣制，這些公司本來就想盡辦法規避勞工退休金，如今只好趕在勞退新制實施前，結束公司或把員工資遣。

勞退新制實施後，企業負責人、公司行號業者、雇主，按規定每個月要為每位員工提撥6%的勞工退休準備金，一年總計提撥72%，提撥的錢雖然不多，但為了規避提撥，有些企業還是會大舉裁員，這無疑會讓政府財務更為吃緊。

討論與心得

對於勞工退休準備制度的上路，未來企業、勞工、政府間的相互關係，也顯得更為緊張，同時增添新興行業的崛起，諸多的現象，讓人不禁對未來感到要把握現在的重要。

1. 在政府方面：面對失業的勞工，不僅要付出人力、財力的支出，也是社會的負擔，到底政府的初衷是否有達成？即使增加員工的工作技能，而企業西進或景氣循環等因素，並不能改變失業的事實。

2. 在企業方面：企業在因應政策的推行，部分會將員工資遣，以短期契約工或人力派遣遞補人力的缺口，同時避開業主的責任，即使現有留任的員工，在薪資結構上，也有對策的調整，事實上，也是減薪的一種，政府所推行政策的美意，似乎對勞工權益並無任何的加分。

3. 派遣業在全球化競爭態勢下，已經成為很多企業節省公司固定人力成本的主力，更隨著勞退新制上路時間逼近，很多企業的人資部門，除打探各種可能降低人事費用的支付方式外，也使得派遣人力行業快速成長。

4.在勞工方面：政府的資源有限，企業的現實無情，誰能為勞工這樣的小老百姓真正謀福利？

5.期望個人的不可取代性，以及努力積極的工作，回復到早期台灣人的勤勉，這樣企業的存在，才有勞工工作的機會，或許政府應該考慮的是，如何將台灣產業加以促進發展，讓企業能留存下來，關心產業與企業的需要，相對要求企業的責任與義務，才能真正造福勞工，而社會的悲劇才不會再上演。

重點摘錄

§ 傳統哲學中的倫理學多屬一般倫理學，主要關心普遍有效的概括理論及原則。

§ 應用倫理學是研究如何使道德規範運用到現實具體問題的學問，它的目的在於探討如何使道德要求，能藉由社會整體的行為規則與模式來加以實現。

§ 對於某一類型、事件的相關倫理運用，可以歸為應用倫理的範疇；但所謂的專業倫理通常與某一職業有關，故生態倫理、環境倫理可視為應用倫理，而不能被當作專業倫理來談論。

§ 企業中的專門職場倫理觀或倫理導向，就是企業中的從業者在企業團隊中，所顯現出的職業操守與團隊意識。現代企業中，每一個企業團隊的成員，都要具備符合該團隊利益的職場倫理觀，這是在一個企業團隊服務的根本。

§ 建立一套行之有效的績效考核方法與具備可行性的晉升制度，將員工的職業生涯與企業的前景結合起來，就是企業與員工間應有的倫理關係。

§ 若企業愈多投入企業文化的養成，則員工的企業倫理較容易訂定與形成。員工對企業的瞭解更多，對自身與企業間關係的認識，也會更為深刻。

§ 所謂的企業倫理激勵，必須在企業與員工在倫理觀與價值觀的認同基礎上，才能進行與奏效。通過思維與觀念間的溝通，雙方在企業倫理上達成共識，企業所提倡的文化理念才能真正深入員工人心。

§ 當老闆逐漸用外來的、非典型員工，來取代正式員工的時候，他所要面臨的可能是，工作品質的降低，還有外來非典型員工所帶來的種種問題，對這些員工的素質也沒有辦法控制。

重要名詞

新聞倫理學（journalism ethics）　　企業倫理學（business ethics）

傳播倫理學（communication ethics）　科學倫理學（science ethics）

醫學倫理學（medical ethics）　　　差異性（differentiate）

生命醫學倫理學（biomedical ethics）　類比性（analogy）

政治倫理學（political ethics）　　　類似性（analogous）

問題與討論

1.請分享你個人在第六章節所學習到的心得？最令你印象深刻的議題為何？

2.何謂職場倫理？請簡述之。

3.職場專業與應用倫理有何關聯性？請簡述之。

4.針對「花旗爆弊連連與重建計畫」之案例，你個人有何分享的心得？

5.有良好專業道德教養的專業人士，應該具備哪些條件？

6.針對「中鋼董事長林文淵請辭案」之案例，你個人有何分享的心得？

7.職場倫理是企業文化的重要內涵？你個人的看法為何？

8.針對「聯福紡織惡性倒閉」之案例，你個人有何分享的心得？

9.人力派遣的發展，有哪些可能的職場倫理問題？請簡述之。

10.針對「失業潮再現？北市領失業給付者，增長三成以上」之案例，你個人有何分享的心得？

Chapter 7

企業與倫理教育

7.1 倫理教育的向下紮根

7.2 道德量測的研究設計

7.3 道德發展的學理背景

7.4 道德發展的相關文獻

7.5 道德量測的實證分析

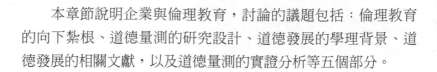

本章節說明企業與倫理教育，討論的議題包括：倫理教育的向下紮根、道德量測的研究設計、道德發展的學理背景、道德發展的相關文獻，以及道德量測的實證分析等五個部分。

7.1 倫理教育的向下紮根

本節關心的是倫理教育的向下紮根，探討的層面包括：倫理教育的省思、倫理教育的目標，以及倫理教育的紮根。

一、倫理教育的省思

政大商學院吳思華教授表示：「知識經濟社會，信任必須建立在專業能力與專業自律兩大關鍵上。」會計師、律師等擁有高度專業能力的人，更應該展現高度自律心與自律行為來建立信任。遺憾的是，台灣距離這樣的現代專業社會，還有相當的距離。有學者指出，專業倫理必須以知識基礎，就是所謂的「知識誠篤」。換言之，當我們在執行專業時，完全以專業知識來看，該怎麼做就怎麼做，絕不妥協。要是我的知識告訴我，絕對不能這樣做，做了會對人有害，那我就絕不能做。

所謂的「知識誠篤」，是當我們在執行專業時，完全以專業知識來看，該怎麼做就怎麼做，絕不妥協。要是我的知識告訴我，絕對不能這樣做，做了會對人有害，那我就絕不能做。

比較中西方倫理的基本精神，兩方是截然不同的。華人是儒家倫理，以積極義務做基礎，如行善愛、積極做好事。西方的專業倫理是以消極義務做基礎，重點在於「不得作為」，如不能殺人、不能欺騙等，從防弊出發，來建立普遍的、一視同仁的信任。因此，華人社會應該學習西方的專業倫理，提倡「消極不作為」的倫理規範，一旦違反，就要嚴懲。如果能貫徹西方執行專業倫理的作法，那麼一定能建立起信任。

二、倫理教育的目標

企業倫理教育不單只是職場內的倫理訓練而已，員工在尚未進入職場前的職前教育尤其重要。有效的道德教育是否可以使學生成為一個道德的人，令他們具有**獨立自主的道德自我**（autonomous moral self）？能理性地選擇道德原則與規則？作出合乎道德的行為與抉擇？具有合適的**道德感情**（moral sentiments）？以及穩定的**道德承擔**（moral commitment）？這些都是道德教育的中心課題。

完備的道德教育，應具備知、情、意、行四個方面的教育。企業倫理作為道德教育的一環，亦應以此為目標。考慮實際執行上的限制，要全面推行道德的知情意行教育是不可能的。因此，在有限的學分及資源的限制下，學校企業倫理教育應集中在知方面的訓練，即訓練學生在未來的職場及社會上，成為一個自主的道德個體，理性自覺地選擇道德原則及規則，並自覺地以這些原則與規則，來作為行為及決策的準則。

三、倫理教育的紮根

因應社會未來的發展與變化，對於國內高等教育及技職專業人才的培育，必須著重培養其專業能力、倫理判斷能力、人際溝通能力與面對時代挑戰的條件，因此宜發展校園倫理、企業倫理等專業課程，以提升技職校院學生之倫理素養。

在國內商管教育上，除提升其管理技能面的能力外，亦能強化其管理行為面的涵養，使得學生能有專業倫理做為其專業技術的基礎（楊政學，2003a）。從教育做起，學校要有與倫理相關的課程，如：校園倫理、企業倫理或社會關懷，目的在於讓國家未來的主人翁們，瞭解倫理的重要性，並透過對倫理本質的瞭解，培養處理倫理問題的決策能力。

在有限的學分及資源的限制下，學校企業倫理教育應集中在知方面的訓練，即訓練學生在未來的職場及社會上，成為一個自主的道德個體，理性自覺地選擇道德原則及規則，並自覺地以這些原則與規則，來作為行為及決策的準則。

在國內商管教育上，除提升其管理技能面的能力外，亦能強化其管理行為面的涵養，使得學生能有專業倫理做為其專業技術的基礎。

倫理課程設計之最終目的，在於期許學生能夠做到：

1. 能自我學習。增進相對經驗與知識的對話意願，並形成自主的經驗知識。

2. 能關懷社會。培養互為主體的群己關係，並跟多元領域之對象互動與合作。

本章後續章節內容，主要以個人主持三年教育部「社會倫理與群己關係」計畫的經驗，來跟讀者分享個人在明新科技大學校園內，針對目前大學生所做的道德量測結果。由結果中不難看到許多的錯愕與感觸，其實更是一項叮嚀，而且提醒自己持續從事倫理教育紮根的必要性。

7.2 道德量測的研究設計

有關道德量測的研究設計上，本節以研究背景、研究目的、研究方法與研究對象，來說明整個研究進行的理念與目標。

一、研究背景

在知識經濟時代下，企業使用無形的知識來改造生產程序、組織結構、創新產品與創造財富；而企業管理教育的功能，除展現在專業知識的傳授外，更需培養學生獨立思考的能力，以及日後終身學習的習慣，使得畢業學生即使離開學校，仍能保有持續不斷的學習熱忱，而學校教師亦可依實際成效的良窳，來檢視其投入企業管理教育心力的著眼點是否適切。現代科技的發展與移入，使台灣得以邁入現代化歷程，唯同時衝擊著不甚穩定的專業倫理與職業道德。因而有必要重新檢視及瞭解目前校園內學生道德判斷的層級，俾利倫理教育的向下紮根。

二、研究目的

　　在知識經濟時代下，國內技職教育若只是強化現代科技技術，而無相應合適的倫理教育做基礎，反而容易引發更多的問題；而技職教育亦唯有務實，且具前瞻性人文視野的開創，才有能力保障符合人本主義的倫理實踐。因此，多元生活經驗與資訊交流中的務實知識開創與實踐能力，勢必發展成為當今技職教育的主要特徵（楊政學，2003b）。同時，在資訊科技快速發展下，當我們重新回來檢視校園倫理教育功能與定位時，亦很容易遭人刻意輕視與扭曲（楊政學，2004）。

　　如何對目前技職體系學生的道德判斷層級多分瞭解與分析（楊政學，2003b）？又如何重新省思與定位，進而強化校園倫理教育的施行，乃是本章節研究迫切想要強調與深化的議題，並賦予校園倫理教育在知識經濟時代下的新意涵。由於本章節重點在於倫理教育與道德量測的探討，因而校園倫理的課程規劃與活動設計，則將置於第八章的內容中討論。

三、研究方法

　　本章節研究整合量化與質化研究的方法（楊政學，2002；2003a），首先，試著由相關文獻、歷史檔案與個人觀察中，整理出某些概念性思維架構，是為**文獻分析法**（analyzing documentary realities）的應用。再者，利用**深度訪談法**（in-depth interview）的方式，來對M科技大學校園內的教職員工，進行倫理觀點的訪談記錄，以作為校園倫理教育推行的參考。最後，利用態度量表的量測程序，且採用**議題界定測驗**（Defining Issue Test, DIT）修正版之道德判斷量表（林邦傑、胡秉正、翁淑緣，1986），來對M科技大學的學生，進行道德判斷層級的量測，是為**問卷調查法**（questionnaire survey）的應用。

在資料蒐集上，亦採用初級資料（訪談記錄、問卷資料）
與次級資料（相關文獻、歷史檔案）合併驗證的方法。整體而
言，本章節研究利用研究方法與資料蒐集的三角測定（triangu-
lation）概念（楊政學，2003a），來對校園倫理教育作多面向的
探討，以歸納得出初步的研究觀點，進而研擬可行的實施策
略。

四、研究對象

本章節研究在深度訪談的進行上，於2003年5月至6月期
間，以M科技大學校園內40位教職員為研究對象，詢問其對校
園內倫理教育的看法，進而思考如何將倫理價值的觀念，融入
校園倫理教育中。另外，關於學生道德判斷量測的施行，本章
節研究於2003年3月至4月間，採用DIT修正版之道德判斷量表，
對該科技大學學生施測；對象以日間部二技三、二技四、四技
一、二專一年級生為主。另外，本章節研究後續以原來四技一
學生的樣本，測量其接受一年課程後，升為二年級時的道德判
斷層級，以做為兩年來的比較，測量期間為2004年6月間，對象
為四技二學生（前一年為四技一年級學生）。

7.3 道德發展的學理背景

有關道德發展的學理背景，本節以道德發展的心理學說、
道德發展的層級階段、道德判斷的發展歷程來說明之。

一、道德發展的心理學說

針對道德發展的研究，大體上可分為三大派別：

（一）精神分析論

此理論首由精神分析家**佛洛依德**（Sigmund Freud）提出，此派亦以其爲代表。佛洛依德認爲人類的行爲是一種結構，在此結構系統中，有**本我**（id）、**自我**（ego）與**超我**（superego）三種概念。精神分析學派認爲道德發展，是由個人解決在本我要求滿足性與攻擊的本能，以及社會限制他們滿足的方式，兩者之間的衝突來決定。在其理論中，可以瞭解道德發展主要是家庭教養方式與家庭情境影響的結果，家庭中的情感與權威被認爲具有決定性的影響力。

（二）社會學習論

此派的學者假定兒童的發展，最重要的是他的知識、道德與文化規範的學習。他們認爲道德發展完全在環境，是行爲與情感服從於道德規則的成長，而非認知結構的變化，即強調個人的道德價值或判斷直接來自文化，所以此理論視道德發展爲人類學習的觀點。

（三）認知發展論

此理論的學者認爲道德教育與知識教育一樣，其基本原理在於刺激兒童對道德問題及道德決定，從事積極主動的思考；並且視道德教育之目的是爲經由道德階段的移動。其代表學者源自**杜威**（John Dewey），而後有**皮亞傑**（Jean Piaget），以及集**認知發展**（the cognitive-development）理論大成的**郭爾堡**（Lawrence Kohlberg）。

杜威從心理學的觀點，將道德發展區分爲「本能」、「禮俗」與「良心」三個層級；而皮亞傑則指出兒童會經過「**無往的階段**」（the stage of anomy）、「**他律的階段**」（the stage of heteronomy）及「**自律的階段**」（the stage of autonomy）三個道德發展

階段。

郭爾堡歷任哈佛大教育與社會心理學教授，為進行有系統的研究，其本人設計有一系列的道德兩難困境式的故事；並自1955年開始對美國芝加哥地區及土耳其的男童，做縱斷面時間的道德認知發展研究。他在加拿大、英國、以色列、土耳其、台灣、烏干達、墨西哥、宏都拉斯、馬來西亞與印度等地區，也從事大量泛文化的縱斷研究。

二、道德發展的層級階段

根據Kohlberg（1975）的研究，將道德發展區分為三個**層級**（level），每個層級又有二個**階段**（stage），故有六個階段：

（一）道德成規前期

第一層級為**道德成規前期**（pre-conventional level），在此層級其對於行為的好壞是根據行為後，其物質的或快樂的獲得（如賞罰、互惠），或根據訂立規則者的物質控制身體力量、權力，來做為判斷是非善惡的標準。

第一層級可再細分為兩階段：

1. 第一階段為**懲罰與服從導向**（the punishment and obedience orientation）：在此階段以行動所導致的物質結果，來決定行動的善惡，忽略了這些物質結果對人類的意義與價值。

2. 第二階段為**工具性相對導向**（the instrument relativist orientation）：在此階段把「良好的行為」當作工具，以滿足自己的需求，偶爾也能滿足別人的需要。

（二）道德成規期

第二層級為**道德成規期**（conventional level），在此層級滿

道德成規前期
pre-conventional level

在道德成規前期層級其對於行為的好壞是根據行為後，其物質的或快樂的獲得（如賞罰、互惠），或根據訂立規則者的物質控制身體力量、權力，來做為判斷是非善惡的標準。

道德成規期
conventional level

在道德成規期層級滿足個人的家庭、團體或國家的期望，被當作是有價值的，而忽略了立即的與明顯的結果。

足個人的家庭、團體或國家的期望，被當作是有價值的，而忽略了立即的與明顯的結果。這種態度不僅是順從個人的期望與社會命令，而且忠於個人的期望與社會命令，更進而積極的維護、支持與證明其合理性，同時把個人或團體視為包含在個人的期望社會命令之內。

第二層級可再細分為兩階段：

1. 第三階段為**人際關係和諧導向**（the interpersonal concordance or "good boy-nice girl" orientation）：在此階段行為動機在尋求維持期望，且贏得其最接近團體之讚許，以避免他人的不喜歡。

2. 第四階段為**法律、秩序導向**（the "law and order" orientation）：在此階段以有利於社會的觀點來考慮「善」，為了團體與社會而檢討行動的結果。

（三）道德成規後期

第三層級為**道德成規後期**（post conventional level）或原則期（principle level），本層級力求確定道德的價值與原則，而這些道德的價值與原則具有確實性與應用性；並且與持有這些原則的團體或個人的權威無關，也與個人是否為該團體的一員無關。也就是會理性的評判社會所贊成的秩序是否是理想的；是一種自主的且擺脫了社會既有的觀念。

第三層級可再細分為兩階段：

1. 第五階段為**社會契約合法導向**（the social-contract legalistic orientation）：在此階段尊重個人的價值及意見，必須遵守全體社會所決定的行為標準。

2. 第六階段為**泛倫理性原則導向**（the universal ethical principle orientation）：在此階段對錯的界定取決於於良心，而良心的取決法則來自於自我選擇的道德（倫理）原則，該原則具有邏輯的內涵性、普遍性與一致性。

> **道德成規後期 post conventional level**
>
> 道德成規後期層級力求確定道德的價值與原則，而這些道德的價值與原則具有確實性與應用性；並且與持有這些原則的團體或個人的權威無關，也與個人是否為該團體的一員無關。

Black與Carrol兩位學者日後在將Kohlberg的道德認知發展階段，應用於企業倫理的探討時，將其六個階段劃分如下（馮蓉珍，1995）：

1.第一階段：其動機為免懲罰或尋求快樂，即權威者（老闆）決定何者為好，何者為壞。

2.第二階段：「好」的判斷乃來自於別人的贊同，避免別人的不贊同。

3.第三階段：定義是否對的事情，乃以同事中的觀點為依據來決定。

4.第四階段：個人向其所服務的公司或機構的福祉做承諾，被視為和社會福祉同樣重要，所謂「對」的事，就是遵守公司的相關規則。

5.第五階段：社會的權利、價值及法律契約，將超乎公司的規則、政策與實務。

6.第六階段：**正義才是關鍵**（justice is the key），它超越了文化、國家、宗教所訂之所謂「對」或「錯」的資訊。

三、道德判斷的發展歷程

道德判斷階段具有下列的特質（林邦傑、胡秉正、翁淑緣，1986）：

1.階段是具有結構的整體，或是有組織的思想體系。

2.各階段是成一定的順序，發展的過程是循序向前發展的。

3.階段都是呈「階段的統整」，即較高階段的推理包含了較低階段的推理。

4.道德發展是個體與環境交互作用的結果，而不單是學習或成熟的結果。

學者對道德認知發展理論的批判也頗多（林邦傑、胡秉正、翁淑緣，1986）：

1.階段的「結構的整體」並不明確。

2.階段的「一定的順序」仍未確定。

3.階段的「文化的普通性」仍受懷疑。

4.邏輯的必然性常缺乏足夠證據。

5.認知與道德的適切性仍待商榷。

6.過分擴大理論的闡釋，演變成以理論來支配實證的數據，
　而非找尋數據以支持其理論。

7.只強調道德形式而忽略道德內容的道德教學。

8.意圖以團體動力的方式，來促成學生道德認知的發展，但
　缺少個人道德價值澄清的過程。

9.兩難故事有其實際應用上的因難。

10.同儕壓力會影響個人的抉擇。

11.對傳統的學校、家庭、社會上的權威構成挑戰。

12.認知衝突會導致心理痛苦。

13.道德發展不一定需要依賴「活動」。

14.有些問題無法引起討論，教材多屬虛構，不易引起學生
　興趣。

15.這些問題仍有待進一步的探討解決。

　　道德判斷的發展究竟受那些因素的影響？這是一般人所最
關心的問題，因為唯有瞭解影響道德判斷發展的因素後，道德
教育始有可能，而一般研究道德判斷發展，採用以Rest（1973）
界定問題測驗，具有如下的優勢（林邦傑、胡秉正、翁淑緣，
1986）：

　1.可團體施測。

　2.測驗時間長短相似。

　3.計分容易（可以用手工計分或以電腦計分）。

　4.可看出受試者道德判斷發展分數的連續變化（此指利用
　　P分數）。

　5.所得的結果，除各階段分數外，尚有P分數，而P分數在

此測驗中，效度優於其他道德階段分數。

基於以上的優點，本章節研究在做道德發展相關研究上，採用DIT測驗作工具，既方便又可靠。關於影響道德判斷發展之因素，亦可從年齡、性別、智力、家庭社會經濟地位、父母管教態度、文化背景、角色取替能力與友伴、人格、自我力量（ego-strength）等各種領域深入探討（陳英豪，1980；林煌，1991；李鴻章，2000；張雅婷，2001）。

7.4 道德發展的相關文獻

本章節由道德判斷階段分布、道德判斷相關研究，以及"DIT"量表的應用，來探討道德發展的相關文獻，在不同領域與議題的研究與應用。

一、道德判斷階段分布

國內以DIT為工具之相關研究結果中，單文經（1980）研究發現國一、國二學生以階段三的比例最高，依次占29.61%、27.61%，台灣省教育廳於1984年調查高中生道德發展，發現32%在第三階段，38.4%在第四階段，19.6%在成規後期階段，女生在第四階段及成規後期的人數多於男生。林邦傑等（1986）之研究，大學生、專科生皆以階段三比例最高，大學生以階段六最低，占9%；專科生以階段5B最低，占7%。魏世台（1991）之研究，醫學院學生階段不明顯者比例最高，占38.24%，其次是階段三占12.75%。林煌（1991）之研究，我國中小學生以階段三比例最高，占42.2%，其次是階段A，占21.7%，階段5B和階段六最低，未分化者占18.2%。

再者，以Kohlberg 之道德判斷量表（MTS）為工具的國內

相關研究結果中，陳英豪（1980）研究發現，小學四年級以階段二比例較高占58.97%；國小六年級、國中二年級、高中二年級皆以階段三比例最高，依次占68.48%、76.47%、88.33%。單文經（1980）之研究指出，我國國中、高中學生道德判斷大多集中於階段三與四。程小危與雷霆（1981）研究，我國17歲以後青年道德判斷多集中於第四階段。陳聰文（1988）、林煌（1991）研究我國高職學生道德判斷，大部分為階段三。

二、道德判斷相關研究

國內道德判斷與各項相關變項關係（林煌，1991；馮蓉珍，1995；李鴻章，2000；劉益榮，2001；張雅婷，2001）之討論，所討論的變項包括有：家庭社經地位、個人教育程度、居住地、年級性質、職業、教育與教養價值、族群、年齡及性別等。由文獻中可以發現，相關變項與道德判斷的關聯性，在不同的研究案例中，並不具有一定或顯著的結論，其結果僅提供當時研究設計下的研究發現與參考。

國外道德判斷與各項相關變項關係（林煌，1991）之討論，所討論的變項包括有：自我中心、利他行為、人格發展、邏輯的形式運思、家庭背景因素、文化因素、教室行為、教師教學表現、批判思考等。由文獻中可發現，不同的研究案例中，其相關變項與道德判斷關聯性程度的大小，唯其結果僅提供國內後續研究之參考。

三、DIT量表的應用

有關DIT量表的應用，擬由道德行為及道德教育兩方面來說明。首先，在道德認知與道德行為的關係上，道德認知發展論的道德判斷發展，係指道德認知結構的改變，而非指道德內容

的增加（Turiel, 1974; Kohlberg, 1975）。學習論及增強論的心理學家發現，道德知識測驗的成績與道德行為並無關係。但這種純靠學習的「**道德知識**」（moral knowledge）與Kohlberg或Piaget的道德認知並不相同。道德認知是「如何」作道德判斷的思考方式，而不是文化價值知識的增加（陳英豪，1980）。

Kohlberg（1975）曾指出：「道德判斷是道德行為的必要條件，但不是充分條件。」Smith與Block兩位學者也支持道德認知的高低，可以預測道德行為的好壞，因此，道德判斷與道德行為之間的研究，頗值得探討學者可從DIT測驗與誠實行為、操行成績之關係作深入研究，當然其中可能還有其他中介變項，如能力、情境等因素，可一併探討之。

再者，在道德認知的道德教育上，「道德是不是可以教學？」，一般發展心理學家認為，直接的教導或灌輸道德原則、價值觀念是不可能的，道德原則只有在個體各種生活體驗中逐漸形成，所以發現影響道德認知發展之變項，再對這些變項作有利的適當安排，以促進道德認知向更高層級發展，則是有可能的（Kohlberg & Turiel, 1971）。過去相關學者的研究，都已證實這個觀點（Bandura & McDonald, 1963; Turiel, 1966; Reimer, 1977）。由此可知，環境對一個人道德認知發展具有重要的影響力，道德教育更有其價值存在，如此，我們可以將此結果應用在孤兒院、感化院、監獄等機構，藉道德教育的實施來改變一個人的行為。

Rest（1973）曾指出，實施道德教育所用的教材，應依學生心理發展之順序，選擇切身問題或當時當地發生之社會問題，作系統之安排在教法方面，應利用影片、遊戲、角色扮演、實地參與等方式多加變化，使學生不但有興趣加入討論，更可在角色扮演及實地參與中，體會到課堂上無法理解的各種感受。就教師方面而言，Rest發現一般教師缺乏發展心理學之知識，尤其對Piaget-Kohlberg的道德認知發展理論，若無深入瞭解，則教

師就無法把握學生現有道德認知水準，也無法由學生的反應中，理解其在道德認知發展的真正意涵，更無法以高一層級的認知水準來激發學生的思考。

最重要的是教師的道德認知發展是否成熟？不成熟的、或較學生道德認知水準為低的教師，不但無法協助學生向更高的道德認知發展，反而可能窒息、壓制其成熟、違反了道德教育的意旨（林邦傑、胡秉正、翁淑緣，1986）。這種現象對於大專以上的道德教育尤其重要，因此無論從學生的角度或從教師的觀點來看，DIT量測在道德教育方面，對於瞭解學生及教師本身在應用道德教材上，均扮演有相當重要的角色與意義，值得再進行深入研究與實驗。

7.5 道德量測的實證分析

本節呈現道德量測的實證分析之成果，首先說明道德判斷計分與意涵，其次討論學生道德判斷層次的前測，再者探討學生道德判斷層次的後測，最後則是道德量測的結果分析。

一、道德判斷計分與意涵

DIT的計分方法可用人工或電腦計分，其中，用人工計分可依循下列步驟進行（Kohlberg et al., 1978），茲列示說明如下：
1. 準備受試者的計分表格，如【表7-1】所示。
2. 檢視受試者在問題部分乙中，作答的前四個最重要的因素。
3. 對照下列計分【表7-2】，依受試者在每個故事作答的前四個最重要因素，找出該因素所屬的道德判斷階段，填入上列受試者計分表格中。

表7-1　計分前受試者的空白表格

故事 ＼ 階段	2	3	4	5A	5B	6	A	M	P
一、韓士與藥									
二、父子的故事									
三、改過自新的逃犯									
四、醫生的難題									
五、僱用技工									
六、停刊									
總分									

註：故事一至故事六的內容，可參考本章末尾列示的【DIT故事1】至【DIT故事6】，主角姓名與文詞跟原
　　故事有稍修改。

資料來源：林邦傑、胡秉正、翁淑緣（1986）。

表7-2　DIT故事中每個題目所屬道德階段

故事 ＼ 題目	1	2	3	4	5	6	7	8	9	10	11	12
一、韓士與藥	4	3	2	M	3	4	M	6	A	5A	3	5A
二、父子的故事	3	4	2	5A	5A	3	6	4	3	A	5B	4
三、改過自新的逃犯	3	4	A	4	6	M	3	4	3	4	5A	5A
四、醫生的難題	3	4	A	2	5A	M	3	6	4	5B	4	5A
五、僱用技工	4	4	3	2	A	5A	5A	5B	3	4	3	
六、停刊	4	4	2	4	M	5A	3	3	5B	5A	4	3

註：故事一至故事六的內容，可參考本章末尾列示的【DIT故事1】至【DIT故事6】，主角姓名與文詞跟原
　　故事有稍修改。

資料來源：林邦傑、胡秉正、翁淑緣（1986）。

4.找出各題目所屬的階段後，第一重要者給予「4分」，第二重要者給予「3分」，第三重要者給予「2分」，第四重要者給予「1分」。

5.全部六個故事依次將上述加權分數，填入受試者的計分表格中。

6.完成後的表格中，每個故事有四個登錄分數，因此全部表格共計有24個登錄分數（然而，一個方格中可能只一個登錄分數，例如，在父子的故事中，如參見【DIT故事2】，

受試者選擇的前四項最重要因素中，若為第4題與第5題，則全屬階段5A，因此同一方格中有兩個分數）。

7. 在受試者計分表格中，將各階段（每直行分數加起來）總分計算出來，填在各階段底下總分欄中。

8. 計算「P分數」，即將階段5A、階段5B與階段6三階段總分相加，即得P分數。

9. 求每一階段的標準分數，而其計算可參考【表7-3】所列平均數與標準差。

最後，凡是標準分數在「+1」以上者，表示其道德判斷在該階段。如有二個階段的標準分數均在「+1」以上，則有二個類型，最高者為主型（major type），次高者為副型（submajor type）。如無任何階段標準分數大於或等於「+1」，則表示該受試者不屬於任何一個類型（non-types）。

針對【表7-1】中所列示之各不同道德判斷層級，其所代表的意涵說明如下：

1. P分數：所謂P分數即「原則性的道德分數」（principled morality score）之簡稱，其意義是一個人面臨道德難題時，對於「原則性道德思考」重要性的考慮，P分數等於階段5A，階段5B與階段6等三個階段分數的總和，即P=5A+5B+6。P分數與DIT各階段分數相較，其效度最佳。

2. 階段2、3、4的分數：這三個階段的分數與P分數一樣，是受試者面臨道德困境決定時，所予階段2、3、4等道德

表7-3 國內不同道德判斷層級之常模平均數與標準差

統計量 \ 階段	2	3	4	5A	5B	6	A	M	P
平均數	3.115	10.064	15.110	15.991	4.511	5.926	2.344	2.373	26.426
標準差	2.824	5.583	5.781	5.431	2.778	3.299	2.580	2.428	7.259

資料來源：林邦傑、胡秉正、翁淑緣（1986）。

思考的重要性考慮。

3.階段5A：此階段為社會契約的道德（the morality of social contract）。

4.階段5B：此階段為直覺人道主義的道德（the morality of intuitive humanism）。

5.階段6：此階段為理想社會合作原則的道德（the morality of principles of ideal social cooperation）。

6.階段A：此階段為反建設導向（antiestablishment orientation），即反傳統、反現實，僅以保護富人與特權階級的社會秩序。

7.階段M：M分數的題目為表面上好看，但無實際意義的陳述，因而M分數不代表某一階段的分數，僅為受試者對虛飾問題的贊同而已。

當M分數較高時，也可能是因為受試者作答過分謹慎所致。最後，由於大學生之道德判斷很多停留在同一階段，為便於進一步區別，本章節研究特將M科技大學學生量測結果，與林邦傑、胡秉正、翁淑緣（1986）所編製各階段分數之百分等級常模，作相互的對照與比較。

二、學生道德判斷層次前測

本章節研究於2003年3月中旬至4月上旬期間，採用DIT測驗修正版之學生道德判斷量表，對象以企管系日間部二技三、二技四、四技一、二專一為主。抽取其中二技四年級該班樣本進行重測，以作問卷的信度分析。其中受測問卷檢視判斷後之有效樣本，分別為：二技四年級26位、二技三年級52位、四技一年級47位、二專一年級20位。

茲將學生道德判斷量測結果，條列說明如下：首先，由【表7-4】至【表7-6】數值分析結果，可發現四技一年級主型分

表7-4 M科大四技一年級在DIT測驗之主副型分布

類型\階段	0	2	3	4	5A	5B	6	A	M	P	Total
主型	13	13	1	4	1	3	4	6	2	0	47
副型	—	0	0	4	1	0	1	3	3	1	13

資料來源：楊政學（2003b）。

表7-5 M科大二技三年級在DIT測驗之主副型分布

類型\階段	0	2	3	4	5A	5B	6	A	M	P	Total
主型	17	9	9	2	1	3	1	7	2	1	52
副型	—	6	1	0	1	1	3	1	0	0	13

資料來源：楊政學（2003b）。

表7-6 M科大二技四年級在DIT測驗之主副型分布

類型\階段	0	2	3	4	5A	5B	6	A	M	P	Total
主型	6	3	3	6	1	1	1	3	0	2	26
副型	—	1	1	3	1	1	1	0	0	0	8

資料來源：楊政學（2003b）。

表7-7 M科大二專一年級在DIT測驗之主副型分布

類型\階段	0	2	3	4	5A	5B	6	A	M	P	Total
主型	3	2	1	4	0	0	0	8	2	0	20
副型	—	1	0	0	1	1	0	1	1	0	5

資料來源：楊政學（2003b）。

布，有13位（28%）落在第2階段；二技三年級主型分布，分別有9位（17%）落在第2及第3階段；二技四年級主型分布，有6位（23%）落在第4階段。可知大學部高年級生的道德判斷層級，較低年級生為高；意謂隨著受教育時間的加長，有提升學生道德判斷層級的作用與效果。

至於，二專一年級學生主副型的分布情況，則如【表7-7】

所示。其中，反傳統層級（A階段）有8位，最為明顯，階段2、3、4中，反倒以階段4較集中，唯其差異性不大。

由【表7-8】至【表7-9】數值分析結果，可發現若將樣本併為大學部低年級生（四技一及二專一）、大學部高年級生（二技三及二技四）；前者有15位（22%）落在第2階段，而後者有12位（15%）落在第2及3階段。此結果與以往研究結果比較後，發現低於以往大學生的道德判斷階段（多在第3或第4階段），意謂現今大學生的道德層級下滑，呈現較以往偏低的道德判斷水準。

此外，由【表7-8】至【表7-9】數值分析結果，亦可發現學生道德量測分布中，大學部低年級生有14位（21%）落在第A階段；而大學部高年級生有10位（13%）落在第A階段，其第A階段大抵居第二高比例，意即現今學生反傳統的導向明顯，呈現多元化的價值觀，且較難用道德來約束其行為規範。

M科大學生在國內大學生或大專生常模百分比例中，依【表7-3】所做研究成果比對，如【表7-10】所示，我們可發現其二技四年級生落於46%（意即只比46位同儕高），二技三年級

表7-8　M科大大學部低年級生在DIT測驗之主副型分布

類型＼階段	0	2	3	4	5A	5B	6	A	M	P	Total
主型	16	15	2	8	1	3	4	14	4	0	67
副型	—	1	0	4	2	1	1	4	4	1	18

資料來源：楊政學（2003b）。

表7-9　M科大大學部高年級生在DIT測驗之主副型分布

類型＼階段	0	2	3	4	5A	5B	6	A	M	P	Total
主型	23	12	12	8	2	4	2	10	2	3	78
副型	—	7	2	3	2	2	4	1	0	0	21

資料來源：楊政學（2003b）。

表7-10 M科大學生不同道德判斷層級之常模平均數

統計量 ＼ 階段	2	3	4	5A	5B	6	A	M	P
國內平均數	3.115	10.064	15.110	15.991	4.511	5.926	2.344	2.373	26.426
M科大高年級生	3.9038	9.8654	15.221	14.625	3.664	5.337	2.115	1.279	23.625
M科大低年級生	3.1537	9.3755	15.738	14.216	2.802	5.129	3.145	1.797	22.147

資料來源：楊政學（2003b）。

生落於30%（更低），四技一年級生落於38%，二專一年級生落於37%。綜觀其百分比均低於平均值，唯用以比較之基準值可能偏高，但結果仍可說明本個案M科大在（校園）倫理教育上，有需要予以強化的必要性。

三、學生道德判斷層次後測

本章節研究後續以原來四技一學生的樣本，測量其接受一年課程與活動後，升為二年級時的道德判斷層級，以作為兩年來的比較，測量期間為2004年6月間，對象為四技二學生（前一年為四技一年級學生）。

茲將其結果列示如【表7-11】，其中數值可發現：學生在接受完一年校園倫理教育後，其道德判斷層次由原先【表7-4】中最多數的第2階段，提高為第4階段（有7位，占20%為最多數）。此外，在第A階段的反傳統向上，相對【表7-4】的結果，亦有改善的成效。

表7-11 M科大四技二年級在DIT測驗結果分布情形

類型 ＼ 階段	0	2	3	4	5A	5B	6	A	M	P	Total
主型	5	4	3	7	2	2	1	5	5	1	35
副型	—	4	6	2	0	0	2	5	0	2	21

資料來源：楊政學（2005a）。

四、道德量測的結果分析

本章節研究採用問卷調查法，且以DIT量表量測學生道德判斷層級的高低，以瞭解大專生面對道德判斷的現況。本章節研究延續兩年來的研究基礎，且在個人實際施行「校園倫理」與「企業倫理」課程後，針對樣本學生進行第二年的道德判斷層級量測（楊政學，2005a），期能綜合比較及分析推行倫理教育課程後，樣本學生道德判斷層級量測的差異。

歸結研究個案之道德量測結果，可發現以下幾項較為具體的結論：

1. 高年級生的道德判斷層級，較低年級生為高，意謂隨著受教育時間的加長，有提升學生道德判斷層級的作用與效果。

2. 現今大學生的道德層級下滑，呈現較以往大學生偏低的判斷水準。

3. 現今學生反傳統的導向明顯，呈現多元化的倫理價值觀，且較難用道德來約束其行為規範。

4. 研究個案反映現今學生，較低層級階段分數比常模略高，而較高層級階段分數及P分數比常模略低，意謂有加強校園倫理教育的必要性。

5. 研究個案反映現今大學生，其低於國內大學生常模百分比的平均值，雖用以比較之基準值可能偏高，但結果仍可說明倫理教育有需要加以進一步強化。

6. 校園倫理教育的實施，可達提高學生道德判斷層次，以及改善學生反傳統道德傾向的成效。

現今大學生的道德層級下滑，呈現較以往大學生偏低的判斷水準。

現今學生反傳統的導向明顯，呈現多元化的倫理價值觀，且較難用道德來約束其行為規範。

校園倫理教育的實施，可達提高學生道德判斷層次，以及改善學生反傳統道德傾向的成效。

● DIT 故事1

韓士與藥

　　有一位婦人因患了某種奇特的癌症而生命垂危，醫生說只有一種新藥才能治好她的病。這藥剛被住在同一城市的一位藥劑師所發明，並且取得專利。雖然此新藥造價高昂，但是藥師索價十倍於成本。製造一人份的藥需要2,000元，然而藥師想以20,000元賣出。婦人的丈夫名叫韓士，早已用盡積蓄以治妻疾，所以他此時只能到處借錢。雖然韓士想盡辦法，也只籌到10,000元，剛好是一半的價錢。他便跑到藥店裡請藥師以半價把此藥賣給他，或是讓他以後再付清餘款。藥師回答：「不行，我發明製造此藥主要是為了賺錢。」韓士聽了此話感到很絕望，於是便打算半夜時潛入藥店，偷出此藥以挽救妻子的性命？

簡答：

　　你認為韓士應不應該潛入藥店偷出此藥以挽救妻子的性命？理由為何？

● DIT 故事2

父子的故事

　　小明是一個十四歲大的男孩子，他很想去參加露營，父親也答應他去，但是要他自己存錢。於是小明每天很努力地送早報，終於存了1,500元，足夠參加露營的花用，所以他非常高興。但是，就在露營的日期快到時，父親卻改變了心意。父親的朋友邀父親到遠地去釣魚旅行，所以要小明把所存的錢交給他，好讓他和朋友去旅行。

簡答：

　　請問你認為小明應該怎麼做？理由為何？

● DIT 故事3

改過自新的逃犯

有個犯人甲被判了十年徒刑,但是他服刑還不到一年便逃了出來,改名為志新。志新辛勤工作八年,存下足夠的資本後便建立起自己的事業。志新做生意講求公道,善待屬下,並且把大部分的營利都捐給慈善機關。然而有一天他從前的一個鄰居,名叫王五的,認出志新就是多年前從牢裡逃出來,而一直被警方通緝的犯人。

簡答:

你認為王五應不應該報告警方逮捕志新?理由為何?

● DIT 故事4

醫生的難題

有一位婦人因為患了癌症,最多只能再活六個月。癌症帶給她極大的病痛,可是她又不能夠服用止痛藥。這是由於她的身體是如此的虛弱,連止痛藥都會加速她的死亡。她常常因極度的痛楚,而陷於精神錯亂的狀態。然而在她神智清醒的時候,她即懇求何醫生給她足夠的止痛藥,好讓她提早結束生命。這位婦人說她再也無法忍受病痛了,更何況即使是繼續生存下去,也不過只剩下幾個月的生命。

簡答:

你認為何醫生應不應該給這位病婦足量的止痛藥,以幫助她提早結束痛苦及生命?理由為何?

DIT 故事5

僱用技工

　　張三是一家汽車修理廠的店東，他想僱用一個技工，但卻一直沒找到一個適當人選。應徵人中只有一個是技術優秀的，然而此人是一個黑人。張三他自己對黑人並沒有任何偏見，可是他擔心也許顧客們會因為不喜歡黑人，而不再到他的店裡來。這位黑人名叫艾立克，問起張三他是否可以得到這份工作，張三說他已經僱用了別人。事實上，張三並未另僱他人，因為除了艾立克之外，張三無法找到其他優秀的技工。

簡答：

你認為張三在當時應該怎麼做才比較好？理由為何？

DIT 故事6

停刊

　　小華是一個高三學生，發行了一種小型學生報紙在校內流傳。他的目的是要藉此發表他自己的意見，以引起大眾共鳴，譬如說他呼籲大家反對「禁留長髮」此校規。當小華籌辦此報紙時，他請求校長允許發行該報。校長說沒問題，只要每次出刊之前把所有的文章交給他審閱，通過之後才准印行。

　　在最初的兩週，校長核准了所有的文稿，使得小華能夠順利出刊。但是校長卻沒料到小華的報紙竟會引起軒然大波。學生們讀了報論之後組織起來，抗議學校禁止蓄留長髮。家長們則持異議，怒責小華的報論。他們打電話給校長指出該報的立場是不愛國，反叛學校，因而要求校長禁止發行此報。由於家長們的指責愈發激烈，校長就命令小華停止出刊。他給小華的理由是：「該報破壞了學校的秩序。」

簡答：

你認為校長是否應該禁止小華的報紙？理由為何？

重點摘錄

§ 所謂的「知識誠篤」，是當我們在執行專業時，完全以專業知識來看，該怎麼做就怎麼做，絕不妥協。要是我的知識告訴我，絕對不能這樣做，做了會對人有害，那我就絕不能做。

§ 在有限的學分及資源的限制下，學校企業倫理教育應集中在知方面的訓練，即訓練學生在未來的職場及社會上，成為一個自主的道德個體，理性自覺地選擇道德原則及規則，並自覺地以這些原則與規則，來作為行為及決策的準則。

§ 在國內商管教育上，除提升其管理技能面的能力外，亦能強化其管理行為面的涵養，使得學生能有專業倫理做為其專業技術的基礎。

§ 在道德成規前期層級其對於行為的好壞是根據行為後，其物質的或快樂的獲得（如賞罰、互惠），或根據訂立規則者的物質控制身體力量、權力，來做為判斷是非善惡的標準。

§ 在道德成規期層級滿足個人的家庭、團體或國家的期望，被當作是有價值的，而忽略了立即的與明顯的結果。

§ 道德成規後期層級力求確定道德的價值與原則，而這些道德的價值與原則具有確實性與應用性；並且與持有這些原則的團體或個人的權威無關，也與個人是否為該團體的一員無關。

§ 現今大學生的道德層級下滑，呈現較以往大學生偏低的判斷水準。

§ 現今學生反傳統的導向明顯，呈現多元化的倫理價值觀，且較難用道德來約束其行為規範。

§ 校園倫理教育的實施，可達提高學生道德判斷層次，以及改善學生反傳統道德傾向的成效。

重要名詞

獨立自主的道德自我（autonomous moral self）

道德感情（moral sentiments）

道德承擔（moral commitment）

文獻分析法（analyzing documentary realities）

深度訪談法（in-depth interview）

議題界定測驗 （Defining Issue Test, DIT）

問卷調查法（questionnaire survey）

三角測定（triangulation）

佛洛依德（Sigmund Freud）

本我（id）

自我（ego）

超我（superego）

杜威（John Dewey）

皮亞傑（Jean Piaget）

認知發展（the cognitive-development）

郭爾堡（Lawrence Kohlberg）

無往的階段（the stage of anomy）

他律的階段（the stage of heteronomy）

自律的階段（the stage of autonomy）

層級（level）

階段（stage）

道德成規前期（pre-conventional level）

懲罰與服從導向（the punishment and obedience orientation）

工具性相對導向（the instrument relativist orientation）

道德成規期（conventional level）

人際關係和諧導向（the interpersonal concordance or "good boy-nice girl" orientation）

法律、秩序導向（the "law and order" orientation）

道德成規後期（post conventional level）

原則期（principle level）

社會契約合法導向（the social-contract legalistic orientation）

泛倫理性原則導向（the universal ethical principle orientation）

正義才是關鍵（justice is the key）

自我力量（ego-strength）

道德判斷量表（MTS）

道德知識（moral knowledge）

主型（major type）

副型（submajor type）

不屬於任何一個類型（non-types）

原則性的道德分數（principled morality score）

社會契約的道德（the morality of social contract）

直覺人道主義的道德（the morality of intuitive humanism）

理想社會合作原則的道德（the morality of principles of ideal social cooperation）

反建設導向（antiestablishment orientation）

問題與討論

1.請分享你個人在第七章節所學習到的心得？最令你印象深刻的議題為何？

2.你個人對倫理教育的紮根有何看法與心得？

3.道德發展的心理學說為何？請簡述之。

4.道德發展的層級階段為何？請簡述之。

5.採用界定問題測驗，具有哪些優勢？請簡述之。

6.本章節研究個案之道德量測結果，可發現哪些具體結論？你個人有何看法？

7.針對「故事1：韓士與藥」，你個人有何分享的心得？

8.針對「故事2：父子的故事」，你個人有何分享的心得？

9.針對「故事3：改過自新的逃犯」，你個人有何分享的心得？

10.針對「故事4：醫生的難題」，你個人有何分享的心得？

11.針對「故事5：僱用技工」，你個人有何分享的心得？

12.針對「故事6：停刊」，你個人有何分享的心得？

Chapter 8

企業與校園倫理

8.1 校園倫理的研究設計
8.2 校園倫理關係的轉變
8.3 校園倫理的定位與推行
8.4 校園倫理教育的回饋
8.5 校園倫理教育的必要

本章節說明企業與校園倫理，討論的議題有：校園倫理的研究設計、校園倫理關係的轉變、校園倫理的定位與推行、校園倫理教育的回饋，以及校園倫理教育的必要等五個部分。

8.1 校園倫理的研究設計

關於校園倫理的研究設計上，本節以研究動機、研究目的、研究方法與研究對象，來說明本章節研究進行的想法與目標。

一、研究動機

隨著經貿全球化與自由化、產品需求多樣化，以及資訊科技的快速發展，均加速促成知識經濟的來臨。依世界銀行2001年的報告中指出，所謂知識經濟是指一個創造、學習並傳播知識的經濟，是一個企業、機關、個人與社區都把知識作更有效的運用，以促成經濟與社會作更進一步發展的經濟（Dahlaman & Anderson, 2001）；或意謂知識經濟，是以知識作爲創造財富最主要工具的經濟（李誠，2001）。唯在知識經濟時代下，企業起用大批的知識工作者，不是使用技術、資金或勞力來創造財富，是使用無形的知識來改造生產程序、組織結構、創新產品來創造財富（許士軍，2001a）。

現代科技移入台灣，於不同的歷史時期有著截然不同的意義，是台灣邁入現代化旅程重要的力量之一，與日俱變的科技也促成了新專業認同的形成。形成專業認同的困境與可能性，在台灣獨特的歷史脈絡中，藉著資訊科技的植入，一次次地於現代化的過程中，衝擊著從不曾穩定的專業倫理與職業道德。僅擁有現代科技而無相應合適的專業倫理，儼然成爲台灣現代

化過程中的最大缺憾，如此不僅無緣受現代科技之惠，反而容易引發更多的問題，這也是目前從事基礎人文教育改革所需面對的關鍵問題，亦唯有務實且具前瞻性人文視野的開創，才有能力保障符合人本主義的倫理實踐。

全面認知時代變革模式的開展中，除人文的感知是理解社會科學與自然科學的重要基礎外，更重要的是將同理心的範圍，擴大到由過去、現在、邁向未來的整體歷史感的體會。如此的歷史感能體會由過去部落田園景觀的社區，有著天人合一的世界觀，隨地域的不同，知識發展的可能也不同；而現代社會則彰顯著人為主體的世界觀，知識發展的可能在於普遍的真理追求，以類似的方式，前瞻性的模擬e世代的社會風貌，可粗淺地預估多元、互為主體的世界觀將成主流。

知識發展的可能將以尊重相對的經驗為主，全球化的資訊網路形成這個時期社會的風貌，一種特被同理心組成的感知理性，或許會發展成倫理的主要內涵，科技文化多元關係，將取代目前科技與人文脫軌的關係，社會道德將在多元的生活互動經驗中形塑，符合人性並賦予人性更多的創意，將是知識經濟時代所面臨的重要挑戰。

二、研究目的

多元生活經驗與資訊交流中的務實知識開創與實踐能力，必須成為當今教育的主要特徵，這也是目前規劃人文教改的重要依據。在此潮流衝擊下，很容易讓人有知識經濟是個網路經濟、是科技經濟、是資訊經濟的迷思；而忽略網路經濟、科技經濟與資訊經濟，只是知識經濟的一部分，而非知識經濟本身。同時，在資訊科技快速發展下，當我們重新回來檢視校園倫理教育，抑或人文哲學教育的功能，亦很容易遭人刻意輕視與扭曲。

　　因此，如何對現今技職體系學生的道德判斷層級，多分瞭解與分析；又如何重新思考與定位，進而強化校園倫理教育的施行，乃是本章節研究迫切想要強調與深化的議題，並賦予校園倫理教育在知識經濟時代下的新意涵，以落實具倫理素養的通識教育（楊政學，2005a）。

三、研究方法

　　本章節研究整合量化與質化研究的方法（楊政學，2002），基本上仍以探索性研究為開始，進而採行由質走向量的研究型式。首先，試著由相關文獻與個人觀察中，整理出某些概念性思維架構，是為**文獻分析法**（analyzing documentary realities）的應用。再者，利用**深度訪談法**（in-depth interview）的方式，來對明新科技大學校園內的教職員工，進行倫理觀點的訪談記錄，以作為校園倫理教育推行的參考。最後，利用態度量表的量測程序，且採用**議題界定測驗**（Defining Issue Test, DIT）修正版之道德判斷量表（林邦傑、胡秉正、翁淑緣，1986），來對明新科技大學的學生，進行道德判斷層級的量測，是為**問卷調查法**（questionnaire survey）的應用。

　　在資料蒐集上，亦採用初級資料（訪談紀錄、問卷資料）與次級資料（相關文獻、歷史檔案）合併驗證的方法。整體而言，本研究利用研究方法與資料蒐集的**三角測定**（triangulation）概念（楊政學，2003a），來對校園倫理教育作多面向的探討，以歸結得出初步的研究觀點，進而研擬可行的實施策略。

四、研究對象

　　本章節研究在深度訪談的進行上，於2003年5月至6月期間，以明新科技大學校園內40位教職員為研究對象，詢問其對

校園內倫理教育的看法，進而思考如何將倫理價值的觀念，融入校園倫理教育中。另外，關於學生道德判斷量測的施行，本研究於2003年3月至4月間，採用DIT修正版之道德判斷量表，對該科技大學學生施測；對象以日間部二技三、二技四、四技一、二專一年級生爲主。

另外，本章節研究後續以原來四技一學生的樣本，測量其接受一年課程後，升爲二年級時的道德判斷層級，以做爲兩年來的比較，測量期間爲2004年6月間，對象爲四技二學生（前一年爲四技一年級學生），而前後量測結果的差異與分析，請參考第七章的內容。

8.2 校園倫理關係的轉變

校園乃是社會的縮影。近年來，社會的亂象已逐漸波及學校，校園中相關的人員，行政人員、教師、學生、家長間，關係的惡化有愈演愈烈的趨勢，而學生在校園中所看、所學，在其畢業之後，又帶至社會之中，也使社會的和諧受到嚴重傷害，此種亂象已讓社會覺醒到校園倫理的重建已是刻不容緩。

一、校園倫理的關係

教學是種專業，教師的專業自主權自當凸顯；行政支援教學，行政理應有能；家長將子女送至校園中學習，家長理應有權參與學校教學的決策。教師、行政人員、家長的努力，都是爲了學生的受教權、學習權。但如何健全法規，規範教師專業自主權、行政人員的行政權、家長的教育參與權，使成爲一個鼎足而三，但卻協調與融洽的關係，並且共同爲學生的學習權而努力，重建師生、親師的溫馨倫理關係，教育行政主管機關

與立法機關應是責無旁貸。

然而教育工作的推動，教師才是靈魂所在，如何培育優良師資，建置教師教育的熱忱，更是重建校園倫理的關鍵，其中又以對強化教師福利的照顧，喚起社會尊師重道為要。許多教師所以投入「百年樹人的大業」，除了對教育的熱愛之外，傳統社會「尊師重道」的風氣更是主要的誘因。但不知何時，這項優良的傳統已逐漸衰退，不知有意或無意，政府卻又塑造教師為不能共體時艱的「既得利益者」，許多有關教師福利待遇的變革久久不能定案，造成工農大眾對教師的反感與抗爭，也造成教師對教育的寒心、校園關係的冷漠。

二、校園倫理的界定

校園倫理 campus ethics
本章節研究將校園倫理界定為，校園內老師、學生、職員彼此間的對待關係。

所謂「**校園倫理**」（campus ethics）的關係，本章節研究將校園倫理界定為，校園內老師、學生、職員彼此間的對待關係。學生在看校園內，至少扮演有兩、三種角色，其一為學生在課堂學習過程中，學生與老師的師生關係；其二為學生在校園公共生活裡，身為一個校園公民而與他人、或環境的關係；最後，是其與同儕間相處的關係。

老師在專業領域內師生的關係，同樣做為校園的一員，可能在很多校園的公共生活領域裡面，這個時候他可能就沒有權威，沒有專業上的權威，老師與學生在公共領域上，可能地位是平等的。學校的職員也是一樣，其在專業上有其責任，他跟老師、學生在校園的公共領域裡面，亦應該是平等的。基本上，本章節研究由這幾個方面去界定所謂校園倫理的關係。

大學法對大學這個權力組織的設計，也是以教員、職員、學生為主體來設計，既然法律規定的這個權利架構，以這三者為校園構成的共同主體，顯然在這個校園的公共秩序與管理領域裡面，老師對學生的權威，應該在這個地方不存在。老師對

於學生的權威，首先應建立在傳遞專業知識上，在專業領域的過程中，建立學生對他的尊敬。在校園的公共領域裡面，當資源有限的時候，權力也常是解決問題最有效的方法。

三、校園倫理的變化

近年來大學中校園倫理的重大改變，大抵有如下幾項變動：

1.師生之間感情變淡，學生價值觀較多元化，學生較乏尊師重道，學生自省學習的能力較差。

2.學生之間自我獨立性高，男女兩性道德觀較難約束，學生參與校園活動意願不高。

3.同事之間彼此互動交流較少，行政體系作法較為民主化，新舊教師認知價值差異大，系際間交流不夠，公務服務與私人升等兩難。

4.整體校園往往因師生人數增多反倒變得冷漠，日常生活教育未受重視等。

學校應該是 個倫理的，不是一個競爭的，就像是一個家庭倫理。相反的，要是學生對老師沒有感覺，老師對學生沒有興趣，學生覺得老師對他無意義，變成像消失一樣，你來我賣你知識，然後就再見。這時更要思考倫理的關係，對大學生應該是要以獨立的個體對待，是要互相尊重、互相瞭解，只要是你接觸過的人，有過共同的經驗、有過共同的工作、有過共同痛苦、快樂的人，如此感情才會得到共鳴。

校園倫理像所謂的公共意識，應該是要有一些公平合理的規章，有一個和諧的處理共同事情的空間、時間與資源，當我講話你就不講話，你講話我就只好閉嘴，這個是某種意義的互相容忍，也因為這樣得到很高的交流。在公共行政上，規章是紀律的方式及公平對待。老師其實有一個特殊的權力，在教育裡面教師是有可以控制的權力，老師關起教室的門來應有公平

的正義，教室應該是個紀律的專業團體。

在校園內學生是來學習知識的，校園也是一個培養人格、品行或者群體、群性的一個重要場合，所以它又有別於一般社會關係、群體關係，它會去學習一個群己有別於其他的生活，會放在校園的這個特殊環境裡，所以校園應該有它特別的一個內涵。

四、校園倫理的教育

過去校園是一個講究倫理的地方，「師生關係」、「親師關係」良好，教師、行政人員相處融洽。行政人員提供支援使教學活動能順利進行，而家長也才能使子女接受良好的教育，唯近年來，社會敗壞的風氣逐漸侵蝕了校園，抗爭、衝突不斷，使得教師無心教學，學生無法安心學習，教育工作推行受到嚴重的阻礙，為了實現教育的理想及美好的願景，如何重建校園溫馨倫理的關係，應是當今教育工作首要推動的任務。【案例8-1】是對轉變中的校園倫理進行觀察，同時亦探討校園安全的議題。

校園倫理是要看你要培養怎樣的學生，其實是知識、技術與態度三方面，知識上是基本態度，很多大學生我們都希望他有足夠的知識以後，能夠自己去想怎麼去處理事情，不要太無知，但也不要太自以為是。但是知識也不是只有專業知識，還要有處理人際關係的知識，沒有這些理論根本不能參與，在技術上能為謀生、為人際關係調適，而態度則是價值問題。

所以希望學生是獨立自主的，是自由人格的，具有會批判能力的思考。校園倫理教育要培養一個公民的態度，培養一項品味能力，培養一種認真的態度。接下來就是人際關係的技能，有知識之外還要有一種務實的實驗精神，由實驗精神中，去發展與經營集體生活的一種策略。意謂現今的校園倫理變得很實際，是隨時跟人際關係在一起的。

校園倫理教育要培養一個公民的態度，培養一項品味能力，培養一種認真的態度。接下來就是人際關係的技能，有知識之外還要有一種務實的實驗精神，由實驗精神中，去發展與經營集體生活的一種策略。

案例 8-1

轉變中的校園倫理──兼談校園安全

（一）何謂躁鬱症

躁鬱症是情緒調節出現問題，主要症狀為情緒週期性過度高昂或低落，亦即病程中呈現「躁」期、「鬱」期、或兩者皆有的型態。「躁」期時出現情緒高昂或易怒、多話、睡慾減少、精力過度旺盛、亂花錢；「鬱」期則會出現憂鬱情緒、失去興趣、食慾下降，甚至對未來有無望感，有自殺的意念或行為。這種情緒波動因起伏較大，持續時間亦長，會影響一個人的社會生活與生理功能，治療上以鋰鹽作為情緒安定劑的主流，可與醫師討論治療療程及藥物劑量，儘量在沒有副作用的影響下，安心接受情緒安定藥物的預防保護，獲得最大的健康效益。

（二）校園安全的潛在威脅

老師失控的管教方法，可以說是校園暴力的施暴者。精神失常的老師，平時看來與一般人無異，但發作起來，卻是一個不定時的炸彈。隨時造成學童的危險。一個人在學期間，老師的身教、言教影響莫大，如果這時老師的異常管教，造成學童心理無法抹去的陰影，未來將造成社會上的治安問題，甚至一代傳一代，成為無法根治的社會隱憂。

隨著少子化的衝擊，每個家庭中孩童的比例逐漸下降，父母對孩童實施「愛的教育」，強調不打不罵，一切以愛為出發點。但老師在學校的體罰，卻被誤認為是暴力的行為。教育環境對老師的不友善，老師們也必須自保，適時與家長溝通彼此觀念。學生出現違規情節，與家長溝通出彼此能接受的解決方案，而管教學生時，要對其處境適度的表達關心與同理心，讓他們感受到被尊重、被接納，這種溫暖的感覺，常常是成功輔導的開始。

（三）老師壓力的來源

老師的壓力來源有：第一是課程設計：老師或許會覺得要設計課程，要將教學計畫給別人看，這樣的課程壓力可能是認真老師的壓力來源。第二是教學方式：教學現在強調能力與創新，如果只是求教學方法新穎，卻無法顧及到孩子的基本學習能力，老師的尺度拿捏就是一個壓力，教學既不能太傳統，又要兼顧孩子的基礎能力，就會使老師產生壓力。第三是學生成就：學生成就究竟是在學業上展現，還是在生活中表現，對一個自我期許高的老師，學生成就高低就是一個壓力來源。第四是家長期望：家長對老師的期望愈來愈高，當孩子的表現無法符合家長期望時，導致老師產生壓力。最後則是老師的自我期許：老師會期許學生表現優秀，自己能獲得校長與家長肯定，高度自我期許可能會因時間或現實層面而無法達到，這也會造成老師的壓力。

8.3 校園倫理的定位與推行

　　本節以個人主持教育部計畫的推行心得，依倫理課程推行的評估機制、成立「倫理教育工作小組」、辦理「校內倫理教育教師座談會」、學生道德判斷層次的測量、教職員工深度訪談，以及「校園倫理」課程規劃等六個面向，來綜整說明校園倫理的定位與推行。

一、倫理課程推行的評估機制

　　整體而言，本章節研究係以筆者三年來主持的教育部補助之「社會倫理與群己關係」分項計畫為基礎，將其推行評估方法分成兩大面向進行：

1. 「校園倫理」之課程規劃成果評估，內容包括：邀請校外倫理教育專家蒞校指導；教師參與討論，提升教師知識與技能，工作小組教師參與課程規劃、教材整理，每學期對所開的課做自我檢討，並提出具體改進方案。

2. 課程內容評估，由「倫理教育工作小組」進行，內容包括：協調設計並分析老師評量問卷，分析學生評量問卷，分析期末測驗成績，並舉辦課程檢討座談會，邀請學生與老師參加；並包括學生整體表現、課程進度是否保持正常等。

　　在倫理學教師素質的提升上，藉由強迫參與在職進修，或增聘適當之教師。該計畫編列有教師在職進修座談會、焦點團體法課程規劃、倫理學專家諮詢等工作項目與經費，以積極培育倫理學相關種子師資；同時將積極延聘倫理學專業師資，或以專任、兼任、短期客座、專題演講等方式，納入計畫執行中的師資陣容，以提升教師本身的素質。

二、成立「倫理教育工作小組」

　　該分項計畫「倫理教育工作小組」成員，先期由主持人本身所屬系所相關教師，完成核心工作小組運作。再者隨計畫執行規劃需要，邀集校內各院（系）教師或校外人士參與。最後，該工作小組為培養倫理教育所需要的師資，則持續安排研習課程，培養倫理學師資，包括有學生道德量測執行分析、倫理教學方法與實施策略，以及編撰倫理教育教材等工作，該倫理教育工作小組，已分別召開多場次會議討論。

三、辦理「校內倫理教育教師座談會」

（一）辦理「校園倫理座談會」

　　「校園倫理座談會」的議題訂為：校園倫理教育與經濟社會發展，討論題綱包括：

　　1.校園倫理教育的發展。

　　2.知識經濟下產業對人才之需求。

　　3.校園倫理教育如何符合社會需求。

　　邀集國內知名學界與業界人士與會討論，以瞭解校園倫理教育與企業界之間的期許有何差距，並探討有何具體的實施策略或活動來解決之。

（二）辦理「校園倫理教育推行與教學座談會」

　　本研究於明新科技大學，辦理「校園倫理教育推行與教學座談會」的研習。該座談會兩大議題訂為：

　　場次一、校園倫理教育觀點與實施策略。討論的題綱包括：

　　1.校園倫理的教育觀點。

2.如何培育適任之師資。

3.校園倫理推行經驗與實施策略。

4.實例分享。

場次二、校園倫理課程規劃與教學分享。討論的題綱包括：

1.校園倫理課程教學經驗分享。

2.如何提高教學效果與學習動機。

3.遭遇之困難及改善方法。

4.實例分享。

四、學生道德判斷層次的測量

（一）學生道德判斷層次量測施行之說明

在測量學生道德判斷層次之實施上，以明新科技大學部分學生為實施量測樣本，其施行的程序為：

1.首先整體說明相關文獻彙整結果，其包括有：探討道德發展的學理背景；綜整相關文獻回顧，而文獻整理聚焦在DIT量表測驗的意涵與實施。

2.學生道德量測與統計分析。首先，完成DIT學生道德量表修正。再者，採用DIT測驗修正版之學生道德量表，對學生樣本施測。最後，完成初級統計分析報告，並依量測結果進行統計分析報告。

3.探討量測結果之意涵。結合道德認知理論，說明學生道德量測結果的意涵。

（二）明新科技大學學生道德判斷層次

本研究於2003年3月中旬至4月上旬期間，採用DIT測驗修正版之學生道德判斷量表，對明新科大企管系學生施測。對象以日間部二技三、二技四、四技一、二專一為主。抽取其中二技

四年級該班樣本進行重測，以作問卷的信度分析。其中受測問卷檢視判斷後之有效樣本，分別為：二技四年級26位、二技三年級52位、四技一年級47位、二專一年級20位。

茲將學生道德判斷量測結果，條列說明如下，而關於較為細部的資料處理與分析過程，則請參閱本書第七章的內容。

1. 四技一年級主型分布，有28%落在第2階段；二技三年級主型分布，分別有17%落在第2及第3階段；二技四年級主型分布，有23%落在第4階段，可知大學部高年級生的道德判斷層次，較低年級生為高；意謂隨著受教育時間的加長，有提升學生道德判斷層次的作用與效果。

2. 若將前項樣本併為大學部低年級生（四技一及二專一）、大學部高年級生（二技三及二技四），前者有22%落在第2階段；而後者有15%落在第2及3階段；此結果與1987年所做研究常模比較後，發現現今大學生的道德層次下滑，呈現較以往偏低的判斷水準。

3. 學生道德量測分布中，大學部低年級生有21%落在第A階段；而大學部高年級生有13%落在第A階段，其第A階段大抵居第二高比例，意即現今學生反傳統的導向明顯，呈現多元化價值觀。

4. 明新科大學生在國內大學生或大專生常模百分比例中（與1987年所做研究），二技四落於46%，二技三落於30%，四技一落於38%，二專一落於37%，其百分比均落在較平均值為低的水平，唯用以比較之基準值可能偏高，但結果說明明新科大在校園倫理教育上，仍有需要予以強化的必要性。

企業倫理 Business Ethics

五、教職員工深度訪談

（一）教職員工對校園倫理深度訪談施行之說明

在以口述歷史方式進行教職員工對校園倫理的觀點與實施策略上，其施行的程序為：

1. 依相關文獻擬訂教職員工個案訪談之訪談大綱。
2. 進行深度訪談，蒐集教職員工對校園倫理觀點與實施策略之看法。
3. 彙整教職員工口述其對校園倫理之看法。

（二）明新科技大學教職員工校園倫理看法

明新科技大學教職員工校園倫理訪談的進行，其執行期間為2003年5月中下旬，在五月底左右完成訪談報告，校園訪談對象（共計40人，每一組分配10人），包括一級主管8人、二級主管8人、不任行政之專業教師16人、職員工8人。

明新科技大學教職員工，對校園倫理教育看法之訪談大綱，則如下列所示之要項：

1. 請問您在本校服務多久？曾擔任過那幾種職務？
2. 依您的經驗，近年來在（本校）大學中校園倫理關係有哪些改變？
3. 您認為理想中的校園應具有怎樣的倫理關係？
4. 您認為在校園內最常發生倫理兩難的議題為何？
5. 可否同我們分享您個人經驗中，印象最深刻的校園倫理兩難案例？
6. 在校園中除了課程安排外，您覺得還有哪些活動有助於提升倫理關係？

茲將對明新科技大學校園內40位教職員工進行深度訪談，其歸結所得之重要結果列示簡述如下：

1.在近年來大學中（本校）校園倫理的重大改變，計有如下
　要項：
（1）師生之間感情變淡，學生價值觀較多元化，學生較乏
　　　尊師重道，學生較沒禮貌（碰面不打招呼），學生自
　　　省學習的能力較差。
（2）學生之間自我獨立性高，男女兩性道德觀較難約束，
　　　學生參與校園活動意願不高。
（3）同事之間彼此互動交流較少，行政體系作法較爲民主
　　　化，新舊教師認知價值差異大，系際間交流不夠，公
　　　務服務與私人升等兩難。
（4）整體校園因師生人數增多反倒變得冷漠，日常生活教
　　　育未受重視。
2.理想中的校園應具有的倫理關係，計有如下要項：
（1）師生之間應相互尊重，共同積極參與學校活動，由培
　　　養學生有禮貌開始，老師則以身教帶領，同時強化導
　　　師輔導功能。
（2）學生之間相互尊重，彼此鼓勵且和諧相處，建立健康
　　　的男女兩性關係。
（3）同事之間相互尊重，系際間透過聯誼相互瞭解，注重
　　　團隊合作精神，彼此建立互信的基礎。
（4）全校教職員共同以學校工作與學習爲生活重心，多參
　　　與校園活動，各級行政單位資訊透明化，建立良好人
　　　際關係，平常心看待校園內每個人，發展第六倫的群
　　　體關係。
3.校園內最常發生的倫理兩難議題，計有如下要項：
（1）師生之間包含有：師生認知差異、師生溝通不良，師
　　　生戀、性騷擾、急難救助發放有限、分數評定不公、
　　　當掉與否及退學的兩難、師生言語與行爲衝突、散發
　　　黑函密告。

（2）學生之間包含有：相互批評說人不好、學生同居與婚前性行為、學生集體作弊問題。

（3）同事之間：職員間行政倫理失序、口語上衝突、惡性競爭相互攻詰、有無兼任行政職務的心態不一致。

4.訪談個案個人經驗中的校園倫理兩難案例，計有如下要項：

（1）學生對行政人員服務態度。

（2）對老師成績的評定質疑。

（3）學生惡言相向態度惡劣。

（4）修課認知與立場兩難。

（5）教學評鑑與教學要求兩難。

（6）網路毀謗。

（7）班導師偏私。

（8）校外參訪實習經費派分。

（9）工讀生管理標準。

（10）同學間用成績高低來評定人的素質。

（11）學生不留意成績評定而被當掉。

（12）同事間互信基礎薄弱。

（13）專業技能與品德要求兩難。

（14）行政倫理的破壞。

（15）民主與集權作法兩難。

（16）黨派群組循私。

（17）理想與現實難全的課程設計。

5.提升倫理關係的活動，計有如下要項：

（1）倫理教學課程、社會關懷課程。

（2）大師級專題演講、學輔中心活動、心靈成長課程活動。

（3）平常生活教育、學校勞作教育。

（4）落實導生制度、學長學弟制。

（5）慶生聯誼、社團活動、藝文活動、校際或年度活動。

（6）家長座談懇親會、團體座談討論。

（7）推展校園倫理週、主題性倫理推廣。

（8）推動全人教育。

（9）清楚的教育理念。

（10）強化家庭倫理教育、孝親獎學金設立。

六、「校園倫理」課程規劃

（一）校園倫理課程規劃程序

在規劃校園倫理課程內容上，其規劃的流程為：

1.綜整學生量測結果、深度訪談資料、座談會及校際交流規劃會議內容，再利用焦點團體法，草擬校園倫理課程架構及內容規劃。

2.舉辦「校園倫理教育教師座談會」。進行焦點團體小組第一場次座談，作校園倫理課程初步規劃。

3.舉辦「校園倫理課程綜合座談會」。進行焦點團體小組第二場次座談，歸結校園倫理課程具體結論。

（二）校園倫理課程內容規劃

經過深度訪談、專題座談及專家諮詢等，擬規劃出校園倫理課程內容如下：

1.在明新科技大學部分，已於九十二學年度第二學期開設「校園倫理」課程，以二學分選修方式授課，主要以二技四年級、四技二年級為對象，係配合學生道德量測樣本為考量，包含有高年級與低年級學生。課程旨在導引學生對生活周遭的環境有更大的敏銳度，期能關懷生活周遭的人、事、物。同時亦能促使其具有系統的道德判斷決策思

維模式，培養其能自我學習的能力。

2.在「校園倫理」課程教學方法上，同時融合有課堂講授、影片賞析、角色扮演、案例討論等，以期經由單一課程的設計，將不同多元的學習與教學方法予以整合。另外，「倫理教育工作小組」於九十三學年度第一學期起，推動主題性的「校園倫理週」，藉由活動設計來強化學生倫理能力的感受與素養。

（三）校園倫理課程實施內容

本人於明新科技大學開設校園倫理課程時，在發展「校園倫理」課程教材之作法上，於開課前業已撰寫完成「校園倫理」課程教學大綱。在「校園倫理」課程教材的編撰上，教材含括：課堂講授、案例討論、案例蒐集、心得分享、角色扮演及影片討論。

課程以十八週方式列示修習活動與授課主題，包括有：

1.校園倫理的介紹。

2.校園倫理與經濟發展。

3.校園倫理與企業經營。

4.校園倫理與個人價值。

5.校園倫理影片觀賞與討論（I）。

6.校園師生之間倫理關係：閱讀心得分享。

7.校園師生之間倫理關係：角色扮演體驗。

8.校園倫理兩難案例討論：師生倫理案例。

9.校園學生同儕倫理關係：閱讀心得分享。

10.校園學生同儕倫理關係：角色扮演體驗。

11.校園倫理兩難案例討論：同儕倫理案例。

12.校園倫理影片觀賞與討論（II）。

13.校園教職員生倫理關係：閱讀心得分享。

14.校園倫理兩難案例討論：教職員生倫理案例。

15.校園倫理的實踐（I）：實例蒐集與討論。
16.校園倫理的實踐（II）：實例蒐集與討論。

8.4 校園倫理教育的回饋

本節由校園倫理教育的定位，以及校園倫理課程的規劃，來說明校園倫理教育的回饋。

一、校園倫理教育定位

校園倫理教育課程是需要有批判力的，這個批判力是要找出文化素質關鍵的因素，它可能是正面或負面的，這個批判力應該是對傳統，也包括對整個消費系列的虛假自由，這裡面培養的是一個公民的態度，接下來就是說，培養一個品味能力，這種品味能力就是說，你要知道什麼東西是值得累積的知識，什麼東西是可以超越的知識，什麼東西只是一些消費而已，然後培養一種認真的態度。

接下來就是人際關係的技能，有知識之外還要有務實的實驗精神，由實驗精神中去發展，經營集體生活的一種策略，也就是說今天的倫理學變得很實際，是隨時跟人際關係在一起的，而不只是修身，是要在經營群體能力上表現，是技能的表現，是自己去經營的，因為隨時會造成權力的不平等，需要群體能力的維持公正。讓學生有社區公正的能力，他們可以形成局部的優勢，去改變腐敗的社會，形成良性的轉型。

二、校園倫理課程規劃

經過深度訪談、專題座談及專家諮詢等，而規劃出校園倫

理課程內容如下：

1. 本人開設「校園倫理」課程，以二學分選修方式授課，課程旨在導引學生對生活周遭的環境有更大的敏銳度，期能關懷生活周遭的人、事、物。同時亦能促使其有道德判斷之決策思維模式，培養其能自學的能力。

2. 本人在「校園倫理」課程教學方法上，同時融合有課堂講授、影片賞析、角色扮演、案例討論等，如【案例8-2】的型式，以期經由單一課程的設計，將不同多元的學習與教學方法予以整合。

3. 本研究之「倫理教育工作小組」，推動主題性的「校園倫理週」，藉由活動設計來強化學生倫理能力的感受與素養。

案例 8-2

托兒所娃娃車悶死兒童事件

2005年9月20日，三歲陳姓男童被悶死在娃娃車內的慘案，台中地方法院第二度開庭審理，不倒翁托兒所園長許瓊鳳、司機翁秋華、隨車老師林美華和帶班導師卓孟媛四人痛哭，當庭向男童父母握手致歉，林美華還下跪請求原諒，最後雙方以男童的死亡日為紀念，920萬元達成初步和解。

剛開始托兒所這一方，並未承認係在車內疏失悶死兒童，後來經媒體一再批露，方才承認是「人為疏失」所致，顯示在倫理道德上尚無誠信可言。由於目前家庭少子化之趨勢，痛失愛子，確是每個父母親心中的痛，托兒所方應以將心比心、同理心的情境，來化解男童父母親的悲痛，以撫慰男童父母親的傷痛。此事件是給社會上一個很好的機會教育，也是一個社會倫理案例的警惕示範，在此人權逐漸被重視的時代，對於人身（孩童）之安全不可掉以輕心。

8.5 校園倫理教育的必要

　　本章節研究採用深度訪談法，蒐集校園內教職員工對倫理關係與倫理教育的意見與期許；再者，利用問卷調查法，且以DIT量表量測學生道德判斷層級的高低，以瞭解大專生面對道德判斷的現況。本研究延續兩年來的研究基礎，且在個人實際施行「校園倫理」課程後，針對樣本學生進行第二年的道德判斷層級量測，期能綜合比較及分析推行校園倫理課程後，學生對課程實施的認知與回饋，樣本學生道德判斷層級量測的差異，以及教職員工生對校園倫理變化的意見。

一、校園倫理教育的方向

　　歸結本章節研究個案之深度訪談與道德量測結果，可發現以下幾項較為具體的結論：

1. 近午來校園內倫理關係有重大改變，實有必要加以強化與重建理想的校園倫理關係，而且可經由多重的活動設計來提升倫理關係。
2. 高年級生的道德判斷層級，較低年級生為高，意謂隨著受教育時間的加長，有提升學生道德判斷層級的作用與效果。
3. 現今大學生的道德判斷層級下滑，呈現較以往偏低的判斷水準。
4. 現今學生反傳統的導向明顯，呈現多元化的倫理價值觀，而且較難用道德來約束其行為規範。
5. 研究個案反映現今學生，較低層級階段分數比常模略高，而較高層級階段分數及P分數比常模略低，意謂有加強校園倫理教育的必要性。

6.研究個案反映現今大學生，其低於國內大學生常模百分比的平均值，雖用以比較之基準值可能偏高，但結果仍可說明倫理教育有需要強化。

7.校園倫理教育的實施，可達提高學生道德判斷層次，以及改善學生反傳統道德傾向的成效。

二、校園倫理教育的省思

延伸本章節研究結果，可回應所謂校園倫理教育的觀點，是要能培養一個公民態度，一項品味能力，一種認真態度；同時使學生具備人際關係技能，具有務實的實驗精神，進而發展與經營集體生活。在校園倫理教育的推廣與落實上，可採單科式與融入式的教學方法，且除課堂講授教學外，亦能經由活動參與體驗的過程，讓學生於實踐行動中，親自去體驗與感受，以引發其對倫理議題的敏感與省思能力。

本研究重申校園教育目標中，實有必要強化倫理觀點的落實，且此作法絕對符合知識經濟與全球化發展的期許，而從事校園倫理教育的教師，亦應正視與尊敬本身所擔負的責任；不僅要強調學生專業知能的提升，更要能培育出兼具倫理素質的人才。

在校園倫理教育的推廣與落實上，可採單科式與融入式的教學方法，且除課堂講授教學外，亦能經由活動參與體驗的過程，讓學生於實踐行動中，親自去體驗與感受，以引發其對倫理議題的敏感與省思能力。

校園教育目標中，實有必要強化倫理觀點的落實，且此作法絕對符合知識經濟與全球化發展的期許，而從事校園倫理教育的教師，亦應正視與尊敬本身所擔負的責任。

重點摘錄

§ 本章節研究將校園倫理界定為，校園內老師、學生、職員彼此間的對待關係。

§ 校園倫理教育要培養一個公民的態度，培養一項品味能力，培養一種認真的態度。接下來就是人際關係的技能，有知識之外還要有一種務實的實驗精神，由實驗精神中，去發展與經營集體生活的一種策略。

§ 在校園倫理教育的推廣與落實上，可採單科式與融入式的教學方法，且除課堂講授教學外，亦能經由活動參與體驗的過程，讓學生於實踐行動中，親自去體驗與感受，以引發其對倫理議題的敏感與省思能力。

§ 校園教育目標中，實有必要強化倫理觀點的落實，且此作法絕對符合知識經濟與全球化發展的期許，而從事校園倫理教育的教師，亦應正視與尊敬本身所擔負的責任。

重要名詞

文獻分析法（analyzing documentary realities）　　問卷調查法（questionnaire survey）

深度訪談法（in-depth interview）　　三角測定（triangulation）

議題界定測驗（Defining Issue Test, DIT）　　校園倫理（campus ethics）

問題與討論

1. 請分享你個人在第八章節所學習到的心得？最令你印象深刻的議題為何？

2. 校園倫理的界定為何？請簡述之。

3. 近年來校園倫理的變化為何？請分享你的看法。

4. 針對「轉變中的校園倫理──兼談校園安全」之案例，你個人有何分享的心得？

5. 你認為校園倫理有何重大改變？

6. 你認為理想中的校園應具有哪些倫理關係？

7. 你個人經驗中的校園倫理兩難案例為何？

8. 你認為可提升倫理關係的活動為何？

9. 校園倫理教育的定位為何？請分享你的看法。

10. 針對「托兒所娃娃車悶死兒童事件」之案例，你個人有何分享的心得？

11. 你個人對校園倫理教育的省思為何？請分享你的看法。

Note

Chapter 9

企業與倫理判斷

9.1 倫理意識的自我測試

9.2 倫理決策的步驟與過濾

9.3 倫理判斷的步驟與操作

9.4 倫理判斷案例的演練

本章節說明企業與倫理判斷，討論的議題包括：倫理意識的自我測試、倫理決策的步驟與過濾、倫理判斷的步驟與操作，以及倫理判斷案例的演練等四個部分。

9.1 倫理意識的自我測試

社會的重要活動都有其倫理面，但通常事件的倫理面不必直接地呈現在人們眼前，其倫理的含意可能隱晦不明，經常與複雜的事實混雜在一起。因此，要對事件做倫理的反思，就必須重構（reconstruct）事件的倫理面，辨識（identify）所涉及的倫理問題，並且能以精準的語言將倫理問題陳構出來（formulate），進而可以予以簡單測試之。

一、什麼是倫理問題

倫理問題的複雜性與引發倫理問題事件的複雜性，有密切的關係。**道德兩難**（moral dilemma）是一個令人在倫理上難以抉擇的問題，其特性是當事人對問題必須做的兩個選擇，都會違反道德。碰到這類問題時，當事人會陷入進退維谷困境。除了兩難以外，很多倫理問題包含了**模糊性**（ambiguity）。

造成**倫理模糊性**（ethical ambiguity）的原因很多，其中包括了**事實不確定性**（factual uncertainty），即我們不確定是否掌握了所有相關的事實，或由於不能確定事件中的因果關聯，而產生的**因果不確定性**（causal uncertainty），或不能確定是否找出了所有相關的原因，或事件所出現的行為或事實，已經超出社會既有的倫理準則所可以理解的，或現有的成規習俗已經無法為我們解讀及判斷，這些新的事物或行為。

道德兩難
moral dilemma

道德兩難是一個令人在倫理上難以抉擇的問題，其特性是當事人對問題必須做的兩個選擇，都會違反道德。碰到這類問題時，當事人會陷入進退維谷困境。

二、企業倫理的訓練

企業倫理的知性訓練，就是訓練學員對企業道德理性分析的技巧與方法。企業倫理的訓練，不在於要學員接受某一特定的答案與解決方法，而是要學員瞭解支持某一答案或方法之背後理由，以及分辨這些理由是否合理。企業倫理的訓練，可以為公司的倫理氣氛帶來正面的效果。

員工有基本的倫理解決能力，對倫理問題有一定的意識，懂得安排事物的倫理為優先，減少不倫理行為的出現，成為公司的**道德警報系統**（moral warning system），提升組織人文的倫理。

倫理訓練主要集中知性方面，公司若有足夠的資源及長遠的倫理計畫，應注意員工的道德品德培育。目前的教育重大缺失之一，就是忽視了品格教育。企業倫理方面，加強美德的認識及實踐是非常必要；而美德倫理訓練，可以加強員工的道德勇氣與道德承擔。

> 企業倫理的訓練，不在於要學員接受某一特定的答案與解決方法，而是要學員瞭解支持某一答案或方法之背後理由，以及分辨這些理由是否合理。

> 目前的教育重大缺失之一，就是忽視了品格教育。企業倫理方面，加強美德的認識及實踐是非常必要；而美德倫理訓練，可以加強員工的道德勇氣與道德承擔。

三、簡單的倫理測試

葉保強（2005）綜合美國的**班尼學院**（Bentley College）、**企業倫理中心**（Business Ethics Center）、倫理測試及其他意見，提出以下簡單測試，目的在幫助學生清楚地思考有關行動的正當性：

- ・這是對的決定或行為嗎？
- ・我這樣做公平嗎？
- ・誰會受到傷害？
- ・誰會受益？
- ・我這樣做對社會有益嗎？
- ・我自己可以接受這行為結果嗎？

．我會對我的親人或朋友這樣做嗎？

．別人與我同一處境時，會做同樣的決定嗎？

．如果這個行為成為報紙頭條，我會感到丟臉嗎？

．我會教我的子女做這些事嗎？

．我自己曾罵過這個行為嗎？

．做了這件事，我晚上會睡得好嗎？

．我是否只顧目標，不擇手段？

．我是否為了取悅他人才這樣做？

．如果沒有受到威迫，我是不會這樣做的？

．我這樣做是否違反了在學校學到的觀念？

．這行為是一項美德嗎？

．我在他人面前提及這行為時，會感到不舒服嗎？

．我這行為怕被狗仔隊偷拍嗎？

．我可以接受別人對我做出這個行為嗎？

9.2 倫理決策的步驟與過濾

本節首先探討倫理決策的步驟，其次說明倫理決策的過濾，用以呈現倫理問題的決策思維步驟與過濾機制。

一、倫理決策的步驟

倫理行為除了思考、判斷、爭議解決外，還包括**倫理決策**（ethical decision）。美國的**倫理資源中心**（Ethics Resource Center）制訂了一套簡單易用的倫理決策模式，協助企業員工如何有效做倫理決策。

這個倫理決策模式包含了六個步驟，有效凸顯潛藏在日常經營中的倫理問題，並透過易懂易用的指示，讓員工容易用來

應付倫理問題。

茲將決策的六個步驟，說明如下：

（一）步驟1：界定問題

決策最重要的一步，是說明為何要做決策，以及認定決策中最想達到的結果。有問題才需要決策，但真的是有問題嗎？要決定問題是否真的存在的一個方法，是先確認我們希望達到的情況是什麼，以及實際的情況是什麼，然後檢查兩者的關係。而所謂的「問題」，就是希望達到的情況與實際的情況之間的落差。用結果來界定問題，可以令我們將對問題陳述得更清楚。我們如何界定問題，決定了我們如何尋找問題的原因，以及解決問題的方向。

（二）步驟2：制訂問題的不同解答方案

在尋找解答方案時，不宜將自己侷限於明顯的解答方案，或是以往用過的方案上，應試圖尋找新方案。理想的作法是把所有的方案陳示出來，但實際上，絕大多數的作法是將方案的數目，定在三到六個之內。原因是構成問題的要件通常多元而複雜，因此解決方案會因應這些因素而產生多個方案。制訂三到六個方案這個作法的好處，可以避免一些非此則彼，以及限死在互相對立的方案，兩者擇一之過度簡化陷阱中。

（三）步驟3：評估方案

評估個別方案時，應列出其可能出現的積極及消極結果。一般情況下，每個方案都各有優劣點，絕少情況之下才會出現一個比其他方案都優勝的方案，或一個可以完全解決問題的方案。在考量方案的正反面時，必須小心區別哪些是事實，哪些是估算的可能情況。通常在一些簡單的情況下，決策者能掌握所有的事實。在其他較為複雜的情況下，決策者經常用假定及

信念來補足手上不多的事實。

「信心評分」（confidence score）是用來協助決策者做評估的工具。作法是決策者不單要列出每一方案的結果，同時要決定這些結果出現的機率，若評估愈基於事實，決策者對結果出現的機會信心愈高，即其信心評分會愈高。相比之下，若評估愈是基於非事實，則信心評分愈低。

信心評分
confidence score

信心評分是用來協助決策者做評估的工具。作法是決策者不單要列出每一方案的結果，同時要決定這些結果出現的機率，若評估愈基於事實，決策者對結果出現的機會信心愈高，即其信心評分會愈高。

（四）步驟4：作出決策

若只有一個決策者，選擇了最佳的方案後就要作出決策。若涉及一個團隊，先向團隊提出建議，包括列出不同方案的單子，以及最佳方案的理由，由團隊議決然後作出決策。

（五）步驟5：執行決策

決定採取最佳的方案，並不等於實際的行動。要解決問題必須有實質的執行動作，改變現狀；沒有實際行為與之配合的決策是空的。

（六）步驟6：評估決策

不要忘記以上的決策目標都是為了解決問題，因此對決策的最終測試是問：檢查原來的問題是否已經獲得解決？情況比以前更壞？更好？還是依然一樣？解答是否有製造新的問題？

二、倫理決策的過濾

倫理過濾器
ethics filter

要在決策的流程上突出其倫理面，可使用「倫理過濾器」將決策中的倫理元素篩選出來，讓決策者能集中處理，才不會遺漏。

要在以上一般決策的流程上突出其倫理面，可使用「**倫理過濾器**」（ethics filter）將決策中的倫理元素篩選出來，讓決策者能集中處理，才不會遺漏。這是一個高度簡化的工具，目的是易懂易用。

為了易用易記，倫理過濾器的內容用四個英文字母 "PLUS"

來表述。

    1.P代表Policies：決策是否與組織政策、程序及指引保持一致？

    2.L代表Legal：依相關的法律及規則，決策是否可以接受？

    3.U代表Universal：決策是否符合組織所接納的普遍原則或價值？

    4.S代表Self：決策是否滿足個人對正確、善及公正的定義？

使用PLUS要先假定公司與所有員工已有效的溝通，對以下各方面有共同的瞭解：

    1.相關公司政策及程序。

    2.相關的法律及規則。

    3.大家同意的普遍價值，包括同理心、耐性、誠信及勇氣。

    4.由個人價值觀所產生，對何謂正確、公平及善的道德感。

倫理過濾器PLUS在決策流程的步驟1、3及6上發生作用。在步驟1中，PLUS將倫理問題凸顯出來；在步驟3中，PLUS協助對不同方案做倫理評估；各個方案會解決違反PLUS所導致的問題嗎？方案會製造新的PLUS問題嗎？在步驟6中，PLUS協助突出任何餘下的倫理問題；決策的執行結果是否已經解決先前的PLUS問題？是否有新的PLUS問題需要處理？

9.3 倫理判斷的步驟與操作

以下首先說明倫理判斷的思維步驟，再者以案例操作的方式來演練倫理判斷的步驟，用以呈現倫理判斷的步驟與操作。

一、倫理判斷的思維步驟

茲將個人或企業在做倫理判斷的思維，以如下七個步驟來加以說明：

(一) 事實如何

要辨識及蒐集影響處境及引起倫理議題的主要因素，以建構出事實的狀況。在討論倫理判斷的案例中，有時所謂的「事實」，亦可以加入自行編製許多具有劇情張力的情節，以吸引課堂學員對案例倫理判斷的熱烈討論，故未必一定是要用百分之百的實例來進行討論。

(二) 倫理道德問題何在

要精確定義倫理議題，並與非倫理議題加以區別。同時要辨識這些倫理議題，並將其區分爲「個人的」、「公司組織的」及「社會制度的」，所以倫理道德問題不只侷限在個人，而是有層次且可擴及至公司組織與社會制度面的探討。

(三) 有哪些主要關係人

在解決問題時，應考慮到有哪一些個人或團體的權益將受到影響。

(四) 有哪些解決方案

以腦力激盪之共同思考方式，想出各種解決問題的方法。

(五) 評估各方案的倫理道德性

針對每個解決方案和所牽涉到的人，必須評估其在道德倫理上的品質。不僅要考慮所有關係人或團體的基本權益及優先順序，而且還要考慮每個解決方案的正義性。

（六）有哪些實際的限制

必須找出於實踐最佳解決方案時，在實際能力上，所會遭遇的限度、困難及風險。有那些因素可能會限制落實此最佳方案呢？這些阻礙是否可能克服呢？

（七）該作哪些最後決定

針對所選擇之最佳解決方案，設計具體執行之前後步驟，以及臨時處理意外的辦法。

個人在學校開設企業倫理課程時，即會先以此倫理判斷的思維步驟，來告訴學生：倫理道德的問題是可以有系統地被操作及應用，而不是只停留在理論與感受的學習層次而已。下面章節，我們就以實際編製的假想案例，來實際應用倫理判斷的思維步驟。

二、倫理判斷的案例操作

本章節以私人開發觀光果園及釀造水果酒為例，以及國內酒類市場需求為主，因私人釀酒品質不佳，使得消費者權益受威脅，來做倫理判斷思維步驟之討論。

（一）事實如何

某民營農場主人王君，在新竹縣近郊山區擁有一處近30甲的土地，由於當地氣候宜人、風光明媚，再加上王君個人目前在農場擁有多項水果種植，其中擁有國內尚無人摘種之水芙蓉葡萄品種，於是計畫在這山區的土地上，開闢一處可種植之土地。同時，他也希望這將會是全台灣最特別的一個葡萄種植場，並且慢慢朝向可釀酒與休閒觀光農場發展。這個專案由G生化科技開發公司拿到，而董事長林君便將這個案子交由協理白君處理。

　　當農場規劃進行到最後階段時，釀酒師羅君卻突然發現，承包商在審核農場土質改造預算時，發生了一些問題，以至於經費不足，無法購足進口栽種的水芙蓉葡萄品種，以及土壤表層的瓦礫石，在進行最後的泥土改造整合時；與承包商何君、土壤改造師張君商討之下，決定向協理白君報告，不希望因而將葡萄籐與新苗的間距拉長20%，並且也不同意使用國內瓦礫石取代進口，來完成這最後的工程。

　　但是他卻沒有想到，協理因為不願意暴露出他預算掌控的疏失，拒絕了他們的建議，並指示他們從釀酒設備去節省費用，以補足目前預算不夠的部分。協理白君的理由是：國內的消費者不清楚葡萄品種與釀酒環境，對酒精濃度會有何影響的關係。之後，承包商何君與土壤分析師張君也無可奈何，並表示一切都以釀酒師羅君的決定為主。

　　若依協理指示，不但這土質改良的品質會下降，連帶日後生產的葡萄酒風味也會大受影響；因為新苗的葡萄籐需要在第四年以後，才適合釀造第一批的新酒，然而台灣多颱風的氣候，大量的雨沖刷土壤表層致使農場毀於一旦，亦使釀造出的葡萄酒糖分減少、水分增加，大大的損害消費者的權益。羅君身為一個專業的釀酒師，要如何面對這種情境呢？以下是我們試著進行的分析。

（二）倫理道德問題何在

　　1.個人道德方面：包括有何承包商、白協理、羅釀酒師、王
　　　農場主人、林董事長、張土壤改造師。
　　2.公司組織方面。
　　3.社會制度方面。

（三）有哪些主要關係人

　　1. 協理：白君。

2.承包商：何君。

3.土壤改造師：張君。

4.釀酒師：羅君。

5.農場主人：王君。

6.董事長：林君。

（四）有哪些解決方案

1.【方案A】（積極的態度）：與白協理溝通，並勸導協理
   應以農場主人的安全利益為優先，使協理願意從公司的營
   收中撥出預算，以維護整個工程改造的品質，以取信農場
   主人。

2.【方案B】（積極的態度）：與白協理溝通，並勸導協理
   應以農場主人的安全利益為優先，但協理依然執意維持原
   定預算，再向林董事長報告，請他做決定，以解決預算不
   足的問題，而董事長同意從公司的營收中撥出預算，問題
   便得以順利解決。

3.【方案C】（積極的態度）：與白協理溝通，並勸導協理
   應以業主的安全利益為優先，而協理依然執意維持原定預
   算，再向林董事長報告，但董事長卻因為公司財務狀況無
   法負擔這筆預算，於是不同意羅釀酒師的請求。最後，羅
   君直接向農場主人說明情況，並希望農場主人能夠願意負
   擔這筆追加的預算。經過溝通後，農場主人王君願意增加
   預算，問題便得以順利解決。

4.【方案D】（積極的態度）：與白協理溝通，並勸導協理
   應以王農場主人的最大利益為優先，而協理依然執意維持
   原定預算，再向林董事長報告，但董事長卻因為公司財務
   狀況無法負擔這筆預算，於是不同意羅釀酒師的請求。最
   後，直接向農場主人說明情況，並希望農場主人能夠願意
   負擔這筆追加的預算，但農場主人並不同意增加預算，故

羅君只好依照原定計畫，繼續完成所有的工程。

5. 【方案E】（消極的態度）：羅釀酒師接受白協理的提議，將釀酒設備的預算縮減，來補足新苗及進口瓦礫石的不足，來完成整個工程，並且完全不顧農場主人王君的權益。

（五）評估各方案的倫理道德性與實際限制

1. 【方案A】的討論：茲將【方案A】討論的倫理道德性與實際限制的評估結果，列示如下【表9-1】所示：

表9-1 【方案A】倫理道德性與實際限制的評估結果

【方案A】	
評估方案的倫理道德性	評估方案的實際限制
1.盡到對協理道德勸說的責任 2.盡到拒絕協理不合理建議的責任 3.有遵守專業人員的職業道德 4.有顧及農場主人的權益 5.執守專業人員之誠信原則	1.公司本身是否負擔得起多出來的工程預算 2.董事長可能不願意從公司營收中撥出預算 3.協理及相關作業疏失人員將可能會受到處罰

2. 【方案B】的討論：茲將【方案B】討論的倫理道德性與實際限制的評估結果，列示如下【表9-2】所示：

表9-2 【方案B】倫理道德性與實際限制的評估結果

【方案B】	
評估方案的倫理道德性	評估方案的實際限制
1.盡到對協理道德勸說的責任 2.盡到對董事長告知的責任 3.執守專業人員之誠信原則 4.有盡到對公司的忠誠 5.盡到拒絕協理不合理建議的責任 6.有顧及農場主人的權益 7.有遵守專業人員的職業道德	1.協理可能會因此而為難釀酒師 2.協理及相關作業疏失人員將可能會受到處罰 3.協理若受到處罰，以後可能會藉故刁難釀酒師

3.【方案C】的討論：茲將【方案C】討論的倫理道德性與
　　實際限制的評估結果，列示如下【表9-3】所示：

表9-3 【方案C】倫理道德性與實際限制的評估結果

【方案C】	
評估方案的倫理道德性	評估方案的實際限制
1. 盡到對協理道德勸說的責任 2. 盡到對董事長告知的責任 3. 執守專業人員之誠信原則 4. 有盡到對公司的忠誠 5. 盡到拒絕協理不合理建議的責任 6. 極力爭取業主的權益 7. 有顧及業主的權益 8. 有遵守專業人員的職業道德 9. 盡到對業主的告知責任	1.協理可能會因此而怨恨建築師 2.協理及相關作業疏失人員將可能會受到處罰 3.協理若受到處罰，以後可能會藉故刁難釀酒師

4.【方案D】的討論：茲將【方案D】討論的倫理道德性與
　　實際限制的評估結果，列示如下【表9-4】所示：

表9-4 【方案D】倫埋道德性與實際限制的評估結果

【方案D】	
評估方案的倫理道德性	評估方案的實際限制
1. 盡到對協理道德勸說的責任 2. 盡到對董事長告知的責任 3. 執守專業人員之誠信原則 4. 有盡到對公司的忠誠 5. 盡到拒絕協理不合理建議的責任 6. 極力爭取農場主人的權益 7. 有顧及農場主人的權益 8. 有遵守專業人員的職業道德 9. 盡到對農場主人的告知責任	1.若日後工程發生問題，釀酒師及公司可能要承擔法律責任 2.協理可能會因此而為難釀酒師 3.農場主人可能因為日後收成品質不佳，而宣布破產

5.【方案E】的討論：茲將【方案E】討論的倫理道德性與
　　實際限制的評估結果，列示如下【表9-5】所示：

表9-5 【方案E】倫理道德性與實際限制的評估結果

【方案E】	
評估方案的倫理道德性	評估方案的實際限制
1.沒有盡到對協理道德勸說的責任	董事長可能會責怪協理及相關作業疏
2.沒有盡到對董事長告知的責任	失人員
3.沒有執守專業人員之誠信原則	
4.沒有盡到對公司的忠誠	
5.沒有盡到拒絕協理不合理建議的責任	
6.沒有極力爭取農場主人的權益	
7.沒有顧及農場主人的權益	
8.沒有遵守專業人員的職業道德	
9.沒有盡到對農場主人的告知責任	

（六）該作哪些最後決定

個人或企業可根據專業倫理觀念來分析，最後決定採用何種方案。

9.4 倫理判斷案例的演練

針對倫理判斷的案例演練，本節列舉韓國幹細胞研究先驅黃禹錫事件、邱小妹人球案事件，以及低薪付喜憨兒事件等三個案例來進行演練與討論。

一、韓國幹細胞研究先驅黃禹錫事件

（一）案例事實

茲將韓國幹細胞研究先驅黃禹錫，因違反醫療倫理公開致歉的案例事實，陳述如下【案例9-1】所示內容。

案例 9-1
韓國幹細胞研究先驅黃禹錫因違反醫療倫理公開致歉

韓國幹細胞研究先驅黃禹錫，因兩名團隊成員捐贈卵細胞而公開致歉，表示他急於在科學上求突破，以致蒙蔽了他的道德判斷。黃禹錫因在複製（克隆）研究上的重大發展，在韓國成了英雄，但在一名美籍合作者稱其團隊，以不合倫理方式取得人類卵子而求去之後，黃便捲入了一連串針對其研究工作的指控。

黃禹錫說：「我過度專注於科學發展，可能忽略了和研究有關的某些倫理問題。」又表示：「當時科技不若今天先進，製造一個幹細胞株需要許多卵子，此時我旗下的研究人員自願提議捐贈，我斷然加以回絕。」他說能夠理解她們的想法，還指出，若他是個女人，可能也會捐贈卵子。

黃禹錫也表示將辭去韓國全球幹細胞中心負責人一職，將繼續其幹細胞研究，但表示正考慮一旦工作完成，將離開現職。韓國衛生部在記者會召開前表示，以該國的標準研判黃禹錫團隊的卵子捐贈，在當時並無違法與不道德的問題。該部在報告中說，這些女研究員並未獲得金錢支付，也並非被脅迫捐贈。但若干國家視黃禹錫研究人員的作法違反了醫療倫理，這些國家主張下屬不應被強迫合作。

（二）倫理道德問題所在

幹細胞研究這項科技的主要目的是為了減輕不孕症夫婦困擾，但是也可以讓任何人成為父母。例如，過了生殖期的婦女、同性戀伴侶、獨身者等都可以圓夢。雖然對夫妻間的人工生殖並沒有爭議，但同性戀伴侶、獨身者生子與代理孕母，卻與傳統人倫關係極度相左。

在西方因基督宗教的傳統，把上帝視為萬物的造物主，所以人類製造人的行為，成為一種詆毀上帝的行徑。中華文化也有創造生命萬物的大母神，但是生育子女卻是與造物神無關，因為子女的產生是夫妻的陰陽合和，是符合自然天道運行的平衡美感，而生殖醫學對中華文化的忌諱並非對天的忤逆，卻是

對人倫的挑釁，站在的人倫關懷角度，幹細胞的生殖對倫理而言，是非常嚴重的議題。

如果從另一個角度切入來看待這件事情，可以發現兩位韓國女性科學家的捐贈行為是出自東方價值觀，他們是為了研究的成功、為了未來的科學進步、為了幫助無法生育的人而做出犧牲，並且他們認為保留卵子與幹細胞研究的成功兩者相較之下，研究的成功所帶來的滿足感或效益大於要保留自己的卵子，因此社會大眾不該從西方的角度看待這件事。

黃禹錫因兩名團隊成員捐贈卵細胞而公開致歉，表示他急於在科學上求突破，以致蒙蔽了他的道德判斷。雖然黃禹錫當時曾獲得南韓漢陽大學臨床試驗倫理委員會的事先認可，從十多名自告奮勇的卵子提供者獲取了二百四十二枚卵子，而且兩位科學家都是表示自願為了研究成功而犧牲自己，但是合作醫院有支付過報酬給某些提供卵子者，這項給予報酬的動作造成了不是受贈，而是購買，也形成後來成為國際新聞的爭議點。

另外「國民日報」報導指出，對於黃禹錫的幹細胞研究活動，外界提出「他也曾利用包括進修博士班的女弟子的卵子」，有利用職權迫使女弟子提供卵子的嫌疑，因此有研究倫理道德上瑕疵的指責。

黃禹錫說若他是個女人，可能也會捐贈卵子。正因為黃禹錫是男性，所以不瞭解女性卵子的珍貴性，卵子不是像精子一樣數量眾多，每一個卵子代表著一個保貴小生命誕生的可能性，所以他說的這句話，不僅沒有站在女性的角度，探究女性的思維，也說出了違反倫理的話。

（三）主要關係人

1.捐贈卵子的二位女科學家。

2.黃禹錫。

3.美籍合作者，美國匹茲堡大學教授薛頓（Gerald

Schatten）。

4.韓國衛生部。

（四）解決方案

1.【方案A】：停止黃禹錫參與幹細胞研究。

2.【方案B】：提出證據，讓黃禹錫接受法律的制裁。

3.【方案C】：黃禹錫公開向社會道歉，並由國家生命倫理
審議委員會重新管控幹細胞來源。

（五）評估各方案道德性

1.【方案A】：停止黃禹錫參與幹細胞研究。

這對黃禹錫而言，是一大重大打擊，因為身為一個研究人
員，若不能在自己最喜歡的領域中繼續鑽研，就像是魚少了水
一樣無法快樂的生存，並且對於國家、全球而言，少了一名對
於幹細胞研究瞭解的生力軍，很可能要再繼續往前跨一步都需
要再多花十年，甚至更久的時間，造成了過去資金、人力、物
力支出的浪費，以及未來無法生育的人的憂心等待。

2.【方案B】：提出證據，讓黃禹錫接受法律的制裁。

事情已經發生了，除了做出最好的降低災害對策外，僅僅
要求黃禹錫接受法律的制裁，已經是較不具重要性的事件了，
並且這樣的決定對於已發生事情，並未提供任何的補救與幫
助。

3.【方案C】：黃禹錫公開向社會道歉，並由國家生命倫理
審議委員會重新管控幹細胞來源。

事件的發生突顯了韓國「首爾大學獸醫學院科院倫理審查
委員」與「國家生命倫理委員會」及社會大眾間的認知不同，
國家生命倫理委員會是根據「生命倫理法」，審議生命科學技術
中的生命倫理及安全有關事項的總統直屬的諮詢機構。該機構
共由21名委員組成，包括保健福利部、科技部等7個政府部門長

官、7名科學界人士，以及7名倫理界人士。國家生命倫理委員
會是以較為嚴格把關的心態來看待倫理的事件，重新由該單位
把關，讓黃禹錫和他所領導的研究團隊，仍繼續在複製科技上
專研，是對於生物科學未來影響較小。

（六）方案的實際限制

南韓政府出資新成立的「世界幹細胞研究中心」，這個中心
希望能吸引世界級的企業到南韓投資，成為全球提供幹細胞研
究的主要資源，雖然黃禹錫決定辭去中心負責人的職位，但信
任機制都已經受傷害，已經無法再抹去大眾對黃禹錫不重視倫
理的認知。

（七）最後決定

經由以上的倫理判斷之討論，我們認為：面對不法行為，
就應該勇於向社會大眾道歉且說明原由，讓大家重新考慮要不
要接受這個已發生的、出自研究員自願的倫理事件，並且透過
國家生命倫理委員會的嚴格把關，讓黃禹錫繼續從事幹細胞的
研究，讓他以單純的研究員身分參與研究，讓他以成功的研究
成果來彌補過去所犯的錯誤，也讓他有機會以成功的研究來造
福更多的人類。

因此最後討論的決定是，應該施行【方案C】：黃禹錫公開
向社會道歉，並由國家生命倫理審議委員會重新管控幹細胞來
源。

二、邱小妹人球案事件

針對「邱小妹人球案事件」的討論，先行以【案例9-2】來
描繪事件的發生過程，再進行案例的討論與分享。讀者亦可以
提出自己的看法，來說明這案例的倫理判斷決策思維。

案例 9-2

邱小妹妹人球案事件

　　不幸因為父親酒醉施暴而往生的邱姿文小妹妹，各界善心團體特別為她舉辦「迎向幸福的小天使」追思音樂會，她的主治醫師李明鍾專程北上，代表醫療團隊宣讀悼念信，「因為妳，喚醒了整個『白色巨塔』，相信在未來，許多的病患，會因為妳而有不同的轉機！妳絕對不會白白的走，因為有太多的不公平會因為妳而得到改善，謝謝妳！」悼念信全文的用情之深，讓人不禁動容；在哀悼邱小妹妹的同時，也要向十四天不眠不休醫護邱小妹妹的李明鍾及醫療團隊致敬，因為他（她）們專業且愛心的實踐了「視病如親」的醫學信念，使得全體國人對於「白色巨塔」仍還保持著期待的信心。

　　邱小妹妹的「人球」事件，是否真的可能喚醒了整個「白色巨塔」？我們恐怕不像李明鍾醫師那麼樂觀，惟可確信的是，整起事件喚起了社會各界對於整體醫療體系的反省、檢討以及改進，至於能否因此而喚醒「白色巨塔」，則是需要政府、醫界念茲在茲、持之以恆的貫徹落實。如果邱小妹妹事件可以能夠給更多人警惕，讓更多人瞭解醫界的弊端，重新檢討，這對今後醫療品質的改善、醫療制度的改進，相信是正面的，那麼她的犧牲是絕對有價值。

　　台灣的各個縣市都已建構緊急醫療網，按理說，重大急病患者可以也應該送往鄰近的醫院治療，即使不得不轉診也應通報就近的醫院收留，然而邱小妹妹當時在台北市聯合醫院的仁愛院區醫師因故拒診拒收之後，竟然轉送到遠在台中縣梧棲的童綜合醫院，充分暴露了台北市緊急醫療網實在是虛有其表。雖然邱小妹妹在仁愛院區並未留下診療的電腦紀錄，台北市衛生局的緊急醫療網無法及時發揮轉診的調度作用，但是為什麼仁愛院區的神經外科醫師，竟連看一看邱小妹妹腦部傷勢的動作都沒有？

　　仁愛院區的神經外科總醫師之所以不願診治邱小妹妹，根據他的說法是連續值班四、五天，實在很累了，所以睡著起不來；我們已經指出，箇中問題出在健保制度的以量計酬，迫使各家醫院不得不「壓榨」住院醫師的工作量，少睡一點、多做一點，以能維持醫院的收支營運；但在李明鍾的身上，我們又看到正面的醫師典範。同樣是神經外科醫師，為什麼醫德會差那麼多？

　　確實是有不少的年輕醫師逐漸喪失行醫救人的熱忱，眼中似乎只有錢，為人父母者也認為醫生在社會上的地位高、收入多，因此鼓勵或強迫孩子必須考上醫學系，類似的偏差價值觀多把醫師當成撈錢的職業，而非崇高的志業，當然這也就打造了為人詬病的「白色巨塔」，塔中的高位者仰望向權看、下位者牟利向錢看，統統不把患者看在眼裡。然而，通過邱小妹妹的悲劇、李明鍾醫師的故事，我們願意相信，這將喚起台灣的「白色巨塔」改造行動。

邱小妹妹醫療人球事件回顧（2004年11月）：

· 11月10日：邱小妹妹在便利商店前向父親撒嬌抱抱，卻被酒醉父親狠狠甩巴掌，抓頭撞牆，顱
　　　　　　內嚴重出血。 緊急送往仁愛醫院，醫師表示沒加護病房，建議轉診。其中EOC找了
　　　　　　二十家醫院，全部沒病床，拖了五個小時，早上7點轉診到台中縣梧棲童綜合醫院。

· 11月11日：主治醫師李明鐘第一次幫邱小妹妹做開腦手術，昏迷指數從5降到3，瞳孔放大。

· 11月12日：邱小妹妹突然肺水腫，馬上進行第二次手術，切除一塊小顱骨，降低腦壓。

· 11月15日：外曾祖父心疼探望外孫，老淚縱橫。

· 11月20日：邱小妹妹病情再度惡化，腦幹功能和腦細胞幾乎退化，腦波呈現停滯狀態。家屬捨
　　　　　　不得女兒做腦死判定測試，主治醫師李明鐘，眼框泛紅，表示絕不放棄。

· 11月21日：邱小妹妹體溫偏低，頭皮腫脹是腦幹功能沒有進步的警訊。

· 11月22日：邱小妹妹兩次超音波檢查，心臟出現衰竭，小小身軀無法再撐下去，父母親忍痛簽
　　　　　　下腦死判定書。

討論與心得

1.仁愛醫院因為沒有病床的理由，將性命垂危的邱小妹妹拒之於門外，導致送往台中就診，
　而延誤了急救的黃金時間。仁愛醫院是按照醫院的規章及流程來處理，一切合乎規矩，但
　是在倫理的角度來看，枉顧人命，見死不救，是否意味著仁愛醫院是個沒有醫德的醫院？

當邱小妹妹送往仁愛醫院急救時，醫院雖然宣稱醫院裡沒有多餘的病床可供醫治，所以要求
轉診，但是醫院只是以一般的就診流程來處理，並沒有把考慮到一旦延誤了急救時間，可能再也
救不回了。當時值班的神經外科總醫師，因為正在休息，在接獲通知這件事後，卻連親自去看病
患是否嚴重的動作也沒有，直接就宣布要求轉診，可說是枉顧人命的作法。面對這種病危的病
人，應當先安排手術房讓她開刀，而在開刀的過程中，就有足夠的時間去尋找或是挪用病床，這
才是緊急的情況下該有的作法，而不是一味地只知道按照規章辦事，這是完全沒有醫療倫理的作
法。

2.當仁愛醫院要求病患轉診之後，台北市林立許多大型的醫院，到最後卻送往台中就診，以
　致於延誤救診的黃金時間，是否這些把病人當皮球般踢的醫院，在倫理上是站不住腳的？

在邱小妹妹被仁愛醫院要求轉診時，其他的大醫院也宣稱沒有病床，而產生了所謂人球事件
的發生，在醫療倫理的角度上看來，是相當可恥的一件事，台北這麼多的醫院，絕不可能連一張
空的病床也沒有，把病人送到外縣市就診，顯示了台北市不但醫療的聯繫網絡出了很大的問題，

而且讓人對這些醫院的醫德存在著懷疑的態度。所以台北市的醫院實在需要徹底的檢討，要重視醫院的倫理，做好關懷病人的責任，才是醫生該做的事。

3.後來衛生署宣判林致男醫師處以警告，並接受額外二十小時之法律與倫理繼續教育。 不禁讓外界認為是否判得太輕了，如此對於日後醫療的疏失，有著不良的典範。

這個案件是個廣受社會矚目的重大醫療疏失案件，像這麼嚴重的疏失，可以如此處理，那以後的醫病倫理、醫學生教育，以及醫生，作為一種值得尊敬的職業尊嚴，將如何維護呢？以後犯錯的人都會認為反正處罰不重，就更加不會加以警惕並記取前車之鑑了。這種處罰對於一個犯下嚴重錯誤的醫生來說，實在是太輕了。衛生署這個覆審，表面上是同情林致男醫生，但骨子裡，卻傷了整體醫生的職業倫理，以及它應有的尊嚴形象。

4.社會上的與論和指責幾乎都指向林致男醫師一人身上，邱小妹妹死的責任，應該由林致男醫師全權承擔嗎？

邱小妹妹這個人球事件，外界幾乎把矛頭指向林致男醫師一人身上，責怪醫生、責怪醫院，也責怪市長，卻忽略了把邱小妹妹打成重傷的元兇，也就是她的父親。整件事情我們是應該對醫院的醫療制度及醫療倫理進行檢討，但是追根究底，是因為家庭暴力所引起的事件，在責怪醫療疏忽的同時，家庭倫理的問題是不是更應該加以重視才對。

一個夠水準的公民社會，絕對不是靠法律在運作，而是一種職業倫理。一個不遵守職業道德的醫生，在行業內該受到的批判，應遠遠超過法律規定與社會大眾認知，因為只有行業內人知道他違反的有多嚴重。而即使社會、法律未規範者，作為一種行業也該有更嚴格的道德標準，這是維持職業尊嚴所必須。然衛生署的覆審結果，卻讓我們看到一種職業道德的墮落。我們不為台北市政府擔憂，更不在乎衛生署與北市衛生局的對錯，我們在乎的是，作為醫生，這個行業的道德標準正在沉淪。

三、低薪付喜憨兒事件

針對「低薪付喜憨兒事件」的討論，先行以【案例9-3】來陳述事件發生的經過，再以倫理判斷決策步驟來進行討論與分享。

案例 9-3

議員質疑Enjoy台北餐廳低薪付喜憨兒

多位台北市議員舉行記者會，質疑Enjoy台北餐廳（原為喜憨兒麵包）年營業額約新台幣9百萬元，平均每月營業額約75萬元，但實際支付喜憨兒的時薪每小時66元，總計每月薪資支出約14萬元，可能偏低、不符社會期待。勞工局與喜憨兒基金會簽訂的契約，並未具體規範盈餘如何使用，難免令人質疑Enjoy台北餐廳營收流向。

一般社會大眾認為，前往「喜憨兒餐廳」消費可幫助喜憨兒，喜憨兒餐廳直接以喜憨兒做宣傳，生意門庭若市，但利潤似乎無法確實回饋喜憨兒，導致喜憨兒每天辛苦工作，僅領取時薪66元，可能不符社會期待，更強烈質疑喜憨兒變成有心人士的斂財工具。

Enjoy台北餐廳最大營運成本應是餐廳租金與人事費用，既然市府已經免費提供場地、勞工局又補助開辦費用等，營運成本顯已大幅降低，希望營業利潤，應該落實回饋喜憨兒。Enjoy台北餐廳表示，所有會計帳目均經會計師認證，並且對外公開，外界如有任何疑慮，可以詳查會計帳目；勞工局表示，將協調業者儘可能適度調整薪資，符合社會期待。

針對喜憨兒時薪過低，北市議員質疑有心人士中飽私囊，而喜憨兒基金會執行長則反駁開庇護商店也要考量成本效益，由於花在師資、工作訓練的費用也不在少數，她認為議員觀念不隨時代進步令人遺憾。喜憨兒基金會的規模很大，卻在市議員質疑後短短二、三天，就出現財務問題而被迫關閉工作站，這也令人很難想像。

討論與心得

倫理判斷的七個步驟：

（一）事實如何？

議員質疑喜憨兒餐廳實際支付喜憨兒的時薪偏低，不符社會期待。而在議員公開質疑的情況下，喜憨兒基金會形象受損，訂單及各界捐款劇減，造成營運困難，而有工作站面臨關閉的情況，使得基金會、喜憨兒及其家長對未來憂心。

（二）倫理道德問題何在？

涉及企業倫理與企業管理、企業倫理與社會關懷之議題。

（三）有哪些主要關係人？

喜憨兒、喜憨兒基金會、喜憨兒家庭、勞工局、媒體、議員、社會大眾。

（四）有哪些解決方案？

1. 【方案一】：喜憨兒基金會財務須透明化，要清楚交代資金流向及運用明細，讓社會大眾清楚地瞭解基金會的財務運作，也才能放心的捐款及消費。相信基金會只要經營得當，必定能永續經營，社會大眾也會再重拾信心給予鼓勵及支持。

2. 【方案二】：基金會長期照護憨兒的付出是值得大眾肯定，也因此獲得各界的支援，如真有長期虧損而經營不善，也應該讓外界瞭解經營的困境，而尋求解決之道，爭取社會支持，所以不能終結工作站，而讓憨兒面臨失業、對未來產生不安全感。

3. 【方案三】：勞工局有必要介入查詢內情，瞭解庇護身障者就業與身障者訓練工作不同，如果工作站是「訓練性質」，則以最低薪資給付是合法的。部分身心障礙者因工作能力不足，無法進入一般職場工作，必須在有專業人員訓練或指導的庇護工場工作，而庇護工場的營運機制與一般職場不同，必須兼顧實際的營運銷售並保護身障者勞動權益。進入庇護工場的身心障礙者，仍須接受訓練及技術指導，甚至培養工作習慣及生活輔導，無法立即獨立工作。因此，庇護工場的營運成本除了一般的場地、設備、人事費用外，還要加上相關專業人員的人事費用，故營運成本比一般職場為高，所以相對的無法給付高額的薪資。但如果是「庇護性就業」，則應比照一般薪給。

4. 【方案四】：各方媒體在議員爆發喜憨兒薪資過低時，在新聞處理上的字眼都太過於強烈，而讓基金會頓時失去信用，使社會大眾懷疑喜憨兒成為有心人的斂財工具，而停止捐款及消費。但如在事實未明朗化時，媒體應該自制，不可一時的一面倒，放大事件而造成社會亂象。

5. 【方案五】：議員此次針對處理社會團體基金會發放薪資過低的事件來看，議員在旁監督是一件好事，而社會大眾的關心更是社會團體成長的力量。但強烈指責基金會沒有盡到善待喜憨兒，對一個默默耕耘十幾年，同時造福了無數喜憨兒及喜憨兒家庭的社會團體來說，實在是過度的指責，也有失公平性。所以議員在此事件也應該自省，如往後遇到相同情況，是否能更深入去瞭解事實的真相，儘量降低對社會福利團體及弱勢團體的傷害。

6. 【方案六】：社會大眾如認為喜憨兒的時薪過低，是否也應檢討為什麼社會給予喜憨兒的工作機會這麼少，因爆發此事件引發的後續效應，讓喜憨兒失去了僅存的少數工作機會，而讓他們遭受如此嚴重的打擊。

（五）評估各方案的倫理道德性

1. 【方案一】：喜憨兒基金會盡到告知社會大眾基金會的財務運作責任、遵守社會福利團體的職業道德。

2. 【方案二】：基金會應將形象顧好、努力經營，並且博取社會大眾的信任，因為社會福利團體經營的好壞，都攸關到社會弱勢團體的權益及未來的生存。

3. 【方案三】：勞工局應深入瞭解內情，如基金會並沒有違法，則須提出證明，還給基金會清白，並清楚的向社會大眾說明社會福利團體，在薪資給付上是不能與一般薪資相比，盡到對社會大眾告知的義務。

4. 【方案四】：媒體不該在第一時間用嚴重的字眼來放大事件，應該先深入去瞭解事件的真實性，因為媒體的影響力太大了，會左右到社會大眾對事件真實性的判斷。

5. 【方案五】：議員幫民眾監督社會是義務沒有錯，但在處理事件的過程是否得當，則也應自省，因為議員在適當時機能為社會大眾發言，這是對的。但如在未查明真相時就爆發事件，則會傷害到不該傷害的人，更會對社會造成不安定。

6. 【方案六】：公司機構應該都要設有弱勢團體就業名額，不要覺得聘用殘障人士會影響到人事成本，只注意到人事及效率不成正比，而忽略應給予弱勢團體適當的關懷及鼓勵。薪資對喜憨兒而言或許不是最重要的，他們在乎的是別人的肯定，別用另類的眼光看待他們，一聲讚美及一句問候都別吝嗇，因為這樣可以讓他們在學習的環境中，成長的更順利也更快樂。

（六）有哪些實際的限制？

1. 【方案一】：喜憨兒事件只是社會的冰山一角，社會福利團體如為了自衛，應該要定期地公布公司財務運作程序，讓財務透明化，才不致落人口舌。但是否全部的社會福利團體都會如此，則有待社會大眾觀察。

2. 【方案二】：企業有良好的形象需長期的努力，但要損毀形象卻是非常容易，所以在形象的維持都是企業需要花費更多的時間及精力的。

3. 【方案三】：政府相關機關在事件爆發的第一時間，就需介入瞭解實情，並向社會大眾說明，但往往事件都到發生很嚴重時，相關機關才會出面去瞭解，這往往錯失第一時間補救機會，主動性不夠。

4. 【方案四】：台灣媒體一向都以放大新聞事件去處理，這有失公平性，也會影響社會大眾的判定力，但他們會為了衝高收視率及閱報率，而採取強烈標題去吸引民眾。

5. 【方案五】：議員應在有明確的證據下，去公開指控不法之事，因為議員的言行會引起媒

體及社會大眾的注意,會在第一時間影響大眾的判定。議員的指控如果真實,這對大眾是有益的。但如議員的指控是不真實,議員也不會自省及公開向社會大眾認錯,這對被指控者非常不公平。因為即使還給清白,也必定造成了傷害;傷害性的大小都是無法衡量的,所以議員應謹言慎行。

6. 【**方案六**】:有些公司可能依規定須設立弱勢團體就業名額,所以會聘用弱勢團體。如大多的公司都以營利為目的,他們會優先考量人力的效率問題,評估人事成本與績效是否成正比,所以有些公司根本不會增設弱勢團體就業名額。自然的像喜憨兒只能依靠基金會幫他們尋找就業機會,但就業機會卻是明顯的少到不行。

(七)該作哪些最後決定?

其實在這次的事件,喜憨兒是最大的受害者,雖然他們不懂為什麼會突然失業,也不在乎薪資是否提高,但他們在意的卻是在工作中,可以學習成長、可以接觸社會及人群,不再只是封閉在家庭中,藉由工作找到生活的快樂與尊嚴,擴展人際關係,這種實質的成長,比追求高薪資更來得有意義。

大家應還給喜憨兒乾淨、單純的就業環境,提高喜憨兒的就業率。也別忘了繼續鼓勵及支持那些默默在幫助弱勢團體的福利機關團體,因為有社會大眾的認同及鼓勵,才是社會福利機關能繼續生存及為社會奉獻的原動力。

重點摘錄

§ 道德兩難是一個令人在倫理上難以抉擇的問題,其特性是當事人對問題必須做的兩個選擇,都會違反道德。碰到這類問題時,當事人會陷入進退維谷困境。

§ 企業倫理的訓練,不在於要學員接受某一特定的答案與解決方法,而是要學員瞭解支持某一答案或方法之背後理由,以及分辨這些理由是否合理。

§ 目前的教育重大缺失之一,就是忽視了品格教育。企業倫理方面,加強美德的認識及實踐是非常必要;而美德倫理訓練,可以加強員工的道德勇氣與道德承擔。

§ 信心評分是用來協助決策者做評估的工具。作法是決策者不單要列出每一方案的結果,同時要決定這些結果出現的機率,若評估愈基於事實,決策者對結果出現的機會信心愈高,即其信心評分會愈高。

§要在決策的流程上突出其倫理面,可使用「倫理過濾器」將決策中的倫理元素篩選出來,讓決策者能集中處理,才不會遺漏。

§倫理判斷的思維有如下步驟:事實如何;倫理道德問題何在;有哪些主要關係人;有哪些解決方案;評估各方案的倫理道德性;有哪些實際的限制;該作哪些最後決定。

重要名詞

重構(reconstruct)

辨識(identify)

陳構出來(formulate)

道德兩難(moral dilemma)

模糊性(ambiguity)

倫理模糊性(ethical or moral ambiguity)

事實不確定性(factual uncertainty)

因果不確定性(causal uncertainty)

道德警報系統(moral warning system)

班尼學院(Bentley College)

企業倫理中心(Business Ethics Center)

倫理決策(ethical decision)

倫理資源中心(Ethics Resource Center)

信心評分(confidence score)

倫理過濾器(ethics filter)

薛頓(Gerald Schatten)

問題與討論

1.請分享你個人在第九章節所學習到的心得?最令你印象深刻的議題為何?

2.什麼是倫理問題?請分享你的看法。

3.企業如何進行企業倫理的訓練?請簡述之。

4.簡單的倫理測試為何?試舉例說明之。

5.何謂倫理決策的步驟?請簡述之。

6.何謂「倫理過濾器」的內涵?請簡述之。

7.針對「韓國幹細胞研究先驅黃禹錫因違反醫療倫理公開致歉」之案例,你個人有何分享的心得?

8.針對「邱小妹妹人球案事件」之案例,你個人有何分享的心得?

9.針對「議員質疑Enjoy台北餐廳低薪付喜憨兒」之案例,你個人有何分享的心得?

PART III　內部倫理篇

Chapter10　企業的經營倫理

Chapter11　企業的倫理領導

Chapter12　企業的行銷倫理

Chapter13　企業的人資倫理

Chapter14　企業的資訊倫理

Chapter15　企業的非營利倫理

Chapter16　企業的跨國倫理

　　生命的信、願、行，是：

「信」，才能「無所而不入」；

「願」，才能「接受而感謝」；

「行」，才能「付出而圓滿」。

企業的經營倫理

Chapter 10

10.1　經營與倫理的關係

10.2　經營與倫理的理念

10.3　優質經營倫理的建立

10.4　倫理守則與政府法規

10.5　公司治理的倫理議題

本章節說明企業的經營倫理，討論的議題有：經營與倫理的關係、經營與倫理的理念、優質經營倫理的建立、倫理守則與政府法規，以及公司治理的倫理議題等五個部分。

10.1 經營與倫理的關係

企業在事業的成長及發展上，經營管理與企業倫理兩者缺一不可、相輔相成；而且兩者應當要調和、整合，要達成密不可分的情況。茲將兩者間的關係，說明如下要項：

一、互為主輔的關係

在企業的經營管理過程是講求：順利性、效率性、延續性；其目的是講求：效益性、營利性、發展性。為了合乎並達成企業在經營過程與目的之要求，經營管理與企業倫理兩者都要確實發揮其功能性與價值性。在企業的業務管理上與企業推動上，要以經營管理為主、企業倫理為輔。

企業倫理要協助、要輔助經營管理達成企業任務，但若為了企業整體性發展，為了勞資雙方的和諧，為了企業與社區的調和，為了合理的營利分享，為了企業的社會責任，為了企業的永續經營等，反倒應以企業倫理為主，而以經營管理為輔。企業的經營管理要運用其全力，協助企業倫理得以發揮其功能與價值，進而完成企業所委以的任務與責任。

二、互為前後的關係

在企業的經營過程中，企業體內要以經營管理為前，企業倫理為後。經營管理居前主導，並指引企業體內所有人員，依

照企業的宗旨、目標及職場規定，管理並約束所有人員，執行分工的工作，以及達成應負的責任。企業倫理居後，負責道德倫理宣揚、人心輔導、情誼溝通，建立並維護同仁之間的良好關係，促使全體員工對企業有向心力，以促進員工的工作效率等。

在企業常態的事業經營上，企業倫理所扮演的角色，是以道德規範及人情準則，在鼓舞、安慰、激勵、協調與處理，有關的員工想法、心理問題或人際衝突等，於此企業倫理要居前，去宣導、調和、聯繫，進而達成妥善處理問題。經營管理則要居於企業倫理之後，其權力與效力作最後的人事問題處置。

三、互為內外的關係

此處的「內與外」，是指居內而主導事務，以及居外而輔助事務。在企業的營運過程上，經營管理以其業務性質，是居內而運外的，由企業經理人及企業管理者，引用企業體的職場規定與典章制度，來管理員工、管制業務、控制產品、製造利潤等工作。

企業倫理要居於企業管理之下，而且從外輔助、協助企業管理諸多任務之達成。若遇企業體內的人事紛爭、勞資糾紛，或企業與體外事務問題、人事問題、社會問題、環境問題或環保問題等發生時，應當以企業倫理居內，而負責處理有關問題，先以道德理念及社會常規與對方相互溝通、協調，進而化解問題；而經營管理則居外，幫助企業倫理處理問題，並適當地提供有效的合理配套措施，協助企業倫理把問題妥善處理好。【案例10-1】是為高雄捷運施工引發塌陷的事件，用以說明企業在對外事務上的處置，而2004～2005年期間，高捷發生事故的原因，則列示如【表10-1】。

案例 10-1

高捷又凸槌　地下水氾濫成災

　　高雄捷運位於中正路上的07及08車站的潛盾隧道均已打通，聯絡兩者之間的聯絡通道在施作集水井工程，2005年12月4日已進行到最後程序，沒想到在下午5點多卻出現湧水現象，高雄捷運公司立即以鐵板覆蓋及支撐，但因水壓相當大，持續有滲水情形。經研判現況及後續可能衍生的後果，指示先以砂石回填，再採取灌漿方式止水及穩定地盤。

　　該起湧水意外已造成中正路與凱旋路口路面約8公尺寬及3公尺深的塌陷，高雄捷運公司表示，因為有中正地下道之故，下挖深度深及30公尺，因此水壓極大，所幸滲水及塌陷之處靠近彩虹公園，周邊未緊臨住家。至於塌陷原因，則是潛盾隧道的聯絡道滲水，進而引起地基淘空。

　　這起塌陷事故也造成臨港線鐵路局部下陷，導致鐵路貨運受阻，中正地下道也受波及，無法通車；除此之外，凱旋公園附近的河北路一帶民房也有龜裂現象，更嚴重的是，地底隧道約有百餘公尺受損，此事件嚴重影響交通、民眾生活，也使高雄民眾對捷運失去信心，也對興建工程感到厭惡。

表10-1　高捷2004～2005年發生事故一覽表

日期	地點	事故內容
2004年04月06日	鹽埕02車站	連續壁滲砂滲水，路面塌陷、鄰房受損
2004年05月29日	鹽埕潛盾隧道	潛盾施工造成湧砂水，路面塌陷、鄰房受損
2004年06月19日	博愛橋	排水箱涵漏水，路面下陷
2004年07月15日	中山一路、八德路口明挖隧道	連續壁接縫處湧砂水，路面塌陷
2004年08月09日	鼓山01車站	連續壁滲水、四棟民房塌陷
2005年07月07日	鼓山01車站	開挖面湧砂水，路面塌陷
2005年07月09日	中正路07車站	通風井連續壁與主體交接處出砂出水
2005年08月01日	大港埔R10車站	敲除連續壁造成路面覆蓋板出現高低差
2005年09月05日	鳳山光遠路與經武路	潛盾機穿越下方，造成路面塌陷
2005年12月04日	中正路07車站	集水井工程滲水，路面塌陷

10.2 經營與倫理的理念

　　企業的經營管理與企業倫理兩者相輔相成，兩者互相配合並共同幫助企業順利發展及創造利益（黃培鈺，2004）。經營管理與企業倫理對企業都具有多項共同的理念，茲簡述如下：

一、具共同的營運理念

　　在企業創立之後，整個企業在所有有關人員的互助配合之下，開始企業營運。對企業的營運，經營管理與企業倫理兩者具有共同的理念。因共同理念既多且廣，舉其較為彰顯及重要者：

1. 在企業的營運上，均共同運用人力資源為達企業的發展與營利。
2. 在企業的營運上，均共同運用人員的合同道德規範與業務相互配合。
3. 在企業的活動上，均共同協調及激勵各種機能的理念與作用。
4. 在企業人事機能的運作上，均共同促使企業的人事機能支援企業的各種活動，更進而促使企業順利發展與永續經營。

二、具共同的發展理念

　　企業在其企業的經營與管理上，一方面要依照現有的機制與規定而推動，另一方面企業的研究與發展，也必須為符合需要而繼續進行。經營管理與企業倫理當然也要配合企業的發展，而要有創新與發展的理念。

1.兩者在企業發展上，都具有**功利論**（utilitarianism）、**義務論**（deontological theory）及**分享論**（sharing theory）的共同理念。這些理念就是企業有關人員及機構的共同需求，也就是企業在經營發展上必須的課題。

2.兩者共同建制一套因應的機制及措施，如何為企業處理有關的外生變數問題，如人際個體、人際團體、社會環境或利益團體等問題。

3.兩者具有企業在經營發展上的共同處理與規劃之理念，如企業若能主動建立與環境之間的倫理關係，將直接影響企業經營的績效與永續經營的機會。

三、具共同的營利理念

企業經營與發展的主要棘手理念，就是「營利」，而不賺錢的企業是必須面臨失敗與解體的。經營管理的管理失敗，以及企業倫理的倫理失效，都會自然帶給企業失敗與解體。因此，經營管理與企業倫理都應當具有「幫助企業賺錢營利」的共同理念。

1.兩者促使人力的積極運用，以及促進工作人員的工作效率，並共同降低廢品、節約能源與良好品質管制，使得企業的業績提升與營利增加。

2.兩者給予人性化的管理與工作情緒的激勵，不但可減少很多不必要的內部干擾問題，也可以促成群策群力的效果，進而促使企業經營良善而大賺其錢。

3.兩者共同維護企業的利益，並直接與間接地幫助企業，獲得順利的營業以使財務暢通。

企業的經營管理要達成任務需要，企業倫理從人性教育、道德規範、情緒管理、人際關係與人情事故來協助。企業倫理要發揮其功能及價值，也必須靠著經營管理的支持，以及提供

企業倫理要發揮其功能及價值，也必須靠著經營管理的支持，以及提供具體有利的配套措施。

具體有利的配套措施。經營管理與企業倫理配合的愈好，運用的愈有效，企業體的營運就自然愈為順利，其營利也自然更為增加（黃培鈺，2004）。

10.3 優質經營倫理的建立

在往昔時代裡，企業之經營較重視企業管理，對企業倫理較為疏忽。在很多企業的經營過程上，雖多少有企業倫理一些內容在運作與推動，但卻未有企業倫理之名稱與機制，當然對企業倫理之研究與探討，就更為少之又少了。在知識經濟的時代下，由於資訊便利的協助及企業界員工互相關連的影響，在企業經營管理的諸多過程上，光靠著企業管理是不夠的，於是企業倫理便應運而出。

一、經營倫理的重視

企業倫理的功能性與價值性日漸受到企業界重視，企業界也加強建立有關的倫理體制及推動研究探討。曾仕強教授在其《中國式管理》一書中，認為：「管理是外在的倫理，而倫理卻是內在的管理，兩者密不可分。」企業的經營管理是外在的企業倫理，而企業倫理是內在的經營管理，兩者密不可分。或謂經營管理就是，運用在人際個人或人際團體的「外在行為的企業倫理」。企業倫理就是，運用在人際個人或人際團體的「內在涵養的經營管理」。企業的經營管理就是以企業倫理內在基礎，以企業的職場規定為外在運用，以企業的職場道德為內在約束力，對企業全部有關人員的倫理規範。

在企業經營事業的管理過程上，經營管理為主，企業倫理為輔。企業倫理要發揮其道德功能及倫理規範，以幫助經營管

> 企業的經營管理是外在的企業倫理，而企業倫理是內在的經營管理，兩者密不可分。

理達成企業經營的任務。使得企業有關人員的向心力產生，使人事與工作進行得順利，使企業利益分享達到合理化與公平化，使企業的人事作為能合乎合理的人性管理。就這些情況而論，則應當以企業倫理為主，經營管理為副。企業管理在制定管理律令與規定時，要以企業倫理為基礎、為準則，企業的經營管理應當幫助企業倫理，能在職場中實踐出來，使企業倫理在企業管理的幫助下，促使企業倫理能在企業整體經營過程上，表現出功能性與價值性。

二、經營倫理的重建

一個具有社會品德的企業，其推行的社會責任有以下特性：

1. 承認倫理位於管理決策及政策的核心，而非邊緣地位。
2. 僱用及培訓那些接受倫理在他們每天的工作及行為，占有中心地位的經理。
3. 擁有一些精緻的分析工具，幫助偵測、預見及應付，影響公司與雇員的實際倫理問題。
4. 將目前計畫及未來政策，與公司倫理文化的核心價值互相配合起來。

這些特性絕大部分，都可以在成功實踐企業社會責任的公司找到。事實上，不少對倫理組織的實證研究發現，重視企業倫理的企業具有一些共同的特質。以下是對如何打造具優良經營倫理企業的一些建議：

（一）高層發揮倫理領導的功能

站在組織內重要位置上的領導人，其言行對周圍的人影響很大。執行長及高層經理必須扮演道德的模範生，通過言行來影響下屬，塑造一個倫理的組織文化。若位高權重的管理者操

守敗壞，很難期望其他員工尊重道德。董事長及執行長，是公司核心價值及組織倫理的倡導者及維護者。權重者若不道德，下屬必會配合及協助這些不道德行爲，這是組織權力的不易規律。一般員工由於無權無勢，不是因威迫利誘而成爲共犯，就是敢怒不敢言，或視而不見、明哲保身。組織內若廣泛存在不道德的行爲，不只會令組織敗壞，同時亦會使無辜的成員受害。

（二）挑選價值一致的員工

在招募員工時，重視倫理的公司會很細心挑選合適的成員。應徵者除了要考一般的筆試外，還會經過幾個階段的面試，令公司可以取得申請人的一些重要而眞實的個人資料，包括：申請人的個人信念、核心價值、生涯規劃、個人嗜好等。有些公司還僱用一些人力資源顧問，來蒐集及嚴格核查申請人的背景資料。這些工作當然有一定的成本，但這些公司都非常瞭解，若不願負擔這些成本，日後可能付出更大的代價。重要的一點是，公司必須尋找與公司價值一致的員工，這種價值的融合是組織倫理的要素。

（三）制訂有效的行爲守則

倫理守則要發揮作用，必須用精準的語言展示，公司的核心價值、信念及經營理念。其次，公司要令每一名員工知道、認同守則的內容，然後自願地接受及遵守。因爲只有基於自願知情的接受，員工才會誠意眞心地遵守守則。要發展一套員工會心甘情願服從的守則，守則制訂的過程非常重要。最佳的作法是讓這個過程公開，人人有參與，對守則的內容提出意見、辯論、修正等。這個過程雖然費時，但經此而形成的守則，由於有共識作基礎，正當性自然高。

要發展一套員工會心甘情願服從的守則，守則制訂的過程非常重要。最佳的作法是讓這個過程公開，人人有參與，對守則的內容提出意見、辯論、修正等。

（四）員工倫理培訓不間斷

　　倫理培訓課程的目的，主要是提高員工對在職場的倫理問題之警覺性，教導他們分析及解決問題的能力，同時培養一種倫理感。這些課程通常是短期的，內容包括：討論公司的倫理守則、發掘及確認其深層意義，以及守則如何聯繫到其職場及其每天的工作上。有效的倫理培訓必須持續不斷，培訓內容經過精心設計及不斷改良，包含評鑑及回饋系統，培訓不單是知性的訓練，同時亦是行為態度的轉化。倫理培訓最終是要培養瞭解、尊重及實踐倫理的員工。

（五）獎勵機制的設計

公司應設立一些獎懲倫理行為的機制，獎勵員工的倫理行為，懲罰不道德行為。

　　公司應設立一些獎懲倫理行為的機制，獎勵員工的倫理行為，懲罰不道德行為。這種獎懲制度的獎勵部分，類似公司對有貢獻員工的獎勵一般。在懲處方面，很多公司不會很高調處理不道德行為，或不會對道德不佳的員工進行懲罰。唯處理不倫理行為的方式，應相等於獎勵倫理行為，即應該公開及快速、程序公正及透明的。這樣，員工就可以得到一個毫不含糊的訊息，意即倫理行為會受到支持，不倫理行為會受到譴責，公司的倫理政策是認真的。

　　要使獎懲制度有效發揮功能，必須有以下的配套措施：

1.要建立報告違反倫理行為的機制。包括：對不倫理行為的精準定義、報告渠道、報告程序、私隱保護，以及相關的量度倫理行為的指標。

2.對倫理行為的獎懲，應列入員工每年的工作評鑑上。

3.公司要設立一個監察公司倫理表現的單位，並與倫理報告機制相互配合。

10.4 倫理守則與政府法規

　　基本上，企業的經營倫理有兩個控制機制：一是自我控制的內在機制，另一個是外的限制。在企業情境中，前者有企業倫理守則（codes of ethics）、決策過程的改變，以及公司的社會審計。至於，主要的外在限制，則是政府的法規。

一、企業倫理守則

　　雖然企業倫理守則宣稱是，管制企業在執行業務時的一套倫理規則，但卻有如下的情形發生：

（一）很少人在執行業務時會去看它

　　雖然企業倫理守則在實務作法上，很少被人引用或參考，可是守則仍舊是反映負責任的企業在實務上之作法，有道德的管理者可能用不著，但對初次踏入經營領域的企業從業人員仍有幫助。守則除了指出他們必須留意的地方外，亦可用來抗拒別人不合倫理之要求。

（二）守則間的基本原則互相矛盾

　　有時候守則的內容似乎彼此矛盾，如對雇主忠誠與關心大眾安全，但守則旨在提供倫理方面必須考慮之因素，而不是提供決策之秘方。守則是一種架構，而不是一套現成的答案。

（三）守則具有威脅性，與自主情神衝突

　　倫理準則不一定要具有脅迫性，因守則不是法條，沒做到會受到處罰，雖然法庭會考量倫理行為，但不等於倫理守則變成法律。所以真正的問題在：某特定倫理守則是否為對企業的

雖然企業倫理守則在實務作法上，很少被人引用或參考，可是守則仍舊是反映負責任的企業在實務上之作法，有道德的管理者可能用不著，但對初次踏入經營領域的企業從業人員仍有幫助。

合理期望。

　　儘管倫理守則有許多缺失，但是管理者應學習倫理守則，是無庸置疑的一件事情，因爲有一部分的倫理原則，其標準不是來自專業守則之中，這些個人的道德信念，是不需要辯論的。

二、倫理守則的優缺點

　　倫理守則在實際施行上，亦存有優點及缺點的不同考量，茲陳列說明如下：

（一）守則的優點

　　倫理守則的優點，有如下要項：
1.各種倫理守則比人的個性，在對或錯上更能提供穩定永久的指導方針。
2.倫理守則可實際地在特定情境中，提供指引或作爲一種提醒，特別是在道德模擬兩可的情況中。
3.倫理守則不只可以導引員工的行爲，也可以控制雇主的集權權力。
4.企業倫理守則有助於澄清（specify）企業本身的社會責任。
5.企業倫理守則的發展對企業本身有好處。
6.發展與修正倫理守則的過程，對企業本身的助益很大。

（二）守則的缺點

　　反對倫理守則的理由，有如下要項：
1.產業界的倫理守則有困難，因恐怕違反政府的公平交易法。
2.專業倫理守則因過於空泛與無一定形式，而廣受批評。

3.無法強制執行。除要有處罰條款外，最重要的是公司的氣
　氛。

　公司不能以為「只要不違法，就不是不道德」。事實上，法
律規定最低的倫理行為標準，有更多的重大倫理問題，是在法
律規定之外。

三、政府法規的優缺點

　政府藉著立法與管制以幫助企業的營運，而政府在兩方面
幫助企業：（1）政府強制與支持使企業能營運的最低社會道
德；（2）政府也解釋與強制企業活動的規則。此外，政府法規
在施行上，所存在的優點及缺點，如下所述：

（一）法規的優點

　在政府法規的優點上，有如下要項：

1.確保競爭的規則，保護企業與公眾不受反競爭作法之不利
　影響。例如，保護自然獨占及管制不公平的競爭作風，如
　詐欺、不實，特別是不實的廣告。政府的司法部門或行政
　部門，將扮演仲裁者的角色。
2.若有對社會有益的行動，但因競爭關係而使該類廠商落入
　「囚犯兩難」情況時，如願意裝置減少空氣污染設備，這
　時政府設定產業污染標準，來幫助這些善意的企業成為好
　公民。
3.使不關心或惡意的公司，符合最低的公司社會責任之要
　求，如要求廠商不准任意丟棄化學物品。一般而言，當公
　司缺乏紀律、情報、誘因或道德權柄去要求別人時，政府
　的法規就有必要。

（二）法規的缺點

通常政府的規定從不被信任到深惡痛絕，所顯現出政府法規的缺點，其原因如下：

1. 政府的規定減少公司主管的權力與地位。
2. 擔心政府會干預效率與工作動機，因而減少企業經營的利潤。
3. 認為政府不瞭解企業，所以其規定可能會不合理與不可行。
4. 認為政府無權管到企業的倫理事情。
5. 認為政府在多元化的社會權力已經太大，不適合再這樣增加政府的權力。
6. 認為政府的規定破壞雇主與股東的合法自由權與道德權。

以上的論點相當反應出一般大眾對政府法規之態度，但亦可發現有些反對意見太過以偏蓋全或自私（第1點）。**Lon Fuller** 在《法律的道德性》一書中提到，一個好的法律體系必須符合八大條件，大多數的法規不合乎其中一個或多個條件。

1. 法律必須是一般性，不是針對特定的個人。
2. 法律必須公告周知。
3. 法律應不溯既往。
4. 法律條文應清晰易懂。
5. 法律條文或法規之間不該有彼此矛盾之情事。
6. 法律必須在公民能做到之範圍內。
7. 法律必須有**一定的穩定性**（constancy through time），否則人民將無法適從。
8. 法律與其實際執行必須一致。

Christopher Stone在*Where the Law Ends*一書中指出，法律本身的本質使其不能作為達成公司責任之充分條件，很多公司早已不認為法律是界定公司倫理標準的最終裁決者，「只要合

法，就是沒問題」的看法已經不流行。

但大眾遇到不滿時的第一個反應，還是尋找新的法規。但這是沒有多大效果的，因為誠如Norman Bowie指出的，政府法規除了以上所提到的缺失外，還有如下的限制：

1.有時間落差的問題。

2.公司對立法過程有相當的影響力。

3.模糊的問題。

4.用法律來規範公司的行為是昂貴無比的。

一般人認為政府法規愈來愈多，社會傳統的價值觀愈受到摧殘，像個人主義、依才能得獎勵、私有財產權、公平機會、個人自主權等。通常存有自由經濟市場被認為是支持這些傳統價值觀，政府的官僚運作對它們有害的衝突。

但近代經濟發展的結果，這些觀念受到強烈的攻擊。例如，針對個人主義的想法，顧客有權決定如何用錢，但他如果花費得愚昧，也是他們自己的事，如最近被熱切討論的「卡奴」問題。但現在的經濟已不再是這種情況，所以需要政府的法規來保護消費者，例如，發照機關、公平交易委員、中央存保公司與證管會等保護大眾的機構。

針對目前廣受討論的「卡奴」問題，你個人贊成政府有關單位介入協助嗎？消費者本身是否該負最大的責任？有人認為卡奴自己因過度消費而使負債沉重是個人的責任，不該還要政府出面解決其跟銀行間債務清償的協議，你的看法同意嗎？此外，【**案例10-2**】討論的是聯電和艦投資案，你個人對此案例有何看法呢？

案例 10-2

聯電和艦投資案

兵分多路搜索聯電新竹廠、台北辦公室、聯電簽證會計師事務所、副董事長宣明智兩處居所、和艦董事長徐建華居所一處，以及三家非聯電旗下創投公司等地，之後並將徐建華羈押禁見。

2002年3月20日經濟部正式公告開放八吋晶圓廠赴中國設廠後，聯電並沒有做出補登記的動作。2002年4月，和艦控股公司負責人陳春固曝光，陳春固當時仍為聯電派在聯發科的法人代表，聯電因此緊急撤換法人代表為李亞菁。此事經媒體披露後，經濟部次長陳瑞隆表示將嚴懲偷跑西進的晶圓廠商，經濟部投審會則函請聯電說明。

聯電副董事長宣明智表達聯電絕未違法赴大陸投資和艦科技，和艦是聯電離職員工個人在他地的創業行為，公司無權干涉。如今，檢調大舉搜查，投審會的確沒有掌握到聯電投資和艦的確實證據；若檢調機關查出聯電涉嫌投資大陸和艦半導體，投審會將重新調查聯電與和艦的關係，查證屬實將依照《兩岸人民關係條例》處罰，屆時聯電會面臨最高新台幣2,500萬元的罰鍰。

2002年4月的調查中，投審會也函請所謂「離職員工」，前聯電協理徐建華到會說明，他在大陸和艦科技擔任董事長兼總經理，但並未依規定提出赴大陸投資之申請。

聯電案掀起的波瀾不斷，聯電董事長曹興誠在公開的聲明書中，指稱此事涉及商業競爭，是聯電與台積電以及中蕊半導體的恩怨，但地檢署強調，現在偵辦的是聯電案，會持續針對聯電是否有利益輸送問題進行調查。

10.5 公司治理的倫理議題

1990年代末與2000年代初的股市投機泡沫幻滅後，安隆（Enron）、世界通訊（World Com）、泰科（Tyco International Ltd.）、奎斯特（Qwest Communications International Inc.）與環球電訊（Global Crossing）被迫宣告破產，股東蒙受損失高達4,600億美元，讓公司治理的議題成為關切重點。

一、公司治理的概念

公司治理的目的在於，掌握企業發展方向與業績表現的一套體制守則，這套公司治理守則可確保股東受到公平待遇，保障其權益，確實做到財務公開與透明，確立管理專業的超然獨立，要求對股東負責，並明定董事會的職責。

標準普爾（Standard & Poor's, S&P）認為，公司治理可分為四大部分：

1.公司的股權結構與其對公司經營的影響。

2.公司與股東的關係。

3.公司財務資訊揭露的程度。

4.公司董事會的組織架構與運作。

因此，未來在公司治理方面，除了董事會的監督之外，還可擴大至公司的股權結構、股東關係與財務資訊之公開透明各方面。

證券市場所形成的經營權與股權分離的現象，造成眾所周知的「委託人—代理人問題」。專業經理人雖然秉承企業主之託代為經營公司，但雙方在理念與目標上卻常會出現衝突。由於專業經理人僅持有少數，甚或完全沒有公司持股，他們的報酬主要來自薪資、紅利、額外津貼及他人的酬謝。部分自覺對公司貢獻高，但待遇卻偏低的經理人，也許就會盡可能利用職權來彌補這個差額，而受損的往往就是股東的利益。

在我們身處的亞洲地區，所要面臨的公司治理挑戰與美洲性質不同，在亞洲少數股東籌集到相當於**控權股東**（controlling shareholder）或甚至更多的股權，他們在公司制定重大決策時，所發表的意見還是備受壓制。主要原因在於許多上市公司都是透過公司高層，集中持有公司股票的**金字塔控股**（pyramid-holding）或**交叉持股**（crossholding）的方式來控制。

上市公司內部治理的關鍵問題：股東要的是沒有相對責任

的所有權，絕大多數參與公開股市的投資人，都只要擁有股權，而且最好是流通性高、義務少，還有專業經理人替他們管理基本的資產。換言之，投資人只要公司所有權的全部利益，其他伴隨而來的責任一概敬謝不敏。

雖然從亞洲到美國的問題各有不同，但是專業經理階層或掌握實權的股東派，在公司內部濫權的根本原因都一樣，即公司所有權與管理權的分離。如果企業的管控權是握在誠實苦幹的人手中，則大家皆可共享經營成果。但是一旦落在道德操守有問題的貪婪經理人或有權勢的股東派手中，當他們在公司內進行五鬼搬運來中飽私囊，或坐視公司市值崩跌，受害最深的就是眾多毫無招架之力的小股東。

二、如何強化公司治理

由政府、證券主管官員、國會議員、學界與其他專家所提的意見，大致可分為三大類：

1. 政府與立法機關必須嚴格加強法律、規則與條例的修訂，明訂公司管理階層與董監會的責任。
2. 金融中介及服務提供業者，如會計師與投資銀行家，必須負起更多責任來承擔義務。
3. 公司本身必須找出讓專業管理與股東利益更加一致的途徑，執行更加嚴格的內部規範，監督與約束營運管理高層的行為。

在美國部分，提出「沙巴尼期─歐斯雷法」（Sarbanes-Orxley Act）的制訂。少數股東主動參與的角色，往往因為所謂「獨立董事」（independent director）的規定，而受到嚴格限制。這項規定要求流通股持分超過10%的股東代表，不能擔任獨立董事。由於獨立董事的席次，在董事會各重要委員會內必須超過半數，積極參與的少數股東，往往因此被排除在最重要的決

獨立董事
independent director
所謂「獨立董事」，就是與所服務的公司內部沒有任何財務往來，或持有相當數量股權的個人。

策圈之外。

　　現今上市公司董監會，最常看到的情況，就是董監會過度
向公司經理派傾斜，或是立場軟弱，不能善盡為股東代言的責
任。公司高層除去董監會成員，通常就是幾位各職所司的執行
長、負責處理公司專門業務的銀行家或律師，以及無所事事，
沒有持股，甚至和公司毫無任何瓜葛的獨立董事。

　　所謂「獨立董事」，就是與所服務的公司內部沒有任何財務
往來，或持有相當數量股權的個人。可分為三個構面來討論：

1. 獨立的意義，應該是不受管理階層管轄，而非不受股東管
   轄。
2. 其次與如何確保董事會擁有真正的自治權有關，對獨立董
   事而言，獨立思考與決策的制定，需要高度的品德操守與
   堅強的意志，尤其是在個人財富與毀譽面臨考驗的關鍵時
   刻。
3. 由於董事會的決策不但與獨立董事的財務利益無涉，其個
   人的生涯發展也不受威脅，這些獨立董事對於眼前的問題
   可能缺乏深入研究，並制定真正妥善決策的強烈動機。

　　董事會由內部的當然董事組成，部分目的在符合法律要
求，另一部分目的則在修飾公司的公共形象。因此，在尋找外
部董事的時候，注意焦點幾乎全部集中在候選人的學術與商界
背景，以及他們與現有董事的相容性。至於，候選人的組織分
析與溝通技巧，則非優先考慮重點。

三、公司治理的落實

　　為了敦促董監事負起應盡的職責，董事會成員應定期接受
績效考評，董事會成員的報酬水平與任期，應該根據績效評審
結果來決定，董事會成員若有怠忽職守情事，應依公司章程及
證券管理規範懲處。

維持高品質之董事會與公司其他開銷一樣，都是必要的成本支出。董事會是公司最高的權力機關，也是整體不可分割的一部分，絕對不是管理部門的橡皮圖章。市場與人類都是天生的競爭產物，完美的治理制度可能窮歷史仍無處尋覓。但是提升董事會成員水平，重新界定獨立董事之角色，可逐漸加強長期以來備受漠視之投資人的力量，同時恢復市場的信心。

2004年台灣暴發數十件「地雷股」公司事件，例如，博達案、太電事件、訊碟等，這些由經營者操縱公司盈餘而導致公司破產之行為，使得投資者、公司員工、供應商、客戶及債權銀行都遭受相當大的損失，這些事件的爆發都與內部控制及公司治理有關，而【案例10-3】即為博達科技掏空資產事件的討論。然而公司治理，除了著重在董事會之外，在機構投資者股權、法人持股、股權集中程度、控制股東、家族持股、管理者持股等各方面，也都是對於公司治理有一定程度之影響。

> 公司治理，除了著重在董事會之外，在機構投資者股權、法人持股、股權集中程度、控制股東、家族持股、管理者持股等各方面，也都是對於公司治理有一定程度之影響。

四、企業社會信任度低

根據2004年群我倫理促進會的社會信任度調查，如【表10-2】所示。其中，企業的社會可信任度低，在十四個社會角色裡，企業負責人已淪為倒數第四。這表示近年來，企業已亮起

表10-2　社會信任度調查的結果

名次	項目	名次	項目
1	家人	8	法官
2	醫生	9	社會上大部分的人
3	中小學老師	10	警察
4	鄰居	11	企業負責人
5	基層公務人員	12	政府官員
6	大學教授	13	新聞記者
7	總統	14	立法委員

註：企業負責人的可信度，淪為倒數第四。

信任紅燈，不良企業威脅著大家的生活環境，不僅是假酒、病死豬肉等「黑心產品」，還有企業失信、背信、裁員、詐欺、掏空等案件都頻傳，不但有害健康，損害血汗錢，嚴重者更會致命，然而都只是為了私人的利益，卻要由社會大眾來共同承擔，還不都是一個「貪」念所害的。

從美國的安隆、世界通訊，義大利最大食品集團帕馬拉特，到荷蘭零售業龍頭阿霍德，台灣的博達、訊碟、陞技等，連爆財務報表作假醜聞，一支支地雷股引爆，不但炸毀了投資人的荷包，更重傷企業誠信與會計師的專業形象。不僅是會計業，從證券投資、律師到醫療，向來高度專業的行業，現在屢傳醜聞、弊端，不僅專業形象遭受質疑，更嚴重流失了社會的信任。

案例 10-3

博達科技掏空資產事件

博達科技2004年6月15日下午無預警公告聲請重整，許多人的第一個反應是：「怎麼可能，博達股票早上還漲停呀？」這場被外界形容為「世紀大騙局」的博達案，從公司虛灌營收、將應收帳款轉換為現金，讓投資大眾誤以為博達擁有逾60億元的現金，再到藉由發行ECB進行洗錢等一連串勾當，難道都是葉素菲一人所為？

（一）GDR套利 空單何來

博達聲請重整後，葉素菲第一次現身記者會時，曾強調在海外存託憑證（GDR）的訂價過程中，只有她和花旗銀行參與，她個人完全遵守保密規定，呼籲證期會全面清查交易資料，究竟是誰在博達股價大幅波動中進行內線交易。

6月13日博達臨時董事會通過聲請重整案，當時博達的董事有4人，除了葉素菲外，還有葉素菲的大弟葉孟屏、創業夥伴彭進坤，和博達的財務協理賴哲賢。但博達並沒有在13日當天公布，而是選擇在法律規定的二天內公告，即6月15日，讓知道重整這個重大利空的人有機會在6月14日和6月15日放空。

博達的GDR原訂6月9日完成訂價，做GDR套利的人多已在6月9日完成放空。根據台灣證券交易所資料，博達在6月14日當天以平盤開出，由於平盤以下不能放空，當日放空張數只有八百八十七張，15日一開盤，傳出博達募集不成，早先放空的投資人搶著回補，因為他們沒有GDR轉換的普通股可以還券，必須從市場買進，將博達股價推升到漲停。但就在許多人回補不到股票時，仍有三千八百七十九張放空，兩天來，逾四千七百張空單究竟來自何處？

（二）逆向賣CB 躲過一劫

第二個不尋常的現象是在6月15日當天博達普通股股價是漲停，而博達的可轉換公司債卻是跌停；CB出現跌停顯示博達可能無法償還6月17日即將到期的近30億元CB。通常不少CB債權人為了套取市場與公司贖回價的價差，而在CB到期日前買進。檢調單位應調查哪些人當時膽敢逆向操作大賣CB，而躲過一劫。

第三個令人不解的是6月14、15日二個營業日，有人抱著博達現股2,386張、7,980張來還券，公告重整後還有人以博達現股還券，博達6月24日暫停交易的前一天，現股還券的張數仍高達七千七百一十九張，究竟誰擁有那麼多博達股票，卻還要放空。一般散戶看壞一家公司，如果手上有股票會直接賣出，沒有股票的人則以融券放空，同時擁有股票部位，融資的利率因高於融券的利率，邏輯上散戶不會做這種事。

根據統計，博達股票3月現股還券的張數只有四十三張、4月一百二十五張、5月十六張，但6月以來卻爆增到三萬二千萬張，誰有那麼多的股票用來還券？而這些有股票的人還去放空博達，是否提前得知博達無法順利發行GDR、無法償還近30億元的公司債，以及即將聲請重整博達科技暫停交易前一日，在回補空單的證券商中，國票金控旗下的國票證券也回補四百四十一張，居受託回補證券商第二名。

（三）軋空假象 引誘散戶

博達自從上市以來，就是一家高融資使用率的公司，一般股票的融資比率會隨基本面的好壞有起落，但博達的融資使用率長期以來都在50%以上，顯示公司對股票介入頗深，旗下的公司可以同時買進、賣出自家公司股票，以維持交易的活絡度。

博達6月的券資比異常升高，製造軋空的假象，引誘散戶跳進，博達股票的券資比從3月1.3%、4月4.32%、5月1.44%，到6月跳升到67%。以6月15日當日最明顯，一開盤即以四千五百五十八張股票拉上漲停，且有逾萬張等著買進股票，製造軋空假象，吸引散戶進場，但盤中卻見大單出脫股票。

博達2003年10月23日發行5,000萬美元的海外可轉換公司債（ECB），11月19日博達卻宣布要買回庫藏股二萬張，發行ECB如果換成普通股，就是增資，博達再從市場買回庫藏股，顯得互為矛盾，博達實施二萬張庫藏股的目的，就是要吸引散戶買進，讓由人頭公司認購的ECB可以全數轉換。

討論與心得

（一）博達事件對投資者及公司經營者的省思有哪些？

　　投資者及公司經營者都可檢視與公司的財務面，防範未來。如：（1）負債比率是否過高，若過高表示自有資金偏低，不容易度過不景氣；（2）流動比率是否過低，因流動比率可衡量公司取得資金的容易性，故流動比率愈高，表示財務面愈好；（3）速動比率是否過低，因愈高的企業，表示可立即處理的資產愈多，因應變局的能力愈強；（4）庫存是否過多或增加過速，因存貨雖是資產，但常常不易變現，是潛在的危機。

（二）博達效應，投資者應如果避開地雷股？有以下參考的討論心得：

1.先看投資產業趨勢是否有利，再看財報是否異常。從事專業投資這行，常會聽到市場上的各種小道消息，不過嚴格講，投信這回得以避開博達這顆詭雷，其實最主要的因素在於，博達所處的產業趨勢不對，營運模式難以說服法人公司會有轉機。

2.可轉債是重要觀察指標。過去電子業很容易從資本市場籌到錢，造成在資本的運用效率上，經常未經深思熟慮。譬如電子業最常發行可轉債來籌資，只要股價不是低到離譜，通常企業每年可以重新設定可轉債的轉換價格，或是在到期前舉新債償舊債，因此根本沒考慮過有一天需要去還這筆錢，這讓一些體質欠佳的公司得以靠借錢來硬撐，甚至在帳面上大動手腳以便於籌資，因此企業若頻發可轉債，應該列入嚴格觀察的重要指標。

3.留心TFT-LCD面板報價，Color STN有機會突圍。

　　群益投信對2004年第三季的行情看法較保守，預估第四季才會走出比較像樣的行情。特別是TFT-LCD面板報價，下半年應該特別留意，因為終端需求已經逐漸得到滿足，但過去一年TFT-LCD零組件缺貨的影響，導致產業鏈上存在多少假性需求，目前仍屬未知數。

（三）企業如何建立公眾信任？我們認為有如下幾點要項：

（1）經營要公開、誠實；（2）在產品與服務上，提供最好的價值；（3）與顧客、投資者、員工溝通順暢直接；（4）獲利與財務狀況穩定；（5）展現對員工的關懷與關心。

重點摘錄

§ 企業倫理要發揮其功能及價值，也必須靠著經營管理的支持，以及提供具體有利的配套措施。

§ 企業的經營管理是外在的企業倫理，而企業倫理是內在的經營管理，兩者密不可分。

§ 要發展一套員工會心甘情願服從的守則，守則制訂的過程非常重要。最佳的作法是讓這個過程公開，人人有參與，對守則的內容提出意見、辯論、修正等。

§ 公司應設立一些獎懲倫理行為的機制，獎勵員工的倫理行為，懲罰不道德行為。

§ 雖然企業倫理守則在實務作法上，很少被人引用或參考，可是守則仍舊是反映負責任的企業在實務上之作法，有道德的管理者可能用不著，但對初次踏入經營領域的企業從業人員仍有幫助。

§ 公司治理的目的在於，掌握企業發展方向與業績表現的一套體制守則，這套公司治理守則可確保股東受到公平待遇，保障其權益，確實做到財務公開與透明，確立管理專業的超然獨立，要求對股東負責，並明定董事會的職責。

§ 所謂「獨立董事」，就是與所服務的公司內部沒有任何財務往來，或持有相當數量股權的個人。

§ 公司治理，除了著重在董事會之外，在機構投資者股權、法人持股、股權集中程度、控制股東、家族持股、管理者持股等各方面，也都是對於公司治理有一定程度之影響。

重要名詞

功利論（utilitarianism）

義務論（deontological theory）

分享論（sharing theory）

企業倫理守則（codes of ethics）

澄清（specify）

一定的穩定性（constancy through time）

安隆（Enron）

世界通訊（World Com）

泰科（Tyco International Ltd.）

奎斯特（Qwest Communications International Inc.）

環球電訊（Global Crossing）

標準普爾（Standard & Poor's, S&P）

控權股東（controlling shareholder）

金字塔控股（pyramid-holding）

交叉持股（crossholding）

沙巴尼期—歐克斯雷法（Sarbanes-Orxley Act）

獨立董事（independent director）

海外存託憑證（GDR）

海外可轉換公司債（ECB）

問題與討論

1.請分享你個人在第十章節所學習到的心得？最令你印象深刻的議題為何？

2.企業經營與倫理的關係為何？請簡述之。

3.針對「高捷又凸槌　地下水氾濫成災」之案例，你個人有何分享的心得？

4.企業經營管理與企業倫理，對企業具有哪些共同的理念？

5.一個具有社會品德的企業，其推行的社會責任有哪些特性？

6.如何打造具優良經營倫理的企業？請簡述之。

7.企業倫理守則在執行上，常會發生哪些問題？請簡述之。

8.政府法規的優點為何？缺點為何？請簡述之。

9.針對「聯電和艦投資案」之案例，你個人有何分享的心得？

10.公司治理的概念為何？請簡述之。

11.如何強化公司治理的概念？請分享你的看法。

12.針對「博達科技掏空資產事件」之案例，你個人有何分享的心得？

Note

Chapter 11

企業的倫理領導

11.1 倫理領導的研究設計

11.2 倫理領導的文獻討論

11.3 倫理領導的學理基礎

11.4 倫理領導的實證分析

11.5 倫理領導的個案研究

本章節說明企業的倫理領導，討論的議題有：倫理領導的研究設計、倫理領導的文獻討論、倫理領導的學理基礎、倫理領導的實證分析，以及倫理領導的個案研究等五個部分。

11.1 倫理領導的研究設計

本章節係對倫理領導研究作整體架構的介紹，概以研究背景、研究目的、研究方法、研究步驟、研究範圍及對象等五個構面組成，以呈現本章節研究的特點與方向。

一、研究背景

現今國家經濟快速成長、社會結構急劇變遷與社會問題層出不窮，社會工作專業制度及社會工作人員的角色功能愈來愈受到重視，而非營利組織亦成為消弭社會問題，增進社會和諧不可或缺的工作。隨著民間力量投入社會重建工程，非營利組織的形成與參與，更是扮演重要的角色。非營利組織是人群關係的產物，參與人員間應共同導守規則，其中的關係包括團體內成員間的倫理關係、不同團體間成員與成員的倫理關係、乃至團體與社會、國家間的倫理關係，而公益團體的倫理項目中，最重要的在於參與人員應具備基本的信念。

倫理領導係整合性概念，亦即領導的過程包含領導者個人的倫理認知，以及實際執行等管理行為（Yukl, 2002）。可知倫理領導為領導者在做決策時的倫理考量，是組織行為有否合乎倫理的重要因素。在組織永續經營理念下，原先藉由所謂精神領袖之「魅力領導模式」，勢必會從時間的洪流中逐漸褪去，呈現出接班人是否能平穩延續的疑問。同時，亦存有企業主管的倫理導向與假性和諧之隱憂。因此，引發本章節研究想去探討

此問題，期能整合平日所學之學理基礎，結合質化與量化研究
方法之特質，以及兼顧理論與實務相互之驗證，以思考組織倫
理領導可能的作為與倫理訓練，因應未來社會變遷與維繫組織
永續經營。

二、研究目的

本章節研究除欲瞭解目前非營利機構主管之倫理領導方式
外，更針對不同研究個案之倫理領導進行比較。在理論基礎與
文獻探討的部分，將根據領導的定義、功能與發展，倫理領導
的理論基礎及其涵義，以及非營利機構的基礎概念與理論，予
以系統性分析與整理，更藉由實地的訪談與發放問卷等方式，
深入瞭解個案中倫理領導實際運作之問題，以及各個成員間對
組織倫理領導的認知與態度，以便瞭解各變項之間所存在的關
係。

茲將本章節研究較為具體的研究目的，條列如下：
1. 探討倫理領導與非營利組織的基礎概念與理念。
2. 建構非營利組織倫理領導實務運作模式。
3. 個案中倫理領導實務模式之比較與分析。
4. 研議非營利組織倫理領導的作為及倫理訓練之建議。

三、研究方法

本章節研究採用定性與定量整合的研究方法，同時在資料
蒐集上亦採用三角測定（triangulation）的概念，是為研究方法
與資料蒐集兩層面三角測定法的實務性研究。首先，利用**文獻
分析法**（analyzing documentary realities）蒐集相關文獻資料，
以瞭解非營利機構倫理領導之作為與義涵。其次，利用立意抽
樣針對研究個案中，機構領導人或重要行政主管，採用非結構

性深度訪談法（in-depth interview），以實地瞭解其倫理領導實際運作之問題，經由研究個案的訪談紀錄與整理，以作為本研究質化分析的基礎。

　　再者，輔以個案中成員間問卷調查法（questionnaire survey）之統計分析，以探討組織領導者與成員間，對組織倫理領導的認知與態度。最後，綜整文獻分析、個案訪談與問卷分析結果，並透過國內非營利組織個案研究（cases study）的方法，來歸結倫理領導在非營利組織個案的實務運作、分析與比較，期能提出本章節研究之結論與建議。

四、研究步驟

　　為達到本章節的研究目的，吾人可將本研究之研究步驟，依序陳述說明如下：

1. 在**文獻分析**（documentary analyze）上：蒐集並回顧相關研究文獻，進而整理與吸取不同研究議題下，多方面思考角度之研究經驗，並對倫理領導在非營利組織內的作為，有更清楚及全面的認知。

2. 在**理論建構**（theoretical framework）上：利用研究方法與資料蒐集兩層面三角測定法，加以企業管理相關功能領域之學理基礎，來共同構建非營利組織倫理領導之概念性架構。

3. 在**實證架構**（methodological framework）上：將前項所建置之整合性概念架構，透過國內非營利組織**個案研究**（cases study）的方法，來探討非營利組織倫理領導實務運作的成功經驗與經營困境。

4. 在**措施研議**（plans suggestion）上：依個案研究分析的結果，來研擬如何有效將倫理領導與企業文化相互融合，進而找出倫理教育訓練的擬訂與執行，以提升非營利組織經

營管理的績效。

五、研究範圍及對象

非營利組織的範圍分成兩個類別，第一類為服務會員的組織，主要是提供組織中會員的利益，包括社交俱樂部、企業協會、公會、專業協會、政黨、會員合作社等；第二類為公共服務組織，主要針對社會大眾提供服務，包括衛生醫療、教育與研究、社會與法律服務、公民與社會團體、藝術與文化團體、宗教、基金會、國際援助、獎助金的贈與、互相利益等。本章節研究以第二類「公共服務組織」為主要研究對象。

11.2 倫理領導的文獻討論

非營利組織由於組織的特性與政府或企業不同，因此其領導者的責任與政府首長或企業總裁有所差異。「領導」在各大業界與組織行為的範疇中，是相當重要的議題。因為組織效能之良好與否常取決於主管之領導行為，所以良好有效的領導便是促使部屬有效工作的手段，它集合眾人之力邁向組織的共同目標。

一、研究議題

如何落實倫理領導於非營利組織，是學者與領導者共同關切的議題。再者，社會結構的複雜化，亦使得領導者在做倫理決策時，會面臨更多的挑戰與障礙，因此如何強化企業主管的道德感，可能是目前特別重要的課題。

（一）倫理定義

「倫理」是涉及一個基於道德責任與義務的行為規範或體系，其指示我們應該如何言行舉止；它處理判斷是非與承諾做對事的能力。一般而言，倫理是指人際之間符合某種道德標準的行為準則，而倫理的性質並非經濟或政治上的利害，亦非藝術上的美醜，亦與知識上的真無關，而是道德上的對錯（許士軍，1995）。

「倫理」的英文"ethics"是源自希臘文，原意為風俗習慣（custom or habit）與品行氣質（character）；根據韋氏辭典的解釋，是指符合道德標準或是面對某一種專業的行為標準。就中國而言，倫理二字最早合用為詞，是在小載禮樂禮篇：「樂者，通倫理者也」。另國內學者最長引用的解釋為禮記一書所述：「倫者，類也，義也；禮者，條理也。」即我們常聽的所謂五倫：君臣、父子、夫婦、長幼及朋友。所以，倫就是人倫道理，人類行為的標準，是人際間的共同規範（陳聰文，1995）。

由上述學者對倫理的定義，我們可知一般社會倫理為人與人間的關係（如傳統的中國五倫），而企業倫理為規範企業活動中，人們所持的倫理標準與行為，包括管理者與被管理者、公司與員工、公司與社會、公司與顧客或公司與其他企業組織的關係等。企業倫理的標準，隨著與該個體交往的對象而變，受其所認同的團體而決定。

（二）領導定義

過去研究文獻中，對於「領導」有不同的定義，一般認為領導是一種影響部屬的過程。如Terry（1960）認為「領導是影響人們自願努力以達成群體目標所採之行動」；Tannenbaum、Weschler與 Massarik（1961）認為「領導是在某種情境中的人際互動影響，透過溝通歷程可引導團體行動，達成某些特定目

標」。以上兩個定義均強調：人際關係程序、影響他人之自動行為，以及有助於達成群體目標。

或由反面來看，領導並非指正式權力結構：強制行為與漫無目標的行為。同時領導並不限於那一類機構，只要有人群存在，有人企圖影響他人行為以達成某種目標，這時就有領導的行為會發生（許士軍，2001b）。

領導作用能否發生，以及效果大小，仍然要看是否能引起其他分子的反應並加以接受，因此領導乃是領導者與被領導者，或是說影響者與被影響者間的互動過程。其實所謂被影響者也有若干影響作用，只不過相較之下其影響作用較小而已，因此其會朝向被影響之方向移動（Cohen, Fink, Gadon & Willits, 1976）。

一般而言，管理者較為關心事情的**處理方式**（how），而領導者則較關心事情的**意義**（what）；管理者是**把事情做好**（do things right），而領導者則是**做對的事情**（do the right things）；管理的工作是處理「複雜」，領導則是在處理「改變」，領導工作主要是確認願景以建立方向，並以溝通的方式讓部屬瞭解，激勵他們朝著目標前進（江明修，1994；林琨堂，1997；韓詠蘭，1999；林靜鈺，2000）。

較為普遍性的領導定義，似可謂為：在一特定情境下，為影響一個人或一群人之行為，使其趨向於達成某種群體目標之人際互動程序。換言之，領導程序乃係：領導者、被領導者與情境等三方面變項之函數（Hersey & Blanchard, 1977）。綜觀上述各學者就「領導」一詞的解釋，雖然紛雜，但本質上相互矛盾並不多，因此本章節研究認為領導：「是一種影響力，也是一種活動的過程，其最終目的在於達成組織目標」。

> 領導：「是一種影響力，也是一種活動的過程，其最終目的在於達成組織目標」。

二、相關文獻討論

（一）個人價值與企業倫理

　　一個人的價值觀傾向，將決定其個人的言行舉止及其他行為；亦即我們可以瞭解個人價值傾向，來推測其行為模式。個人價值是影響倫理決策的重要關鍵變項，然學者間對價值觀的定義不盡相同，不過在倫理領域方面的研究，大都採用Rokeach的價值觀定義，是為「一種持久的信念」，這種信念會指引個人或社會偏好某種特定的行為模式或事物存在目的狀態，而排除與個人相對立的行為模式或存在目的之狀態。Rokeach將價值觀分為兩類：一是目的性價值觀，反映個人對於其一生中想要達成之最後目標偏好；二是工具性價值觀，反映用來達成預定目標的方法（Fritzsche, 1997）。

　　企業倫理行為的顯露，可從個人對引發企業問題的環境因素之態度傾向看出，而個人的態度則植根於決策者的個人價值系統。員工企業倫理行為之誘發，最重要的因素在於企業倫理氣候的塑造。同時，企業在塑造企業倫理認知一致性的手段上，不論該企業的人事管理制度重視何種構面，其落實的成果差異不大（余坤東，1995）。陳嵩與蔡明田（1997）研究結果說明，產業倫理氣候是影響組織倫理氣候認知的重要因素，個人的倫理哲學傾向，對組織倫理氣候認知的影響，則相對有限。其次，組織倫理氣候對個人倫理哲學傾向，有顯著的影響；產業倫理氣候對個人倫理哲學傾向的影響，則較為有限。

　　組織倫理氣候及個人倫理哲學傾向，對倫理評價傾向雖有顯著的影響，但組織倫理氣候顯然才是影響倫理評價傾向的主要因素。葉桂珍（1995）研究發現，員工對公司倫理氣候之實際認知情形，會影響該員工對組織的承諾，而組織的承諾與工作滿意度及工作績效，呈高度正相關。

Weiss （1994） 等西方學者堅決主張領導的領導行為，應具備強烈倫理觀，這種以主管為基礎的強烈倫理觀，將會塑造強烈的道德文化，進而影響組織成員的行為。由塑立組織倫理觀的向度去衡量，愈高階的主管愈強調倫理觀的話，愈容易在組織內塑造倫理氣氛。

Victor與Cullen（1988）實證出的五種倫理氣候類型中，關懷導向、獨立導向、法律導向與公司規範導向的倫理氣候，有助於提升組織內部的倫理行為，進而影響到組織績效，形成正向的組織績效；而功利導向的倫理氣候，則會導致組織內部不倫理的行為，也會影響到組織績效，形成負向的組織績效。或許有人會認為，企業求生存最重要。若是企業活不下來，所有的道德倫理都是空談。

事實上，許多企業常常用「求生存」，作為不倫理行為的藉口，但在我們周遭，也可以看到許多既符合倫理又績效良好的企業。若是一個企業非要用不倫理的手段才能生存的話，這表示這家企業的經營能力有問題，它並沒有生存的價值（葉匡時，1996）。

（二）倫理領導意涵

倫理領導是領導過程中注入倫理考量與行動的綜合體，其主要的核心思想是一種領導分享的精神與作法。事實上，領導分享的概念與參與倫理的理論基礎十分接近（Van Luijk, 1994）。參與倫理的觀念，要求個人對共同事務做出奉獻及參與，此種自願及慈善的參與，本質上已超越個人私利的範圍。因此，倫理領導為領導者在做決策時的倫理考量，是組織行為是否合乎倫理的重要因素。因此，企業家若能重視道德考量，會使企業帶來更好的績效（Pratley, 1995）。

高階管理階層對於具倫理文化之承諾最為重要。為了維持競爭力，很多組織領導者面對創造組織內倫理環境之挑戰。轉

型式領導有助於倫理環境之創造，並可促進企業倫理的制度化。領導者對於組織的倫理文化是當相重要的，一群美國主要企業的高階主管認為，總裁及其鄰近的高階主管有必要公開且堅定地承諾道德行為，例如，誠實已被認為是好領導者的最重要品質。如果組織的領導者僅留意短期利潤，員工會很快地獲得該訊息。

吳成豐（1998）歸納國內外學者之看法，認為企業倫理的實施主要分成以下八項：訂定道德準則；實施道德訓練；打擊不道德行為；主管檢視自我決策並監督部屬行為；回饋社會行為；改變組織文化（授權及擴大參與）；改善行政倫理；慎選新進人員。重視企業倫理的公司，往往也是企業績效良好、員工向心力強的公司。這些公司對人很尊重；製造品質優良的產品；提供顧客最佳的服務；企業將員工視為最寶貴的資產，重視員工的教育訓練與生涯發展；強調社會責任，重視社會公益的投入。

（三）非營利組織倫理議題

非營利組織應具備三項目標，即執行政府委託之公共事務；執行政府或營利組織所不願或無法作之事務；影響國家營利部門或其他非營利組織之政策方向 （Hall, 1987）。非營利組織的管理，不是靠利潤動機的驅動，而是靠使命的凝聚力與引導經由能反應社會需要的使命界說，以獲得各方面擁護群的支持（余佩珊譯，1994）。非營利組織倫理議題的探討，大抵可由行銷倫理、領導倫理、募款倫理與財務倫理等構面來分析，而針對本章節研究討論的焦點，援以領導倫理為討論的主軸。

非營利組織是人群關係的產物，參與人員間應共同導守規則，其中的關係包括團體內成員間的倫理關係、不同團體間成員與成員的倫理關係、乃至團體與社會、國家間的倫理關係，而公益團體的倫理項目中，最重要的在於參與人員應具備基本

的信念（鄭文義，1989）。同時，非營利組織對於職員、義工或志工，均應給予充分且適當的教育及訓練，且對於所指派的工作都應當是有意義的，不該因其為義工或志工，而給予差別待遇或隨意指派工作；對於職員，領導者更應重視其未來發展的機會。

非營利組織由於組織的特性與政府或企業不同，因此其領導者的責任與政府首長或企業總裁有所差異，其差異性含括有：發展與塑造特定價值；激勵與管理組織中支薪的職工與不支薪的志工；發展與管理組織所提供的服務；避免組織陷入使命扭曲、功能不清或政治底線不清的困境；確保組織取得多樣化財務支持，以維持組織存續發展之必要資源；增加與董事會良性與多元化之互動（O'Neil, 1990）。

張在山譯（1991）引用西方的行銷觀點指出，很多美國民眾重視慈善事業的行銷費用，以決定該事業支用募款是否越軌，非營利事業有義務對群眾說明所支付的行銷費用能獲得多少利益，他們不應多花也不應少花。行銷研究的主要目的是瞭解人的需求及對產品的態度，機構才能藉以對目標群眾提供最大的滿意。非營利組織行銷倫理的議題，大致有提供最適切的服務；增加與社會大眾的互動；避免競爭；合法、明確的基金用途；尊重個人隱私（吳成豐，2002）。非營利組織在從事募款時，應注意手段與目的兩者間的平衡。募款過程的倫理道德必須被遵循與維護，且不可將所募得的款項，大部分用在職員的薪資成本與管銷費用上。

11.3 倫理領導的學理基礎

本節探討倫理領導的學理基礎，討論的主題包括：領導角色定位、近代領導理論、倫理領導意涵等。

一、領導角色定位

在領導角色定位上，邱昌其（1988）依Quinn競值途徑下主管角色的研究，由於其指標基本上具有衝突與競爭之性質，所以稱之為**競值途徑**（competing values approach）。競值途徑下的八種領導角色，即：（1）**指導者**（director）；（2）**生產者**（producer）；（3）**經紀人**（broker）；（4）**革新者**（innovator）；（5）**教練**（mentor）；（6）**輔助者**（facilitator）；（7）**監督者**（monitor）；（8）**協調者**（coordinator）。Quinn同時認為卓越的領導者，在此八種角色上具有均衡的能力。

此外，Lessem認為在組織中不同的個人，會扮演著不同的角色，其基本角色有下面七種類型：（1）**歷險者角色**（adventurer role）；（2）**賦予生氣者角色**（animator role）：即扮演母親、慈祥的師長、患難之交等輔助性的角色；（3）**觸動給改變者的角色**（change agent role）：即將實驗精神引進實際生活與工作中；（4）**開創者角色**（entrepreneur role）；（5）**執行者角色**（executive role）；（6）**促成者角色**（enabler role）；（7）**創新者角色**（innovator role）（邱昌其，1998）。本章節研究在領導角色定位上，採Quinn競值途徑的角色類別為分析工具。

二、近代領導理論

從1970年代以來的新興領導理論來看，其研究趨勢有別於傳統一般領導理論之處，乃在於此新近的領導研究注重領導者的內在特質及理念動機，並且關切領導歷程中相關的要素。例如，員工與領導者之互動關係成為重要的論題；又如領導的社會脈絡及其與組織文化的關係，也受到重視。故此本節主要集中在「奇魅式領導」、「轉型式領導」、「交易式領導」及「服務式領導」等四類典型的新興領導理論（江明修，1994）。

（一）奇魅式領導

「奇魅」（charismate）是由Weber首先提出的概念，用以說明領導者以獨具的天賦作為權威的基礎，有別於根據傳統或職位的權威形式。在奇魅領導研究中，House（1977）是最早以命題驗證的方法，取代傳說或神話的解釋方式，並試圖突破過去僅陷於宗教或政治層面的神祕色彩，所以House的研究也成為80年代奇魅領導研究的主要理論根據。其後有許多學者依此加以修正或詮釋，其中以Bass對House的延伸研究最為重要。此外，Conger與Kanungo也提出有關奇魅與非奇魅領導者的比較研究。Musser更運用「積極」與「消極」的分類標準，提出奇魅領導的影響與限制（江明修，1994）。

綜合言之，**奇魅式領導**（charismatic leadership）是靠個人魅力而不靠職權或管理技能，就能激勵部屬工作、完成目標，這些魅力來自能給與追隨者美好的遠景、能充分信任追隨者，而且獲得追隨者的信任回報。他們能給與追隨者特殊的精神感召，例如，對未來的願景，並充分傳達此一願景給追隨者，使他們相信且願意實踐。

（二）轉型式領導

轉型式領導（transformational leadership）的研究先趨為Burns，他所關注的領導現象是以國家與政治活動的組織為主，而非經濟性的組織。Burns將轉型式領導者界定為：「領導者與屬員共同相互提升至較高的人性行動與道德動機層次，並且訴諸於道德價值，如自由、公道、平等，來提升屬員的意識，進而實踐於行動之中」。

Bass與Burns二人所提出之轉型式領導，其共同點皆係視領導為一種以價值交換來轉化屬員承諾的歷程，而其差異性乃是來自各有著不同的理論內涵。Burns將轉型式領導者限定於鼓吹

奇魅式領導
charismatic leadership

奇魅式領導是靠個人魅力而不靠職權或管理技能，就能激勵部屬工作、完成目標，這些魅力來自能給與追隨者美好的遠景、能充分信任追隨者，而且獲得追隨者的信任回報。

轉型式領導
transformational leadership

轉型式領導是「領導者與屬員共同相互提升至較高的人性行動與道德動機層次，並且訴諸於道德價值，如自由、公道、平等，來提升屬員的意識，進而實踐於行動之中」。

屬員對道德價值與高層次需求的認同與追求；Bass則認為轉型領導者並毋需在乎轉型結果，是否有利於屬員之道德性格，而只想激發屬員對組織或其領導者個人的承諾感。由此可見，Bass對於轉型的定義更為寬廣。

轉型式領導的後續研究，主要皆以Burns與Bass的理論架構加以修正。其中有不少學者透過實證性的問卷調查、個案分析、重要事例內容分析、實驗法等研究方法，來探索轉型式領導的實際運作策略之可行性（江明修，1994）。

（三）交易式領導

領導者根據職位規範執行所要求的管理功能，就像交易一樣扮演該扮演的角色；釐清部屬應做的工作、啓動工作結構、提供合理報償、體恤部屬、滿足部屬需求。Bass認為交易式領導可以成為轉型式領導的基礎，兩者可於不同的情境與時機下，並行不悖地相互運用。

Burns並提出轉型式領導與**交易式領導**（transactional leadership）的區分，認為二者的差異乃是由於在領導互動影響過程中所進行的交換價值有所不同，前者的交換價值是在誠實、公平、負責等的意義層次；而後者則是訴諸於政治酬庸、職位、薪資、福利等的實質層次（江明修，1994）。

> **交易式領導**
> **transactional leadership**
>
> 交易式領導指領導者根據職位規範執行所要求的管理功能，就像交易一樣扮演該扮演的角色；釐清部屬應做的工作、啓動工作結構、提供合理報償、體恤部屬、滿足部屬需求。

（四）服務式領導

新興的研究主題則漸著重於領導者與部屬的**從屬關係**（followership），甚至轉而以探討部屬角色為主，領導者為輔的可能性。此途徑的研究較著重於人的道德感與激勵等內在層次，可說是對轉型式領導理論的修正與創新的一個新領域。此派學者Graham認為，Bass發展的轉型式領導理論，忽略了Burns所揭開的道德涵義而淪為經濟性意義，故提出「服務式領導」，將社會責任與服務信念內化於組織之中，使人員不受到剝削而能認為

自己是受人尊重的個體；並且確保人們透過領導者的激發會更具有智慧、自由與主體性。

更確切地說，所謂「服務式領導」（servant leadership），係指領導者能授權予部屬，並使其成為自主的組織公民。此外，他們還激勵追隨者有更高的工作動機，並將這分動機帶到組織任務與目的上。因此，除了能讓追隨者實踐個人目標外，還能實現其組織目標（江明修，1994）。

> **服務式領導 servant leadership**
>
> 所謂「服務式領導」，係指領導者能授權予部屬，並使其成為自主的組織公民。

（五）領導理論小結

綜合以上的論述，本研究主要集中在「奇魅式領導」、「交易式領導」、「轉型式領導」與「服務式領導」等四類典型的新興領導理論的探討，如【表11-1】所示（江明修，1994）。

奇魅式領導者靠個人魅力而不靠職權或管理技能，就能激

表11-1 以個人特質與影響力為核心的領導理論及其比較

領導類型	奇魅式領導	轉型式領導	交易式領導	服務式領導
個人特質的來源	天生賦與人格；社會差距（先天天賦）	領導者訓練與技巧（後天學習）	專業才能與管理技巧（外在能力）	謙卑；心靈的洞悉力（內在修養）
領導的展現方式	以幻想解決部屬的匱乏；採大膽強烈方式推動理念；推動（push）	為組織建立遠景；領導者擅長於人力資源管理；引領（pull）	提供部屬可具體獲得報酬，並以各種誘因與監督方式表示；控制（control）	能將服務的觀念身體力行；工作與生活融於一體；服務（service）
情境系統	部屬處於社經上的匱乏狀態；宰制、壓抑（權威式）	單向權力（階層性）；重視分享理念的文化和參與過程	單向權力（階層性）；強調達成結果的權變手段與交換關係	關係性權力（相互性）；去權威中心化及相互成就
部屬的反應	無條件地接受領導者的領導，而失去個人自主性高度依賴領導者	高度受到內在報酬的激勵，能付出額外的努力；自主性的建立	努力依報酬的多寡而定；部屬與領導者斤斤計較所能獲得的報酬	仿效領導者的服務取向；從行動中自覺；成員彼此影響
領導的影響	建立領導者的不朽地位；部屬處於精神催眠下的服從狀態	為達成領導者或組織的目標；部屬獲得個人的發展	部屬與領導者彼此互惠，各得其所利；強化共同目標	部屬擁有自主性與道德發展

資料來源：整理自江明修（1994）。

勵部屬工作、完成目標,這些魅力來自能給與追隨者美好的遠景、能充分信任追隨者,而且獲得追隨者的信回報。他們能給與追隨者特殊的精神感召。

交易型領導者根據職位規範執行所要求的管理功能,就像交易一樣扮演該扮演的角色:釐清部屬應做的工作、啓動工作結構、提供合理報償、體恤部屬、滿足部屬需求。他們盡責地做好每一項管理功能:企劃、組織、激勵、控制等,使所經手的工作都能順利有效運作,他們通常都很賣力工作、忍辱負重、沒有私心。

轉型式領導者啓動組織變革,所憑藉的不是交易型領導者所運用的規則、程序、報酬、控制,而是建立組織願景、共享價值、理念等無形價值,對組織進行改造,改變組織的結構、任務、資源配置,使組織再生。

服務式領導者是一種由下到上的領導,由體恤追隨者的需求開始,認爲工作是爲了培養員工而存在,與員工爲工作而存在一樣重要。他們激勵追者有更強的工作動機,並將這分動機帶到組織的任務與目的上。因此,一方面讓追隨者實踐個人目標,一方面也實現組織目標(洪明洲,1997)。

三、倫理領導意涵

倫理領導是過程中,注入倫理考量與行動的綜合體,其主要的核心思想是一種**參與領導**(participatory leadership)的精神與作法。參與領導在強調領導過程中融入他人意見的必要性,如果用民主與獨裁來區分領導式的話,參與領導偏重在民主式的上下屬互動。參與領導是一種新的領導哲學觀,在現代人過度個人主義訴求的情境中,應盡量減少個人與團體對立,應體認領導者與被領導者都需創新與求變,在作法上參與領導應發展出實際授權的行動(Buchholz & Rosenthal, 1998)。

參與領導的概念與**參與倫理**（participatory ethics）的理論基礎很接近（Van Luijk, 1994），參與倫理的觀念，要求個人對共同事務做出奉獻及參與。此分自願與慈善的參與，已超越個人私利的範圍，把參與倫理運用到商業政策上，對增強企業競爭力有直接的幫助，企業家重視道德考量會使企業帶更好的績效（Pratley, 1995）。

倫理領導具體的內容，計有如下要點：

1.具有個人強烈良知的所謂個人倫理特性的倫理系統，歸屬於轉型式領導人的領導屬性，此類領導者凸顯相當程度的倫理特質，含括有激發部屬潛能、充分授權、幫助部屬成為好的領導人、提升部屬價值觀及動機的品質，以及鼓勵別人成長也要求自我實踐（Hitt, 1990）。

2.領導人應處理好能力、個性與地位，領導人如欠缺能力將濫用權力，如個性懦弱無創意，如地位不無達成組織目標的信心（Enderle, 1987）。

3.倫理領導人最重要的道德責任，如勞工條件保護：職場安全、員工權益等；如自然環境保護：限制有害垃圾與減少資源耗損；如功能維護：消費者安全與滿意（Pratley, 1995）。

由上述論點可整合倫理領導的八項內容，包括：領導人自律與認知、鼓勵參與、充分授權、重視教育訓練、重視環保、消費者保護、確保產品品質及公益回饋等（Groner, 1996; Butcher, 1997; Gray, 1996）。倫理領導的動力，來自於領導者個人對倫理認知與自律等要素，而透過某些機制的操作可以達到企業倫理的目標。

參與倫理的觀念，要求個人對共同事務做出奉獻及參與。此分自願與慈善的參與，已超越個人私利的範圍，把參與倫理運用到商業政策上，對增強企業競爭力有直接的幫助，企業家重視道德考量會使企業帶更好的績效。

倫理領導的八項內容，包括：領導人自律與認知、鼓勵參與、充分授權、重視教育訓練、重視環保、消費者保護、確保產品品質及公益回饋等。

11.4 倫理領導的實證分析

　　本節說明倫理領導的實證分析結果，首先是問卷調查的分析，其次是實務命題驗證，最後則是個案的分析與比較。

一、問卷調查分析

　　本章節研究於2001年8月6日至26日期間，分別赴陽光與伊甸基金會進行訪談，同時進行發放問卷與收回。本研究所調查之樣本數為陽光7人、伊甸18人，由於受調者皆是訪談中領導者的直接部屬，故其樣本數有限，唯足以代表其對領導者的看法。問卷大致分為兩大部分，第一部分是針對部屬對領導者滿意度之調查，使用分析之方法為次數分配法、T檢定以及卡方檢定；第二部分為基金會部屬之個人基本資料，使用分析方法為次數分配百分比法。

（一）次數分配與T檢定

　　1. 次數分配分析

　　【表11-2】說明，兩基金會調查研究對象之個人基本資料。以部屬屬性來看，陽光以男性為主（57%），伊甸以女性為主（83%）外，其餘皆為30歲以下（陽光58%、伊甸72%）、大專以上（陽光71%、伊甸89%）、未婚（陽光100%、伊甸78%）、年資一年以下（陽光66%、伊甸50%），以及非社會科系畢業者（陽光100%、伊甸83%）居多。

　　2. 滿意度分析

　　在部屬對領導者的滿意度上，分別是陽光與伊甸兩團體，針對問卷第一部分十八個問題，如【表11-3】所示，個別進行部屬對領導者滿意度的調查。本研究依據Likert量度表，將滿意

表11-2　調查研究對象之個人基本資料統計

變項	選項	伊甸		陽光	
		人數（人）	百分比（%）	人數（人）	百分比（%）
性別	男	4	57	3	17
	女	3	43	15	83
年齡	20歲以下	2	29	0	0
	21～30歲	2	29	13	72
	31～40歲	3	42	3	17
	41～50歲	0	0	2	11
	51歲以上	0	0	0	0
教育程度	國中或以下	0	0	0	0
	高中（職）以下	2	29	2	11
	大專	5	71	16	89
	研究所以上	0	0	0	0
婚姻狀況	未婚	7	100	14	78
	已婚	0	0	4	22
年資	一年以下	5	66	9	50
	二年到四年	0	0	5	28
	五年到七年	0	0	1	6
	八年到十年	1	17	1	6
	十一年以上	1	17	2	11
畢業科系	社會科系	0	0	3	17
	非社會科系	7	100	15	83

資料來源：楊政學、紀佩君（2006）。

程度予以區間數值化，並以1至5來區別部屬對其領導者滿意度之強弱，數值愈大表示滿意程度愈強；反之，則表示滿意程度愈弱。

【表11-4】滿意度分析說明：陽光是以「會聽我的感受與想法」與「會鼓勵我用新的思考模式來解決問題」之滿意度的平均值4.57為最高，以「設下的目標會對我產生激勵作用」與「依部屬的不同特性採不同的對待方式」之滿意度的平均值4.00為最低，由於最高與最低的差距並不大，各個項目的平均值皆在滿意這個部分，故陽光的部屬對於執行長的滿意度是很高的。

表11-3 問卷題項說明──部屬對領導者的滿意度

項目	內容說明
1	當我圓滿完成工作時，他會稱讚我
2	他重視我的福利
3	他用信賴、尊重的態度和我商量事情
4	他能為我講話，替我爭取權益和發展的機會
5	他會和我噓寒問暖，分享我的快樂和悲傷
6	他是友善，而且容易親近的
7	他會找時間聽聽我的心理感受和想法
8	為達成目標，他會提供新的構想來幫助我
9	他會考慮我們的能力和興趣來分配工作
10	他重視我的工作需求
11	他是充分授權的
12	他設下的預期目標會對我產生激勵作用
13	他會依部屬的不同特性，採取不同對待方式
14	他鼓勵我用新的思考模式來解決工作問題
15	他對每個部屬都很公平
16	他重視工作也關心部屬
17	他會提供消息給我，讓我瞭解機構的動向
18	他會站在平行的立場上，與我就事論事

資料來源：楊政學、紀佩君（2006）。

　　伊甸則以「會找我商量事情」之滿意度的平均值3.67為最高，以「對每個部屬都很公平」之滿意度的平均值2.67為最低，可見林總幹事是一個會依部屬不同特性，採取不同對待方式的領導者，故在機構中部分的部屬會覺得總幹事不是一個很公平的人。

　　由統計資料顯示，陽光的部屬對於這十八個題項的滿意程度，大致分布於4至5，即介於滿意與非常滿意之間；伊甸則大致分布在3至4，即介於無意見與滿意之間。再從數值上看來，由於陽光最高與最低的差距較小，僅0.57而已，伊甸則為1，故推判陽光的各項評比較為平均。

　　綜合上述可得知，陽光的部屬對領導者的看法較為一致，而伊甸的領導者對於部屬是採取不同的對待方式，故伊甸的部

表11-4 陽光與伊甸次數分配、T檢定之比較分析

項目\特點		相同性	差異性	
			陽光	伊甸
部屬屬性		30歲以下 （陽光58%、伊甸72%） 大專以上 （陽光71%、伊甸89%） 未婚居多 （陽光100%、伊甸78%） 年資一年以下 （陽光66%、伊甸50%） 非社會科系畢業 （陽光100%、伊甸83%）	男性居多（57%）	女性居多（83%）
部屬對領導者的滿意度	最高	無	「會聽我的感受與想法」（4.57）、「會鼓勵我用新的思考模式來解決問題」（4.57）	「會找我商量事情」（3.67）
	最低	無	「設下的目標會對我產生激勵作用」（4.00）、「依部屬的不同特性採不同的對待方式」（4.00）	「對每個部屬都很公平」（2.67）
兩基金會部屬對其領導者滿意度之關聯性		「用信賴尊重的態度和我商量事情」（0.018**） 「會和我噓寒問暖，分享我的快樂和悲傷」（0.104**） 「是友善的且容易親近」（0.021**） 「會找時間聽聽我的心理感受和想法」（0.028**） 「重視我的工作需求」（0.004**） 「充分授權」（0.016**） 「鼓勵我用新的思考模式來解決工作問題」（0.018**） 「對每個部屬都很公平」（0.001**） 「會提供消息給我，讓我瞭解機構的動向」（0.001**） 「會站在平行的立場上，與我就事論事」（0.008**）	「當我圓滿完成工作時會稱讚我」（0.055） 「重視我的福利」（0.099） 「能為我講話，替我爭取權益和發展的機會」（0.104） 「為達成目標會提供新的構想來幫助我」（0.166） 「會考慮我們的能力和興趣來分配工作」（0.136） 「設下的目標會對我產生激勵作用」（0.096） 「會依部屬的不同特性採取不同的對待方式」（0.324） 「重視工作也關心部屬」（0.051） （註：兩基金會之差異處）	

註：部屬屬性欄位小括號內數值為次數分配百分比率；滿意度欄位小括號內數值為Likert五點刻度量表分數，滿分為5分；關聯性分析之欄位小括號內數值，為T檢定的P-value值大小，**代表在顯著水準0.05檢定下具顯著差異。

資料來源：楊政學、紀佩君（2006）。

屬對領導者的滿意度會有較大的偏差。

3.關聯性分析

本研究主要是在探討不同的變項,是否會因不同基金會的部屬而有所改變,故採行T檢定:兩個母體平均數差的檢定,假設變異數不相等。本研究設定H0:陽光和伊甸部屬對其主管領導方式的滿意度是無差異。H1:陽光和伊甸部屬對其主管領導方式的滿意度是有差異。

首先假設顯著水準為0.05,由【表11-4】之T檢定得知,項目為3、5、6、7、10、11、14、15、17及18的P值皆小於0.05,故判定兩者間具有顯著關係,意即在兩基金會部屬對其領導者滿意度關聯性上,「用信賴尊重的態度和我商量機會」、「會和我噓寒問暖,分享我的快樂和悲傷」、「是友善的且容易親近」、「會找時間聽聽我的心理感受和想法」、「重視我的工作需求」、「充分授權」、「鼓勵我用新的思考模式來解決工作問題」、「對每個部屬都很公平」、「會提供消息給我,讓我瞭解機構的動向」、「會站在平行的立場上,與我就事論事」是無差異的。

在「當我圓滿完成工作時會稱讚我」、「重視我的福利」、「能為我講話,替我爭取權益和發展的機會」、「為達成目標會提供新的構想來幫助我」、「會考慮我們的能力和興趣來分配工作」、「設下的目標會對我產生激勵作用」、「會依部屬的不同特性採取不同的對待方式」與「重視工作也關心部屬」等項目中,陽光與伊甸兩組織之部屬對其主管的滿意度是存有差異的。

(二) 卡方檢定

為探討研究個案中不同的變項,是否會因部屬的性別、年齡、教育程度、婚姻狀況、年資及畢業科系不同而有所改變。原定分別以陽光與伊甸個別進行分析,但在分析過程中,發現

陽光的樣本數過小，無法執行卡方檢定，而改以伊甸單獨及兩家合併進行分析。茲將伊甸與合併之卡方檢定之比較分析，列示如【表11-5】。

由【表11-5】比較分析結果中可看出，在部屬的屬性上，以性別而言，在「充分授權」與「鼓勵我用新的思考模式來解決工作問題」，伊甸與合併均會受其影響，在「會提供消息給我，讓我瞭解機構的動向」僅只有伊甸具有顯著關係；以年齡來看，「會和我噓寒問暖，分享我的快樂和悲傷」，伊甸與合併

表11-5 伊甸與合併之卡方檢定之比較分析

特點\\項目		相同性	有顯著關係	
			差異性	
			陽光	伊甸
部屬對其領導者滿意度會應部屬屬性不同而有所改變	性別	「充分授權」(0.00288*)〔0.04039*〕、「鼓勵我用新的思考模式來解決工作問題」(0.00184*)〔0.03457*〕	「會提供消息給我，讓我瞭解機構的動向」(0.02024*)	無
	年齡	「會和我噓寒問暖，分享我的快樂和悲傷」(0.06271*)〔0.06278*〕	無	「設下的目標會對我產生激勵作用」〔0.09039*〕、「會站在平行的立場上，與我就事論事」〔0.09788*〕
	教育程度	無	無	「設下的目標會對我產生激勵作用」〔0.04830*〕
	婚姻狀況	無	「會找時間聽聽我的心理感受和想法」(0.07643*)、「重視我的工作需求」(0.07643*)	無
	年資	無	無	無
	畢業科系	「會提供消息給我，讓我瞭解機構的動向」(0.00184*)〔0.00109*〕	「是友善的且容易親近」(0.05910*)	「當我圓滿完成工作時會稱讚我」〔0.03713*〕、「對每個部屬都很公平」〔0.02672*〕

註：小括號數值為伊甸單獨卡方檢定的機率值；中括號數值為伊甸與陽光兩家合併卡方檢定的機率值；*代表在顯著水準0.1檢定下具顯著關係。

資料來源：楊政學、紀佩君（2006）。

均受其影響，在「設下的目標會對我產生激勵作用」與「會站在平行的立場上，與我就事論事」只有合併具有顯著關係。

以教育程度而言，在合併分析上可看出在「設下的目標會對我產生激勵作用」下，具有顯著關係；以婚姻狀況而言，在伊甸分析上可看出「會找時間聽聽我的心理感受和想法」與「重視我的工作需求」下，具有顯著關係；以年資而言，伊甸與合併均不受此影響；以畢業科系而言，在「會提供消息給我，讓我瞭解機構的動向」，伊甸與合併均會受其影響，在「是友善的且容易親近」僅只有伊甸具有顯著關係，在「當我圓滿完成工作時會稱讚我」與「對每個部屬都很公平」僅只有合併具有顯著關係。

綜合上述統計檢定結果，可看出在性別方面，伊甸與合併分析（同時包括陽光和伊甸）主要差別在於伊甸比合併分析多了項目17（讓我瞭解機構的動向）；在年齡方面，合併分析比伊甸多了項目12（設下的目標會對我產生激勵作用）與項目18（會與我就事論事）。

在教育程度方面，合併分析則比伊甸多了項目12（設下的目標會對我產生激勵作用）；在婚姻狀況方面，伊甸反而較合併分析多了項目7（領導者會傾聽我心理的想法）與項目10（重視我的工作需求）；在年資方面，伊甸和合併分析的結果是相同的；最後，在畢業科系方面，伊甸比合併分析多了項目6（領導者是友善的且容易親近），但比合併分析少了項目1（領導者會稱讚我）與項目15（對每個部屬都很公平）。

本研究發現，陽光與伊甸兩機構的部屬對其主管的滿意度，是不會因年資的不同而有所改變，而在性別、年齡、教育程度、婚姻狀況，以及畢業科系上，則兩者間皆有明顯的差異。

二、實務命題驗證

　　本節依研究發現及訪談內容，並輔以問卷分析結果予以佐證，以試圖大膽驗證實務命題成立與否。在客觀證據的需求上可能不是很足夠來證明命題，但本研究希望試著運用訪談與問卷資料來合併檢證，以便讓質化與量化研究的方法得以相互連結運用。茲將對研究個案所建立命題之驗證結果，彙整列示於【表11-6】，以比較兩個案領導模式之實務運作情形與差異。

　　由【表11-6】命題驗結果可知，從第一部分領導之領導特質、領導能力及領導型態中可看出【命題1-4】、【命題1-6】、

表11-6　陽光與伊甸假設命題之驗證結果

命題	驗證結果	
	陽光	伊甸
【1-1】基金會之領導者個人風格是以人際關係至上	◎	◎
【1-2】基金會之領導者是充分授權的	◎	▲
【1-3】基金會之領導者會給部屬適時的激勵	◎	◎
【1-4】基金會之領導者對每個部屬很公平	▲	×
【1-5】基金會之領導者兼顧任務的完成及人員的滿足	◎	◎
【1-6】基金會之領導者領導魅力來源是天生的	×	▲
【1-7】基金會之領導者會適時給予部屬指引方向	◎	◎
【1-8】基金會之領導者通常在領導過程中，遇到最大的困境在於專業知識不足	▲	▲
【1-9】基金會之領導者對領導的定義是相同的	▲	▲
【1-10】基金會之領導者的角色定位是協調者	▲	×
【2-1】基金會之領導者會讓部屬清楚瞭解使命	▲	▲
【2-2】基金會之領導者領導理念與組織使命成一致的方向	▲	▲
【3-1】基金會之領導者領導角色定位會影響組織發展	△	▲
【3-2】基金會之領導者領導角色定位會影響組織決策	△	▲
【3-3】基金會之領導者領導角色定位會影響組織活動推展	△	▲

註：◎命題驗證成立（問卷與訪談皆成立）
　　▲只能從單一的訪談驗證得知
　　△現有資料無法佐證
　　×訪談驗證不成立
資料來源：楊政學、紀佩君（2006）。

【命題1-10】不成立。在【命題1-4】基金會之領導者對每個部屬很公平之命題上，可從訪談中得知，陽光領導者對每個部屬是很公平的，而伊甸則無法對每個部屬很公平。

在【命題1-6】基金會之領導者領導魅力來源是天生的此命題中，可從訪談得知，陽光認為後天培養較為重要。在【命題1-10】基金會之領導者的角色定位是協調者的命題上，可從訪談中得知，伊甸總幹事是偏向為革新者。

第二部分使命的實踐，【命題2-1】與【命題2-2】命題驗證結果皆是成立的。在第三部分領導角色定位與組織發展中可看出，陽光方面無法從訪談與問卷中予以驗證。

三、個案分析比較

本研究擬針對二家基金會做詳細分析與比較，並依前述建構之領導理論實務模型架構，探討其倫理領導執行方式與要素的共通性與差異性，彙總如下：

（一）伊甸基金會倫理領導實務分析

伊甸基金會領導者的倫理領導理念是與組織使命相吻合，並遵循組織的使命作為領導的依據與決策的方向，帶領著部屬瞭解使命進而達成目標。他是充分授權的，會給予部屬一個足以讓他發揮的空間，適時的給予激發與支授，而相對地伊甸基金會的部屬對其領導者有很高的滿意度。

伊甸基金會領導者之領導行為是屬於高體恤高結構的領導方式，注重工作目標的達成及部屬需求的滿足；領導型態以魅力來源來看是屬於轉型式領導，在與組織成員方面，是屬於服務式領導。伊甸基金會的領導者必須將使命轉換成可行的目標，回顧、調整以及創新工作內容與方法。茲將伊甸基金會倫理領導實務模式，圖示說明如【圖11-1】。

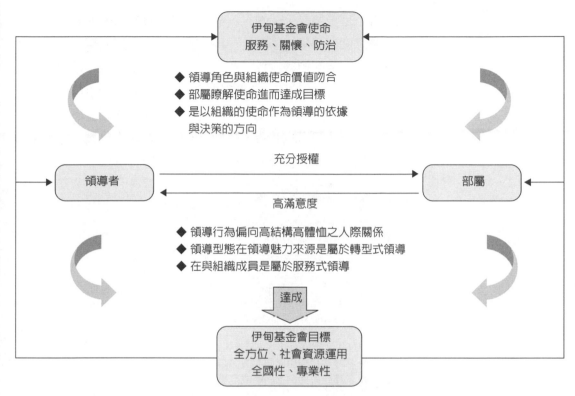

圖11-1　伊甸基金會倫理領導實務模式
資料來源：楊政學、紀佩君（2006）。

（二）陽光基金會倫理領導實務分析

　　陽光基金會認為只要是在社會上被認為是弱勢者，無論他們是個人或是團體，都是陽光基金會所要服務的對象，而透過有效的服務以及福音的傳達來滿足其服務對象的需求，這不但是陽光基金會最大的使命，也是陽光基金會存在的終極意義。這個使命，是與領導者的倫理領導理念互相吻合的，領導者利用這個使命陳述做基點，訂定出各具體的可行目標，並讓部屬確實明瞭組織使命，領導者同時協助組織與部屬，共同達成目標。

　　陽光基金會的領導者是會依不同的部屬屬性而採取不同的對待方式，也就是因材施教，所以看在部屬的眼中，會覺得此

領導者不是一個很公平的人，故陽光基金會的部屬對其領導者只有中滿意度。同伊甸基金會一樣，陽光基金會的領導者也是屬於高體恤高結構的領導方式，在領導型態這方面，若以魅力來源來看，是屬於奇魅式領導，則與伊甸基金會不同；若以組織成員方面來看，是屬於服務式領導，注重與部屬間的從屬關係。最後，領導者必須依尋組織使命，帶領部屬達成最終的目標。茲將陽光基金會倫理領導實務模式，圖示說明如【圖11-2】。

(三) 個案比較分析

    1.領導角色定位比較分析

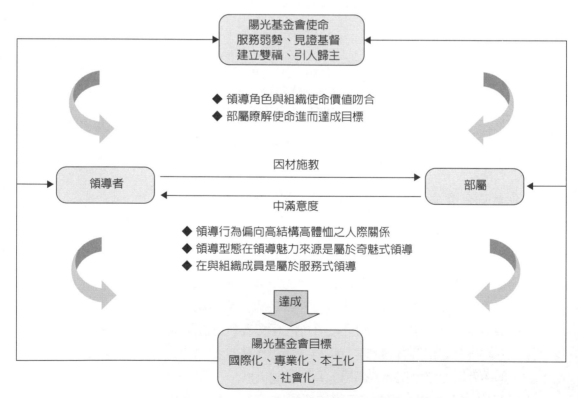

圖11-2　陽光基金會倫理領導實務模式

資料來源：楊政學、紀佩君（2006）。

　　伊甸基金會的組織是屬於扁平式的架構，在垂溝通方面相
當順暢，但水平方溝通則較有可能形成瓶頸，會影響組織內跨部
門溝通的效率。而在訪談中，伊甸基金會執行長也強調自己的角
色定位是偏向協調者，使組織維持持續運作、降低干擾協調計畫
等，但同時也較保守謹慎，對組織來講發展速度較緩慢。

　　陽光基金會總幹事則強調自己的角色偏向革新者，容易把
握住對組織有利的發展機會、能適應變遷、洞悉未來，並以創
新的方式來處理事務，但同時也易使組織有較大的風險。

　　本研究認為不論是非營利組織或營利組織之領導角色為
何，都有其優缺點，領導者角色的定位是依組織架構、型態、
職務性質等不同，故有所差異。茲將伊甸與陽光基金會領導者
之領導角色定位，圖示說明如【圖11-3】。

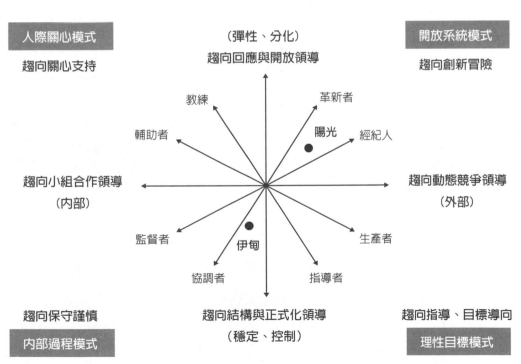

圖11-3　伊甸與陽光基金會領導者之領導角色定位
資料來源：楊政學、紀佩君（2006）。

2. 倫理領導實務模式比較分析

綜合上述兩個案倫理領導實務模式之說明，本研究進一步將彼此建構要素間，作相同性與差異性之比較分析，並將比較結果列示整理如【表11-7】。

11.5 倫理領導的個案研究

本節綜整倫理領導個案研究之成果，包括：實證分析所歸結之研究結論，以及研究建議。此外，【案例11-1】則是介紹台積電公司的倫理領導作為，以茲相關業者參考之。

一、研究結論

本研究整合理論與實務的分析，從領導層面來瞭解社會福利服務機構主管之領導模式，以及其部屬對領導者滿意度的情

表11-7　陽光與伊甸領導實務模式之比較分析

特點\項目		相同性	差異性	
			陽光	伊甸
使命		領導者之領導理念與組織使命是相吻合的	服務、關懷、防治	服務弱勢、見證基督、建立雙福、引人歸主
領導者	領導行為	依領導行為理論模式，皆屬高體恤高結構之人際關係取向	以使命作為領導的依據與決策的方向，非以個人的魅力為號召	會因為部屬的屬性不同，給予不同的對待方式
	領導型態	依領導型態理論之領導者與成員間關係皆屬服務式領導	依領導型態理論之領導魅力來源來看，屬於轉型式領導	依領導型態理論之領導魅力來源來看，屬於奇魅式領導
	角色定位		依領導角色定位偏向協調者	依領導角色定位偏向革新者
部屬		・年齡偏向年輕化 ・具高學歷、素質整齊 ・專業知識不足 ・教育背景皆非社會相關科系	對領導者是高度滿意的	對領導者是中度滿意的
目標		專業性	全方位、社會資源運用、全國性	社區化、本土化、國際化

資料來源：楊政學、紀佩君（2006）。

Chapter 11
企業的倫理領導

案例 11-1

台積電的倫理領導

　　2002年1月台積電董事長張忠謀在「遠見人物論壇」上，談及台積電的企業倫理。張董事長說：「我的經營理念有三個基石：一個是願景；一個是理念；另外一個是策略」（高希均，2004）。

　　台積電的經營理念，共計有十項。首先是「商業道德」，這一點是張忠謀認為最重要的。其餘的九項，分別是：專注本業、國際化、長期策略、客戶至上、品質、創新、挑戰性的工作環境、開放型的管理，以及兼顧員工及股東。「商業道德」代表公司的品格，是公司最基本也是最重要的理念，也是執行業務時必須遵守的法則。

　　張忠謀所謂「高度職業道德」是：第一，我們說真話；第二，我們不誇張、不作秀；第三，對客戶我們不輕易承諾，一旦做出承諾，必定不計代價，全力以赴；第四，對同業我們在合法範圍內全力競爭，但絕不惡意中傷，同時我們也尊重同業的智慧財產權；第五，對供應商我們以客觀、清廉、公正的態度，進行挑選及合作。

　　任何人假使拿回扣，台積電非但是開除，而且是要起訴的。在公司內部，絕不容許貪污；不容許在公司內有派系或小圈圈產生；也不容許公司政治（company politics）的形成。

　　至於，台積電用人的首要條件是：品格與才能，絕不是關係。在張忠謀長期的職業生涯中，他發現「好的倫理為經營之道」（good ethics is good business）。

形，以提供社會福利服務機構有效運用領導方式，提升部屬工作滿足與工作績效的參考。在實證研究上，針對陽光及伊甸之領導者進行訪談，同時對兩基金會之部屬進行問卷調查。茲將本研究實證分析結果，綜整列示如下幾點（楊政學、紀佩君，2006）：

　　第一，在組織使命的落實上，依建構之領導實務模式，且由訪談結果發現，兩基金會領導者之領導理念與組織使命呈一致的方向，其目標決策呈現由下而上的決策歷程。

　　第二，問卷調查分析結果發現，非營利組織部屬的年齡偏向於年輕化，且大部分具高學歷未婚。

第三，問卷調查分析得知，兩基金會部屬之屬性不盡相同，因而造成部屬對領導者滿意度也有所差異；陽光部屬對領導者是屬於高滿意度，而伊甸則屬於中滿意度。

第四，由訪談內容中可知，兩基金會均以組織使命作為領導的依據及決策的方向，而非以領導者個人的魅力為號召，可見組織中精神領袖的個人魅力會逐漸從潮流中褪去與轉換。

第五，在領導者與部屬對目標的達成上，依命題驗證結果得知，陽光與伊甸領導者皆為高體恤高結構的領導方式，均注重工作目標的達成與部屬需求的滿足。

第六，依領導型態理論模式觀點，發現領導魅力來源上，陽光執行長屬於轉型式領導型態；伊甸總幹事屬於奇魅式領導型態。在領導者與成員之關係上，兩基金會領導者皆是屬於服務式領導型態。

第七，在領導角色定位上，發現陽光執行長較以使命做為領導依與決策方向，故較偏於協調者的角色；伊甸總幹事會因部屬屬性的不同，而給予不同的對待方式，故較偏向革新者的角色。

二、研究建議

茲延伸本研究實證分析結果，可提出如下幾點研究建議（楊政學、紀佩君，2006）：

第一，強化專業養成教育及人才培育，激發部屬工作興趣與創意。從問卷調查中，我們得知兩基會的部屬，大多數教育背景皆不是本科系。因此本研究建議可經由專業學習的培訓管道，從中培育所需的專業人才，雖然專業養成訓練是一個漫長的過程，但就公共服務組織著重使命與理念的特性來說，這種對於激發人員本身的工作興趣與創意，進而使有志者能投入於公共服務組織的培育，才是根本解決之道。

　　第二，成立專案小組訂定目標，凝聚組織成員共識。基金會的決策歷程皆為由下而上的運作方式，其缺點是常會形成多頭馬車的狀況，因此本研究建議領導者可成立專案小組，以凝聚基層各成員的意見，讓更多成員參與且能減少各部門的分歧。

　　第三，領導角色扮演應兼顧均衡與彈性調整。領導角色定位會因組織架構、型態與職務性質的不同而有所差異，唯本研究認為且建議，最適領導角色之扮演，應同時具備多元領導角色的均衡扮演。因此建議此基金會領導者，可兼顧各個角色的均衡扮演。

重點摘錄

§ 領導：「是一種影響力，也是一種活動的過程，其最終目的在於達成組織目標」。

§ 奇魅式領導是靠個人魅力而不靠職權或管理技能，就能激勵部屬工作、完成目標，這些魅力來自能給與追隨者美好的遠景、能充分信任追隨者，而且獲得追隨者的信任回報。

§ 轉型式領導是「領導者與屬員共同相互提升至較高的人性行動與道德動機層次，並且訴諸於道德價值，如自由、公道、平等，來提升屬員的意識，進而實踐於行動之中」。

§ 交易式領導指領導者根據職位規範執行所要求的管理功能，就像交易一樣扮演該扮演的角色；釐清部屬應做的工作、啟動工作結構、提供合理報償、體恤部屬、滿足部屬需求。

§ 所謂「服務式領導」，係指領導者能授權予部屬，並使其成為自主的組織公民。

§ 參與倫理的觀念，要求個人對共同事務做出奉獻及參與。此分自願與慈善的參與，已超越個人私利的範圍，把參與倫理運用到商業政策上，對增強企業競爭力有直接的幫助，企業家重視道德考量會使企業帶更好的績效。

§ 倫理領導的八項內容，包括：領導人自律與認知、鼓勵參與、充分授權、重視教育訓練、重視環保、消費者保護、確保產品品質及公益回饋等。

重要名詞

三角測定（triangulation）

文獻分析法（analyzing documentary realities）

深度訪談法（in-depth interview）

問卷調查法（questionnaire survey）

個案研究（cases study）

文獻分析（documentary analyze）

理論建構（theoretical framework）

實證架構（methodological framework）

措施研議（plans suggestion）

風俗習慣（custom or habit）

品行氣質（character）

事情的處理方式（how）

事情的意義（what）

把事情做好（do things right）

做對的事情（do the right things）

競值途徑（competing values approach）

指導者（director）

生產者（producer）

經紀人（broker）

革新者（innovator）

教練（mentor）

輔助者（facilitator）

監督者（monitor）

協調者（coordinator）

歷險者角色（adventurer role）

生氣者角色（animator role）

改變者的角色（change agent role）

開創者角色（entrepreneur role）

執行者角色（executive role）

促成者角色（enabler role）

創新者角色（innovator role）

奇魅（charismate）

奇魅式領導（charismatic leadership）

轉型式領導（transformational leadership）

交易式領導（transactional leadership）

從屬關係（followership）

服務式領導（servant leadership）

推動（push）

引領（pull）

控制（control）

服務（service）

參與領導（participatory leadership）

參與倫理（participatory ethics）

公司政治（company politics）

好的倫理為經營之道（good ethics is good business）

問題與討論

1.請分享你個人在第十一章節所學習到的心得？最令你印象深刻的議題為何？

2.倫理領導意涵為何？請簡述之。

3.何謂「奇魅式領導」？請簡述之。

4.何謂「轉型式領導」？請簡述之。

5.何謂「交易式領導」？請簡述之。

6.何謂「服務式領導」？請簡述之。

7.何謂倫理領導的八項內容？請簡述之。

8.本章節研究實證分析結果為何？請簡述之。

9.本章節研究建議為何？請簡述之。

10. 針對「台積電的倫理領導」之案例，你個人有何分享的心得？

企業的行銷倫理

Chapter 12

— 12.1　產品與行銷倫理

— 12.2　廣告與行銷倫理

— 12.3　消費者與行銷倫理

— 12.4　企業行銷倫理的操作

— 12.5　服務業人員的倫理

本章節說明企業的行銷倫理，討論的議題有：產品與行銷倫理、廣告與行銷倫理、消費者與行銷倫理、企業行銷倫理的操作，以及服務業人員的倫理等五個部分。

12.1 產品與行銷倫理

很多國家都有**產品責任**（product liability）法令，界定廠商的產品安全性及無害性的責任，保護使用這些產品的消費者之健康及安全。如果產品有缺陷導致消費者受傷，或對他們健康有害，廠商都有責任作相關的賠償，或者產品的缺陷令使用者帶來不合理的風險，廠商亦要承擔相關的責任。

一、產品安全問題

近年美國有幾宗對大菸草公司的訴訟，是產品責任很好的案例。1995年3月，佛羅里達州州政府向菸草公司提出告訴，要求索償14.3億美元，補償因為要醫治與吸菸有關的醫療支出。在這宗官司之前，菸草公司亦在同一個州被告對3名吸該公司香菸的市民健康造成損害，導致他們罹患癌症，法庭判菸草公司賠償他們各1,300萬美元。在另一宗的集體告訴中，菸草公司更被罰了1,450億美元，作為那些原告人因吸菸而導致健康受損的賠償。

被告是全球的五大菸草商：Philips Morris、R. J.、Reynolds、Brown & Williamson、Lorillard、The Liggett Group。法官指這些公司販賣一種危險及會導致疾病，甚至死亡的產品，同時隱瞞有關吸菸對健康有害的資訊，提出虛假及誤導性的陳辭，同時聯手製造有關吸菸對健康不良效果的錯誤訊息。這宗是美國有史以來，最大的產品責任訴訟案。

根據**嚴格責任**（strict liability）這個觀念，由於使用某產品

而導致受傷的消費者，可以向在產品的整個**供應鏈**（supply chain）中任何一個當事者，如生產者、供應商、經銷商及零售商提出告訴，理由是他們對產品都有責任。

二、企業欺詐行為

除了沒有做好產品安全及健康外，不肖的企業經常對消費者作出種種的**欺騙**（fraud），利用不當手法謀取利潤，也是違反企業與消費者間的倫理關係。

三、產品行銷倫理

每一企業都希望所生產出來的產品及服務，愈多消費者使用愈好，要達到這個目標，必須靠有效的**產品行銷**（product marketing），讓消費者知道產品服務的存在，以及能在眾多的同類產品中挑選自己的產品。近年行銷已經成為企業經營中不可或缺的一環，每年預留可觀的預算來做產品行銷。現在，產品的行銷形式愈來愈多，愈來愈精緻。但在這些千變萬化的行銷上，經常出現很多弄虛作假、誤導、欺騙性的手法，如【**案例12-1**】所論之黑心食品的事件。下面嬰兒奶粉的行銷個案，可算是**不倫理行銷**（unethical marketing）的經典。

1970年代，食品生產廠發現嬰兒奶粉，是一個很方便的母乳替代食品，市場潛力巨大，於是強力做奶粉的行銷，大力宣傳嬰兒奶粉的好處。雀巢跨國食品公司在行銷其產品到第三世界國家時，用了引起爭議的手法。公司的產品推廣員個個打扮成白衣護士，自稱「奶粉天使」，在醫院產房做奶粉的行銷。公司設置優渥的佣金，獎勵成功推銷產品的「奶粉天使」。不單如此，在開始行銷時還免費贈送奶粉給初生嬰兒的婦女，非洲很多地方的母親都來自貧窮家庭，有免費贈品當然不會拒絕，於

是就慢慢用起嬰兒奶粉來。

　　值得注意的是，母親一旦選用奶粉餵哺嬰兒，身體會逐漸減少分泌激素，母乳就會相應減少，奶粉便成為初生嬰兒的唯一食糧。除此之外，貧窮的家庭很多買不起奶粉，於是就長期用稀釋了的奶粉餵養嬰兒，造成嬰兒嚴重營養不良。「奶粉天使」事件引起全球注意，英國一家慈善機構出版《嬰兒殺手》的小冊子，痛陳奶粉對嬰兒的禍害。小冊子瑞士版《雀巢殺害嬰兒》在瑞士派發，指責雀巢公司沒有商業道德。

案例 12-1

黑心食品戕害消費者權益及健康

　　刑事局中部打擊犯罪中心兵分多路，破獲一個提煉黑心澱粉及假酒的岡泉食品工廠，該黑心工廠將產品再供應下游廠商，製造米苔目、蝦餃、水晶餃、粉粿及「梅露」酒等製品，或是珍珠奶茶裡的珍珠、肉羹湯汁原料。苗栗縣南庄地區有一食品工廠疑似大宗製造黑心澱粉產品，行銷全國各處大中盤經銷商，由於該產品的來源，係出於麵筋工廠所產的廢棄物，平日置於廢水槽內讓其發臭滋生病菌，黑心廠商收購廢棄物再生利用，提供給下游廠商製作成小麥濕粉，經加工烘乾後，再分銷給下游業者。

　　由於黑心製品嚴重戕害消費者權益及健康，苗栗地檢署召集中部打擊犯罪中心偵六隊四組及苗栗縣警局刑警隊經濟組，共同組成聯合專案小組偵辦，循線發現位於苗栗縣南庄鄉蓬萊村的岡泉食品工廠，其產品係向桃園市吉安路及青年路的兩家食品廠進貨有問題的小麥濕粉。

　　警方調查該兩廠均係製造麵腸、麵輪（專供素食者食用）的業者，其所生產剩餘的粉漿廢棄物，均排放於水泥溝槽，俟該廢棄物沉澱後，分離出漿汁及粉漿，漿汁則有人收購提供給養豬業者餵養豬隻，粉漿則由岡泉食品工廠以一公斤2元8角的代價收購，回廠後加工製造成「小麥澱粉」後，再以一公頓600美元之代價販售國外，並部分回流國內。

12.2 廣告與行銷倫理

本節探討廣告與行銷倫理的關聯性，首先說明廣告與倫理，其次討論廣告的倫理爭議，最後界定何謂欺騙性廣告。

一、廣告與倫理

資本主義經濟以市場協調供需，理想的市場在大部分時間，都能發揮很好的經濟效能，包括不斷刺激競爭，促進生產效率，提升產品服務品質及多樣性，以及促成價格下降，爲消費者帶來不少實質的好處。消費者在市場上挑選產品，經常受到市場訊息的誘導。有鑑於此，公司會花盡心思在市場上，傳播及維持產品服務的強勁市場訊息，公司要在這訊息激烈競爭中脫穎而出，公司必須要別出心裁，在眾多同類產品或服務中突出自己，令消費者最終挑選公司的產品與服務。

有人認爲，最終能眞正爭取到顧客的因素，是產品的品質與價格。但問題是，在消費者未接觸到產品服務品質之前，必須先讓他們知道產品的存在。要達到這目標，廣告是行銷最大的關鍵。廣告行業及其周邊的行業，包括電視、電台、報章、雜誌等，都僱用了很多的員工，廣告及行銷是資本主義的重要元素。

但誰支付這些廣告公司的開支？表面上，直接支付廣告公司開支的，當然是要做產品或服務廣告的公司，但這筆支出最終會被吸納到產品及服務的價格上。換言之，購買這些產品與服務的消費者，是最終的付款者。

此外，消費者在支付了這筆錢後，究竟得到了什麼實質的回報？一個意見認爲，消費者根本得不到什麼回報。不單如此，廣告沒有令產品服務的價格下降，反令消費者購買不應買

的東西；廣告經常侮辱大眾的智慧，以及廣告不講眞話。認爲廣告有積極功能的人認爲，廣告的基本功能是爲消費者提供產品服務的資訊，故是有價值的服務。

二、廣告的倫理爭議

廣告的目的在於推銷產品，但不是所有的推銷手法都是合乎道德的。因此，如何做廣告，即廣告的內容或手法，是不能避開倫理的檢驗。以下是三個常見的批評：

（一）第一項批評：品味低俗化

廣告內容泛味及庸俗，導致大眾品味的低俗化。事實上，廣告要發生效用，必須通俗、易明、不斷地重複、叫聲試賣的，很容易令人產生厭煩及無聊的感覺。最常見到令人生厭的廣告，是推銷如牙膏、洗髮精、洗衣粉、除口臭水、內衣、衛生棉等個人衛生產品，以及快餐食品、軟性飲料等廣告。不過，不同意這個批評的人指出，這些廣告雖然令大眾有美感上的不快，但卻沒有抵觸重要的倫理規範。

（二）第二項批評：鼓吹物質消費

廣告鼓吹物質主義的價值觀，販賣物慾享受、拚命消費的快樂觀。久而久之，民眾在這種物質價值觀及物慾快樂觀下潛移默化，但卻會愈來愈不快樂，因物慾滿足只是暫時且無法經常得到保證的，逐物者在這個過程中經常感到不能滿足的苦惱。

如果廣告眞的導致這些結果，廣告的倫理當然應受到質疑。不相信廣告眞有這樣嚴重效果的人認爲，人的信念及態度是經過長時間才形成的，一旦形成就很難改變。如果民眾不願意接受廣告的訊息，廣告是很難改變他們的想法或態度的。因

此，廣告不是要將一種新的價值加諸於民眾身上，而是反映既有的價值而已。

問題是，今天廣告無處不在，深入滲透到我們生活之中。人長期在廣告的隱晦誘導及遊說中，哪些想法或態度或價值是自己本來已經有的？哪些是由廣告或商品行銷手法而來的？不是很容易清楚地區分開來。現代人在一個充塞著廣告的環境裡長大，不知不覺地接受了廣告所傳達的品味，以及其所伴隨著的價值與態度。

（三）第三項批評：銷售成本平白浪費

廣告基本上是一種銷售成本，是用在誘使消費者購買產品的成本，花在廣告上的成本，沒有提高產品品質、價格或生產效率，因此沒有增加產品的價值，沒有為消費者帶來額外的好處，故是為一種浪費。

支持廣告的人會提出反駁，認為廣告是可以為消費者提供消費市場的產品訊息，讓他們知道產品的存在及產品的一些特性。然而，廣告所傳遞的產品訊息非常有限，若只傳遞這樣的訊息，有其他成本低得多的方式可用。對這批評的另一個比較精緻的回應是，廣告的整體效應是促進社會對產品的消費，促成產品的大規模生產，繼而帶動生產效率的提升及產品價格的下降，為消費者及社會帶來好處。

問題是，廣告是否真能促進整體消費的增加，仍是一個疑問。不少研究發現，廣告經常無法刺激某一產品的消費，而在不同產業消費活動的增加，與廣告的關係似乎沒有密切的關聯。事實上，廣告對某一產品的銷售有幫助，不是由於廣告對整體消費的提升，而是將消費者從某一產品的消費，轉移對另一產品的消費上去。換言之，廣告的作用是幫助個別公司爭奪市場的占有率，彼此爭取對方的客戶，但卻沒有將整個消費大餅增大。

由環保經濟學的立場出發，不斷增加的消費製造了很多嚴重的污染及資源耗損，以及導致物種絕滅，是一件不值得鼓勵的事。過度的消費是現代環境危機的禍源之一，因此約束消費、改變消費觀及價值觀，才符合人類長遠的利益。廣告不會鼓吹消費者約束消費，反而會誘使他們不斷地消費，因此廣告是今天環境破壞的間接幫凶。

三、欺騙性廣告

有關廣告的倫理，人們經常會關心廣告所傳遞的訊息是否有誤導、誇大、不實、欺騙的成分，因而導致消費者的想法有不公平的影響。**欺騙性廣告**（deceptive advertising）是廣告倫理的一個中心議題。

什麼是欺騙性廣告？用以下的手法來做廣告者，均屬於欺騙性廣告：

1. 僱用一些人偽稱是產品的使用者，虛假地陳述產品的許多好處。
2. 偽製「產品保證書」。
3. 標示誤導性價格。
4. 隱瞞產品的毛病。
5. 造謠來詆譭競爭對手的產品。
6. 仿冒一個有名的品牌。

其他的欺騙手法，如誘餌式廣告，即在廣告上宣稱有某「價廉物美」產品出售，其實公司不是沒有這樣的產品，就是產品有瑕疵，一旦消費者看了廣告到店購買時，店員就說產品已經缺貨，然後用種種壓力迫使消費者購買別的更昂貴產品。

一個包含欺騙性成分的廣告，有以下的特性：

1. 廣告製作人必須意圖令民眾相信某些不是真的東西。
2. 製作人必須知道它是假的。

3. 製造人必須刻意地做一些動作，導致民眾相信這個假的
   東西。

除此之外，廣告若表達及發表一些隱含假的東西，同屬於
欺騙性。欺騙性廣告主要包含了某種形式的說謊，刻意傳播一
些不實的陳述。一個廣告是否屬於欺騙的關鍵，在於當事人是
否有欺騙的意圖。假若由於民眾對廣告的誤解而導致某些結
果，而這些結果若非廣告人所意圖的，或廣告人所未能預見到
的話，廣告人是無須負責任的。

這裡所謂廣告人，包括了廣告公司的股東、製作人、同意
或贊助這廣告的人或公司、廣告代言人等。換言之，所有參與
其中的人或公司，都要負上不同程度的責任。與欺騙性廣告有
密切關聯的是誤導性廣告，兩者不同之處是，誤導性廣告不一
定涉及刻意的說謊，但包含了傳遞一種有關產品的虛假形象
（Buchholz & Rosenthal, 1998）。

欺騙性廣告刻意利用不實、誤導或虛假的訊息來誤導消費
者。從消費者權利著眼，欺騙性廣告侵犯了消費者獲得真實產
品訊息的知的權利。從社會效益的角度出發，欺騙性廣告會令
消費者對廣告的普遍產生不信任，導致廣告的合理功能無法發
揮。以下列舉些侵害消費者健康的案例，如【案例12-2】的病
死豬肉、【案例12-3】喝咖啡螢光劑下肚，這都是發生在我們
生活周遭的實例。

> 欺騙性廣告主要包含了某種形式的說謊，刻意傳播一些不實的陳述。一個廣告是否屬於欺騙的關鍵，在於當事人是否有欺騙的意圖。

案例 12-2

病死豬肉流入營養午餐長達七年

　　雲林縣再度查獲一處私宰病死豬肉的屠體工廠，當場起出了五十八頭的病死豬，以及一千多公斤的豬肉，主嫌王姓男子家族兩代涉嫌將病死豬肉的屠體豬肉，賣給食品加工或是營養午餐業者，時間長達七年。

　　主嫌王姓男子才23歲，不過卻從父親手上接下這項不法生意，將病死豬的內臟、骨頭作成肥料，但是比較新鮮的病死豬肉，卻流向營養午餐或是食品加工業者，賣給民眾或小學生吃下肚子裡。

案例 12-3

喝咖啡螢光劑事件

　　喝咖啡已成為生活的一部分，但小心喝到螢光咖啡！消基會針對七件市售咖啡濾紙與四件從日本購得的樣品進行檢測發現，有七件在UV燈照射下有螢光反應，其中台灣有六件，日本的有一件。消基會指出，不合格的樣品已違反食品衛生管理法，若沒有限期改善，可處3萬以上、15萬元以下的罰鍰。

　　一杯香溢的咖啡對現代人來說，不僅能夠提神醒腦，也是生活上的一大享受，但使用的濾紙是否潛藏危機，消費者不得不小心！消基會在2005年9到10月間，在大台北地區量飯店（網站）及咖啡店購買七件樣品；另外四件是在日本的SHOP 99購得，檢測樣品共十一件。消基會表示，螢光增白劑是一種染料，藉由光線的折射可以提高紙的白度，製造潔白的假象。

　　據醫學上的臨床實驗，螢光劑若進入人體可能會對人體造成傷害。消基會表示，十一件樣品中，本國的樣品有六件，日本樣品有一件，總計七件有螢光反應，包括「Pear Horse 102 Coffee Filter」（東宏金屬株式會社）、「Coffee Time #2 Coffee Filter Bags研磨用咖啡濾紙」（長谷川食品有限公司）、「Kalita 102 Coffee Filter」〔Kalita株式會社（怡客咖啡）〕、「Starbucks Barista #2 Cone Coffee Filter」（星巴克）、「Barista Coffee Filters」（西雅圖極品咖啡）、「Dante Coffee Filters」（丹堤咖啡）。另一件是日本購得的「Dixie Coffee Filter 102」，儘管利用容器沒有檢出螢光反應，但用UV燈照射發現有七件有螢光反應，業者應該多注意。

　　消基會說，未檢出螢光劑的四件樣品，都是淡褐色的咖啡濾紙，建議消費者在選購時可選擇淡褐色的咖啡濾紙，降低添加螢光劑的疑慮。

12.3 消費者與行銷倫理

本節探討消費者與行銷倫理的議題，包括：資訊不對稱與不公平交易、企業對消費者的基本規範、消費者對產品及服務的標準、資訊的提供及標示，以及產品保證等。

一、資訊不對稱與不公平交易

為了保護消費者權益，不少國家都制訂法令，規範生產商如何對產品及服務做行銷、廣告及包裝方面。這些規定其中重要的一項，是有關生產商如何向消費者批露產品的資訊。廠商在向消費者行銷及販售產品服務時，所提供的產品資訊是否足夠、清楚、相關等，是檢驗企業是否有公平對待消費者的重要指標。政府的有關法令，是要管制廠商在行銷產品、做產品廣告或產品包裝上，所披露的資訊是真實無誤及相關的，防止相關的資訊失實、誇大、誤導，或禁止廠商採取欺騙或作假等不當手法，瞞騙或誤導消費者，妨礙他們自由的選擇。用誇大、失真、欺騙或作假的行為，來行銷、廣告與包裝，都是有違公平交易原則，是不符合企業倫理的。

消費者與生產者之間存在很大的**資訊不對稱**（information asymmetry），在資訊的擁有上，消費者永遠是站於不利的位置上，由此而出現的交易是無法公平的，經常導致消費者利益受損。一直以來，消費者在選購產品服務時都是戰戰兢兢，以免受騙，但在買賣雙方資訊不對稱的情況下，這種「買方小心」（buyers beware）的原則，對消費者提供的保護相當有限。假若沒有政府扮演中間制衡力量角色的話，這種資訊不對稱而導致的不公平交易，是無法得到改善的。政府必須通過立法及執法，扭轉資訊的不對稱，確保交易的公平性。

> **資訊不對稱**
> information asymmetry
>
> 消費者與生產者之間存在很大的資訊不對稱，在資訊的擁有上，消費者永遠是站於不利的位置上，由此而出現的交易是無法公平的，經常導致消費者利益受損。

二、企業對消費者的基本規範

消費者國際（Customer International）在1997年，修訂的全球企業消費者憲章（Consumer Character for Global Business）中，確認的八項消費者權利，意即：**基本需求的權利**（right to basic needs）、安全權、資訊權、選擇權、公平聆訊權、賠償（redress）權、消費者教育權、健康環境權，這些權利可以用來作為企業對消費者義務所依據的超級規範。【**案例12-4**】則是討論環保署與消基會共同建立的環保產品線上購物網。

企業對待消費者應遵守以下的規範：

1.企業在經營的每一環節，包括生產、分銷及販售過程的每一個階段，必須考慮消費者的利益。

2.企業應鼓勵發展及維持公平、透明及公開的競爭。要達到這個目標，企業必須最低限度遵守當地競爭及反托拉斯法則；確保企業的每一部門都知道當地的競爭法，以及完全遵守這些法令。

案例 12-4

環保署與消基會共建「環保產品線上購物網」

為推動全民綠色消費，行政院環保署與消費者文教基金會共同建置「環保產品線上購物網」（http://green.yam.com/）。環保署從1992年開始推動環保標章制度，並鼓勵廠商生產「可回收」、「低污染」及「省資源」的環保產品，至2005年10月底，共有九十一項產品開放環保標章規格標準供廠商申請，獲得環保標章產品已有二千九百六十三件，產值超過新台幣709億元。

建立「環保產品線上購物網」主要是將環保與高科技的e化結合，提供「環保標章」、「第二類環境保護產品」與「節能標章」產品的線上買賣專區，讓一般消費大眾能更快速買到環保產品。目前在市面上的環保綠色產品，常常被湮沒在其他商品中，民眾也不易找得到，「環保產品線上購物網」能夠提供一個交易平台，讓廠商、消費者都願意製造、生產環保產品，減少人類對大自然的負擔。

3. 企業應該以下列的方式,來行銷及推廣其所生產及分銷的產品及服務。

（1）在廣告及推廣活動中的言詞,是可以獨立來核實的。

（2）在任何一個國家內的廣告及推廣活動,是與法律所規定的誠實及真實程度保持一致的,或與一個講道理的人,所要求的誠實與真實的程度一致的。

（3）行銷或推廣不會誤導消費者。

（4）行銷或推廣活動不會破壞消費者的信任,或利用他們不知情或經驗不足而占他們便宜。

（5）企業應遵守當地有關廣告及行銷的法律及規則。

（6）企業應該遵守國際控制特定產品的相關守則。如世界衛生組織的醫療藥物推銷倫理守則;在那些沒有相關的廣告及推銷法令的地方,企業應遵守國際的商業作法。

（7）企業要特別小心向兒童行銷產品及服務。在任何情況下,都不應以兒童作為有害產品的廣告對象。

三、消費者對產品及服務的標準

企業生產、販售及行銷產品及服務時,必須遵守以下守則:

1. 產品及服務擁有的功能符合所宣稱的功能。

2. 產品及服務在指定的用途及任何可合理預見的用途上是安全的。

3. 產品及服務是耐用及可靠的,效益及適用性程度,最低限度要符合法律或規則所規定的標準;或符合普通人合理的瞭解標準。

4. 產品及服務定期受到企業的監察及測試,以保障它們符

合上述的標準。

5.產品及服務包含符合國際標準的設計及製造。

6.產品及服務在生產、分銷及運輸過程中,對環境的直接及間接的破壞減少至最少。

7.產品及服務在合理的情況下,產品的棄置要符合環境的永續性原則。

四、資訊的提供及標示

企業應以下列方式,來提供產品及服務的販售、使用、內容、維修、儲藏、棄置的資訊:

1.資訊是完備的,並用在經營地之官方認可的語言清楚書寫出來。

2.任何展示出的資訊是在產品的明顯地方上清楚見到的。

3.所有關於產品的可能錯誤使用的資訊,必須突出及清楚地展示,以及使用一個能清楚辨認的語言或符號表示出來。

4.企業在所有的經營地,都要提供同樣程度及詳細的資訊。

5.企業只使用那些獨立制訂的環保標準及標記在產品的標示上。

6.當產品或服務無論直接或間接可能對使用該產品或服務的消費者有可能傷害時,所有有關的潛在危險的資訊必須在產品上完備及清楚地展示出來,或在消費者未使用該服務前提供給消費者。

7.企業設置及執行正式的補償系統,完成對消費者投訴的公平處理,包括對不滿意產品及服務的公平補償。

8.企業要設置令消費者能執行他們對企業在法律或契約上,所規定權利的程序。

五、產品保證

企業在對消費者提供產品保證上，有如下幾點要項：

1.企業要為消費者提供有關產品服務的某種形式的保證。

2.提供這些保證的義務，是在既有法定義務之外而額外擁有的，並且這些保證是不會削減，消費者對產品生產商或零售商行使其契約權利。

3.這個保證對提供保證的企業是有約束力的，不管企業是否與消費者有契約關係。

12.4 企業行銷倫理的操作

本節以中華汽車寒冬送暖的案例，來說明企業行銷倫理的具體作為，同時也說明其品牌形象建立的操作方式。

一、中華汽車行銷倫理作為

由中華汽車寒冬送暖的案例中，如【**案例12-5**】所述的內容，我們可以得到如下幾點要項的論述：

（一）企業之活力應顯現於社會的關懷責任

一個企業機構必須保持其目前，所享有的社會地位與現有力量，積極投注在社會中。反之，別的企業則會乘虛而入，攬下此份責任；其原來享有的社會力量，也將為別的企業所取代。

（二）善盡社會關懷責任，以符合企業成長利益

企業組織的未來發展，依賴其與社會的良好關係，企業若

案例 12-5

中華汽車寒冬送暖

這個社會有溫暖的地方依舊還是不少，中華汽車2005年初對一群國中、高中中輟生或家境清寒的孩子伸出援手，濟助他們完成攀登雪山的夢想。

這一群國中、高中中輟生或家境清寒的孩子為了尋找生命的勇氣，想自我挑戰為期十天的戶外冒險行程，沒想到在攀登雪山的前夕，突然發生運輸車及登山設備遭竊的狀況，為了不放棄對自己的承諾，這群家貧的少年全數決定不論如何，都要依照原定計畫繼續攀登雪山。

中華汽車得知此一消息，立刻決定在這群孩子出發前一晚，將登山的禦寒衣物及設備送到每位參加者的手上，讓這群勇敢的少年感受到社會的關懷，也看見夢想只要堅持，都會有出路。

雖然只是為數不多的金錢與物資，但能幫助這些少年完成夢想，讓他們能在挫折中感受到希望的可貴，並留下奮勇向前的勇氣，讓中華汽車亦同時感到與有榮焉，也希望在這個社會上更多的角落，大家都能夠伸出援手幫助那些不放棄自己的人，讓這個社會能有更多的溫馨。

未盡社會關懷的責任，社會將會反抗組織、抵制產品、打擊市場，故做好社會關懷責任，是達成企業本身的長程利益。

（三）企業應負社會關懷責任

企業組織是構成社會的必要部分，盡社會關懷的責任是企業在道德上的義務，如提供安全產品、淨化溪流、保護自然資源等。

（四）改善公司的公共形象

企業機構經營的利潤高低，一部分應取決於其本身建立的公共形象。在台灣的市場占有率約為第五名的中華汽車，隨著台灣的汽車市場競爭日趨激烈，中華汽車要如何行銷品牌形象，由「行銷」二字來看其企業倫理，「行銷」除了產品特性汽車的品牌形象外，其企業的服務品質也同樣受到消費者的重視。

（五） 企業品牌形象的建立

中華汽車推出 "Welcome Home"：告訴消費者全台有一百多家的服務維修廠，隨時歡迎你回家。廣告中常常並沒有任何車子出現，但情境卻深植人心！但多數聽者皆因為這一篇篇有關於「幸福」的畫面，而紅了眼眶、感動地不能自己。中華汽車藉由一系列的扭轉形象廣告從而站穩腳步，奠定中華汽車的市場基礎。

二、品牌形象的建立

在品牌形象的建立方面，中華汽車由「運動行銷」、「活動行銷」、「公關運作」，以及「CRM運作」等方面來著手，茲說明如下：

（一） 運動行銷

從職棒元年便開始贊助兄弟象棒球隊至今，結合兄弟象常勝軍與明星球員形象，吸引大眾好感，著眼於在地人喜愛職棒運動的心理，引起消費者共鳴。此外，更投入體操及馬拉松賽事的舉辦，藉以提倡運動習慣向國際展示台灣之美，並透過社會公益的運作，增加大眾的好感及信賴度。

（二） 活動行銷

中華汽車在1997年推出RV休旅車，並定其為「RV元年」，在其後的每一年都精心安排車主休閒活動，使用「事件行銷」（events marketing）的策略，除了帶領消費者體會RV生活的樂趣之外，並由此建立中華三菱在RV領導品牌的地位。行銷就是要作好兩件事：第一是建立**品牌新形象**（brand new image）；第二就是把車子銷售出去。這樣的活動規劃可以同時達到這兩個目的。

（三）公關運作

常舉辦關懷社群的活動，如「天籟獎」，宣揚台灣原住民傳統文化的重視及保存。另外，與各縣市政府配合，舉辦大型集團結婚，和各地民眾與政府機關建立良好的互動關係；在人生最重要的時刻使用中華三菱汽車，接下來的生活更與它密不可分。

（四）顧客關係管理運作

第一是深耕客戶經營。服務人人都會做，所以要有「創意」的元素加入；例如，推出車主來廠早餐服務，並可網路預約；提出「雙人開跑活動」：強調二十分鐘快速定期保養、一日三送零件等。第二是提升客戶滿意度，舉辦車主教育訓練、車主聯誼活動等。

整體而言，在行銷中華汽車的公共形象上，由於中華汽車凡事以「同理心」，再憑著誠心與決心來從事活動，將創意及活力的品牌文化加入產品發展與行銷策略上，並用充滿幸福溫馨的廣告主打親情概念，作貼近生活人性的廣宣訴求。其中，包含建立品牌、服務顧客、企業責任等，其用心建立的企業形象，深深打動消費者的每一顆心，也奠定其市場領導品牌的地位。

12.5 服務業人員的倫理

本節探討服務業人員的倫理，討論的議題包括：服務業倫理的現象、服務業與倫理、中小企業與企業倫理、決策考量因素與企業倫理、中小企業與大企業重視企業倫理的差異、服務業倫理傾向與服務品質管理策略相吻合，以及大企業比中小企業更重視「外在環境」的因素。

一、服務業倫理的現象

服務業在提升服務品質行動中，諸如對服務品質的規劃與促銷，以及對顧客抱怨或反應的處理，均涉入相當程度的道德性因素。因此，企業倫理漸被視爲當今服務品質管理中的重要議題之一。

台灣中小型服務業人員比大型服務業人員更重視企業倫理，在組織內是對員工參與決策、部屬間合作與職場安全的高度重視；在組織外，則要求企業應回饋社會，並重視對消費者的安全保護。大企業員工比中小企業員工在做決策時，更重視諸如政治力量影響組織等「外在環境」的考量。

服務業產品顯現迥異其他產業的特殊屬性，主要原因是因爲「人員」是影響服務品質的主要因素，使得服務品質因而呈現「無形性」，如服務人員的禮儀是無形產品，以及「不可分割性」說明服務與其提供的服務來源（服務人員）密不可分。因此，職司服務人員在其服務過程中，顯露出的忠誠、誠懇與專業技巧等不同程度的精神與行爲，概多屬於企業倫理的範疇，也關係到服務品質的良窳。

台灣中小型服務業人員比大型服務業人員更重視企業倫理，在組織內是對員工參與決策、部屬間合作與職場安全的高度重視；在組織外，則要求企業應回饋社會，並重視對消費者的安全保護。

大企業員工比中小企業員工在做決策時，更重視諸如政治力量影響組織等「外在環境」的考量。

二、服務業與倫理

服務業因服務的「程序」差異很大，因而衍生諸多服務品質不等的實質問題。這種所謂「程序」的差異是指：同樣一項服務業的工作，由不同的人員在不同的時間，或不同地點去執行，皆可能因個人的能力或訓練，以及個人人品等差異，而使服務品質不一。因此，這種服務程序的差異，涉入諸多服務從業人員個人的人品與工作態度與能力等道德因素，就不難理解。同時，服務業與倫理之間的密切關係，也自然彰顯。

三、中小企業與企業倫理

中小企業與中大型或大型企業在企業倫理的表現上，有何重大差異？這類問題的研究，在國內十分少見。在西方文獻中有不少論述，在企業倫理的內容方面，曾列舉出十四項「倫理項目」，包括：產品安全、產品品質、賄賂、檢舉、工廠關閉、與外國政府關係及僱用少數民族等。Brooks（1989）也曾將企業倫理分為五大類：與產品有關者、與人力資源有關者、與環境有關、與社會有關，以及與其他一般相關事項。

中小企業所面臨的企業倫理特性是什麼？Vyakarnam、Baily、Myers與Burnett（1997）分析中小企業比大企業高度容忍的不倫理特性，包括：虛設開銷、逃稅、內部交易、歧視婦女與盜用電腦軟體等；他們歸類中小企業的倫理問題有：企業自身的活動、個人價值與企業需求的衝突、社會責任及企業主個性對倫理議題的衝突等四項。另外，Hornsby、Kuratko、Naffziger、Lafollette與Hodgetts（1994）也歸納，中小企業面臨的企業倫理議題有：員工問題、產品價格、合法問題、產品品質與政府相關規定等。

四、決策考量因素與企業倫理

影響道德的考量因素有：人、事與環境等因素，也強調「人」的智力等因素，會影響決策的品質。「環境」的因素，則可概分為「組織內」與「組織外」的環境。所謂「組織內」的環境，包括組織內工作環境，如噪音等壓力，或人脈關係的互動等。而所謂「組織外」的環境，「社會環境」會限制決策者的決策行為，諸如法律、道德及規範等，都會影響決策考量。尤其「組織內」的環境，是影響決策者做出倫理決策的相當重要因素。

五、中小企業與大企業重視企業倫理的差異

　　中小企業比大企業重視企業倫理的層面，包括「組織文化之重塑」，例如，鼓勵員工參與決策，並加強不同部門合作，同時重視企業回饋社會等。另外，還重視「誠信與正直之確立」、「倫理準則與倫理道德訓練之實施」及「道德決策」等層面。

六、服務業倫理傾向與服務品質管理策略相吻合

　　國內服務業主要倫理傾向是「組織文化之重塑」與「倫理準則與倫理訓練之實施」，這與服務品質管理策略的內涵，十分吻合。有關「組織文化之重塑」方面，在組織內，高度重視員工參與決策、各部門間合作的行政倫理及對職場安全等；在組織外，則強調企業應回饋社會，並重視對消費者安全的保護等。

七、大企業比中小企業更重視「外在環境」的因素

　　決策考量因素方面，服務從業人員做決策時，最受「內在環境」與「外在環境」的影響；但大企業比中小企業更重視「外在環境」的考量因素，顯示外界政治性因素或輿論等外在環境因素，比較可能影響大企業的決策考量。

　　對國內服務業在提升服務品質的行動中，務必涉入較高程度的倫理要求與倫理品質，這種倫理的品質與要求，必須透過員工的教育訓練及管理者自律性等實際作為來顯現。尤其是大型服務業更需著重在倫理議題上，必須採行「道德訓練與訂定準則」，以及「主管監管下屬行為」等作為，來強化金融服務業、教育服務業、旅館業與百貨服務業的組織倫理氣候。

　　大型服務業由於員工與顧客，直接接觸的頻率及緊密程度，高於一般製造業，其間涉入的倫理道德層面，也就自然寬

大型服務業由於員工與顧客，直接接觸的頻率及緊密程度，高於一般製造業，其間涉入的倫理道德層面，也就自然寬廣，這也是諸如金融等大型服務業，出現頗多弊案的背景因素之一。

廣，這也是諸如金融等大型服務業，出現頗多弊案的背景因素之一，與一般小型服務業管理者，一眼即可察覺員工行為的單純情境相較，大型服務業的管理者，尤應重視諸如準則與規章等機制的建立，並落實主管稽核下屬道德行為，以及員工道德訓練等行動。【案例12-6】即是探討福特汽車公司的行銷不倫理行為，公司面臨市場績效與車主安全的取捨。

　　儘管研究指出：若干企業界人士以為大型企業講求目標達成，而欠缺關懷屬性，極可能是小型企業員工的倫理傾向，高於大型企業的主因之一。不過，許多大型企業所塑造高倫理屬性的企業文化，卻是該企業賴以長期生存與發展的利基，此亦說明了大型企業仍深具高倫理的特性。

若干企業界人士以為大型企業講求目標達成，而欠缺關懷屬性，極可能是小型企業員工的倫理傾向，高於大型企業的主因之一。

案例 12-6

福特汽車公司行銷不倫理行為

　　1960年代後期，美國的汽車業受到外國貨，尤其是日本與德國汽車的激烈競爭。福特汽車公司是美國三大汽車公司之一，自然要作出回應。1968年福特決定生產一種型號叫翩度的小型房跑車。為了節省成本，福特將正常的生產日程，由三年半縮減為二年。在翩度未正式投產前，福特將十一部車進行安全試，公路安全局規定在時速二十公里的碰撞中，汽車的油缸要不漏油才算合格。測試的結果是，有8部翩度的碰撞中全部不合格，只有其餘的8部由於改良了油缸，才通過了安全檢查。

　　福特的行政人員要面對一個困難的抉擇。如果依原來的生產日程生產，就會對消費者的安全構成威脅；如果要改良油缸，就會延遲生產，增加成本，公司會繼續處於下風，讓外國車雄霸市場。要解決這個問題，福特作了一個成本效益分析，計算改良油缸的可能成本與效益，然後再作決定。

　　另一方面，公路安全局的估計，交通意外中每死1個人，社會就損失約20萬元，這數字顯示，加強安全設施的成本超出了效益。根據利潤極大化的考慮，福特公司作了毫不含糊的抉擇，即是保持原來的設計，不作安全的改裝。這個決定，導致了嚴重的後果，有超過50人在翩度車中燒死，另多人燒傷。福特被控謀殺，但陪審團最後裁定福特無罪。針對福特公司的作為，你有何看法？而福特公司最終獲判無罪，它真的就是沒有責任了嗎？這樣的企業可能永續經營嗎？

重點摘錄

§ 嚴格責任指由於使用某產品而導致受傷的消費者,可以向在產品的整個供應鏈中任何一個當事者,如生產者、供應商、經銷商及零售商提出告訴,理由是他們對產品都有責任。

§ 欺騙性廣告主要包含了某種形式的說謊,刻意傳播一些不實的陳述。一個廣告是否屬於欺騙的關鍵,在於當事人是否有欺騙的意圖。

§ 消費者與生產者之間存在很大的資訊不對稱,在資訊的擁有上,消費者永遠是站於不利的位置上,由此而出現的交易是無法公平的,經常導致消費者利益受損。

§ 台灣中小型服務業人員比大型服務業人員更重視企業倫理,在組織內是對員工參與決策、部屬間合作與職場安全的高度重視;在組織外,則要求企業應回饋社會,並重視對消費者的安全保護。

§ 大企業員工比中小企業員工在做決策時,更重視諸如政治力量影響組織等「外在環境」的考量。

§ 大型服務業由於員工與顧客,直接接觸的頻率及緊密程度,高於一般製造業,其間涉入的倫理道德層面,也就自然寬廣,這也是諸如金融等大型服務業,出現頗多弊案的背景因素之一。

§ 若干企業界人士以為大型企業講求目標達成,而欠缺關懷屬性,極可能是小型企業員工的倫理傾向,高於大型企業的主因之一。

重要名詞

產品責任(product liability)

嚴格責任(strict liability)

供應鏈(supply chain)

欺騙(fraud)

產品行銷(product marketing)

不倫理行銷(unethical marketing)

欺騙性廣告(deceptive advertising)

資訊不對稱(information asymmetry)

買方小心(buyers beware)

消費者國際(Customer International)

全球企業消費者憲章(Consumer Character for Global Business)

基本需求的權利(right to basic needs)

賠償(redress)

事件行銷(events marketing)

品牌新形象(brand new image)

問題與討論

1.請分享你個人在第十二章節所學習到的心得？最令你印象深刻的議題為何？

2.產品與行銷倫理的關聯為何？請簡述之。

3.針對「黑心食品戕害消費者權益及健康」之案例，你個人有何分享的心得？

4.廣告與倫理的關聯為何？請簡述之。

5.廣告的倫理爭議為何？請簡述之。

6.何謂欺騙性廣告？請簡述之。

7.針對「病死豬肉流入營養午餐長達七年」之案例，你個人有何分享的心得？

8.針對「喝咖啡螢光劑事件」之案例，你個人有何分享的心得？

9.何謂資訊不對稱？何謂不公平交易？請簡述之。

10.企業對待消費者應遵守哪些規範？請簡述之。

11.企業生產、販售及行銷產品及服務時，必須遵守哪些守則？

12.針對「環保署與消基會共建環保產品線上購物網」之案例，你個人有何分享的心得？

13.針對「中華汽車寒冬送暖」之案例，你個人有何分享的心得？

14.服務業與倫理的關聯為何？請簡述之。

15.中小企業與企業倫理的關聯為何？請簡述之。

16.中小企業在企業倫理推行的決策考量因素上，有何差異性？

17.針對「福特汽車公司行銷不倫理行為」之案例，你個人有何分享的心得？

Chapter 13

企業的人資倫理

13.1　人力資源的意涵與規劃

13.2　人力工程的意涵與應用

13.3　企業品德與勞工倫理

13.4　人力資本的倫理議題

本章節說明企業的人資倫理，討論的議題有：人力資源的意涵與規劃、人力工程的意涵與應用、企業品德與勞工倫理，以及人力資本的倫理議題等四個部分。

13.1 人力資源的意涵與規劃

對一個企業來說，人力資源就是該企業所持有、所擁有的員工人力。人力資源是一個企業內所擁有的人力，企業用此人力來製造產品或提供服務，以及從事各種功能活動，以達成組織目標。

一、人力資源的意義

（一）何謂人力

所謂的「人力」（human power），就廣義來說，就是人的力量、人的能力及人的功能；就狹義而言，就是在企業中，具有專業及特殊技能之人才的能力。

（二）何謂資源

所謂的「資源」（resources），就是具有使用價值，可供取用與利用的人力或物力，分成：自然資源及人造資源兩種。以人力而言，資源指的是人力資源。若以物力而言，資源指的則是物力資源。

（三）何謂人力資源

所謂的「人力資源」（human power resources），就是人才所擁有及能夠產生工作能力的資源。這種人力資源是其有經濟效

人力資源
human power
resources

人力資源為：包括員工的能力、知識、技術、態度與激勵，人力資源是在企業界所擁有的人力。

益性及功能價值性的資源。或謂人力資源為：包括員工的能力、知識、技術、態度與激勵，人力資源是在企業界所擁有的人力（何永福、楊國安，2002）。

人力資源是決定公司是否具有競爭力的關鍵因素，公司的所有運作必須靠人，去掉人公司就無法有效運作，故每一經理人最重要的考量，是他們是否能採用到適當的人員，並使他們發揮最大的潛能。

（四）人力資源的重要性

在一個企業中，人力資源是決定企業成敗的關鍵，也是決定企業命運的主要因素。一個公司的人力資源有多好，這個公司就有多好，我們可以說有一流人才，才有一流公司。人力資源已成為今日企業興衰、是否能夠成功經營的主要關鍵因素；品質、成本與效率是決定競爭力的核心因素，但能否具有高品質、低成本與高效率的競爭優勢，則與人力資源息息相關。

二、人力資源的規劃

人力資源是企業經營發展的必要及主要力量。人力資源是靠開發、聚集及訓練的，所以人力資源一定是需要整體性及功能性的**規劃**（planning）。

（一）何謂人力資源規劃

人力資源需要有規劃，如此企業才能依照企業的人力需求，根據人因工程的人性發展，以及依循人力工程的人才功能價值，來網羅與建構出**人力機制**（human power mechanism）。人力資源對企業的生存、發展與永續經營，具有絕對性與關鍵性的意義，其重要性具有決定性與必須性，其重要性對企業來說是存亡關鍵的。自然地，**人力資源規劃**（human power planning）

人力資源規劃
**human power
planning**

人力資源規劃是將企業目標與策略轉化成人力的需求，透過人力資源管理體系與作法，有效達成量與質、長期與短期的人力供需平衡。

對企業的影響，也具有極為重要的特性。

　　人力資源規劃，是依照企業的經營目標，是根據企業所需求的人力，是透過人力工程的幫助，使企業適人、適事、適時、適地，羅致並派用人才的規劃。人力資源規劃是將企業目標與策略轉化成人力的需求，透過人力資源管理體系與作法，有效達成量與質、長期與短期的人力供需平衡（何永福、楊國安，2002）。有關人力資源規劃的重點，就是配合企業營運活動、規劃所需的人力資源。

（二）人力資源規劃的意涵

　　人力資源規劃，一方面要配合企業達成階段性的目標，另一方面也要對所要推行的人力需求，羅致及選擇適當的人選，再給與所網羅的人才加以教育及訓練，使人才的人力可堪派用，並能負起企業某一個職位的責任，且在某一階段上完成階段性的任務。

　　人力資源規劃的主旨是在配合企業組織目標之標的達成，先進行工作分析，次選用適當的人選及策略，並在一定的時間內進行達成目標所必須完成的工作。人力資源的規劃重心在工作分析，對於未來人力需求進行規劃，設立人力資源管理目標，做人力資源管理的策略選擇。人力資源規劃，係為未來企劃經營準備所需的人才，不論是外聘或內部培訓，都當先有計畫的儲訓。

（三）人力資源規劃的執行

　　人力資源在規劃上，具有系統性及順序性的步驟，依照所規劃出來的步驟，逐步地招募、羅致、教育、訓練及儲備人才，培養並聚集企業的人力實力。一般說來，人力資源規劃的步驟都從企業的人力需要調查開始，一直到最後的人力派用或人力的儲備作一個段落的結束。

一般而言，人力資源規劃的步驟如下：

1. 調查企業目前所需求的人力，以及未來業務推行所需要的人力。
2. 企業工作業務分析，以及對未來營業規劃出人力資源發展的目標。
3. 教育、訓練與補強現有的人才業務能力，提升人力資源的實力。
4. 招募、網羅企業所需要的專業人才，並且充實更多的人力。
5. 依照企業所需求的人力、透過人力工程的機制，執行人力資源規劃、訓練與補強現有的人才業務能力，提升人力資源的實力。
6. 對新網羅的人力要給予業務上的教育、訓練與派用，尤其是企業倫理觀念的強化，促使企業的人力資源充實無缺。

（四）人力資源規劃的目的

人力資源的招募、網羅及收編，都必須依照企業的經營理念、企業的發展計畫而進行其工作。人力資源的規劃也必須根據企業在經營與發展的計畫，以及人力需求質與量的情況。

人力資源規劃之目的很多，其中有三個重要目的：

1. 充實企業的業務人力，使企業的業務因有充實的人力，而能繼續發展而且永不停頓。
2. 重視企業的人際個體人力的培養與發揮，使個體成員能有工作的成就感；亦重視企業的人際團體人力的統合運用及人力結合，促成一個人際團體的人際合作及整體成就。
3. 為企業充實及增進人力資源，並且協助人才工作穩定，避免人才工作浮動或跳槽，維持並增強企業的人力資源，促使企業在企業界中有足夠的人力，而形成堅強的競爭力，進而幫助企業經營發展順利、營業獲利成功。

　　人力資源規劃的目的，首在建立穩定有效的內在勞動市場，此舉不但要使一個企業內部人力供給與運作維持穩定，也在建立內在與外在勞動市場的管道，有效調節內部勞動市場。其次，人力資源規劃在企求內部成員個人技術面的充分發揮與其工作上的滿足，以求人盡其才的用意。最後，人力資源規劃可以協調不同人力資源管理功能的推展，也提供了整個人力管理發展的方向，也提供了評估整個人事管理作業的依據（何永福、楊國安，2002）。

13.2 人力工程的意涵與應用

　　本節首先說明何謂人力工程，其次探討人力工程與人力資源的關係，最後則指出人力資本與企業倫理的關聯，以具體說明人力工程的意涵與應用。

一、何謂人力工程

　　人力工程（human power engineering）是一種完整性的人力建構（construction），也是一種人才聚集的機制（mechanism），亦是一種人力結合的機構（organization）。人力工程的意義性目的，就在網羅人力、聚集人力與儲備人力的資源，故人力工程是營造人力資源的工程。可見人力工程與人力資源間，具有密不可分的關係。

　　人力工程目的是，在企業中建構一個擁有充足的人力資源之工程機制（engineering mechanism），即人力資源庫（the barn of human resources）；其目標是在使得一個企業擁有足夠的人才資源，以及永遠具有創造與創新的能力。人力包括了企業人力的學識、智力、理念、體力、才能、品德、領導力及創造力

人力工程
human power
engineering

人力工程的意義性目的，就在網羅人力、聚集人力與儲備人力的資源，故人力工程是營造人力資源的工程。

等。人力工程的營造，就是要把上述的人力網羅、聚集、訓練、儲備及派用等。人力工程在人力儲聚及任用上，是化零為整的「人和」工作。人和就是人才的聚合、結合及合作，而人和也是人力資源的整合及人力功用的融合。

　　人力工程的營造成功，就是企業所有工作成員團結合作的表現。人力工程就在於營造、儲聚及派用，具有各種人力的企業人才，並把各種各類的人才及人力結合起來，使之形成一個完整的人才智庫。可見人力工程與人力資源兩者，在一個企業的諸多經營過程中，是緊密結合在一起的。

二、人力工程與人力資源

　　茲將人力工程與人力資源兩者的結合性關係（黃培鈺，2004），列舉如下：

(一) 人力工程是人力資源的營造工程

　　人力工程是一種營造人力的工程，它是在於透過各種人事管道及資訊，進行人才的網羅及人力的羅致，並且以階段性的模式，根據企業的需求，營造出一個完整性的人力工程結構，促使企業擁有充足的人力資源。因此，我們可以認為人力工程是人力資源的營造工程。

(二) 人力資源是人力工程的營造目的

　　人力資源的儲備與任用，必須依照人力資源發展而執行與推動，並且展開各項各種人才的招募、網羅、收編與培訓等各種活動，同時也要致力於各種人力的羅致與聚集。因此，人才儲聚及人力的聚合，正好是人力工程所營造的工作，故人力資源是人力工程的營造目的。

（三）人力工程與人力資源需要執行力

執行力（execution）是從理論到實際、從理念到實踐的必要推動及必需動力。任何計畫或規劃，沒有執行力的參與及推動，都不會達成任務的。人力工程與人力資源兩者，要達到預期的目標及階段性目的，都需要有執行力。沒有執行力，人力工程與人力資源都無法達成人才的網羅，也沒辦法達成人力的聚集。執行力在處理及幫助人力工程的營造與建構，在處理及幫助人力資源的羅致與匯集，也在整合各種人才及各種人力共同為企業的某一件計畫或任務而合作。

因為執行力是連貫不停的實踐力量，也是連貫性的推動力，人力工程與人力資源在執行力的作用之下，人力工程與人力資源兩者，在企業的企業發展中，也是具有連貫的系統性及不停頓的連續性。人力工程與人力資源都需要執行力的推動，才能一連串而不停頓地為企業募集、訓練、儲備與派用人才，並同時地網羅人力、聚合人才、開發人才與使用人力。

（四）人力工程與人力資源相輔相成

人力工程的目的是人力資源的聚集與任用，人力資源是人力工程的成果。人力工程的任務達成，就是人力資源聚合的成功。人力資源也會在各種人力的需求上，反映出某些人才的再需要，以及某些人力的再需求，促使人力工程為了更多、更新的人才與人力，繼續營造、繼續建構，使人力工程愈趨完善。對企業的經營來說，人力工程與人力資源兩者是相輔相成，共同為企業的經營目的及目標而努力。

三、人力資本與企業倫理

所謂的人力資本（human capital），是由知識、技術、才

人力資本
human capital

所謂的人力資本是由知識、技術、才能、個人行為、努力程度與投入時間所綜效而形成。

能、個人行為、努力程度與投入時間所綜效而形成，如【圖13-1】所示。其中，企業倫理所注重的是，經由倫理教育的施行可改變與導正個人行為，有別於過去偏重技術強化的專業技術教育，因而可輔助人力資本的強化與內涵。【案例13-1】所討論的事件，即是件選才用人不當的不倫理案例，值得我們進一步對倫理教育作省思。

企業倫理所注重的是，經由倫理教育的施行可改變與導正個人行為，有別於過去對技術強化的專業技術教育，因而可輔助人力資本的強化與內涵。

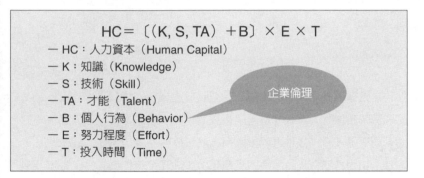

$$HC = 〔(K, S, TA) + B〕× E × T$$

- HC：人力資本（Human Capital）
- K：知識（Knowledge）
- S：技術（Skill）
- TA：才能（Talent）
- B：個人行為（Behavior）
- E：努力程度（Effort）
- T：投入時間（Time）

企業倫理

圖13-1　人力資本與企業倫理的關聯

案例 13-1

「理律律師事務所」監守自盜案

　　「理律律師事務所」監守自盜案，爆發於2003年10月14日，該事務所法務專員劉偉杰，涉嫌侵吞外商公司委託出售股票所得的資金，總金額高達30億元，雖然檢察官連夜將劉偉杰限制出境，但至今仍無音訊。

　　這件監守自盜的洗錢案，遠比1995年國票交易員楊瑞仁100多億元洗錢事件還少兩倍之多。但整樁事件之所以引起震驚，不僅讓國內知名律師事務所商譽嚴重受損，最重要的是，主謀劉偉杰犯案過程細密，且逃過檢警調的緝捕。相較楊瑞仁在事發後未久即被逮捕，行蹤成迷的劉偉杰，其縝密的洗錢過程，為整宗事件添上不少撲朔迷離的色彩。

　　本案主要是2003年7月間，美國一家知名外資公司，因需鉅額資金週轉，急須脫手市值約30億台幣的台灣上市公司股票，因而委託理律代為出售。理律受託後，即指派專業人員，於8、9月

間依合約開始陸續出售這批股票，為降低風險，特別指派劉偉杰負責保管售股所得資金，不料劉偉杰於9月間將他保管的資金，先陸續轉存至個人私人帳戶，隨即分散轉存多名疑似人頭帳戶，並在10月初將售股款的絕大多數款項，約22億元轉匯出國外。

案發前的8月中，劉偉杰先以報考律師為由，提出留職停薪一年申請，獲得批准，並自9月30日起不再出現於事務所，之後經接手員工核對移交帳目和戶頭，發現帳目不符，全案因而曝光。特別的是，劉偉杰的父親也是經濟罪犯，曾經超貸1億3000多萬，十二年前潛逃美國，被台北地院通緝至今。監守自盜案後，理律雖已和美商新帝公司達成賠償協議，但此案則引起社會各界高度關注。

討論與心得

由上述案例中，不難發現：企業若聘用人品不佳的員工，對於企業之影響有多大？誠如，花旗銀行台灣區人力資源處副總裁閻台生說：「人才是可以後天訓練的，但人才若缺乏人品，闖的禍反而比庸才更大。」因此公司在選才時，才華再高，沒有人品，寧可不要。就如同理律一案，雖晉用劉偉杰如此高知識人才，也因其缺乏人品而使律師事務所，除了金錢的損失外，多年辛苦打造的品牌與商譽亦受創。

無論企業管理制度多麼嚴謹，一旦僱用品德有瑕疵的人，就像組織中的深水炸彈，隨時可能引爆。西諺云，「好的倫理為經營之道」（good ethics is good business）。企業的競爭，不只是策略、技術與創新的競爭，最後決勝負的關鍵，往往掌握在品德手上。

IBM人力資源部門內部有不成文規定：絕不任用「帶兵集體跳槽」的主管，因為「有道德瑕疵」；也絕不任用帶著前一家公司資源前來投靠的人才，因為今天他偷了老東家的東西過來，難保明天不會偷IBM的東西出去。

企業品德是一種無法量化的競爭力，台灣IBM人力資源部副總經理柯火烈認為，企業如果不重視誠信，不但影響企業形象，也絕對影響企業的競爭力。未來企業必須拿出公司治理與資訊透明，取得股東與顧客的信賴，也要靠企業倫理建構出公司及員工間的信任，而這將是企業追求永續經營的唯一道路。

13.3 企業品德與勞工倫理

　　二十一世紀初始，就籠罩在1990年代企業貪欲無度的陰影中。要建立「倫理資本主義」，工會可以貢獻一己之力。倫理資本主義的本質是攜手合作及同心協力，共同致力於創造可以公平分享的財富。

　　倫理資本主義的特徵，是在於一種共同的價值感。倫理資本主義的基本架構，是根據共同的價值而產生的一種觀點。在這個架構中，工會的主張是，根據勞工的附加價值生產力與貢獻，與勞工公平分享利潤。首先說明利益關係人的重要性，這有助於瞭解企業存在的真正目的。

　　由【圖13-2】的企業利益關係人模型可知，一個企業所謂的利益關係人，包括有：員工、顧客、本地社區、企業主、供應商與管理層。

　　茲將企業品德與勞工倫理的互動，以及企業在人力資源倫理的價值觀點，列示如下要項：

> 由企業利益關係人模型可知，一個企業所謂的利益關係人，包括有：員工、顧客、本地社區、企業主、供應商與管理層。

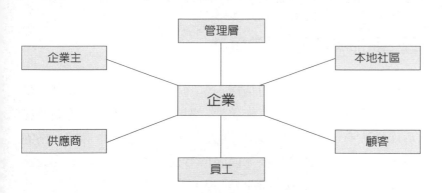

圖13-2　企業的利益關係人模型

資料來源：Evan & Freeman (1993).

一、企業存在的真正目的：服務社會

企業效力的對象是利益關係人，而非只為股東服務。利益關係人則包括：員工、顧客、商業夥伴與社區。企業存在的目的是「服務社會，不是服務股東」。企業以產銷商品與服務，以賺取利潤的方式服務社會。企業的營利潤滑了經濟；它是交易的工具，企業用它來支付勞工，勞工進而支付學校以教育他們的子女，而且勞工與企業都要納稅、造福社會。因此，企業賺取利潤，才能服務社會，所以企業利潤是手段，不是目的。

二、全球化力量：工作波動性升高，擴大「技能溢酬」

全球化及國際貿易與投資的興起，從基本上改變了勞雇關係，並給工會帶給新的挑戰。全球化已經使得勞力需求更具彈性，各國經濟中的勞工更容易被外國勞工取代。這種現象擴大了「技能溢酬」，並且壓低底層勞工的工資，也擴大不同技能層次間的所得差距。全球化下，工作波動性升高，以及社會安全網深化與廣化的需求增加，面對全球化與更深的經濟整合，新加坡採用的方法，不是對抗全球化，而是順勢而為。

三、新加坡對策：順勢而為

新加坡提倡調整福利結構，幫助勞工因應工作的波動。最主要的價值準則，是「工作尊嚴」與「自力更生」的重要。

新加坡提倡調整福利結構，幫助勞工因應工作的波動。最主要的價值準則，是「工作尊嚴」與「自力更生」的重要。在新加坡，有工作能力卻接受別人的施捨，是一件有損人格的事，因為福利救助的對象，僅限於貧民及缺乏工作能力的人。新加坡也重視教育與技能的學習，教育目的側重於培養經濟中，富有創意與生產力的勞工，同時讓孩童充分發揮潛能。而「傾聽勞工的聲音」，是另一個基本價值準則，並於1972年時，

建立最高層級的三邊工資談判制度。新加坡人民行動黨，創始
會員包括工運人士，並且協助成立全國職工總會（NTUC）。這
些基本價值帶領著新加坡勞工運動，來因應全球化的挑戰。

四、形成共識：不同的看法會經由合作與共識調和

　　新加坡的因應方式，是建立勞工與政府間同心協力的關
係。不是彼此對立，即不同的看法會經由合作與共識加以調
和。工會不會站在反對政府的立場，而是在與政府同心協力的
架構。NTUC相信，要促進勞工的權益，最好的方法是繼續與人
民行動黨政府建立共生關係，並且維持同心協力的關係。

五、就業相關福利的可攜性：不侷限於雇主

　　就業福利必須具有可攜性，不再侷限於某一雇主。特別是
在退休、醫療與失業給付的設計，應該有助於勞工的流動。新
加坡強制退休儲蓄計畫中央公積金，勞雇雙方都必須提存；個
人帳戶的資金不套牢於特定雇主。政府鼓勵雇主改採可攜式醫
療保健福利，並針對使用的企業給予增加稅賦優惠。失業給付
的設計並沒有提供，不過新加坡相信可以引進某種儲蓄計畫，
協助勞工度過失業期。

六、彈性組織架構：完整的會員資格

　　工會的核心成員不能只是大型工業組織的員工，還必須包
含專業與管理階層的廣大勞工群，以及需要保護的臨時工、低
工資與低技術性勞工。並設法建立員工組織或專業社團網，以
及專業團體的形成。新加坡在工會結構上做了兩大變動，第一
是希望對勞工提供完整的可攜式會員資格。另一項則是「一般

分會」的會員類別，藉此以確保工會在變遷中的勞動市場，仍是勞工權益的主要代言人。

七、增進就業能力：「重新學習技能」與「重新整備」

要達到真正的彈性，勞工必須「重新學習技能」與「重新整備」。新加坡勞工偏好投資於學習範圍較廣的高等教育，比較不喜歡接受技術性訓練。新加坡提供大量教育訓練的補助，誘導勞工接受成長性行業的訓練，低技術性勞工更有補償工時的津貼。除了上述外，包含技能提升計畫（SRP），目標是與各工業夥伴形成更緊密的合作關係，從這個過程中確認訓練需求，並且確定各行各業的訓練藍圖。人力轉換計畫補助專業人士，更為工會會員NTUC成立「教育訓練基金」，募集超過2,000萬美元。工會主張，訓練與再訓練應與創造就業緊密結合。

八、工會是社會夥伴：致力創造財富，不只分享財富

新加坡NTUC三邊架構的基礎是：同心協力，而其目標為持續不斷提升勞工的技能、生產力、實質工資，以保護與增進勞工的權益。將工會本身視為社會夥伴，致力於創造財富，而不只是分享財富。只有在企業能獲利的前提下，它們才會在新加坡從事財富創造的活動。在新加坡，我們相信勞工的第一要務是取得謀生技能。工會並不會主張政府該補貼所得，或是訂定最低工資或維生工資，相反的，工會主張應將基本生活費用壓低到能夠負擔的水準。唯有和資方、國家營造良好關係，對勞工的幫助最大。

九、深化並拓寬安全網：在事求人與人求事間搭橋樑

新的安全網必須建立，因應全球化帶給勞工的沉重壓力。在變動的工作環境中，建立安全網是共同的責任，而且應該運用策略性的眼光，把心力集中在將有利益的領域。其中的關鍵在於，建立一個支援性的基礎設施，讓勞工能夠從某個工作順利移轉到另一個工作。此外，工會也能減低勞工更換工作時所面臨的摩擦。工會組織可利用它們的雇主網與勞工網，工會應該創造工作機會，在事求人與人求事間搭起一座橋樑。

十、社會水平儀：反制贏家通吃的市場競爭

工會透過它的合作社網絡，協助勞工以便宜的價格購買產品，省下金錢用於保險、住宅、超級市場、兒童看護、保健與牙齒治療等方面。我們也供應平價的娛樂設施給勞工使用，並設立連鎖超級市場全國職工總會平價合作社，每家合作社都訂有品質標準，並以平價供應商品。相較於成本低廉的傳統市場，平價合作社有穩定基本必需品價格的作用。合作社可以反制贏家通吃的市場競爭，在全球化的環境下，扮演十分重要的角色。

十一、倫理資本主義

展望未來，國際性草根組織反全球化的聲浪，有可能日益高漲，面對全球化比較有效的因應方式，並非參與反全球化的運動，而是推動變革，消除全球化帶來過分妄為的現象。我們相信解決方法在於協助勞工因應全球化的現實，並提倡更公平、更為永續長存的資本主義。

13.4 人力資本的倫理議題

工作中的角色是隨著人在公司中的職位而來，不論這職位是現場工人、推銷員、會計、經理、董事，都有一套規則或作法，正式的叫作工作規範，非正式的是一些傳統。

工作中的角色包含一些是約定俗成的成分，一些是法定的成分，一些是道德的成分。若未達成法定成分者，將可構成被解僱的條件。例如，工作時數、上下班時間、工作項目或目標等。至於，如何工作（工作態度）、如何與同事相處，是屬於約定俗成或各單位的文化，若違背並不會使人失去工作，只使他跟別人合不來。所以遵守法定與約定俗成的作法，是對自己有利的行為，或審慎的行為，用利己的動機就已足夠說明。

一、專業人員的道德角色

在工作規範中，還有一些是屬於道德方面的責任，像把事情做好、忠於公司、尊重同事等，即使一個人在沒把事情作好，不尊重公司同事，而不會有事情的情況下，道德律也要求他必須把事情作好，尊重同事。這跟這個人本身的資格，如有無學歷、有無加入工會無關。如「有」教授證書，並不一定等於是個認真盡職的「好」教授，而要看其有無盡到作好教授的本分與義務。

找到一個工作，便帶來一定的責任，這對專業人士尤其重要，他們的工作包含職業道德良心在內，也就是他們的工作不只是一種謀生的方式，更要有一定的做事標準。【案例13-2】即是準教師對教育部的怒吼，希望能有合理的回覆及作為。

除了技術方面的適任之外，更要有職業操守。工作愈專業化，操守愈重要。專業人員提供一種技術服務，他們跟顧客之

案例 13-2

「師」子吼，準教師上街頭拚飯碗

　　「我要當老師！」國內教育史上，首度由實習教師發動的「612拯救國教大遊行」於2005年6月12日下午登場，近2,000名準教師走上街頭，發出怒吼，要求教育部為政策失敗道歉，並承諾降低班級人數及管控師培人數。他們要求教育部三天內必須在報紙上具體回應，否則將到教育部門口靜坐，繼續抗爭。

　　全教會已和台北縣政府協商，縣府原則同意降低班級人數，2005年國一從每班38人降至35人、2006年國小從35人降至30人。教育部如果能力不夠，無法降低班級人數，請交給地方教師會和地方政府協調。允諾三年內將師培量減掉51.2%，希望讓大家都有工作機會。

間有一種特別的道德關係，而其專業倫理的本質是一種角色道德。因著角色而來的特殊的義務與特權，稱之為角色道德。

　　專業人員與一般職業的不同點，有如下五點要項：

1. 專業人員必須經過長時期的訓練與正式的教育，而且這不是指在技藝方面，而是在智力方面。通常必須經過學術機構的正式教育，至少有大學學位，甚至有更高的學歷，才算得上社會的菁英分子。

2. 專業人員的知識及技能是社會福祉之所需，如醫生對人體健康、律師對人權的保護、工程師對飛機安全及國防的貢獻、會計師對稅務、建築師等。科技愈進步，一般民眾對這些專業菁英的依賴愈多。

3. 專業人員因著證照制度，或必須經專門學校訓練而具獨占地位。有時這種獨占是因為社會大眾只接受從專業學校畢業的人，才能擁有專業的頭術，並且專業人士對於學校的課程內容及學校數目，有很大的主控權。有時是透過證照制度取得獨占地位，法律對於沒有證照而執業的人，會加以制裁。

4.他們在工作場所中有很大的自主權。對於選擇客戶的自由度很高，而且在執行業務的過程中，擁有相當高程度的自主權，例如，醫師對於病人的醫療方式，律師選擇的辯護方式，都因其專業知識而自行決定，這也是專業工作最吸引人的一個地方。

5.也因此濫用權利的可能性極大，故必須受該專業領域之倫理規範約束，專業群體會對違反倫理守則的人加以制裁。

因為專業人員得到社會大眾的信任，故有較崇高的社會地位，較高的待遇與自主權。相對的，專業人員應奉獻自己服務社會，並且自我規範，亦即他們應有較高的操守。

因為專業人員得到社會大眾的信任，故有較崇高的社會地位，較高的待遇與自主權。相對的，專業人員應奉獻自己服務社會，並且自我規範，亦即他們應有較高的操守。

二、經理人的倫理困境

在多元化潮流下，許多人覺得要在企業環境下持守道德原則，並非易事。哈佛大學商學院教授Laura Nash列出經理人經常遇到的三十項倫理困境，如【表13-1】所示，這些項目都跟誠實、公平、尊重別人或遵守承諾有關。這些問題並非一生才發生那麼一次，而是經常會出現的兩難困境。而且，這些問題表面上好像黑白分明，實際上卻很難說對錯分別。

除了第13項外，這些都是在道德鋼索上的抉擇，要對這些情況作出倫理決定，必須對程度、整體目標、目前的後勤問題、別種的抵換、成功的機會等，作出審慎的判斷。沒有一個現成的方法，可以來幫助人決定對與錯。

面對這些兩難情況，經理人除了個人的價值觀與道德觀之外，事實上有很多因素不在他的控制之內，如職業傷害中，很多是因為公司故意違反工業衛生與安全條例所造成的。對一個初到公司上班的人，很多都具有高人一等的道德標準，後來都在所謂社會化的過程中屈服、妥協。很多人開始向顧客說謊，產品明明有問題仍繼續生產，以及種種不法都相繼出現。歷史

表13-1 經理人經常遇到的三十項倫理困境

1.貪婪
2.報導和控制程序中的掩飾
3.對產品或服務誤導性的宣稱
4.對已談妥的條款背信或欺騙
5.設定使人很可能要說謊才能作好事情的政策
6.對個人本身的判斷過度有自信，造成對公司整體的危害
7.在時局險惡時對公司不忠
8.品質低劣
9.在工作中羞辱人或在廣告中用刻板印象
10.對權威死忠地順從，不管有多不合論理或不公平
11.自我權力擴張超過對公司的義務（利益衝突）
12.偏袒
13.圍標
14.為了完成工作犧牲無辜或無助的人
15.壓抑基本權利：言論自由、選擇和個人關係
16.當不合倫理的作法發生時未能說出來
17.忽視家人或忽略個人需要
18.明知安全有問題還作出產品決策
19.拿出來環境的、員工的和公司的資產，沒有放回去
20.為了得到必須的支持，故意誇大一個計畫的優點
21.未能對可能的頑固、性別歧視、種族歧視著手處理
22.逢迎上司而非把事情作好
23.站在別人的頭上以爬上公司的梯子
24.提拔企圖心強而具毀滅性的人
25.未能跟公司其他單位合作——敵人心態
26.為公司的緣故以省略不講的方式對員工說謊
27.跟很有問題的夥伴結盟，儘管是為了一個好的原因
28.對造成傷害別人的作法，不管有意或無意，不肯負責任
29.濫用或附合公司一些浪費金錢與時間的好處
30.以合法的管道腐化公眾政治過程

資料來源：Nash(1993).

上重大惡行的實例，犯的人都是普通的人，不是極其殘忍的壞蛋，卻在集體行動中，作出他們個別時不敢想像的不道德行徑。

本來在一個不斷成長的市場中，大家都有獲利的機會，但隨著國際化的腳步，工資上漲，環保標準提高，消費者意識抬頭，競爭愈來愈激烈之下，使得很多人抱著一種能撈就撈的心理。加上員工沒有就業保障，很多本來可以解決的倫理問題，如信任、努力工作、自我犧牲等，也變成無人理會的局面。

有些公司（包括政府單位）感嘆公權力不彰，他們循規蹈矩，依法經營或辦事，卻不斷受到騷擾、攻擊、壓力、圍廠、擋路。因此，過去以私利為誘因的管理理論，必須重新檢討。若沒有辦法鼓勵個人的誠信及對他人的尊重，今後公司要達到良好的營運績效幾乎不可能。並不是說利潤動機不應再受重視，而是說應把它放在次位，而把價值創造與服務別人，放在最顯著的位置。

> 若沒有辦法鼓勵個人的誠信及對他人的尊重，今後公司要達到良好的營運績效幾乎不可能。並不是說利潤動機不應再受重視，而是說應把它放在次位，而把價值創造與服務別人，放在最顯著的位置。

三、常被扭曲的倫理問題

扭曲真理的不同方式，可以放在一個連續向度上，從不誠實的典範案例，亦即說謊，到未能主動追求真理。茲將個人時常會犯、常被扭曲的倫理問題，說明如下：

（一）說謊

說謊 lying

> 把謊言定義成：信以為假或嚴重誤導的一句話，意圖欺騙而說出。

到底什麼叫**說謊**（lying）？這個問題不容易解決，一方面是由於並不是每種虛假都是一個謊言，例如，某工程師把實驗的結果弄錯，他說的不是真相，但不等於他在說謊。人要說謊，必須他有意地或把明知錯的訊息或誤導的信息傳達出去。但萬一有人把他以為是假的消息傳出，這消息事實上是真的，他算不算是說謊呢？他有意欺騙，但實際上講出來是真話。

有時說謊不一定是要說出來，用點頭或手勢來表示，甚至不直接說出，雖然他沒有說出百分之百的謊言，卻給人一種錯誤的印象。儘管如此，大多數人相信謊言具有三大因素：

1.使人信以為真或嚴重誤導的事情。

2.通常是以話語方式陳述出來。

3.意圖欺騙。

因此，我們可以把謊言定義成：信以為假或嚴重誤導的一句話，意圖欺騙而說出。

（二）故意欺騙

為了給雇主或潛在顧客有深刻印象，故意誇大自己的學識或經驗，即使這不構成說謊，也要被看成是**故意欺騙**（deliberate deception）。把產品或服務的優點捧得太過分，也是一種誤導，其嚴重性不下於十足的謊言。如【**案例13-3**】中，新點子音樂公司被判賠92萬元。

（三）洩露祕密或專屬訊息

這是一種在不適當的環境下所作的揭露，或在沒有得到當事人同意下，揭露祕密或**專屬訊息**（proprietary information）。例如，由當事人送給工程師的訊息，或工程師在為當事人工作過程發掘到的訊息，都算是當事人的個人祕密。

由於多數的工程師是被僱用的人，不當揭露信息更是一種常見的問題，是違反專屬訊息。專屬訊息包括為前任雇主所作的設計或想法，侵占專屬訊息是不誠實的，也可能帶來訴訟。

（四）保留訊息

省略或**保留訊息**（withholding information）也是一種欺騙的行為，例如，未能提起該計畫的負面影響，即使不是說謊，也算是嚴重欺騙。未能提起你在你所推薦產品的公司中擁有股份，也算是不誠實。所以人若因未能把對象合理會期待不該省略的訊息傳達出去，以及省略的意圖是要欺騙，這都算成因省略資訊而有的不誠實作法。

故意欺騙
deliberate deception

為了給雇主或潛在顧客有深刻印象，故意誇大自己的學識或經驗，即使這不構成說謊，也要被看成是故意欺騙。

專屬訊息
proprietary information

在不適當的環境下所作的揭露，或在沒有得到當事人同意下，揭露祕密或專屬訊息，謂為揭露祕密或專屬訊息之作法。

案例 13-3

解僱孕婦，新點子音樂公司判賠92萬

　　新點子音樂公司開除懷孕的倉管部副理林玉如，事後捏造假考績與業務損失證據，指稱林女造成公司重大損失被開除；案經林女提起訴訟，士林地方法院認定解僱不合法，判決公司應給付解僱期間的工資及精神撫慰金共92萬9千餘元。

　　林玉如起訴指出，她從1996年4月任職新點子音樂公司，2000年5月生第一胎，依勞基法公司應給56天產假（8週），但她只休了45天就被公司命令銷假上班；2002年1月她二度懷孕，3月告知公司後即常被總經理數落、挨罵，並說要登報找人接手。

　　她說，為了工作，懷孕期間經常配合公司作業，加班到深夜。2002年7月8日她有早產跡象，遵醫囑請假安胎，次日竟就被公司解僱。她認為雇主歧視懷孕婦女將她解僱，解僱無效，先向台北市勞工局申訴，再向法院起訴求償134萬元。

　　新點子音樂公司辯稱，公司沒有歧視懷孕女員工，林玉如被解僱是因她屢犯嚴重錯誤，帳目交代不清；2002年4月至6月有大量退貨未經主管同意即擅自盤轉入帳，致公司受到重大損失，累積記滿三大過，依勞基法規定將她開除，但願意給她第一次產假未休假，以及加班費3萬7千餘元。

　　法官並發現有關林玉如的重大獎懲從未公告，林女和其他員工都不知道，林玉如當年年終獎金也沒有減少，不符新點子公司管理規章規定「員工因申誡記過應依規定減發年終獎金」，法官因此認為考績表有造假之嫌。其次，盤轉貨品簽呈的簽名，經比對筆跡不是林玉如，法官不採信這項證據。

討論與心得

　　該案送至士林地方法院調查後，判定新點子音樂公司就業歧視成立。

(一) 雇主的舉證不足

　　雇主若解僱懷孕員工須加強其舉證的責任，此案例資方，所提的證據及理由皆不具充分說服力。在受訪之職員表示：公司主管不喜歡女員工懷孕，因為「產假期間不能工作，公司還要給薪水」。且有關林玉如的重大獎懲從未公告，林女和其他員工都不知道，林玉如當年年終獎金也沒有減少，不符新點子公司管理規章規定「員工因申誡記過應依規定減發年終獎金」，另外盤轉貨品簽呈的簽名，經比對筆跡不是林玉如，不採信這項證據；綜上認為，公司解僱申訴人的理由並不充

分。

(二) 蓄意製造敵意之工作環境

　　林玉如起訴指出，她從1996年4月任職新點子音樂公司，2000年5月生第一胎，依勞基法公司應給56天產假（8週），但她只休了45天就被公司命令銷假上班；2002年1月她二度懷孕，3月告知公司後即常被總經理數落、挨罵，並說要登報找人接手。此項已構成對懷孕女職員敵意之工作環境。

　　如果雇主要解除跟員工之前的勞資關係，要依照勞基法辦理，也就是說，不能無故解聘員工，否則要付資遣費，而且產假56天的薪水都是要照付的。

　　勞資關係主要是指企業單位與勞工之間的關係。從雇主的角度來看，員工可以隨時招聘，員工似乎只是生產工具組合的一部分，於是雇主對員工也不會有休戚與共的共同情感，從這樣的關係看來，企業與員工間就更不能產生穩定而互相尊重的倫理。

　　企業對內，即對員工所表現的倫理行為，應是以建立和諧的勞資關係及安定員工的生活為基礎，這樣才會有良好效率的員工，也才能促使企業能有效運作，避免勞資糾紛的問題產生。

(五) 未能適當地提倡訊息傳布

　　工程師不只是應揭露訊息，也要使所有被影響之人都能得到資訊，特別是當這個訊息可以避免一個災禍時。這是因為工程師的主要職責，是保護大眾的健康及安全。

(六) 容許自己判斷受到腐化

　　工程師的專業判斷不應受利益衝突或其他外在因素之考量，而受到過多的影響與**被腐化**（corrupted）。例如，明知有更新更好的設備可用，但因為推銷員是自己的好朋友，所以在設計工廠時規定要採用他的設備（雖然品質也還可以），沒有提供未帶偏見的判斷，有時候這不算是說謊，但至少這個人是不可靠的。

（七）未能主動找出真相

單單避免不誠實還不夠，更須進一步追求真相，如對某分資料的可靠性有所懷疑，卻仍然採用，雖不算說謊或掩飾真相，卻屬不負責任。

以上的分類不應被當成說謊是最嚴重的，未能主動找出真相是最不嚴重的。有時候，說謊的嚴重性不比其他的方式更加嚴重。分類的方式只是在反映人主動扭曲真相的程度，而不是在各種行動後果的嚴重程度。

重點摘錄

§人力資源為：包括員工的能力、知識、技術、態度與激勵，人力資源是在企業界所擁有的人力。

§人力資源規劃是將企業目標與策略轉化成人力的需求，透過人力資源管理體系與作法，有效達成量與質、長期與短期的人力供需平衡。

§人力工程的意義性目的，就在網羅人力、聚集人力與儲備人力的資源，故人力工程是營造人力資源的工程。

§所謂的人力資本是由知識、技術、才能、個人行為、努力程度與投入時間所綜效而形成。

§企業倫理所注重的是，經由倫理教育的施行可改變與導正個人行為，有別於過去對技術強化的專業技術教育，因而可輔助人力資本的強化與內涵。

§由企業利益關係人模型可知，一個企業所謂的利益關係人，包括有：員工、顧客、本地社區、企業主、供應商與管理層。

§新加坡提倡調整福利結構，幫助勞工因應工作的波動。最主要的價值準則，是「工作尊嚴」與「自力更生」的重要。

§因為專業人員得到社會大眾的信任，故有較崇高的社會地位，較高的待遇與自主權。相對的，專業人員應奉獻自己服務社會，並且自我規範，亦即他們應有較高的操守。

§若沒有辦法鼓勵個人的誠信及對他人的尊重，今後公司要達到良好的營運績效幾乎不可

能。並不是說利潤動機不應再受重視，而是說應把它放在次位，而把價值創造與服務別人，放在最顯著的位置。

§ 把謊言定義成：信以為假或嚴重誤導的一句話，意圖欺騙而說出。

§ 為了給雇主或潛在顧客有深刻印象，故意誇大自己的學識或經驗，即使這不構成說謊，也要被看成是故意欺騙。

§ 在不適當的環境下所作的揭露，或在沒有得到當事人同意下，揭露祕密或專屬訊息，謂為揭露祕密或專屬訊息之作法。

重要名詞

人力（human power）

資源（resources）

人力資源（human power resources）

規劃（planning）

人力機制（human power mechanism）

人力資源規劃（human power planning）

人力工程（human power engineering）

建構（construction）

機制（mechanism）

機構（organization）

工程機制（engineering mechanism）

人力資源庫（the barn of human resources）

執行力（execution）

人力資本（human capital）

好的倫理為經營之道（good ethics is good business）

全國職工總會（NTUC）

技能提升計畫（SRP）

說謊（lying）

故意欺騙（deliberate deception）

專屬訊息（proprietary information）

保留訊息（withholding information）

被腐化（corrupted）

問題與討論

1.請分享你個人在第十三章節所學習到的心得？最令你印象深刻的議題為何？

2.人力資源規劃的意涵為何？請簡述之。

3.何謂人力工程？人力工程與人力資源的結合性關係為何？請簡述之。

4.人力資本與企業倫理的關聯為何？請簡述之。

5.針對「理律律師事務所監守自盜案」之案例，你個人有何分享的心得？

6.企業的利益關係人模型內涵為何？請簡述之。

7.企業品德與勞工倫理的價值觀點為何？請簡述之。

8.專業人員與一般職業的倫理差異點為何？請簡述之。

9.針對「師子吼，準教師上街頭拚飯碗」之案例，你個人有何分享的心得？

10.經理人經常遇到的倫理困境為何？請列舉說明之。

11.常被扭曲的倫理問題有哪些？請簡述之。

12.針對「解僱孕婦，新點子音樂公司判賠 92 萬」之案例，你個人有何分享的心得？

企業的資訊倫理

Chapter 14

14.1　資訊倫理的界定

14.2　資訊倫理的思考

14.3　資訊倫理的教育

14.4　資訊智產權的倫理議題

本章節說明企業的資訊倫理，討論的議題有：資訊倫理的界定、資訊倫理的思考、資訊倫理的教育，以及資訊智產權的倫理議題等四個部分。

14.1 資訊倫理的界定

本節討論資訊倫理的界定，首先區分電腦、網路與資訊倫理，其次說明電腦倫理的意涵，再者說明網路倫理的意涵，最後則是探討資訊倫理的意涵。

一、電腦、網路與資訊倫理

電腦、網路與資訊這三個名詞常常互用，在一般的使用上並沒有特別的定義，這樣雖然有其方便之處，但也正因此而造成觀念上、認知上的混淆，並嚴重地阻斷瞭解事實真相的途徑。當我們討論電腦、資訊或網路的相關倫理問題時，同樣會面臨這些問題，因此區別電腦、網路與資訊等之差異是有必要的。

這三個名詞中最早使用的是電腦，當然使用「計算機」這個名詞比「電腦」更早，然後因為電腦處理的資料提升到資訊的層次，以及各類軟體功能的強大，所以慢慢使用「資訊」這兩個字來代表，由於電腦相關軟硬體與系統所造成的應用，例如，資訊系統、資訊社會、資訊管理、資訊科學或資訊工程等。另一方面在分散式系統的環境中，由於資料存取、傳送與分享的需要，把不同的單機電腦連線，因此有了「網路」這個名詞，但是網路真正的普及，甚至對社會造成巨大的影響，是因為**網際網路**（internet），而一直到今天，甚至普遍以「網路」之簡稱，來取代「網際網路」的稱呼。

在專業領域中，其實大家傾向於廣義去解釋或定義該領域的名詞，這個現象在資訊科技的相關領域中尤其明顯。因此，當今天我們看到「電腦倫理」這個名詞時，其實它經常代表的是包含網際網路，甚至所有資訊應用的倫理議題之內容，也就是說：廣義的電腦不只是指電腦硬體，包括所有的資訊系統及網路應用等，都視為是電腦的一部分。

網路倫理雖然是新興的應用倫理，比較傾向於由於網際網路所造成種種議題之探討，也就是說：任何的電腦設備或資訊系統，將來也都與網際網路密不可分，所有電腦或資訊相關問題，都離不開網際網路。

資訊倫理當然原先探討的是與資訊擷取、處理、分享與傳播等應用有關的倫理議題，但是當網路科技主導了整個資訊社會的運作後，資訊倫理的議題已經不只是單純的軟體系統或資訊安全問題，它慢慢也延伸至所有網際網路空間所可能發生的一切議題。

> 當網路科技主導了整個資訊社會的運作後，資訊倫理的議題已經不只是單純的軟體系統或資訊安全問題，它慢慢也延伸至所有網際網路空間所可能發生的一切議題。

二、電腦倫理的意涵

電腦倫理（computer ethics）的定義，在研究上一直存在著兩個不同的觀點。第一種觀點，是站在電腦的立場來看問題，電腦學者認為人們的行為受到電腦科技的影響很大，使得人們產生了許多以前社會所不存在的行為，因為有這些以前所不存在的行為，所以必須有相關的倫理規範來約束，其重點是放在電腦科技的影響力。

另外一個觀點，是站在哲學倫理的立場，倫理學者認為電腦倫理只是哲學倫理（philosophy ethics）中的一個部分，認為不管科技如何進步，使用科技的還是人類，人類在資訊時代中所產生的行為，其實仔細分析起來，這些行為原本就存在於這個世界中，只是現在伴隨著電腦科技的新環境而呈現出來，所

> **電腦倫理**
> **computer ethics**
> 人們的行為受到電腦科技的影響很大，使得人們產生了許多以前社會所不存在的行為，所以必須有相關的倫理規範來約束，電腦倫理是在原來的倫理議題中，抽出與電腦技術發展有關的部分。

以電腦倫理是在原來的倫理議題中，抽出與電腦技術發展有關的部分。例如，電腦倫理仍舊是談隱私權的侵犯、著作權的侵犯等，只是其侵權所用的工具與方式不同。

Mason（1995）提到由於資訊科技或變革的產生，使得傳統倫理中所定義的部分產生擴大的效果，也就是在資訊社會中，由於資訊科技進入人們的生活中，在這個傳統所無法掌握的網路空間中，會因此產生許多過去社會申所不曾出現的行為（Mason, 1995）。茲以下列數學式來表達：

$$B+M=G$$

其中，B代表人類的行為，M代表所有的道德原理，G可能的結果是善或惡（是或非）。當新科技或變革的力量加入這個模型中時，會產生科技擴大效果，而影響整個模型，即：

$$B+I=B^I$$

其中，I代表科技。也就是說，科技的驅動使得人類的行為產生更多樣化，這些多出來的行為可能造成M（道德原理）無法判斷該行為的道德性，所以有必要加強M的內容，以便對於科技驅動後所產生的新行為，如衍生的許多資訊倫理的相關題等，有辦法加以判斷其善與惡，故衍生出M^I，亦即：

$$B^I + M^I = G$$

其中，M^I是由原先的M，根據B^I中的新行為擴充而來。

三、網路倫理的意涵

網路倫理
cyberspace ethics

網路倫理是因為網路的使用與普及後，所延伸出來的新倫理議題，而網路的使用一定要與電腦系統相結合，因此網路倫理不可能單獨存在。

由於電腦科技的進展，加上通訊網路技術與電腦系統的整合，產生了許多新的倫理議題，是所謂**網路倫理**（cyberspace ethics）。網路倫理是因為網路的使用與普及後，所延伸出來的新倫理議題，而網路的使用一定要與電腦系統相結合，因此網路倫理不可能單獨存在。亦即網路倫理是發生在網路環境，電腦倫理發生在電腦系統環境，而網路是電腦系統的一部分，所

以任何的網路倫理問題均可視為電腦倫理的一部分,如【圖14-1】所示,網路倫理只是電腦倫理的一個特殊領域。

但是換一個角度來看,對於新的網路科技所造成的倫理議題,其實不應該只是以特殊議題或專題視之,因為網際網路所產生的影響,實已顛覆了傳統電腦系統中的種種問題,因此不能只以一個工具或特殊環境來看待網路環境,它已徹底改變了電腦系統的運作方式。所以,網路倫理除了延伸傳統的電腦倫理議題外,還必須加上已經發生,以及未來可能發生與網路系統有關的種種倫理議題。

四、資訊倫理的意涵

電腦倫理或網路倫理相關的倫理議題,均可視為是一種資訊倫理議題,也就是用資訊倫理來涵蓋一切與資訊科技發展相關的倫理問題,如【圖14-1】所示。

所謂**資訊倫理**(information ethics),狹義來看只討論資訊專業人員使用或製造資訊產品、提供資訊服務時,在面臨資訊相關的倫理議題上的權利與義務,以及賦予資訊人員對此倫理議題,在決策或行動上之是非善惡判斷之標準。若以廣義的資訊倫理來看,網路世界的秩序維護,已經不再是只與資訊專業人員有關,所有在網路空間活動的人,都有可能破壞這些倫理規則。包括:**隱私權**(Privacy)、**精確性**(Accuracy)、**財產權**(Property)與**存取權**(Accessibility)等PAPA之議題(Mason,

> **資訊倫理**
> **information ethics**
> 狹義來看只討論資訊專業人員使用或製造資訊產品、提供資訊服務時,在面臨資訊相關的倫理議題上的權利與義務,以及賦予資訊人員對此倫理議題,在決策或行動上之是非善惡判斷之標準。若以廣義的資訊倫理來看,網路世界的秩序維護,已經不再是只與資訊專業人員有關,所有在網路空間活動的人,都有可能破壞這些倫理規則。

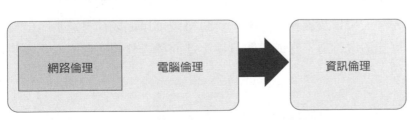

圖14-1　電腦、網路與資訊倫理的關係

1986），若在網路上發生時，就已不再只是專業人員的問題，例如，PAPA之侵權。在結合網路以後，可能延伸以下問題：

1. 隱私權：廠商未遵照隱私權保護原則，任意公開或販賣顧客之資料。
2. 精確性：不正確的資訊在網路傳播，或者透過電子郵件任意散布謠言以及病毒，破壞系統正常運作。
3. 財產權：網路使用者任意傳播或下載未經授權之數位資產。
4. 存取權：廠商對資訊安全技術不夠重視，導致顧客或員工資料遭到非法存取。

由此可知，資訊倫理已由傳統資訊專業人員必須遵守的道德規範，進一步延伸至所有參與網路世界活動的人都要有這一份認知，如所謂「資訊倫理守則」的推動，否則有秩序的網路世界還是無法建立。另一方面，資訊專業人員除了學習在面對倫理兩難問題時，能有正確的行動決策標準外，還必須進一步學習如何避免在這樣的環境中惹禍上身，以更專業的角度，透過技術來研究更完整的安全、順利運轉的機制。【案例14-1】即為內線交易的一起案例，值得我們深思探討。

14.2 資訊倫理的思考

資訊科技的進步產生了許多相關的倫理與道德問題，造成整個社會激烈的改變，而且威脅了個人現在所擁有的財富、權力、人權以及義務的分配，資訊科技可以促成社會進步，但也可能造成行為不當或犯罪行為，進而危害整體社會的安全與價值。

案例 14-1

內線交易案例

　　一名投資顧問（甲君）接到她的客戶（乙君）要買進四千口的咖啡期貨。這位客戶是一所營業氣象預報服務機構的資深氣象分析員，告訴她，他收到最新的巴西氣象衛星資料指出，在咖啡產區將發生不尋常的低溫。嚴寒會殺死咖啡植被，咖啡的供給將大量減少，因而導致咖啡期貨價格竄升，而此訊息會在一天左右的時間內公開。

　　甲君心裡想：「這位客戶已經有了非常準確的預報，也許我現在應該投進一些資金，並儘快把這個消息告訴給我的某些客戶知道。」如果乙君的預報準確，咖啡的價格將會像火箭般竄升，甲君覺得現在買進咖啡期貨，將有機會賺取一筆為數不小的利潤，然而她對利用尚未公開的資訊賺錢感到不安。甲君心想：「買進的時機就是現在，我到底該不該做呢？而這算是非法的事情嗎？」

　　請思考如下問題：

　　1.如果你是甲君，你將會怎麼做？

　　2.利用公司尚未公開的資訊，是否合法呢？

　　3.買進大量咖啡期貨來囤積，再以高價售出，是否正確？

討論與分享

　　此事件牽扯到企業倫理與個人倫理的議題，甲君所面對的問題是她從客戶中得到一個尚未公開的資訊，此資訊的準確度相當高，並且可以從中獲得不小的利潤，因此讓甲君猶豫不決。如果她選擇買進大量的咖啡期貨來大賺一筆的話，就企業倫理來說，她身為公司的投資顧問，應該以公司的利益為前提，結果她卻利用這個未公開的消息，想要從中得到好處，這樣是不對的，畢竟企業是講究團體的而不是個人。

　　就個人倫理來說，她想要等待咖啡期貨的價格上漲，再將手中的咖啡期貨以高價售出，來享受其利潤，她的這種心理不能說完全不對。畢竟換成是你，你也不一定能忍耐如此大的金錢誘惑，但是她的行為絕對是不被允許的，而且是不合法的，因為買進大量的咖啡期貨來等待時機售出，就等於是囤積了咖啡期貨，身為一個期貨商，這是不對的。

一、對整體社會的衝擊

資訊科技對整體社會所造成的衝擊，其影響所及包括：個人倫理議題、社會議題與政治議題，如【圖14-2】所示。這些衝擊包括五個道德層面：資訊權利與義務、財產權利與義務、責任歸屬與控制、系統品質、生活品質（Laudon & Laudon, 2000）。茲簡單說明如下：

1. **資訊權利與義務**（information rights and obligations）：個人或組織對於其所擁有的資訊具有何種程度的使用、傳播之權利？對於資訊應盡何種保護之義務？其中包含了資訊隱私權與存取權的問題。

2. **財產權利與義務**（property rights and obligations）：在資訊所有權難以追溯與歸屬的網路社會中，該如何保護傳統的智慧財產權？

3. **責任歸屬與控制**（accountability and control）：當資訊隱

> 資訊科技對整體社會所造成的衝擊，其影響所及包括：個人倫理議題、社會議題與政治議題。這些衝擊包括五個道德層面：資訊權利與義務、財產權利與義務、責任歸屬與控制、系統品質、生活品質。

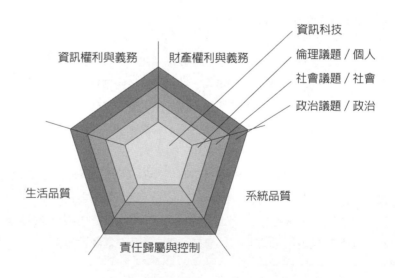

圖14-2　資訊社會中倫理、社會與政治的關係

資料來源：Laudon & Laudon (2000).

私權或財產權被侵犯時，是否可以確定誰應該負責任？

4.系統品質（system quality）：應該制定哪些資料與系統品質標的，以保護個人權利與社會安全？

5.生活品質（quality of life）：資訊與知識社會中，該維護何種價值？保護何種制度？對於文化與作品價值，資訊科技可以提供何種的支援？

二、對整體人類的影響

不管是從哪一個觀點來看，由於資訊科技進步所形成的新世界，引誘人們做出違背良知甚或犯罪的事情，因此如何在資訊科技進步迅速的社會中，有一個力量可以維持電腦在新世界中正常運作，不會破壞世界運作的秩序，這應該是一個大家都很關心的課題。

Richard Rubin曾經整理出資訊科技對人們可能造成的七種引誘，這七種引誘會對人們的行為產生或多或少的影響（Rubin, 1996）：

1.速度：電腦科技使得人們可以在極短的時間內得到需要的資訊，因為速度的加快而降低被偵查的機會，所以鋌而走險的人便相對的增加。

2.隱私與匿名：使用一些便宜、快速的網路設備與軟體，就可以讓人們透過這些電腦相關設備，在隱密的地方從事一些活動，由於這些活動具有隱密的特性，所以滋長了違反倫理的行為。

3.**數位媒體的特質**（natural of medium）：由於數位化產品具備容易修改與複製的特性，所以人們很容易便產生侵權的行為。

4.技術的陶醉：新技術讓嘗試使用它的人增加了挑戰性，但是當人們突破了技術的使用障礙時，容易在成就中得到滿

足，這就是駭客入侵系統的主要動機。因此新科技往往就在這種心態下投下了許多的不定時炸彈。

5.受害者的比率增加：由於電腦的廣泛使用以及網路的透通性，使得人們可以到達前所未至的地方，因此促使人們容易去做一些之前用其他方法不可能做的事情，所以使得更多人暴露於前所未有的危機之中，相對的增加許多危險性。

6.國際化的疆界：由於網際網路具有無疆界的特性，所以只要透過滑鼠輕輕一按，就可以連線到世界任何角落。但是許多當地非法的行為在別的國家可能是合法的，因此會引誘許多網路駭客利用法律的漏洞進行一些非法行為。

7.破壞性的能力：藉由電腦的使用似乎可以增強許多無形的力量，雖然這全能的力量可能是原先就有的引誘，但大部分都是新的。

由於這些新的引誘，使得人們心中想犯罪的個性更容易被引誘出來，透過電腦的使用，面對事件發生時的判斷常會出現兩難的情況，亦即「倫理兩難」（ethical dilemma），因為電腦產生了許多新的情況，有時候他們會衝擊到現有的法律、規範、道德原則與指導方針。

三、資訊科技產生的新問題

資訊科技對人類的影響，已經不是單純可以用科技或社會的角度來思考，全新社會的開始，除了舊有的問題會以新的型態呈現之外，另外由於科技影響所導致的社會環境與型態變化，也產生了許多新的社會問題。當然科技對人類的影響不能只從科技的本質來探討，重要的是人性的問題。

在人性的弱點下，資訊科技所可能會產生的新問題，有以下要項：

1. 電腦駭客：不論是技術的陶醉或躲在黑暗的角落，駭客盜用他人帳號盜領現金、破壞他人網站、非法入侵與破壞他人系統等行為，都是資訊社會的棘手問題，如【案例14-2】的駭客入侵校園網路干擾選課。

2. 網路色情：雖然色情不是什麼新玩意，但是在網路世界中，流通色情光碟、建置與經營色情網站、色情資訊與圖片到處流傳等，達到前所未有的公開與透明，資訊社會中不論男女老少，只要會上網，時時都會遭受色情的攻擊。

3. 盜版侵權：隨著數位技術的方便使用，侵犯著作權的頻率，也達到前所未有的高峰，相對的也有許多爭議的觀點，由於數位資訊易於複製與幾乎零成本的特性，使得非法使用或販賣他人智慧資產的行為，一直在網路世界發生。

4. 網路成癮：青少年沉迷於網咖或電玩，尤其是社會對於網路對人類心理與生活的負面影響，都還未有深刻警覺，所以沉溺於虛擬世界而慢慢脫離真實世界的情況愈來愈嚴重。

5. 階級區隔：傳統產業或中年的勞工，在社會轉變的過程中，面臨強大的衝擊，若無法迅速加強自己資訊科技方面的技能，這些「網路新貧」族群與中產階級可能會與「資訊新貴」族群愈隔愈遠，形成所謂的**數位落差**（digital divide）。

6. 科技利益：基因與複製工程的不斷進展，當然是人類對於「發現自我」的追求，但是另一方面在利益的引誘下，伴隨著重重商機，再加上人性的貪婪，可以預見一定會有一場複雜難解的「倫理爭議大戲」準備上演。

案例 14-2

清雲科大選課駭客入侵

　　桃園縣清雲科技大學選課程式遭駭客入侵,學生已選好的課竟被刷掉,經校方追查,發現有人把選課當生意,只要付200元就幫忙上網竄改資料,「保證」選一門課成功;已知交易都在學校附近一家網咖進行,教務處已找高手準備擒駭客。

　　清雲科大指出,學校計算機中心自認行政網路的防火牆功能很強,對駭客竟能侵入感到意外,特別是入侵後,竟能破解已選課學生的帳號、密碼,進一步把他刷掉,並認為這種「黑市交易」應不只在清雲科大發生,各校都該防範。

　　經逆向追查,先後找來5名受害學生與3名「遞補者」,在柔性溝通下,3名遞補者說出真相,表示他們只要花200元就可以幫他們選一堂課。清雲科大教官這兩天到網咖追查,沒找到駭客,不過校方強調一定要找出來,防止再被入侵。

14.3 資訊倫理的教育

　　網際網路的虛擬世界已迅速在成型與擴大,在這個虛擬世界中,存在著許多以前的社會規範或法律所無法觸及的角落,網路科技進展太快,而立法跟不上這個速度,所以虛擬世界中秩序之維持便不能全靠法律,另一個維持社會秩序的力量就是道德倫理系統。

> 虛擬世界中秩序之維持便不能全靠法律,另一個維持社會秩序的力量就是道德倫理系統。

一、資訊倫理與教學方法

　　資訊倫理教育已非傳統電腦倫理中,所指的專業人員倫理道德規範而已,它更包括了任何使用電腦的人,因此資訊倫理是一個新世界中,人人都必須瞭解的課題,而它的重要性也是大家所公認的。但是一談到倫理教育,所面臨的一個很實際的

問題便是教育的效果不彰，亦即透過傳統的教學系統，無法真正達到倫理教育的實踐目的。光是知識的傳授，並無法真正增進個人的道德行為判斷，反而藉由訓練及習慣的養成，可以比較有成效。

就教育的本質而言，資訊倫理教育不能光只是知識的傳授，因為知識可以善用也可能誤用。若只是知識的傳授，忽略了「善知識」的啟發，將可能產生兩個結果：（1）知識只是知識，與我何干？（2）將所學知識誤用，去作奸犯科、違背良知。所以，資訊倫理教育不同於一般的資訊技術教育，只要求從操作中去經驗、由熟練中來學習，它應該包括一套完整的教學方法來啟發思考、發掘人的良知良能，進一步產生正確的人生觀與超越之價值系統。

藉由這些方法的執行，可以教育學生不只是「知」的瞭解，還能有「思」的邏輯思辨能力，最重要的是「行」的落實與實踐。這套教學方法包括有以下三大原則（張啓中等，1998）：

（一）價值澄清原則

價值澄清（value clarification）原則，是指所實施的教學活動必須能夠鼓勵學生思考與檢討，進而澄清出正確價值觀的教學活動。實施的策略有：討論、角色扮演、辯論會、影片教學、撰寫報告。

（二）楷模學習原則

楷模學習（modeling）原則，意謂教師除注意本身的身教外，並充分運用可供見賢思齊的對象，直接或間接來影響學生，亦即在社會情境中學習。實施的策略有：教師以身作則、邀請相關人士現身說法。

價值澄清 value clarification

價值澄清原則，是指所實施的教學活動必須能夠鼓勵學生思考與檢討，進而澄清出正確價值觀的教學活動。

楷模學習 modeling

楷模學習原則，意謂教師除注意本身的身教外，並充分運用可供見賢思齊的對象，直接或間接來影響學生，亦即在社會情境中學習。

（三）機會教育原則

機會教育（opportunity education）原則，是指觀察學生生活中的行為或個案，予以行為引導教學。另外，亦可與其他科目進行聯絡教學。實施的策略有：個案研討、小組問題討論、聯絡教學。

美德的教育最重要的是實踐的功夫，為了能落實這些教學策略，除了教師要有周全的課程設計外，最重要的就是營造一個良好的社會學習情境。尤其可以在社群中，與許多不同背景的社員共同分享、討論、澄清概念，以及凝結知識，擴大了知識的空間（劉建人、陳儀芬，2000）。

二、資訊倫理與資訊法律

當我們研究資訊科技對社會的衝擊之後，會發現由於資訊科技進步之速度，常常超乎我們原先的想像，所以為了維持社會秩序與保障人民生活安全的法律，有時會令人有跟不上現況的感覺。究其根本原因，乃是因為我國並無一部專門的「資訊法律」。所謂的「**資訊法律**」（information law），是指因資訊科技發展而需要制定的法律規範。為什麼很難制定一部獨立的資訊法律，來規範種種新型犯罪的行為呢？原因乃是新型的犯罪或網路上的犯罪，常屬於智慧型犯罪，其犯罪的手法、場所或特質，都與電腦、網路有關，所以檢警人員除非在這些領域有相關經驗或知識，否則要事先防範是有很大困難的。

雖然資訊犯罪的方式與傳統犯罪有異，但是其犯罪內容與傳統犯罪並無很大差異，不外乎詐欺、毀謗、偷竊、色情、賭博、恐嚇或侵權等等行為，所以有時電腦犯罪並非無法可管，而是要用哪一條法律來管的問題。在網路虛擬世界的犯罪即使手法不同，但是同樣的犯罪行為，不管它是發生在虛擬世界或

真實世界，都必須接受相同的刑罰。

例如，用電子郵件毀謗或恐嚇與公開口語毀謗或恐嚇，在刑法上都是相同的恐嚇、毀謗罪，沒有因為是用電子郵件就可以免除刑責。但是其間之差異在於：用電子郵件或在虛擬網路世界中犯罪，在搜證或偵查上可能會有較多的困難。因此，即使現有法律沒有直接針對資訊犯罪做專門規範，但其實使用現有的法律系統，也大部分都可以解決。

雖然如此，但是既有法律有地區性的限制，由於新科技、新市場所引發的跨越國家疆界的法律問題，不得不去正視。Laudon認為資訊科技的發展，令人們面臨了許多舊社會中，未規範到的許多情境，嚴重的是社會規範並無法及時對新技術所可能產生的問題做出回應，一般來說必須經過數年之後，社會才有辦法慢慢發展出一套較符合人類期望，並足以規範新科技使用的相關禮儀、共同期望、社會責任及可接受的政治準則。

當社會遭受到許多實質傷害後，法律條文才有可能立法通過，而在這個過程當中，有心人士便利用這個過渡時期做出許多不當行為，而我們也常常被迫要去處理一些法律上「灰色地帶」的問題（Laudon & Laudon, 2000）。

未來資訊法律勢必會慢慢自成一個領域，專門來處理與清楚規範相關的網路科技與市場商務問題。針對現況應加強的有以下三點：

1. 加強偵查：訓練熟悉網路行為或高科技犯罪的警察、檢察官或相關資訊專業人員，能時常針對可能發生的電腦犯罪進行偵查。

2. 加強教育：透過學校教育、社會教育以及企業的倫理與法治教育，來讓相關人員對法律有正確認知。

3. 制定資訊法律：雖然現有法律可以涵蓋大部分的電腦犯罪行為，但是隨著資訊科技與網路應用的普及，制定專門的資訊法律，會比散布在各個法律、行政命令及處理規定

中的條文，能發揮更多的嚇阻效果。

三、資訊法律的分類

目前我國與資訊相關的法律，大部分是散布在各個法律與法規條文中，但是根據其性質可以分成以下五大類：

1. 資訊權：規範資訊的權利與義務，亦即我們對於個人資訊有哪些權利？對於資訊可以存取與傳播的程度如何？我們有哪些權利得以應用不屬於我們自己本身之資訊？如：電腦處理個人資料保護法即是此類。

2. 財產權：規範智慧財產權利與義務，亦即誰有權擁有數位資訊？傳統的智慧財產權中，所保護的部分如何在網路世界中仍能得到合理保障？

3. 網路交易：有關電子商務中的網站架設、交易安全機制、賣賣契約責任、交易稅、買賣雙方的公平交易、傳統消費者保護法中規範的部分，得以在電子商務環境中繼續得到合理保障。

4. 資訊內容：政府如何針對網路傳播的內容進行管轄與制裁？譬如：色情網站、網路廣告及其他各種侵權資訊的處理與管理等，【案例14-3】即是侵犯隱私權的實例，值得我們自我警惕。

5. 網路行為：亦即有關各種電腦犯罪行為的制裁。譬如：既有法律中有關色情、毀謗等法律，如何在網路世界中得以執行？誰有權可以管制跨國間的資訊法律爭議？【案例14-4】為知名人士受騙的實例，亦是不好的一例示範。

案例 14-3

批踢踢前女站長入侵情敵帳號，侵犯隱私權遭網友圍剿

　　台大批踢踢實驗坊的恨板上，有一群網友上網圍剿，指出一個曾經擔任批踢踢其中一個版的站長，不滿男友劈腿，擅用職權進入情敵的帳號，偷看還刪除信件。雖然這名女大學生道歉表示後悔，但是隱私權遭侵占的事實還是讓網友相當不滿。

　　國內流量最大的BBS網站批踢踢爆發前站長濫用職權，入侵他人帳號，偷窺並刪除信件與個人資料的情形，讓網友氣瘋了。有人直言根本是白色恐怖，相當不齒批踢踢的管理者，批踢踢的新聞發言人解釋，這純屬個人行為。

　　雖然事後這名前站長相當後悔，上網道歉承認自己的道德瑕疵，不過她侵犯他人隱私權，已觸犯刑法，最高能處5年以下的有期徒刑，即使當事人不告她，檢察官還是能起訴。

討論與分享

　　在這個資訊時代，每個人都愈來愈依賴網路，網路改變我們原來的生活模式，當我們在享受網路帶來的便利時，卻常忽略網路所衍生出的各種問題。

　　這篇案例反映出網路隱私權的問題，報導中的前站長，因為男友劈腿心生不滿，向擔任批踢踢法務部長的朋友借了有權限進入他人帳號的ID，而入侵情敵的帳號，偷窺還刪除她的信件；這位前站長曾擔任過站長的職務，對BBS的使用規範一定相當清楚，但是她卻知法犯法，違反道德規範，侵犯他人隱私權，雖然她這麼做能消一時的心頭之恨，但是伴隨而來的是法律責任，為了一時的衝動，而付出這麼大的代價，實在是不值得。

　　借ID給這位前站長的朋友，同樣也有道德瑕疵，他竟然利用職務之便，將有權限進入他人帳號的ID借給他人，這是很要不得的行為，他身為執法者卻犯法，這使BBS上其他的使用者怎能安心使用呢？執法者最重要的是有公信力，他仲裁BBS上一切違法行為，讓使用者有個自由有法治的網路空間，但是他今天的行為，使執法者的公信力蕩然無存，使用者也會擔心自己的個人資料外流，信件與網路上的談話內容被偷窺，執法者的道德操守是值得重視的問題。

　　網路空間的本質是自由，它依靠著技術與制度創造了一個分享的國度。也因為這個自由與分享的特性，產生許多問題，使得我們更要注重網路倫理。網路倫理包括：智慧財產權、網路安全、隱私權、網路色情、網路禮節。但是，網路是一體兩面，網路上充滿各類文字、圖案、聲音、影像、即時新聞等各種資訊，透過電腦我們能快速地獲得資訊；但是，這也引發侵權的問

題，我們可以輕易地在網路上複製文字、圖案、影像等任何的著作，再不斷地流傳，這個問題隨著網路資訊愈發達，問題愈大，也愈難制止。雖然有些使用者是無心而造成侵權，但是很多的無心者所造成的卻是很嚴重的問題。

網路本身沒有什麼危險性，網路安不安全的問題在於，用網路傳輸資料是否很容易遺失、毀損、或是被人竊取？在網路上交易，是否個人金融資訊流出，而被有心人士盜刷信用卡？使用網路是否會受到電腦病毒入侵？這些安全方面的問題需要使用者多加防範。當上網成為一件容易的事、當電腦成為家庭的基本配件時、當上網找資料成為工作或課業上的必須時、當小朋友上網找資料或餘興時，由於網上的資料太多，很可能出其不意地出現人臉紅心跳的網頁，這對小朋友帶來不良的影響。

要限制網路上內容根本是不可能的，只有採行分級制度，讓使用者知道哪些網站是該去的，哪些是不該去。關於網路禮節，雖然在網路是虛擬的，網友間互不知道對方是誰。但是，還是要維持基本的禮貌，要懂得尊重別人，對自己所寫的東西要負責；有些BBS或網站提供匿名的服務，有些使用者便口出穢言、互相謾罵，說一些未經證實的八卦，造成負面影響，雖然有言論自由權，但是網路使用者也應該自律，讓網路保持純淨。

在資訊時代裡，資訊科技的運用及進步，並不只是技術的問題，它也隱含著倫理的議題。由於資訊科技的運用及進步，使得這些議題以不同型態出現。這些議題與專業人員及使用者都有很大關係，他們不只在技術方面要精進，更重要的是倫理道德。因此，除了依靠法律上的規範，還要加強他們的倫理道德教育，制定稽查的制度。不過，最重要的還是每個人心中道德的約束。

四、電子商務法律問題

未來的企業都是電子化企業，也就是說：透過網際網路來進行交易或活動，已是企業未來的經營趨勢。傳統的企業在實體之外擴充了虛擬的部分，形成了**實虛並存**（click and mortar）的企業，甚至有些企業直接就在網路上經營，稱為**虛擬企業**（pure play）。也就是說，未來企業要生存不得不運用電子商務這個技術，所以與電子商務有關的法律問題，將成為企業不得不去瞭解的問題。

案例 14-4

朱木炎：未涉情色網，被騙壞示範

朱木炎涉入桃色詐騙案，一發不可收拾，雖然已有嫌犯落網，但是案子仍然繪聲繪影。朱木炎表示，由於他在奇摩網有家庭網站，與時下年輕人一樣，他平時也有上網與朋友或支持「粉絲」交流的習慣，但絕未涉入情色網站與辣妹視訊。剛開始「雪兒」只是一般網友，後來才知道她與歹徒是同夥。

「雪兒」主動找他聊天，後來進一步邀約朱木炎外出見面、吃飯，就在約定見面的前一刻，雪兒對朱木炎表示「我是兼差的」，朱木炎說：「當時我心裡馬上覺醒，覺得不應該與這種人見面，於是拒絕見面的邀約。」

歹徒以朱木炎與「雪兒」的談話內容，威脅朱木炎與他的家人，單純的朱木炎為了保護家人與自己的人身安全，於是陷入與被詐騙的「受害者」一樣的情境，拿著手機，跟著歹徒在ATM提款機上，不斷操作指令，就這樣不知不覺被轉出110萬元。但歹徒又以「洗黑錢」要脅，牽著朱木炎的鼻子團團轉，他在第一銀行戶頭的錢也被轉走了。

討論與心得

(一) 網路倫理與安全

在這個資訊發達的年代，人與人的溝通除了書信及電信媒體外，又增加了網路一項，彼此的距離也更拉近了。網路就如同一個學校或一個社會，在接觸頻繁之際，常因溝通技巧不良而產生不必要的誤會，一不小心很可能導致他人不便，侵害他人權益，甚至破壞網路秩序與和諧。

(二) 色情網站的氾濫

近年來最受關注的網路色情問題，莫過於未成年人及兒童色情的問題，色情資訊對未成年人在心理方面所造成的影響，主要呈現在未成年人在觀看色情品後所產生的「罪惡感」與「錯誤認知」。根據一份對台灣網路使用者的調查顯示，在台灣15～35歲的網路族中，有86%的使用者曾接觸網路色情資訊，年輕網路族在網路上接觸色情，是從未接觸網路色情者的六倍多，其中「有意接觸」色情資訊的受訪者，更高達87%，且多以男性使用者為主，顯現國內網路色情的氾濫程度十分嚴重。

(三) 網路詐騙愈來愈多

現在的網路詐騙集團都會利用人性的弱點來騙取金錢，而且受騙上當的人也不在少數，所以如果有接到來路不明的電話一定要小心的求證，免得受騙上當後人財兩失。

　　但是，現有法律中有關電子商務的部分並不是非常清楚，也沒有一個專門的法律可以清楚表達相關的問題，為了避免在電子商務的運作經營上，去違反到相關的法律規定，故在電子商務有關的活動中，必須去注意到某些特定的法律問題，並且避免觸法。

14.4 資訊智產權的倫理議題

　　本節探討資訊智產權的倫理議題，討論的面向有：網路社會的智慧財產權，以及網路社會帶來的新問題及新契機。

一、網路社會的智慧財產權

　　在網路的世界裡，資訊科技提供我們幾乎毫無限制地接近使用資訊的機會，也造成網路社會智慧財產權的保護問題。制定智慧財產權保護的目的，是希望促進科學及藝術的發展與進步，保護創作者、使用者及智慧財產擁有者之權益，透過何種機制來達成網路社會智慧財產權的保護的目的，是網路社會的使用大眾非常關心的議題，也急待努力制定共同遵守的規範。

（一）數位時代的著作權保護

　　科技的發展使得複製變得容易、快速而且非常的便宜。愈來愈多的發明，例如，影像複製、掃描器、傳真機等科技產品，使得複製變得相當便宜，而且使用起來非常地容易。數位技術的發展，更將複製變成一項幾乎不費吹之力的工作，使得複製變得更加的容易進行。

　　數位科技的發展有助於產品儲存，所需要占用的空間非常地小，而且隨手可以使用。創作通常需要參考眾多的資料，在

過去可能需要耗費很多時間，才能蒐集完成的資料，在數位化後，可能僅需要幾分鐘便可達成，雖然對於未來的發展具有相當多正面的意義。但相對的，對於作品被不正當地大量被濫用的情況，也隨著使用的方便，而更加嚴重。

可讀寫式的CD，讓複寫更加便利，使得智慧財產權受到很大的威脅。網際網路在1980年代起逐漸成為學生及學術使用的主要管道之一，隨著技術的成熟，更發展成全球最大的複製機器。

網際網路發展至今，幾乎是沒有一個國家或一個個人所能控制的，這一條免費的資訊高速公路，已經對我們原來的社會造成很大的衝擊。網際網路相關的基礎建設，伺服器、電話線、個人電腦、衛星、路流器以及數據機等幾乎都已建設完成，提供了更便捷的途徑散播資訊到全世界各角落，其應用方式包含了**電子郵件**（e-mall）、**網路**（web）、**新聞群組**（news-group）、**檔案伺服器**（FTP servers）、**線上即時聊**天室（internet reply chat），以及**線上即時傳呼**（ICQ）等，茲說明如下（劉建人、柯菁菁、陳協志編著，2004）：

1.電子郵件

電子郵件可以說是網際網路社會中，最被廣泛使用的一項工具，且透過電子郵件的傳輸可以夾帶電子檔案。當使用者使用電子郵件透過網際網路，將訊息傳至接收者的郵件伺服器，複製本身便會一直儲存在接收者的郵件伺服器及電腦硬碟中。收件者又一再地將郵件轉寄，原始郵件的資料便在不知不覺中，被複製了很多次，而這樣的複製行為，是否違反了著作權中的重製罪呢？

由著作權的角度看電子郵件的內容，電子郵件的內容通常均相當短，是否可以認定其為一件文學作品，是疑問之一？若將電子郵件的內容視為文學作品，則轉寄的動作無庸置疑已造成重製罪。

但自目前為止，除非電子郵件上有特別聲明不可轉寄，否則幾乎未曾有因轉寄郵件而被控訴侵犯著作財產權。一般而言，郵件的轉寄通常被認為尚在合理的使用範圍內。

2.新聞群組

新聞群組的討論區可以視為電子郵件的擴展形式，提供一個電子公布欄讓使用者可以在此盡情的分享想法及各種概念。但透過新聞群組發表意見，與利用電子郵件傳輸一樣，必須透過網際網路，使用者上網發表意見的同時，也將所有討論的議程複製了一份在電腦的硬碟上，這樣的重製過程是新聞群組討論所無法避免的，是否也意涵：新聞群組是違反著作財產權中的重製罪呢？

由新聞群組的開設及公開討論等觀點來看，新聞群組中的討論內容本意，原來就希望能被更多的使用者瞭解這個想法及概念，除非是一些涉及個人隱私或個人權益的討論內容，在未經作者的同意時，不應該將資料隨意的轉寄或張貼在其他的網站。一般而言，在新聞群組發表文章的作者，對於其理念的傳播應該會持同意的看法，所以因轉寄新聞權組內容，而造成侵犯著作權的案例並不常見。

3.全球資訊網

自1990年，**全球資訊網**（World Wide Web）早期被視為一個線上圖書館，人們可以節省很多上圖書館的時間，透過網際網路幾秒鐘便可以取得全球的資訊。隨著網際網路的技術成熟，愈來愈多的商業活動在這裡進行，各國政府也愈來愈重視電子商務發展。

在網際網路的應用中，沒有網頁的存在，是無法進行複製這一連串的過程。在網際網路傳輸的設計中，為使其流通的速度更快，會將瀏覽過的網頁存在**代理伺服器**（proxy server），而個人電腦的使用者，在瀏覽過網頁後，也會儲存在暫存區或**暫存緩衝區**（cache）中，若連這樣的行為也觸犯著作財產權，網

際網路的運作可能會產生相當多的問題。在全球資訊網中，**網路上的內容**（web content）、**超連結**（hyperlink）與**頁框**（frames）的使用是最為常見的，相關著作財產權的問題也最受到關注。

4.網際網路服務提供者的責任及義務

網際網路服務提供者（Internet Service Providers, ISP）所扮演的角色，就好像是「郵差」一樣，ISP並不是內容的作者，他們只扮演資訊傳送的角色，為了達到傳送資訊的服務，不得不將資訊暫時複製存放在本身的**網點**（site）中，如同之前所述，這樣的存放方式應該是屬於合理的使用範圍，並不侵犯其著作財產權。

就ISP扮演的角色來看，由技術層面而言，ISP可以瀏覽每一個網點，同時也協助了每一個網點資訊的傳輸。所以ISP提供網點連結服務的同時，在無形中卻也協助其有爭議性內容的傳播，甚至是盜版軟體散播的重要管道之一，如此ISP是不是也成了這些犯罪事實的共犯之一呢？

5.網際網路對軟體的侵害

盜版的軟體相當便宜，若在網路上流傳，其價格可能會非常的接近零。購買一般的物品，在購買之後，在合理的使用範圍內，可以重製及使用，甚至可以將其以二手商品來將他其出售。但軟體與一般物品較大的差異點就內容而言，二手商品與原來的商品並無任何不同，若將其以二手商品再轉賣給其他使用者，將危害原著作人的權益，或將其放在網站上供人免費下載，均不在合理的使用範圍，會侵犯著作權法。在軟體的使用上，除了製作一份供自己備份使用外，其他形式的複製均會侵犯著作財產權。

6.使用網路上的公用軟體

公用軟體包含了很多種的資源，可以用來增進功能的改善或網路上其他層面的呈現。但實際使用是在購買軟體之後，雖然取

得使用權，但並沒有權利將其放在網路上供其他網友使用，最近網路上的公用軟體更清楚的聲明，禁止將公用軟體以數位的方式將其內容任意傳播。不管將其放在網站上，或將其以電子郵件的方式傳輸，都是違反著作權的。

7.網路上多媒體著作權的保護

音樂、電影、電視連續劇、演員的劇照及漫畫等，數位多媒體的作品充斥在各網站中。但這些作品是著作權的保護範圍內，使用者不得任意的下載及轉寄。

雖然有愈來愈多的公司，透過網路媒體進行廣告行銷該公司的產品，在網路上可能有超過五十萬首歌曲，被轉製成MP3的檔案格式在網路上流傳。即使使用者使用的是合法的MP3軟體，但在網路上任意下載他人著作完成的歌曲，或利用電子郵件附加檔案的方式任意的傳播，依然侵犯了他人的著作權。網路上其他的多媒體作品，未經作者同意，不得任意的重製及散布。

8.共享軟體

所謂的共享軟體（shareware），並不等同於免費軟體：共享軟體是有附加條件的免費使用。最常見的是試用期限定在三十天以內，過了適用期限，使用者如果想繼續使用，則必須支付合理的費用。或許投機者可以一直索取免費的試用版本，技術上雖然無法查出使用者是否是第二次使用試用版本，但實際上，使用者已經破壞作者原來的立意，誤用了這套系統。

（二）數位時代的商標權保護

網際網路提供一項資訊傳遞的便捷管道，廠商為達到使產品曝光，進而達到廣告的效果，利用網站的架設，說明產品的品質及服務的項目。一般而言，商標即代表了公司所提供之商品的品質及服務水準，是消費者在購買該項產品的重要依據。但在數位虛擬世界中，相關的法令規範並不完善，便因此而引發了眾多的問題。

> 在網路上任意下載他人著作完成的歌曲，或利用電子郵件附加檔案的方式任意的傳播，依然侵犯了他人的著作權。網路上其他的多媒體作品，未經作者同意，不得任意的重製及散布。

網域名稱（domain name）的註冊申請程序是引發問題產生的要件之一，對於網域名稱的申請，Internet National Information Center（Inter NIC）採用先申請先登記（first come, first serve）方式，知名企業的企業網域名稱成為大眾覬覦的對象，甚至有些企業申請登記主要競爭對手之企業網域名稱，以此種不恰當的手法，造成對手的不便及無形的損失，因此引發相當多的爭議，網域名稱是否應該成為商標權的一部分？對於已申請登記的網域名稱又該如何處理？是維持網路秩序重要的課題之一。

網域名稱的註冊量隨著網際網路的普及，民眾接受程度愈來愈高，引發的商機使得註冊量的業務不斷鉅量攀升，由1995年大約十萬筆註冊量，至2001年已經增加到五百萬筆的註冊量，每星期更以約七萬筆驚人的數量成長，有些申請者占據了網域名稱卻不進行任何有價值的商業行為，有些則希望透過網域名稱的販售達到獲利的行為，對於數位世界的商業活動，都將造成一定程度的負面影響。

二、網路社會帶來的新問題及新契機

隨著資訊科技的發展，以及全球化的趨勢，使得智慧財產權政策的發展，產生了更不明確的原因：如電子化的資訊技術，以及國際貿易的影響。

（一）網路社會為智慧財產帶來的新機會

雖然資訊技術進步與全球化的現象，對全球智慧財產權及著作權保護產生新挑戰。但全球資訊基礎建設，也為社會帶來以下的新機會，將其分為以下八點：

1.各種資訊與娛樂資源可以在瞬間傳送到世界各地。

2.多樣性的內容增加文化體驗，也擴展與傳遞了藝術與人文

的範圍。

3.更多的教育機會與圖書系統可以眞實不需要透過再整理的方式傳送。

4.未來可能可以建立完全競爭的商業模式；愈來愈多的工作機會，各行各業進入的門檻降低。

5.新創造的工作機會可能出現在：設計、流程處理、組織設立、包裝、資訊傳播、娛樂產品等。

6.全球的經濟在技術、貿易及商業的部分，將會有相當大改變，有助於新產品的產生。

7.將會有大量的書籍、電影、音樂、電腦軟體及其他相關具有著作權的作品，供消費者選擇。

8.更多的競爭，商品價格會愈來愈低。

（二）網路社會爲智慧財產帶來的新問題

全球資訊基礎建設爲社會帶來新的機會，伴隨這些新機會，也對對智慧財產權產生新的問題。即使資訊科技未盛行前，就已經很難控制出售後的複印本數量，大量複製的優點是可以大量傳播知識，但在道德上違反了創造者與使用者之間權利與義務的關係。

近三百年著作權就是在這樣基本架構下考量下，建立蓬勃發展的複製工業，以及減少不當大量複製的著作權法律的規範。作者與讀者關係因新的數位技術而改變了，著作權的保護應隨著數位產品與**超本文**（hypertext）出版環境而改變，但對新環境的著作權保護政策制定才剛要開始進行。

智慧財產權保護的目的在創造社會的進步與發展，對於複製的議題長期以來就存在很多不同的看法。數位時代的數位產品，引發更多的爭議。數位時代來臨，產生大量及各種不同的資訊，對於智慧財產權的保護及著作權的保護，更是一項挑戰。

重點摘錄

§ 當網路科技主導了整個資訊社會的運作後，資訊倫理的議題已經不只是單純的軟體系統或資訊安全問題，它慢慢也延伸至所有網際網路空間所可能發生的一切議題。

§ 人們的行為受到電腦科技的影響很大，使得人們產生了許多以前社會所不存在的行為，所以必須有相關的倫理規範來約束，電腦倫理是在原來的倫理議題中，抽出與電腦技術發展有關的部分。

§ 網路倫理是因為網路的使用與普及後，所延伸出來的新倫理議題，而網路的使用一定要與電腦系統相結合，因此網路倫理不可能單獨存在。

§ 狹義來看只討論資訊專業人員使用或製造資訊產品、提供資訊服務時，在面臨資訊相關的倫理議題上的權利與義務，以及賦予資訊人員對此倫理議題，在決策或行動上之是非善惡判斷之標準。若以廣義的資訊倫理來看，網路世界的秩序維護，已經不再是只與資訊專業人員有關，所有在網路空間活動的人，都有可能破壞這些倫理規則。

§ 資訊科技對整體社會所造成的衝擊，其影響所及包括：個人倫理議題、社會議題與政治議題。這些衝擊包括五個道德層面：資訊權利與義務、財產權利與義務、責任歸屬與控制、系統品質、生活品質。

§ 虛擬世界中秩序之維持便不能全靠法律，另一個維持社會秩序的力量就是道德倫理系統。

§ 價值澄清原則，是指所實施的教學活動必須能夠鼓勵學生思考與檢討，進而澄清出正確價值觀的教學活動。

§ 楷模學習原則，意謂教師除注意本身的身教外，並充分運用可供見賢思齊的對象，直接或間接來影響學生，亦即在社會情境中學習。

§ 機會教育原則，是指觀察學生生活中的行為或個案，予以行為引導教學。

§ 所謂的資訊法律，是指因資訊科技發展而需要制定的法律規範。

§ 自目前為止，除非電子郵件上有特別聲明不可轉寄，否則幾乎未曾有因轉寄郵件而被控訴侵犯著作財產權。一般而言，郵件的轉寄通常被認為尚在合理的使用範圍內。

§ 在新聞群組發表文章的作者，對於其理念的傳播應該會持同意的看法，所以因轉寄新聞權組內容，而造成侵犯著作權的案例並不常見。

§ 在全球資訊網中，網路上的內容、超連結與頁框的使用是最為常見的，相關著作財產權的問題也最受到關注。

§ 在軟體的使用上，除了製作一份供自己備份使用外，其他形式的複製均會侵犯著作財產權。

§ 在網路上任意下載他人著作完成的歌曲，或利用電子郵件附加檔案的方式任意的傳播，依然侵犯了他人的著作權。網路上其他的多媒體作品，未經作者同意，不得任意的重製及散布。

重要名詞

網際網路（internet）

電腦倫理（computer ethics）

哲學倫理（philosophy ethics）

網路倫理（cyberspace ethics）

資訊倫理（information ethics）

隱私權（privacy）

精確性（accuracy）

財產權（property）

存取權（accessibility）

資訊權利與義務（information rights and obligations）

財產權利與義務（property rights and obligations）

責任歸屬與控制（accountability and control）

系統品質（system quality）

生活品質（quality of life）

數位媒體的特質（natural of medium）

倫理兩難（ethical dilemma）

數位落差（digital divide）

價值澄清（value clarification）

楷模學習（modeling）

機會教育（opportunity education）

資訊法律（information law）

實虛並存（click and mortar）

虛擬企業（pure play）

電子郵件（e-mall）

網路（web）

新聞群組（newsgroup）

檔案伺服器（FTP servers）

線上即時聊天室（internet reply chat）

線上即時傳呼（ICQ）

全球資訊網（World Wide Web）

代理伺服器（proxy server）

暫存緩衝區（cache）

網路上的內容（web content）

超連結（hyperlink）

頁框（frames）

網際網路服務提供者（Internet Service Providers, ISP）

網點（site）

共享軟體（shareware）

網域名稱（domain-name）

先申請先登記（first come, first serve）

超文本（hyper text）

問題與討論

1.請分享你個人在第十四章節所學習到的心得？最令你印象深刻的議題為何？

2.何謂資訊倫理？請簡述之。

3.電腦、網路與資訊倫理的關係為何？請簡述之。

4.針對「內線交易案例」之案例，你個人有何分享的心得？

5.資訊社會中倫理、社會與政治的關係為何？請簡述之。

6.資訊科技所可能會產生的新問題有哪些？請簡述之。

7.針對「清雲科大選課駭客入侵」之案例，你個人有何分享的心得？

8.資訊倫理的教學方法有哪些原則？

9.針對資訊法律現況應加強的有哪些要項？

10.資訊法律的分類為何？請簡述之。

11.針對「批踢踢前女站長入侵情敵帳號，侵犯隱私權遭網友圍剿」之案例，你個人有何分享的心得？

12.網路社會帶來的新契機為何？請簡述之。

13.針對「朱木炎：未涉情色網，被騙壞示範」之案例，你個人有何分享的心得？

Note

Chapter 15

企業的非營利倫理

15.1　非營利組織的倫理議題
15.2　非營利組織的學理基礎
15.3　社會治理的倫理議題
15.4　政府的行政倫理議題
15.5　非營利倫理的案例討論

　　本章節說明企業的非營利倫理，討論的議題有：非營利組織的倫理議題、非營利組織的學理基礎、社會治理的倫理議題、政府的行政倫理議題，以及非營利倫理的案例討論等五個部分。

15.1 非營利組織的倫理議題

　　非營利組織由於組織的特性與政府或企業不同，因此其領導者的責任與政府首長或企業總裁有所差異。領導在各大業界與組織行為的範疇中，是相當重要的議題。因為組織效能之良好與否常取決於主管之領導行為，所以良好有效的領導便是促使部屬有效工作的手段，它集合眾人之力邁向組織的共同目標。同時，如何落實倫理領導於非營利組織，是學者與領導者共同關切的議題。再者，社會結構的複雜化，亦使得領導者在做倫理決策時，會面臨更多的挑戰與障礙，因此如何強化企業主管的道德感，可能是目前特別重要的課題。

一、非營利組織的定義

　　非營利組織已成為公部門與私部門之外的第三部門，然而，究竟何謂非營利組織呢？事實上，非營利組織的定義是因人因性質而異的，且難有定論。在許多情況下，一個組織是否屬於非營利組織，還是很難嚴格區別的。如許士軍（2001b）認為非營利組織，主要包括有：

1. 醫藥及衛生機構，例如，醫院、診所、檢驗室及其他公共衛生服務單位。
2. 教育文化機構，例如，大、中、小學、圖書館及資訊服務單位，技術學院、補習班等。

3.會員組織，如同業公會、學會、協會、社團、慈善事業、宗教及政治組織等。

4.非營利性研究機構。

Hansmann（1980）則認為「非營利組織本質上，是一種限制將淨盈餘分配給任何監督者與經營該組織的人，諸如組織之成員、董事與理事等」，亦即非營利組織受到不分配盈餘的限制，故定義為「不分配的限制」；Salamon（1995）則主張「具有正式結構的民間組織，它是由許多志願人士組成的自我管理的團體，其組織之目的是為公共利益服務，而非為自身的成員謀利」（姜誌貞，1998；蘇洺賢，2000）。

依 Anthony與Herzlinger（1975）的歸納，可將非營利組織的特色，列示如下：

1.缺乏利潤衡量標準。

2.屬於服務性組織。

3.市場作用較小。

4.專業人員（professionals）居於主要地位。

5.所有權無明顯歸屬。

6.政治性較濃厚。

7.傳統上缺乏良好之管理控制。

或許上述特色未必全部同時適用於所有各種的非營利組織，但其種種管理問題都直接與間接和以上所列特色有關。

由上述探討可知，各學者所著重表達的層面不同，也因而形成定義上的差異。歸納上述各種討論，本章節研究綜合界定為：「非營利組織不以營利為目的，而是以公共服務為使命，享有免稅優待。組織盈餘不分配給內部成員，並具有民間獨立性質之組織」。

非營利組織不以營利為目的，而是以公共服務為使命，享有免稅優待。組織盈餘不分配給內部成員，並具有民間獨立性質之組織。

二、非營利組織的使命

(一) 使命的重要性

　　營利組織與非營利組織間最大的不同在於其組織目的，一個是利潤導向，而另一個則是非利潤導向；但不論其目的為何，二者皆面臨外在環境的變化及威脅。既然同屬組織，則非營利組織當然也避免不了組織架構的建立、人力資源的運用及財務運作等問題。當組織逐漸膨脹，新的問題也隨之產生，此時組織的領導人需要有組織與管理的長才，以應付日漸複雜的問題，而整個組織也免不了踏入管理經營的範疇。

　　不可否認的是，管理只是促成目標達成的一種手段，反倒是使命才是非營利組織的根本目的，需要盡力維護，並在管理技巧的輔佐之下去達成使命。使命對非營利組織而言，是一項基本任務，也是組織應努力達成的願景，使命的功能在於確定機構存在的意義。當然，使命並不是空談理想而已，必須與社會的需求結合才能說得上完整。

　　將社會的需求與非營利組織的經營管理相互結合的第一步，就是一套瞻之在前的使命宣言。簡言之，一切以使命為先。Drucker與Kotler兩位管理界的大師，都清楚的表達非營利組織在運用管理之道時，一定是以組織的使命為開端，徒有管理之巧，卻沒有使命的落實，只會讓非營利組織失去方向（孫永文，1999）。

(二) 使命與目標

　　當組織決定其使命之後，下一步則是設定可行的目標，以達成使命。非營利組織必須：（1）訂定有意義的目標，並且從組織策略與戰術層級相互配合，以達成使命；（2）達成使命的意義在於組織應貫徹更多的目標（司徒達賢等，1997）。

對於非營利組織的董事會而言，最重要的責任之一則是發展出有意義的目標。非營利組織必須以社會利益為宗旨，因此董事會應先發展出一連串與社會利益有關的議題，還要瞭解組織本身的能力所在，可以提供那些益處給予社會，並確立使命宣言，其使命則可成為目標、活動之準則。

再者，董事會也必須經常定期回顧其組織之使命宣言，在社會的變動之下，其社會利益需求往往也會隨之變動。另外，組織也必須訂定出明確的優先順序，以防止組織捨大取小，達成較簡單的目標，卻忽略了較重要的目標。管理階層制定優先順序的方法是，檢查每一個目標對達成使命的重要性有多少，以及目標如果達成會導致什麼樣的結果。

(三) 社會需求與使命

從滿足社會公益的需求來看，非營利組織的使命應與社會需求結合。因此在制定使命之前，必須先瞭解社會的需求是什麼。學術上對社會需求首推Jonathan Bradshaw以社會現象之觀點所建構出來的需求模式，此需求模式以下列四種方式分類（孫永文，1999）：

1. 規範性需求：需求由專業人員、行政人員或專家學者，依據專業知識及現存的規定，在特定情形下所需的標準。這種由知識權威所判定的共同性標準，將能克服潛在需求者不知如何獲得服務的問題。

2. 感覺性需求：當個體被詢問到，對於某種特定的服務是否有需要時，其反應便是一種感覺性需求。這是假定從個體受訪的自我報告中，可以反映出個體盼望的需求或是想要的服務。

3. 表達性需求：當個體把自身的感覺性需求透過行動來展現，此時即成為表達性需求。

4. 比較性需求：需求的認定是針對某些特徵所作的比較，如

果當事人具有與已接受服務者相同的特徵，然而卻未接受同樣的服務，此即為需求者。

（四）使命重新定位

Diane Barthel於1997年發表一份不同於當時對使命研究趨勢的研究報告，指出當時許多關於使命的研究，多半是由使命與組織績效的觀點，來衡量使命有否達成（孫永文，1999）。因為有比較確切可參考的標準，對非營利組織無論是在募款或取得公共資源上，皆較為簡單。該研究發現當外在環境與需求改變時，在不違背道德規範或道德目標時，使命也應重新再予以定義。

原本美國國家歷史文物保存信託基金，是以保存維護美國境內的歷史建築，以及紀念雕像為其使命。然在時間的變遷之下，美國人民的需求也隨之改變。在經過深度訪談後，Barthel發現該組織因而修正其使命，不再僅僅以保存具有歷史價值的建築物為己任，更進而期望與其週遭社區作更為緊密的結合。該組織將使命重新定位之後，獲得美國民眾的支持更甚於前，並從中得到社會大眾以及擁護者的再三肯定。

非營利組織的使命中，提供服務的共同特性是：「維護社會價值、提供社會服務、啟發觀念、改變行為、提升人的身心品質」。

綜合而論，非營利組織的使命中，提供服務的共同特性是：「維護社會價值、提供社會服務、啟發觀念、改變行為、提升人的身心品質」。服務的對象，則依機構的性質，可能是某一弱勢族群、某些需要幫助者、社會整體大眾，或可能是一群具有特定身分的人。

三、非營利組織的倫理

非利組織應具備三項目標，即執行政府委託之公共事務；執行政府或營利組織所不願或無法作之事務；影響國家營利部門或其他非營利組織之政策方向（Hall, 1987）。非營利組織的

管理，不是靠利潤動機的驅動，而是靠使命的凝聚力與引導經由能反應社會需要的使命界說，以獲得各方面擁護群的支持（余佩珊譯，1994）。非營利組織倫理議題的探討，大抵可由行銷倫理、領導倫理、募款倫理與財務倫理等構面來分析。

　　非營利組織是人群關係的產物，參與人員間應共同導守規則，其中的關係包括團體內成員間的倫理關係、不同團體間成員與成員的倫理關係、乃至團體與社會、國家間的倫理關係，而公益團體的倫理項目中，最重要的在於參與人員應具備基本的信念（鄭文義，1989）。同時，非營利組織對於職員、義工或志工，均應給予充分且適當的教育及訓練，且對於所指派的工作都應當是有意義的，不該因其為義工或志工，而給予差別待遇或隨意指派工作；對於職員，領導者更應重視其未來發展的機會。

　　非營利組織由於組織的特性與政府或企業不同，因此其領導者的責任與政府首長或企業總裁有所差異，其差異性含括有：發展與塑造特定價值；激勵與管理組織中支薪的職工與不支薪的志工；發展與管理組織所提供的服務；避免組織陷入使命扭曲、功能不清或政治底線不清的困境；確保組織取得多樣化財務支持，以維持組織存續發展之必要資源；增加與董事會良性與多元化之互動（O'Neil, 1990）。

　　張在山譯（1991）引用西方的行銷觀點指出，很多美國民眾重視慈善事業的行銷費用，以決定該事業支用募款是否越軌，非營利事業有義務對群眾說明所支付的行銷費用能獲得多少利益，他們不應多花也不應少花。行銷研究的主要目的是瞭解人的需求及對產品的態度，機構才能藉以對目標群眾提供最大的滿意。非營利組織行銷倫理的議題，大致有提供最適切的服務；增加與社會大眾的互動；避免競爭；合法、明確的基金用途；尊重個人隱私（吳成豐，2002）。非營利組織在從事募款時，應注意手段與目的兩者間的平衡。募款過程的倫理道德必

須被遵循與維護,且不可將所募得的款項,大部分用在職員的
薪資成本與管銷費用上。

15.2 非營利組織的學理基礎

　　探討非營利組織存在的原因,牽涉歷史文化與社會經濟背
景,若僅從單一理論探究,實無法涵蓋所有的組織型態。以下
就經濟面、政治面與社會面,來探討非營利組織的學理基礎。

一、經濟面

　　關於非營利組織之興起與發展,諸多學者試圖自經濟學科
的觀點分析,以找尋有力的理論解釋。唯因學理論點之不同,
學者或從市場機能的面向分析,或由政府運作切入,而分別提
出市場失靈論及政府失靈論,茲探討如下:

(一) 市場失靈論

　　市場失靈是指在完全競爭市場的假設下,市場價格機能的
運作無法自動調整,以達成社會資源的最佳配置。事實上,在
現實環境中,自由競爭市場並不存在,市場失靈即導因於市場
結構本身的缺陷,而造成公共財、外部性、資訊不對稱等現象
發生。就公共財與外部性而言,市場失靈之發生,係因消費者
的需求為聯合或集體性消費的財貨與服務,或是因財貨與服務
在生產或消費的過程中產生了外部效果。因此,當財貨與服務
的供需無法透過市場機制的運作調節時,市場機制的缺失就須
另尋其他途徑。

　　除了公共財與外部性的問題之外,財貨或服務之生產與消
費者間,發生「資訊不對稱」的現象,亦是造成市場失靈的原

因。所謂「資訊不對稱」乃指消費者沒有充分的資訊或專業知識，來判斷所欲購買之財貨與服務的數量或品質。消費者在議價的過程中，無法處於公平合理的地位；就生產者而言，可能收取過高的費用或提供劣質的財貨，使得消費者蒙受相當大的損失。非營利組織則因有「不分配盈餘」的特性，即使消費者在無法精確評斷服務的品質或數量時，也能認識到非營利組織這種不以追求利潤為目的之本質，故不會降低品質以求取組織的利益，因此較值得信賴。

（二）政府失靈理論

就公共部門的立場來說，基於民眾對政府公信力的信賴與認同，那些無法透過市場機能供應的「集體性財貨」轉由政府來提供，適可彌補市場失靈導致資源無法有效配置的缺失，即在既定公共財水準下對某些人而言是不能滿足的，因而促使這些人從事自願性之捐贈。因此非營利組織是一種中介角色，能夠有效率地將捐贈行為轉為扣贈者所需要之勞務與財貨。志願性部門之產生，乃是彌補政府功能的不足，而成為政府部門以外的集體性財貨之供應者（江明修，1994）。政府將責任授予非營利組織，則在相同的支出下將有更多人受惠，總成本亦可降低，而且在人員配置上，非營利組織的成本亦較政府的人事支出成本節省更多。

二、政治面

（一）第三者政府論

Salamon認為，事實上政府向來是扮演資金提供與方向指引的角色；至於實際的服務傳送，政府則是透過各種管道方式，轉交非營利組織及私人機構代勞（姜誌貞，1998）。換言之，政

府透過代理人來傳送服務，已成為政府行動的一部分，此即所謂「第三政府」型態。此型態的特質是，這些機構在公共資金的支配及公權力的運用上，具有實質程度的自由裁量權，以實際執行政府的公共目的（江明修，2000）。

（二）組織位置理論

在現代工業化社會中，政府或企業組織皆具有韋伯所謂的「理想型」組織特質，即專業分工、層級節制、完備法規、標準作業程序等特性。此種理想型組織意謂在變動環境中，組織能夠維持穩定與回應功能的必要條件，亦即具有減低交易成本的能力，提高分配的效率，並提供現代政治系統，一種開放社會集體行動的彈性與可靠的結構。

並非所有的組織完全具備理想型組織的特質才能生存，事實上，任何一種組織皆無法涵蓋所有的特性。在面對市場競爭壓力下，組織也會選擇迴避競爭與不確定結果的風險，例如，要求法律的保護，反對其他的競爭者。從組織與環境的關係而言，這種迴避現象，即Harvey Leibenstein所提的「組織惰性」現象；換言之，亦即組織缺乏回應性與效率。然而，Hannan 與 Freeman認為，任何組織都應維持惰性的通道，藉以維護組織的彈性與穩定性，這正表現組織在組織生態中的合適位置。但如果組織長期缺乏應變能力，也會面臨生存淘汰的危機（江明修，1994）。

三、社會面

一般文獻在探討利益團體或公益團體之緣起與發展時，多是從「團體理論」或「集體行動論」的角度來探討，以瞭解其對社會與公共政策之影響。以下我們將採J. Craig Jenkins所引介的三種途徑：干擾理論、開創者理論、政治良機論，來討論非

營利倡導組織的興起。再者，論及「社會運動」與「志願主義」兩者，對非營利組織興起之影響（姜誌貞，1998）。

（一）干擾理論

此理論側重社會變遷對社會關係或制度所造成的壓力與分裂，它的假設為社會發生諸如戰爭、經濟蕭條及大量移民等事件，造成社會混亂與變遷，會干擾社會原有的均衡狀態，且損及民眾的共同利益。民眾為維護其共同利益，倡導組織乃應運而生，以解決急迫的社會問題。由於在「社會運動」的研究中，此理論強調應重視倡導組織支持者其抱怨、憤怒、不滿的感受與體驗，故又被稱為「不滿理論」。

（二）開創者理論

相對於「干擾理論」，此理論乃著重於議題訴求之設定，以及在建立一個新的利益團體或倡導組織時，領導者整合組織的努力。此理論假設，個人之所以會進入人際間的關係網絡，是由於他們可藉由網絡關係，換取自身所需之利益，以獲致滿足。而在交換互動的過程中，「開創者」的角色尤為重要，因為他必須讓組織成員察覺到，在加入組織之後自身所能獲得的利益。

（三）政治良機論

此理論則強調一個較能包容社會產生需求的政治環境，較易形成倡導組織。McAdam以黑人的人權問題為例，1950年代後期與1960年代初期，由於傳統的社會控制式微，新的民權組織得以順勢地在當時的政治環境下形成，而有助於黑人人權之促進。

（四）社會運動

在「干擾理論」與「開創者理論」中，已分析倡導組織之

緣起，並約略提及在「社會運動」場域的理論意涵。就非營利組織而言，社會運動可視為非營利組織的起源之一；且亦是非營利組織展現其行動力與人文關懷的社會舞台。所以，無論社會運動的組成方式、過程為何，其發展結果往往能促成相關議題的非營利組織產生，以長期促進社會改革與變遷。

（五）志願主義

志願服務之意涵類同於志願服務，乃指由個人、團體或正式的非營利組織，依其自由意願與興趣，本著協助他人、改善社會之意旨，不求私人財力與報酬，經由個別或集體之方式所進行的人類服務。

15.3 社會治理的倫理議題

本章節討論企業與利益關係人之一的非政府組織的微妙關係，並檢驗非政府組織活動分子，如何迫使企業加深與社會的整合，並提升管理運作的道德。跨國公司、亞洲企業與各國城市，現在已把企業善盡社會責任的行為視為美德，政府也漸漸發現，他們可以透過與非政府組織的密切合作來改善治理，當權者不可能擁有足夠的資源來應付人民期待他們解決的一切問題，因此與民間社團合作是政府造福社會的一種方法。因此政府、公司與民間社團逐漸發展一種共存共榮的關係，而這種關係能帶來更公平的全球體制，故非政府組織是讓社會向上提升的力量之一。

一、反全球化運動

反全球化運動有些是本土自發的，有些是區域或國際性

的，例如，以人權、公平貿易、環保為主要訴求的運動。自911
恐怖攻擊事件以來，也出現反對伊拉克戰爭，以及提倡宗教包
容的運動。近年來，非政府組織發現他們是挑戰跨國公司掌控
世界經濟的全球性運動的一部分，也是挑戰政府未能保護公眾
利益的一股力量。

二、開發模式的爭議

　　跨國公司在世界經濟扮演的角色備受爭議，雖然政府與企
業人士認為，跨國公司創造的經濟發展對整體世界有利，批評
者卻指控企業策略、生產國際化與外商直接投資，已危及世界
許多國家的社會。非政府組織認為當前政府與企業偏愛的發展
模式，對環境帶來威脅、會造成失業而使社會陷於分歧、加深
貧富差距，在經濟上也缺乏生產力。他們要求：協力打造和
平、環保、永續與符合社會正義的全球社會。以生態健康、人
權提升、社區價值為本的生活品質來衡量進步與否，商品與勞
務的貿易要以能提高生活水準，且工人與農人獲得公平待遇的
方式來進行。

三、永續發展

　　反全球化運動的口號可以歸納為永續發展，他們認為今日
全球化的發展之下，已危及後代子孫的永續生存。就同一世代
而言，應有同等的權利享受今日世界的資源，而未來的世代應
擁有滿足其開發所需資源的權利。在今日亞洲政府奮勇前進
時，大體上已接受永續發展的理論，不過最大的挑戰在於，亞
洲能否找出調和經濟發展、環保，並顧及人權與社會的方法。

四、亞洲金融危機以來的轉變

自亞洲金融危機以來,已產生三項促使政府當局與企業較願意與非政府組織合作的重大轉變:

(一) 政治

許多政權遭到挑戰,改革紛紛展開,尤其是有關提供更高的透明度。大體而言,消除貪瀆的要求及改革政治的呼聲,有助於亞洲非政府組織推動他們的理念,至少政府現在承認他們無法克服所有挑戰,需要民間力量的參與。

(二) 經濟

亞洲將是全球未來十年或二十年的經濟火車頭,而隨著個人所得升高與支出態度明顯轉變,較年輕、受較高等教育的人口,已表現出他們比父母一代用錢大方的跡象。這些消費的增加對環境將產生深遠的影響,例如,資源耗竭與污染問題等。非政府組織正進行一項改革,以提升消費者的消費意識,以及更願意將錢花在具有社會意識的公司。

(三) 道德

自西雅圖會議以來,亞洲跨國企業已簽訂聯合國全球盟約,以善盡全球性企業的責任,要求企業主管制訂管理公司影響社會與股東關係的策略。這些雖然來得晚些,但是幸運地,企業世界終於開始承認道德在商務中應占有一席之地。

五、非政府組織運動

在印度地區,部分律師與法官建立了一套獨特的環保法律程序,讓民眾可將攸關大眾福祉的案子,直接向法庭提起告

訴。在中國許多年輕菁英開始研習環保科學，例如，北京大學合併數個學系，設立一所新的環保科學院。

企業日漸具備企業社會責任的意識，例如，企業普遍在年度報告提出社會與環保活動的情況，而企業透過全球報告計畫，來衡量他們的活動對環境與社會的影響。全球約有140家公司採用這種方法，對建立一套報告環保影響、錯誤政策、人權政策與勞工措施的標準作出貢獻。

六、都市化的挑戰

到2007年，半數的世界人口將居住在都市，在未來三十年，全球人口將成長20億人，而許多成長最快的都市在亞洲。如此快速與急迫的都市化引發許多問題，其中最重要的是用水與公共衛生。例如，在孟買，最嚴重的問題是狀況惡劣的公廁，公共廁所不只是廁所，還是社交的重要地點。在孟加拉，高密度的人口與缺乏衛生基礎設施的情況下，地下水已完全遭到污染，帶來嚴重的疾病。

七、結語

亞洲政府與企業有義務協助建設永續繁榮的新世界，少了健康的自然環境，提供公平交易的發展，以及讓今日世代與後代生活的公義世界不可能出現。因此，我們可以指望非政府組織持續要求政治人物採取行動，作出積極的改革。

在今日全球化的趨勢下，企業不斷地發展，但是無形中造成了許多社會現象，例如，環境污染、資源消耗快速、破壞自然生態、以及貧富差距擴大等。為了達到永續發展的目標，使我們的下一代也能享有同樣的資源，應善盡企業的社會責任，同時政府也要嚴格監督，和民間團體合作，共同維護我們享有的利益。

15.4 政府的行政倫理議題

本節探討政府的行政倫理議題，討論的主題有：公共政策與行政倫理、行政倫理的定義、行政倫理決策的原則、政府的行政倫理。

一、公共政策與行政倫理

行政倫理源自於1960年代**新公共行政**（new public administration）的興起，以強調社會公道與正義為主，主張政府在服務人民時應講求平等性，不能有差別歧視；而公共政策是政府為了因應社會需求，透過議程的運作，將有限的資源作適當分配，因為政策問題具有主觀性、人為性、互賴性、動態性及歷史性等多種特性，加上政策是有著解決社會大眾需求的衝突，並謀求全民福祉的功能，使得公共政策的行政倫理道德議題日益受到重視。

這種行政倫理來自於客觀、主觀等兩方面的責任；而所謂客觀責任，即是基於法令的規章及上級交付下來應盡的責任，因應法律、組織及社會的需求；而主觀責任則是個人內心主觀認為應負起的責任，來自於個人的良知、忠誠感及對行政組織的認同。

在外在的大環境下，個人內在的省思皆是行政倫理的一部分，而行政倫理亦可稱之為公務倫理，即有關公務事項上的倫理或為服務道德，以及為服務民眾有關的道德倫理。在實質內涵上與具體的行政行為之行政處分、行政命令、行政契約、行政指導、行政執行、行政程序及行政處罰等涵義之間，均具有互動的關聯性。因此，用行政倫理作為衡量指標，可以相當程度地解析倫理政府的程度。

二、行政倫理的定義

行政倫理（public administration ethics）就是研究行政工作的倫理，有關行政的定義有以下：

1. 行政倫理是個人責任感的表現，亦可被視為個人內心的省思；所謂負責任即是行政人員可承擔外在檢查的程序。
2. 當面臨決策時，反應在對於價值的選擇及所採取行動上的考量，該思維的具體標準即是行政倫理，亦是一種政策與手段。
3. 「行政責任」是行政倫理最重要的觀念，無論公私部門的行政，最重要的關鍵字即是「責任」。
4. 當公務員單獨或集體的利用或假借職權，作出違反應有的忠貞及價值之行為時，因而損害了大眾的信心與信賴；或為了取得某種私人的利益，而犧牲了公正的福祉或效益時，這就構成了公務員行政倫理的問題。
5. 人類行為或特定團體、文化所承認的行為標準，屬於系統化的道德規範，此標準即為行政倫理。

綜合以上各界意見，概略可將行政倫理定義為：有關公務員在公務體系上，建立適當及正確的行政責任之行為並符合道德規範，以提升行政的生產力及工作滿足感。一個公務人員本身雖然沒有獲取錢財上的實質利益，但即使他個人以不公正的行為，去滿足他的長輩或是親戚、朋友、族人、階級等意願，仍然構成了公職上的倫理問題，是值得注意的。

三、行政倫理決策的原則

行政人員是否有效遵守行政倫理，會很明顯的反映在他們的倫理決策上面，這些倫理決策需依據一些原則作為基準。學界有人認為，行政倫理應考慮以下幾項原則：

1.公共利益的考量（public orientation）。

2.深思熟慮的選擇（reflective choice）。

3.公正正直的行為（veracity）。

4.程序規則的尊重（process respect）。

5.在手段上的限制（restrain on means）。

除此之外，仍有人提出有關行政作為中，公務倫理方面之法制與規範事項，認為行政倫理之一般原則應注意以下四項：

1.誠實信用原則：行使權利，履行義務，應依誠實及信用方法行事，即是所謂誠信原則。

2.信賴保護原則：行政機關對其已為之行政行為，發覺有違誤之處，得自動更正或撤銷原處分，但須在不損害當事人正當權利或利益之情形下始得為之，故如行為罔顧當事人值得保護之信賴，而使其遭受不可預計之負擔或喪失利益，即有違行政倫理。

3.比例原則：比例原則包括適當性、必要性與衡量性三項原則，乃指行為應適合於目的之達成，達成目的需採影響最輕微之手段，任何干涉手段所造成之損害應輕於達成目的所獲致之利益。

4.公益原則：公益在現代國家係以維持和平之社會秩序，以及保障個人之尊嚴、財產、自由及權利之有利條件為前提，故對於公權力之行使須符合公益，亦即強調行政機關之行政應為公益為出發，係具有公益較優先於私益之觀點。

因此，綜合上述多項原則，將行政決策原則總歸納如下：「深思熟慮的選擇原則」、「誠實信用原則」、「信賴保護原則」、「比例原則」、「公益原則」等五個原則為主，這些倫理原則可用來評估行政倫理程度的高低。

四、政府的行政倫理

以上所歸納的五項行政倫理決策原則中,「深思熟慮的選擇原則」是指決策前應蒐集可供決策的參考資料,避免選擇時失誤,側重在決策資訊的彙集與整合運用。「信賴保護原則」是指對當事人權益之保護,側重在行政疏失的救濟與改正。「比例原則」是指衡量行政作為的利害得失,行政作為在利與害之間應取利之最大而害之最輕者,側重在倫理的正義上。「誠實信用原則」是指行政作為的基本素養,側重在誠信不矯飾且昭信公眾上。而「公益原則」是指行政作為應以公益為最根本考量,公權力的行使不可摻雜有行政人員個人私利成分。

五大原則透露出行政作為中高度倫理的屬性,為行政人員提供倫理決策的依據準繩。儘管如此,世界各國行政人員作出不倫理決策的事實,仍層出不窮,不倫理決策的可能因素是行政機關內外環境壓力所造成,比如機關內最高決策者執意某種決策方向,因而影響所屬人員的倫理決策,也有可能是機關外在立法部門或利益團體,以壓力導致行政人員決策偏差。

因此,一項蠻重要的認知是,要確保行政倫理不受傷害,不只是訂定規章要求行政人員奉行而已,行政機關內部與外部整體大環境,道德的、自律的、和諧的氣氛,更值得人們去營造與呵護。

15.5 非營利倫理的案例討論

本節進行非營利倫理的案例討論,探討的案例有三:醫療倫理議題【案例15-1】、非營利組織行銷倫理議題——喜憨兒基金會【案例15-2】、媒體的報導倫理議題【案例15-3】,同時亦針對不同案例,進行案例討論與分享,以供課堂及閱讀的參考看法。

> 「深思熟慮的選擇原則」是指決策前應蒐集可供決策的參考資料,避免選擇時失誤,側重在決策資訊的彙集與整合運用。

> 「信賴保護原則」是指對當事人權益之保護,側重在行政疏失的救濟與改正。

> 「比例原則」是指衡量行政作為的利害得失,行政作為在利與害之間應取利之最大而害之最輕者,側重在倫理的正義上。

> 「誠實信用原則」是指行政作為的基本素養,側重在誠信不矯飾且昭信公眾上。

> 「公益原則」是指行政作為應以公益為最根本考量,公權力的行使不可摻雜有行政人員個人私利成分。

一、醫療倫理議題

醫療倫理議題的案例討論，見【**案例15-1**】。

案例 15-1

全民健保豈只是財務問題而已，而是醫療倫理之關係

本案例綜合列示幾點全民健保實施後，所產生與看到的幾點現象：

1.天天看病拿藥，一人拿藥，全家受益

全民健保開辦至今的經驗事實顯示，許多民眾認為，既然已繳了健保費，不看病白不看，而拿了藥也不服用，甚至於還患及對岸與旅美僑胞，堪稱二十一世紀「台援」的最佳寫照。

2.健保「生病」了，但是員工年終獎金動輒高達四、五個月

全民健保出了財務問題，健保局的員工竟然能發出如此優渥的年終獎金，卻又頻頻喊窮，令人覺得不可思議。

3.健保給付標準嚴重失衡，外科人力嚴重不足

健保醫療給付的不合理性，因「外科」的給付偏低，造成人力不足，造成外科醫師人力逐漸流失。在人手嚴重不足的情況下，導致所有外科醫師必須超時值班，無不累得人仰馬翻。全民健保的資源分配不均，也造成了國內目前外科人力嚴重不足的問題。

4.偏差價值觀多把醫師當成撈錢的職業，而非崇高的志業，醫德培養有待加強

有不少的年輕醫師逐漸喪失行醫救人的熱忱，眼中似乎只有錢，為人父母者也認為醫生在社會上的地位高、收入多，因此鼓勵或強迫孩子必須考上醫學系，類似的偏差價值觀多把醫師當成撈錢的職業，而非崇高的志業，當然這也就打造了為人詬病的「白色巨塔」，塔中的高位者仰望向權看、下位者牟利向錢看，統統不把患者看在眼裡，才會造成邱小妹妹的悲劇及類似的人球案。

5.健保給付論量計酬，造成醫療資源浪費

為賺取健保給付之差價，許多醫院醫師只為了多作些業績而忽略了醫師品質責任制。這樣的全民健保機制促使沒有醫德的醫院與醫師，產生了過度檢查、過度治療或推病人等弊端，使得該接受醫療資訊的病人反而無法得到該有的醫療。

6.健保局砍藥價救健保，治標不治本

健保局準備調降藥價及修改住院給付，節省健保支出；然而醫藥界均不看好，認為將會阻礙新藥引進台灣，醫院更換藥品，損及民眾用藥品質，插著尿管、鼻管及胃管病人被迫提早出院，重病患者將變成人球。醫院被迫以有限的資源應付無止盡的醫療需求，加上2005年5月實施「住院論病計酬」，這意謂著病患住院愈久、病勢愈重，愈不受醫院歡迎。

討論與分享

（一）政府、醫院及民眾要對醫療浪費負責

　　報導說常常有人，有事沒事就去「逛」醫院診所，而上述的老翁並不是什麼重症病患或是慢性病症病人，他有空就去醫院拿藥、打針之類的，而且這種例子屢見不鮮，多如牛毛。如此我們國庫能不虧空嗎？所以這絕對不是只有政府及醫院才須對此負責，人心若貪婪下去，全民健保與永遠難發揮其真正的效用。在國民互助與社會責任的原則下，病患只要負擔部分，甚至免費，即可享有相同的健康照顧與權利或承擔相同義務，所以此部分該歸屬社會大眾全體的責任。

（二）醫院應追求管理的合理化與制度化

　　「全民健保公民共識會議」是要檢討，如何挽救財務虧損的全民健保，剛巧新聞又猛追一個台北市仁愛醫院轉診到台中的緊急醫療系統問題，如果把這兩個問題一起來看，是否有可能緊急醫療系統的問題，可能是源自於全民健保財務虧損的關係，雖然醫師是個一般大眾認為抱有極高道德情操的一群人，應該不至於有人會認為醫師或護士會故意的見死不救，但是不可諱言的是大多數的醫院即使願意作些慈善的事業，任何事業團體的本質都會去追求管理的合理化與制度化，而健保的給付制度，很有可能就會成為醫院管理合理化所追求的績效目標，可能不會有急診部以見死不救為績效目標，但是恐怕也沒有急診部會以收最多急診病人為績效目標，而這些原本立意要改善醫院的制度，有可能就會成為某些人被犧牲的原因。

（三）應以醫療品質為主，而非追求業績謀取利益

　　針對醫院醫師的醫德觀念之建立應該再多加教育，讓他們負起醫療責任，建立新的酬勞制度，應以醫療品質為主，而非追求業績謀取利益。政府之健保局應針對給付之範圍加以斟酌限制，否則想以量制價的結果只會使得真正需要醫療資源的人得不到該有的資源，更要督促醫院並建立一套完整的轉院及補助的制度。不該東牆補西牆，讓事情本末倒置，就算開源節流了下來還是會演變不同程度之社會問題及增加社會成本。現在健保財務困窘，開源實為不得已的救急法。但是節流在主事者的官僚心態未改變下，又談何容易？一些媒體談論的「弊端」，健保相關人員又有多少人願意去瞭解，或找出解決方案？政策最重要的因素是「人」！有負責與前瞻、務實、清晰理念的各級領導人，才能制定優質的政策；優質的各級領導人，又必須源自於成熟且進步的教育體系；同時更要有一群人，能不為物質生活、拜金社會影響，有使命感與願景去從事其人生志業。

（四）由政府、醫院及民眾三方面落實醫療倫理

　　在社會保險之制度下，醫師可能會以多報病名的方式浮報醫療費用，來賺取更多的利潤，因

此政府若無健全的審查制度，就難以維持醫療倫理的正常發展；另一方面，病患也應該和醫師合作，提供正確的訊息，迅速將身體反應告知醫師。只有在醫生與病患共同努力下，醫師提供適當的醫療服務，病患加強預防維護以珍惜醫療資源，透過三方面之醫療倫理的培養與落實，醫療倫理可望建立。所以這些是全體民眾都該負起的責任，沒有人可以置身事外，未來台灣才會有希望。

二、非營利組織行銷倫理議題──喜憨兒基金會

非營利組織行銷倫理議題的案例討論，見【**案例15-2**】。

案例 15-2

喜憨兒基金會運作問題引發爭議

　　立法院衛環與社福兩個委員會到喜憨兒餐廳視察，立委建議基金會不要輕易關閉任何一個工作站，同時檢討營運方向，不過基金會董事長蕭淑珍則是抱怨，在爭議事件發生之後，已經讓訂單及捐款明顯減少，嚴重影響基金會繼續生存下去。從市議員質疑基金會付給喜憨兒的薪水太低，到基金會以虧損為由，準備關掉新竹的五個工作站，結果又被質疑其實基金會根本有賺錢，種種紛爭，讓立法院衛環和社福兩個委員會決定把會議地點移師喜憨兒餐廳，實際瞭解基金會的運作到底哪裡出了問題。

　　立委認為工作站設置太多，基金會董事長蕭淑珍則解釋，設置這麼多工作站，也都是在社會的期待下所成立，不過現在確實造成嚴重負擔。不過近來許多負面爭議，幾乎讓基金會生存不下去。現在每年政府補助加上社會捐款，占了喜憨兒基金會總經費的46%，立委除了鼓勵基金會一定要堅持下去，也要求政府相關單位成立輔導小組，讓爭議儘早落幕。

　　喜憨兒新竹工作站因為財務問題宣布關閉，但馬上有善心企業雪中送炭。國內知名餐飲業者王品集團，打算以販賣商品、或是提供餐飲訓練的方式，協助喜憨兒度過難關，也讓整起事件，出現轉機。喜憨兒新竹工作站可能不用關門了！因為王品集團董事長戴勝益決定，要對喜憨兒們伸出援手。就在喜憨兒新竹工作站宣布關閉的當天，王品集團主動致電，表示願意協助。據瞭解，王品提供的協助方式包括在集團餐廳內販售喜憨兒產品，或是提供餐飲訓練，都是可能推行的方向。對於王品伸出援手，喜憨兒基金會的心情既緊張又期待，也希望企業的善心，能讓新竹工作站的30多位憨兒再度展露笑容。

討論與分享

　　一般人也許會認為行銷是營利企業的專利，其實透過行銷，也能為非營利組織創造更高的效益，達成目標。在現代社會中，非營利組織的角色愈來愈重要。如何運用行銷的知識與技巧來提升非營利組織的效能與效率，幫助非營利組織達成其組織使命，已日益受到非營利組織的重視。許多非營利組織，如學校、醫院、宗教組織、慈善機構、公益團體等，都已著手引進行銷的理念與方法，來提升本身的吸引力與競爭力，以有效爭取社會資源，達成組織使命，為社會大眾提供更快速與更完美的服務。

（一）非營利組織也需要行銷

　　行銷原是在營利性企業的經營環境中孕育出來的，也在營利性企業的應用中不斷成長茁壯，對營利性企業的績效貢獻卓著。而非營利組織並非為營利目的而存在，為什麼也需要用得著行銷呢？

　　1.行銷可幫助非營利組織去改變人們的行為

　　行銷的本質在「交換，要經由交換去影響或改變人們的態度與行為，凡有交換關係存在，就可用得著行銷」。非營利組織為達成其組織使命，通常也需要去影響或改變人們的態度和行為，諸如：（1）影響人們去尋求或使用非營利組織的服務；（2）影響捐助者去捐助非營利組織；（3）影響人們去擔任非營利組織的志工；（4）影響非營利組織員工要友善地對待服務對象；（5）影響政府（行政及立法機關）去制訂相關法案或推動相關政策。

　　由於非營利組織和其顧客，包括服務的對象與提供資源的贊助者，之間也有交換關係存在，也需要去影響或改變顧客的態度與行為，因此非營利組織也用得著行銷。

　　2.行銷可幫助非營利組織獲得較高的顧客滿意度

　　顧客滿意度對非營利組織的成敗關係非常密切，而行銷的目的是要創造顧客價值，經由顧客滿意來達成組織的使命或目標。非營利組織如能善用行銷知識，將可提供其顧客更好與更令人滿意的服務，讓其服務對象樂於接受非營利組織提供的服務或想要推廣的理念或行為，也讓其贊助者樂於繼續提供更多的支援。

　　3.行銷可幫助非營利組織提升競爭力

　　隨著社會的進步，提供相似服務或功能的非營利組織會愈來愈多，非營利組織面對的競爭壓力會愈來愈大。在這種情況下，非營利組織必須不斷提升競爭力，有更好的表現，讓人們覺得比競爭對手更強更好，以爭取人們的認同和支持。行銷知識對提升營利性企業的競爭力有很大的幫助，對提升非營利組織的競爭力也是非常有用的。

4.行銷可幫助非營利組織爭取善因行銷的資源

企業熱心推動善因行銷（cause marketing），非營利組織如能從企業行銷的角度去切入，將可更有效地爭取到來自善因行銷的龐大資源。善因行銷是指企業與非營利組織合作從事公益行銷活動，一方面增進企業的產品銷售、提升企業形象，一方面幫助非營利組織募款或推廣理念。如中國信託與慈濟功德會合作發行「蓮花卡」，持卡人每一筆消費金額提供0.275%捐給慈濟功德會；寶僑家用品與婦女防癌基金會合作，長期推動「六分鐘護一生」宣導活動，鼓勵婦女接受子宮頸癌抹片檢查；都是善因行銷的成功實例。

非營利組織如能瞭解企業的行銷思維，和企業有共通的語言，將有助於爭取到企業的支持，讓本身成為企業善因行銷的合作夥伴，達成企業與非營利組織雙贏互利的目標。

（二）堅守對社會的長期承諾

組織使命代表組織的長期目標與承諾，是組織存在的基礎。非營利組織通常都有一個可以激勵人心的組織使命，諸如：

1. 喜憨兒社會福利基金會的使命

以愛與關懷化解障礙，啓發憨兒的潛能，回歸社會主流，並享有生命的尊嚴與喜悅。

2. 心路社會福利基金會的使命

本於尊重、接納、融合、專業、創新的服務理念，成就身心障礙者的最大可能。

3. 創世紀基金會的使命

結合各界人士，服務殘到底（植物人）、老到底〔失智、失依、失能老人、窮到底（街頭流浪人）〕的社會弱勢。

組織使命不能常常變動，但也不是一成不變，一旦原組織使命失去鼓舞人心的魅力時，就有必要隨著主客觀環境的改變而適時調整。譬如，美國女童子軍以前的使命是要「培養年青女孩子去承擔母親和妻子的職責」，今天已修改為要成為「女孩茁壯成長的地方」。

組織使命是非營利組織之價值所在，也是非營利組織最迷人之處。非營利組織在進行行銷活動時，應時時以使命為念，堅守組織對社會的長期承諾，但也不應以使命為藉口，而讓組織的運作變得僵化，應能與時俱進，不斷創新。

（三）比企業行銷更為困難

非營利組織的行銷和營利性企業的行銷在本質上是相同的，適用於營利性企業的行銷理念與方法，同樣也可適用於非營利組織。但由於非營利組織的非營利性與公益的本質，非營利組織的行銷具有以下幾個特性：

1. 與商業市場比較，非營利行銷者所能獲得之有關服務對象的特徵、行為、媒體偏好、知覺、態度等次級資料，通常非常少。

2. 由於服務對象被要求去做的犧牲，通常涉及到非常核心的自我需要，以及具爭議性或禁忌主題的態度與行為。因此，通常很難從服務對象，去取得可靠的研究資料，以作為行銷決策的基礎。

3. 服務對象通常被要求在態度或行為上做一百八十度的轉變。例如，非營利行銷者可能要求癮君子去戒煙；要求粗心的駕車者開車時要繫上安全帶；要求膽怯者去捐血等。

4. 營利性企業通常可以調整產品與服務的內容，以更有效地滿足顧客的需要與慾望；但在非營利部門，這常常難以做到，如要得到血只有一個方法，就是請人捐血。

5. 來自犧牲所獲得的利益通常是不明顯的，而且有某些犧牲，利益由別人獲得，付出犧牲的個人所能得到的利益極少或根本沒有。

6. 由於非營利組織所要去推動的許多改變，常涉及到無形的社會與心理利益，通常難以在媒體上描述。例如，我們比較不容易去描述一場交響樂團音樂會，或節約能源的利益。

由於有上述的獨特性，非營利組織的行銷通常比營利性企業的行銷更為困難，也更具挑戰性。

（四）行銷對非營利組織的好處

行銷的理念與方法可為非營利組織創造許多效益，包括：

1. 更高的顧客滿意度

行銷強調顧客導向，要從顧客的角度去看問題，能對顧客提供貼心的服務，滿足顧客的需要。非營利組織如能擅用行銷知識，將可讓其服務對象與贊助者都能獲得更大的滿足，有更高的顧客滿意度。

2. 更好的組織形象

行銷知識能夠幫助非營利組織更有效地滿足服務對象的需要，並讓贊助者感到滿意。顧客都滿意了，自然會有好的口碑或評價，讓非營利組織享有更好的組織形象。

3. 更大的社會公信力

行銷可幫助非營利組織創造高的社會公信力，而公信力是非營利組織非常寶貴的一項資產。例如，消費者文教基金會是一具有高度社會公信力的非營利組織，故在處理多次重大消費糾紛，如味全嬰兒奶粉磷鈣比例不符國家標準、喜美泡水車事件時，能夠獲得企業與消費者雙方的信任，扮演橋樑和仲裁的角色，圓滿解決消費糾紛，如果消基會沒有享有很高的公信力，是不可能

辦得到的。

4.更強的市場競爭力

同性質的非營利組織愈來愈多，而社會資源有限，如何讓本身有更強的市場吸引力與競爭力，是每個非營利組織必須面對的挑戰。行銷可提高顧客的滿意度，塑造良好的組織形象，有助於增強非營利組織的吸引力與競爭力，讓本身比競爭對手更能獲得顧客的青睞與社會的肯定。

5.更穩定的財源

財務來源不夠穩定，是許多非營利組織推展業務時的一大阻力。行銷可幫助非營利組織獲得好的形象與口碑，自然會讓贊助者願意持續提供財務上的支援，讓非營利組織有更穩定的財源。社會上有許多形象良好的非營利組織，如雲門舞集、慈濟功德會、喜憨兒基金會、心路基金會、伊甸基金會等，都較容易獲得企業與社會善心人士的捐款，有比較穩定的收入來源。

6.士氣更高的工作人員

許多形象良好的非營利組織的工作人員，如專職人員或志工，長年為非營利組織付出，常超時工作，甚至全年無休，無怨無悔。他們之所以能如此投入，除了利他動機之外，主要就是因為他們所投入的非營利組織有良好的社會形象，讓他們能以其組織自豪，感到光榮與驕傲。

行銷具有激勵士氣的功能，可幫助非營利組織為顧客提供更滿意的服務及獲得更好的組織形象，因而可提高所有工作人員的士氣；行銷也可幫助非營利組織獲得更穩定的財源，讓組織無後顧之憂，也可讓工作人員更樂意留在組織內，為達成組織使命而共同打拼。

許多非營利組織的專職人員與志工，對於非營利組織也要談行銷與用行銷，感到非常不自在，認為這樣未免太銅臭味，會失去非營利組織的崇高理想，是一件沒有尊嚴或沒面子的事。事實不然，因為行銷是一種可幫助非營利組織達成組織使命，為服務對象提供滿意服務，並爭取贊助者（捐款者、志工等）持續支持的利器。

三、媒體的報導倫理議題

媒體的報導倫理議題之案例討論，可參見【**案例15-3**】。

案例 15-3

媒體的報導倫理：以中國媒體產業為例

（一）中國媒體發展歷史脈絡

1. 1980年　媒體為政府所控制，此時中國孤立於世界之外。

2. 1990年　大量產生半官方或試刊報紙與雜誌，此時仍受限預算，無法站在客觀獨立的超然立場報導。

3. 1998年　股票市場成長，加上金融改革，管理階層與編務單位分離，走向報導公正性。

（二）報導新聞，與眾不同

1. 1998年　誰為瓊民源負責，內部關係人交易，政府查禁，迴響，以清晰語彙報導滿足大眾知的權利。

2. 2000年　基金黑幫，非法與異常交易，政府放手、不查禁，是一個分水嶺，媒體願意冒險批判市場及違法濫權者。

3. 2001年　銀廣廈陷阱，虛報盈餘，政府主動調查，確保市場的透明是財經媒體的責任。

（1）資本市場中異常與貪瀆行為的報導倫理是可以辯解的，而且主要是與既得利益者交手。

（2）媒體角色是無意和任何團體「作對」，只主張民眾有知的權利。作為市場上的第三種聲音，應讓所有參與者得到更好的資訊。

（三）發展媒體產業

1. 報紙與雜誌分三大類

（1）官方報紙：官方研讀，負有宣傳責任。

（2）官方小報：結合地方性報導，投合大眾喜好，負有一部分宣傳責任。

（3）商業報：金融與商業消息。

2. 新的競爭（1998）

（1）印刷媒體：新的觀念和現代化、搶眼的版面編排。

（2）讀者：讀者群擴增有限。

（3）新聞網站：提供一座平台，擁有潛力，能夠統一相當分歧的媒體。

3.過去與現在的差異

（1）無尖銳文章→逾越分際的人太多。

（2）缺少選擇→消息來源多。

‧ 讀者區辨可靠、準確與真實的新聞。

‧ 媒體須發展獨立、權威、專業的媒體。

‧ 市場走向各異其趣，選擇多不勝數，將會經過一番淘汰整併。

‧ 政府ISSN的中央化管制限制成長。

（四）春殤2003 SARS事件發生

1.報導疫情挑戰國家脆弱的醫療防疫體系。

2.多方獲得資訊（世界衛生組織、政府）。

3.針對社會容易忽略的角落報導→不單是報導新聞還包括公共服務。

4.揭露政府政策的不恰當，省思應如何應對SARS的崛起與感染。

5.他國媒體對任知中國媒體是「愛國」報導→財訊絕對盡力做到公正無私的報導。

（1）媒體本身走向國際標準。

（2）報導告更客觀公正，脫離官方觀點。

（3）記者懂得獨立思考，瞭解媒體國際舞台，具有負責任、追根究底的專業新聞精神，滿足多元的世界。

討論與分享

由【案例15-3】可知，我們可將媒體的報導倫理，以下列【表15-1】的內部及外部，來思考不同組成元素間的專業素養與倫理議題。請問針對這個案例，若依表中所列的不同組成元素，其有哪些專業素養與倫理議題，請分享你的看法為何？

表15-1　媒體產業的報導倫理議題

內部	外部
媒體	讀者
領導者	政府
記者思維	社會
股東	國際

重點摘錄

§ 非營利組織不以營利為目的，而是以公共服務為使命，享有免稅優待。組織盈餘不分配給內部成員，並具有民間獨立性質之組織。

§ 非營利組織的使命中，提供服務的共同特性是：「維護社會價值、提供社會服務、啟發觀念、改變行為、提升人的身心品質」。

§ 行政倫理定義為：有關公務員在公務體系上，建立適當及正確的行政責任之行為並符合道德規範，以提升行政的生產力及工作滿足感。

§ 「深思熟慮的選擇原則」是指決策前應蒐集可供決策的參考資料，避免選擇時失誤，側重在決策資訊的彙集與整合運用。

§ 「信賴保護原則」是指對當事人權益之保護，側重在行政疏失的救濟與改正。

§ 「比例原則」是指衡量行政作為的利害得失，行政作為在利與害之間應取利之最大而害之最輕者，側重在倫理的正義上。

§ 「誠實信用原則」是指行政作為的基本素養，側重在誠信不矯飾且昭信公眾上。

§ 「公益原則」是指行政作為應以公益為最根本考量，公權力的行使不可摻雜有行政人員個人私利成分。

重要名詞

專業人員（professionals）

新公共行政（new public administration）

行政倫理（public administration ethics）

公共利益的考量（public orientation）

深思熟慮的選擇（reflective choice）

公正正直的行為（veracity）

程序規則的尊重（process respect）

在手段上的限制（restrain on means）

善因行銷（cause marketing）

問題與討論

1.請分享你個人在第十五章節所學習到的心得？最令你印象深刻的議題為何？

2.非營利組織的定義為何？有何特性？請簡述之。

3.何謂非營利組織倫理？請簡述之。

4.社會治理的倫理議題為何？請簡述之。

5.行政倫理的定義為何？請簡述之。

6.行政倫理決策的原則為何？請簡述之。

7.公務倫理應注意哪些要項？請簡述之。

8.針對「全民健保豈只是財務問題而已，而是醫療倫理之關係」之案例，你個人有何分享的心得？

9.針對「喜憨兒基金會運作問題引發爭議」之案例，你個人有何分享的心得？

10.非營利組織的行銷具有哪些特性？請簡述之。

11.針對「媒體的報導倫理：以中國媒體產業為例」之案例，你個人有何分享的心得？

Chapter 16

企業的跨國倫理

16.1　跨國企業的倫理守則
16.2　跨國企業的公眾責任
16.3　跨國企業的文化因素
16.4　跨國企業的公民意識
16.5　跨國企業的公民經驗
16.6　跨國企業的區域關係

本章節說明企業的跨國倫理，討論的議題有：跨國企業的倫理守則、跨國企業的公眾責任、跨國企業的文化因素、跨國企業的公民意識、跨國企業的公民經驗，以及跨國企業的區域關係等六個部分。

16.1 跨國企業的倫理守則

為了強制執行企業倫理，管理階層必須真的看重才行，把它跟達到生產或行銷目標一樣，有賞有罰。不能光靠口頭規勸，必須要有專人負責。這個負責的人可以在董事會中扮演提倡企業倫理的角色，稱之為「倫理專員」，舉辦高、中、低階管理人員倫理決策研習會。換言之，除非企業倫理能成為整個企業運作的一環，否則不可能落實。徒法不足以自行，光有好的倫理守則也不能保證有好的倫理決策，必須有人去推動才行。不過，我們也必須承認，有些公司的倫理規章只是公關的噱頭。

除非企業倫理能成為整個企業運作的一環，否則不可能落實。徒法不足以自行，光有好的倫理守則也不能保證有好的倫理決策，必須有人去推動才行。

一、與當地法律規定或倫理標準不一致

跨國公司因其性質，通常面臨最嚴重的倫理衝突，大多數是跟地主國與當地的法律規定或倫理標準不一致有關。例如，行賄是不合法或違背倫理的作法，但若是只有一國的法律，規定該國的跨國企業應如何作生意，例如，規定不可以賄賂對方政府官員以得到合約，則會使該國之公司受不利之影響。

當然，我們必須區別行賄或送紅包與被勒索。行賄是指行賄人自願性提供貨物、服務或金錢，以得到不當得利或違法之利益。被敲詐則是指當事人非自願性拿出貨物或金錢，以得到屬於自己應有的權益。作這樣的區別是極其要緊的，因為前者

是違反法律的，後者則不一定（與綁票勒索類似）。

有些企業不以送紅包給政府官員的方式取得合約，而採用指定捐款給當地的公益團體，以博取好名聲。嚴格來講，這種捐款仍舊是另一種形式的賄賂，因為送禮者得到想得到的合約，而且送禮的動機跟賄賂無異。當然也有不同的地方，像在暗中作的，不是某特定的個人得到好處。因此，這種作法的道德，須視捐款的目的是否為取得「不當得利」而定。

二、利益衝突與利益競爭的差異

Bowie認為，若能區別**利益衝突**（a conflict of interest）與**利益競爭**（competing interests）之情況，會有助於其解決。利益衝突是指只有一方的利益能顧及，其他的人利益都必須放棄。例如，某產品有嚴重的副作用，雖然利潤可觀，但因與顧客的利益衝突，只好放棄銷售。此時，倫理守則可以指出什麼是應該居優先的利益。

利益競爭則是指各造的合法利益不能全部實現，解決衝突可以用利益之平衡，藉各方面的利益都能部分顧及而達到。例如，某公司生產一種人工糖精，對糖尿病與肥胖症者有很高的健康效益，但會使一小部分人得到癌症，而且目前並無適當的替代產品，也沒有法律的規範，該公司不能訴諸倫理守則，而解決這個問題。

> **利益衝突**
> **a conflict of interest**
> 利益衝突是指只有一方的利益能顧及，其他的人利益都必須放棄。

> **利益競爭**
> **competing interests**
> 利益競爭則是指各造的合法利益不能全部實現，解決衝突可以用利益之平衡，藉各方面的利益都能部分顧及而達到。

三、其它跨國企業倫理問題

其它常見的跨國企業倫理問題，像僱用童工、不良或危險的工作環境及條件，以及與共產國家或違反人權的國家交易等問題。【案例16-1】是Nike力圖擺脫「剝削」形象的一些作為，值得其他業界參考之。

案例 16-1

Nike力圖擺脫「剝削」形象

跨國龍頭運動服飾企業Nike，一向與「血汗工廠」、「剝削勞工」的惡名如影隨形。2005年4月13日，Nike力圖擺脫「剝削」形象，出版《2004財政年度的企業社會責任報告》，詳細報導它全球7百家外包工廠經營情況的改良。從昔日的迴避、否認、抗辯、消極，到今天的大力肯定企業社會責任。

一直以來，主導企業的唯一基線，就是利潤，但經驗證明這並非企業的正道。二十一世紀的企業若要永續經營，必須徹底調整理念，從對單一基線的堅持，轉變成對三重基線企業。

三重基線包括財務基線、環境基線及社會基線。財務基線是指公司經營的經濟效益，由公司財務年報展示出來。實行企業社會責任的企業除了作財務審計，還作環境審計及社會審計。環境基線關注自然資本。相關的指標包括企業是否遵守環保法令及標準，如何使用能源、處理廢物、循環再造等。社會基線包括社會資本及人文資本的保持及開發。社會資本重視社會成員之間的互信及互惠合作的關係；人文資本包括教育、醫療衛生等投資，在永續發展是關鍵的。企業可發揮專業，在保障人權、保護勞工、社區發展、教育等方面作努力。

台灣企業不缺人才，卻缺人品。雖然為肯定企業貢獻，開設了不少企業經營獎，但唯獨沒有企業倫理或企業社會責任獎項。這是無意的遺漏，還是反映更深一層的價值或偏見？

國內《遠見》雜誌2005年「企業責任大調查」，是台灣首次以企業社會責任為主軸所作的調查，意義非常深遠。《遠見》雜誌的創辦人高希均教授深切體認到，企業社會責任對台灣產業的重要性，推出這項有意義的調查計畫，為台灣企業社會責任的開展踏出關鍵的第一步。

討論與分享

企業倫理在目前企業界是逐漸地被重視與被宣揚的，就連Nike這種大公司，也在積極肯定企業社會責任。以前，企業主對於所謂的「社會責任與倫理」並沒有很明確的想法，大多是抱著一種感恩的心，以「取之社會，用之社會」的觀念來作一些公益的事，用來回饋社會。近年來企業的社會責任與企業倫理，都因某些國際大企業接連發生醜聞事件而受重視，如案例中的Nike，一向給人的印象就是一個會剝削勞工的企業，此惡名如影隨形，因此Nike力圖擺脫剝削形象。

在現今大多數國家中，社會大眾與企業主都認為，企業的社會責任與倫理是很重要的，卻並不很重視它。我們都知道，企業所獲得的利潤，並不單來自於企業經營的結果，而且來自於社會

大眾及企業所處的環境文化、政治等因素的互動。企業如果要永續經營下去，則必須要去關心組織附近環境的問題，並作一個能擔負社會責任與遵守企業倫理的企業，才能得到各方的支持，創造更多的利潤。

　　企業倫理對社會的責任，只要從一些細節，如企業遵守環保法令及標準，節約能源，工廠所製造出來的廢物是否有好好處理，不造成他人的負擔、資源的循環利用等作起。或是對員工方面，可在保障員工的基本人權，盡到保護勞工的工作安全，對周圍的社區作有計畫的發展、教育等方面作努力即可。

16.2 跨國企業的公眾責任

　　本節探討跨國企業的公眾責任，內文中以亞洲地區跨國企業為例，來討論如下議題：亞洲的透明、責任與治理；亞洲的實質進步、因地制宜的全球解決方案，以及三大價值：透明、負責、正直等。

一、亞洲的透明、責任與治理

　　透明與責任是亞洲企業領導人的首要課題，其中原因與透明、責任提高後的利益息息相關。包括：提升管理階層的公信力、吸引眼光看得更遠的投資人、增進業界分析師的認知、以更低的成本取得更多資金、降低股價的波動，以致於更有可能實現公司真實的潛在價值。

　　然儘管有這麼多利益，而且得到亞洲企業執行長的普通支持，有些人認為，亞洲企業透明與責任卻遠遠落後。而阻礙亞洲的透明度與責任感增強認知與實際障礙（羅耀宗等譯，2004），如下要項：

　　1. 貪瀆認知。

2. 經濟可能下滑。

3. 資訊透明，即責任基礎設施，仍處於萌芽期。

4. 家族企業文化成行，董事長通常由管理團隊的最高主管
   出任，而不擔任高階主管職務的董事，往往不能獨立行
   事、力量不強、資格不足。

5. 有人將矛頭指向「亞洲價值」。

6. 國營公司造成的負面影響。

7. 缺乏「全球行為標準」與「全球管理人才」。

8. 企業透明化主要仍限於財務資訊，但是要得到真正的效
   果，透明化的精神應該瀰漫於企業的所有經營層面。

二、亞洲的實質進步

（一）馬來西亞

在金融危機發生之前，馬來西亞政府就制定一套財務報告
方法，並且立法實施，來取代以前由會計業發表會計標準，以
及由稽核人執法的舊制。

這套新的架構，規定如下：

1. 設立一個獨立的標準制定機構，由所有利益團體的代表組
   成，包括編製人、使用人、主管機關、會計業。

2. 財務報表必須符合馬來西亞會計標準局（MASB）發布、
   與國際會計標準（IAS）統一的標準。

（二）新加坡

在金融危機發生之前，新加坡已經規定設立獨立董事與稽
核委員會。危機發生以後，主管機關更為積極，努力加快公司
治理發展的步調。其作法如下：

1. 法規環境嚴峻，政府在立法管理上，態度積極主動。

2.政府很容易頒行新規定，企業部門很少傳出反對聲浪，這和其他亞洲國家不同。

3.設立**企業揭露與治理協調會**（CCDG），類似美國的**財務會計標準委員會**（FASB）。

新加坡改善公司治理的努力，影響了三類公司：

1.和政府有關的公司，它們根據商業上的考量，自行設立董事會與延聘管理人員。

2.家族企業、規模比較大的公司或複合企業，它們也採取行動，改善治理。

3.中小型企業，由於證交所上市規定鬆綁，它們的股票開始公開上市，它們仍在學習扮演上市公司的角色。

（三）香港

香港是相當成熟的經濟體，在企業治理的改善上，一向積極建立標準。而香港聯合交易所有限公司，一直是許多這類行動方案的背後推動力量，包括：

1.修改上市規定（1991年）。

2.引進商用於董事的「最佳實務規範」（1993年）。

3.擴大財務報表的揭露規定（1994、1998、2000年）。

4.配合公司與證券立法，目的在於增進公司治理的監管架構更為完備。

香港在改善透明與揭露水準上，已有顯著的進展，將來有哪些因素繼續推動香港的努力：

1.中國的長期影響。

2.當地法人機構的投資成長。

（四）日本

阻礙日本加速變革的因素，有如下要項：

1.日本傳統的體系由法定稽核人組成，並向董事會報告管

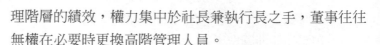

理階層的績效，權力集中於社長兼執行長之手，董事往往無權在必要時更換高階管理人員。

2.到目前為止，日本依賴的是自由選擇的辦法，因此日本最大的問題不是「何時」，而是「如何」或者「哪些事情是改善公司治理的最好方法？」。

3.面對全球市場的需求，日本人必須決定要不要以法律的力量，去推動公司治理的改善。

（五）中國大陸

中國大陸的作法如下要項：

1.如何管理資產國有對獨立的監管法規，以及對公平行使監管職權產生的影響與衝擊。

2.中國加入世貿組織，等於承諾提高透明度。

3.必須強化司法審判職能，在裁決商業案件時減低政治干預成分，並且更加認識商業現實狀況。

三、因地制宜的全球解決方案

（一）企業報告供應鏈

企業報告供應鏈

corporate-reporting supply chain

企業報告供應鏈說明了企業報告資訊的產生、製作、溝通與使用的過程中，相關組織與個人扮演的角色，以及彼此之間的關係。

企業報告供應鏈（corporate-reporting supply chain）這個模式，如【圖16-1】所示，說明了企業報告資訊的產生、製作、溝通與使用的過程中，相關組織與個人扮演的角色，以及彼此之間的關係。圖中將企業與政府中，人們可能已經知道的事情呈現出來，讓人一目瞭然。

（二）企業透明化三層模型

企業透明化三層模型

three-tier model of corporate transparency

將一套影響深遠的建議呈現出來，而將報告與稽核帶到新的卓越水準。企業透明化三層模型觸及企業資訊的三個相關層次，第一層：全球性一般公認會計原則；第二層：產業基本標準；第三層：個別企業資訊。

企業透明化三層模型（three-tier model of corporate transparency），將一套影響深遠的建議呈現出來，而將報告與稽核帶

圖16-1 企業報告供應鏈

資料來源：引用自羅耀宗等譯（2004）。

到新的卓越水準。這個模型觸及企業資訊的三個相關層次，如
【圖16-2】所示：

1. 第一層：全球性一般公認會計原則（GAAP）。有了全球
性GAAP，投資人可以更容易比較任何行業、任何國家中
的任何一家公司的表現。

圖16-2 企業透明化的三層模式

資料來源：引用自羅耀宗等譯（2004）。

2.第二層：產業基本標準。涵蓋行業別與由各行業發展的金融與非金融資訊標準，以補第一層的基本金融資訊之不足。

3.第三層：個別企業資訊。是每家公司所特有的資訊，包括策略、預估與計畫、風險與管理實務、公司治理、薪酬政策、績效量數等方面的資訊。

企業透明化三層模式的核心概念，即準確的資訊自由流通，放諸四海而皆準，而且隨著一國的發展，這是穩定、和平、具生產力、繁榮的社會形成與維持的必要條件，如此使得企業資訊為整合全面。

四、三大價值：透明、負責、正直

只有在鼓勵透明精神、負責文化與人民正直的環境中，才有辦法得到好的治理與改善企業報告。

1. 透明化精神：企業報告供應鏈的每個成員，都必須養成透明化的精神。

2. 負責任文化：供應鏈的每位成員，應該試著創造負責任的文化。

3. 正直的人民：少了正直的人民，就不可能實踐透明化的精神與建立負責任的文化。

16.3 跨國企業的文化因素

本節以三菱汽車再生計畫，來說明跨國企業全球觀點的文化因素。戴姆勒克萊斯勒於2000年，買下日本三菱汽車製造商34%的股權，隨後24位經理人前來日本穩定三菱汽車，進而為三菱汽車進行再生計畫。擬整合三菱汽車與戴姆勒克萊斯勒兩

者的長處與優勢。

一、三菱汽車再生計畫

(一) 再生計畫的目的

再生計畫小組的工作，即非「日化」戴姆勒克萊斯勒，也非「西化」三菱汽車，而是有些類似亞洲傳統的媒婆，界定讓兩造滿意的方針與目標。這個目標是連結每位夥伴所能帶給結盟關係的利益，進而強化結盟關係。

(二) 再生計畫的任務

透過降低成本、發揮流程最大效益、尋找新市場，並在日本與歐美重建產品線，促使三菱汽車恢復獲利。追求成本、債務與品質的透明化。因此，公司致力布建新流程、產品、新的員工士氣，最後則是獲利能力。

二、再生計畫的挑戰

(一) 工作場所的實際氣氛

再生計畫小組抵達三菱時，碰到的第一個基本差異，是工作場所的實際氣氛。如：亞洲公司強調組織與社會關係的重要性；而西方公司則重視個人任務與目標的重要性。

當戴姆勒克萊斯勒的小組抵達日本，他們發現這個組織是由許多**團體**（batsu）在運作。雖然在快速成長期間，這套系統有其優點，是處於目前全球化的市場，以及全球化迅速演變的環境中，卻有必要重新加以評估。日本 "batsu" 一字，一般譯作團隊，它的意思其實比西方所瞭解的要深遠。

在日本與整個亞洲，歸屬於某個團體，影響大部分人從出生、接受教育、上大學、工作，甚至退休後的日常生活。日本人往往強調這種關係，遠甚於個人的人際關係。如在日本，團體是為所有社會機能的基礎，成員為團體的發展而努力，而非為了個人成功。而在歐美，人們經常加入俱樂部或是社團，以求享樂、交友，或甚至謀求個人利益。

三菱汽車這樣的公司，不是由單一團體構成，而是由許多團體的結合。這表示個別員工多半追求所屬團體的成功，未必由公司整體成功著眼。決策通常出自所有的團體成員，單一個人所負責任少之又少。如果有什麼事情出了差錯，個人也不必挺身負責，也就是說，團體成了保存情面的工具。

(二) 文化差異

調整三菱汽車管理文化的另一項挑戰，是傳統上拘泥形式的人際關係，即使在公司內部也不例外。因此，再生計畫小組碰到的第二個基本差異，是文化。一般來說，日本人通常有兩種溝通方式：

1. 建前（tatemae），即不論溝通對象是誰，總擺出正經八百的禮貌表情。
2. 本音（honne），意指深藏心底的真實感受，亦或壓抑真實想法。

日本員工與管理階層談話時，多以正經有禮的溝通方式，壓抑真實想法，到了要解決問題已經錯失時機。因此，三菱現在有個政策，鼓勵每個人說出真心話。

(三) 面對變化時所產生的態度

再生計畫小組的第三個挑戰，是許多日本同事，尤其是中階經理人，在面對迅速與全面性的變化時，所產生的那種事不關己的態度。員工從進入公司到退休，只要不要興風作浪，一

路上都會走的相當平順。依服務年資升遷，造成員工相當滿意
自己的終身職與安逸的上班族生涯。

有鑒於個人缺乏主動積極的精神，其建立的薪資制度是根
據能力，不看年資。從2002年對經理人實施這套制度，至2003
年4月已擴及公司所有的員工。

（四）會議中的討論風格

在做決策的會議當中，討論風格是三菱汽車的西方小組面
對的第四個挑戰。

1. 在日本，從經理人到受薪員工，傳統上所有的階層間會持
   續進行非正式的溝通，每個團體會提出自己的立場，並和
   其他的團體討論。正式會議基本上只是「蓋橡皮圖章」而
   已。
2. 西方是在比較正式的會議中，由所有的與會者表達他們的
   看法，並在特定的會議當中實際做成決策。

日本的方法存有明顯的缺點，由於意見並沒有在公開的會
議中表示，因此小團體中個別成員的疑慮，絕對無法傳達給所
有的相關人員。

三、挑戰中的學習

西方的小組在三菱汽車瞭解傳統所面對的挑戰有很多，不
過其也能從亞洲及它的企業經營方式學到許多東西。比方說，
日本的技術與創新，歷史既悠久且出色，例如，簡化（隨身
聽）、模組化（從建築到汽車製造）、簡約（石庭與處理器）、可
攜性（從十二世紀收納畫筆的矢立，到今天的PDA）。

彼此可以互相學習什麼？以下是其中一些例子（羅耀宗等
譯，2004）：

1. 柏林以交通系統自豪，但是東京公共運輸的準時、安全與

　　舒適上，才是眞正的典範。

2.燃料電池的發展方面，在德國追求完美的解決方案的同時，日本則已生產燃料電池的混種車。

3.生物科技方面，德國獨步全球，但日本首相小泉純一郎宣布，這將是有待進一步發展的領域。

4.德日在發展上，日本可以德國爲進軍東歐的門戶，而德國則是可以視日本爲進軍中國的門戶。

　　三菱汽車與戴姆勒克萊斯勒結盟一事，絕對不能過度簡化地比較日本與德國、比較兩種文化的企業經營與「汽車經」等方面的差異。三菱汽車與戴姆勒克萊斯勒相信，經由彼此學習與分享，兩家公司憑藉開放胸襟進軍世界，並能獲勝。

16.4 跨國企業的公民意識

　　本節探討DHL洋基通運公司對亞洲企業公民意識要務的看法，以及其在亞洲面對的挑戰，包括：亞洲地區各種民主發展水準、不同的勞工標準方法、不同的社會與環境優先要務、不同的商業傳統，對DHL之類的國際公司構成特別的挑戰。

一、 亞洲企業公民意識的背景

　　有人說，企業公民意識或企業社會責任（Corporate Social Responsibilities, CSR）主要是西方的概念。他們表示，和西方經濟體中的公司比起來，亞洲的企業決策比較傾向於集權，比較不重視形成共識，而且亞洲企業對於工作條件和狀況，以及環境保護和資源運用的方式，抱持不同的文化期望。不過，在亞洲某些地方，企業社會責任與企業公民意識存在已久，例如，自甘地以降的印度政治人物，一直強調企業扮演的社會發展要角。

雖然亞洲國家只有少數公司「名義上」執行CSR，但不表示這個地區的企業相對缺乏社會責任與環境責任。舉例來說，提供員工及其家屬住宿、醫療保健與教育補助（有時從薪資中扣款），是開發中國家CSR的特色之一。其他的研究報告，也凸顯CSR是亞洲一些公司日常營運活動的一環，最顯著的例子為，英國政府國際發展部資助支持企業實務社會層面資源中心，以研究企業與貧窮的關係。

二、 亞洲全球企業公民意識面對挑戰

在亞洲，願意負起社會責任的全球型企業，須面對許多重要的挑戰。DHL認為其中六項重要的挑戰，值得一提：

（一）倫理供應鏈管理與勞工標準

在製造業與農業中，童工及「契約」勞工以及工時過長，與工作環境過度擁擠與不衛生，是DHL及所有負責任的全球型企業特別關切的兩人議題。這些問題進而帶來兩項挑戰：第一是如何調和窮人創造所得的需求，以及企業雇用新的勞動人口，以提高競爭力的需求；第二是如何確保接受教育的管道，以及合乎人性的工作環境，做為擺脫貧窮的踏腳石。

（二）投資與人權

若干單一議題利益團體與一些西方國家政府，以人權紀錄欠佳為由，阻止企業前往某些國家投資。有些公司受到公眾壓力或股東的壓力，撤離那些國家。但也有公司希望透過它們的投資，對那些國家的社會做出正面貢獻。如DHL透過運送人道救濟物資，以及在若干聯合後勤作業上，支援發展機構等協助方式，對於衝突後地區的重建，貢獻一份心力。

（三）公眾諮商及「社會營運執照」的演進

印度與菲律賓等國家的法律，規定企業先與地方社區磋商再投資。現有證據強烈顯示，如果企業不與地主國社區進行這類對話，也許得不到現在所謂的「社會營運執照」，意即居民發給的非正式同意書。他們可能發現，得不到地方社區的支持，就沒辦法回收預期中的投資報酬。

> 所謂的「社會營運執照」，意即居民發給的非正式同意書。得不到地方社區的支持，就沒辦法回收預期中的投資報酬。

（四）衝突與易戰事地區的營運及安全挑戰

許多亞洲國家深陷於內部衝突，或者處於與鄰國發生衝突的狀態。DHL因為全球性的運籌與運輸業務特質，對此格外敏感。DHL依照「先進後撤與搶先重回」的業務概念在經營，所以必須體認因此負有許多責任，包括業務活動絕不助長敏感衝突地區一觸即發的緊繃情緒。

（五）貪瀆腐化與缺乏執法

一般人認為，貪瀆仍是亞洲大部分國家的嚴重問題，無法吸外來投資。因此，打擊詐欺是DHL在亞洲與全球表現格外出色，並且獲得表揚的一個執行領域。

（六）環境保護

亞洲很多國家缺乏有效的環境保護法令規定架構，再加上無力執法或執法力量薄弱，造成許多嚴重的負面環境衝擊，社區與公益團體的抗議聲浪接踵而至，甚至會受到媒體、環保與人權組織高度的關注。

三、 亞洲企業公民意識的商業利益

企業公民意識的重要商業利益，包括如下要項：

1. 提升商譽。
2. 吸引員工效力。
3. 增進未來商機。
4. 預先研判與改善風險管理。
5. 節約營運成本。
6. 擴大競爭優勢。

四、DHL企業公民意識與責任經營的經驗

DHL的成長非常快速，而地方層級的獨立自主運作是特色之一。DHL的企業公民意識帶來的利益，包括：把服務外包到各地，以及僱用與訓練當地的經理人，因爲他們瞭解營運所在地的文化。DHL對於企業公民意識採取的方法，反映了它與營運地社區的密切關係，以及身爲全球型運輸公司，應該運用效果最好的技能。

首先，我們先來談談食物救濟。新加坡DHL公司，在其企業社會責任活動中，每個星期運送新鮮蔬菜給415位貧民與老人，爲期一年。人才培養方面，DHL最近投資於與世界最大學生組織AIESEC建立新的夥伴關係。DHL的企業公民意識也著眼於，民主發展程度薄弱的國家。在發展的企業公民意識管理系統中，將採用一些績效監視工具。此外，DHL也在內部表揚「企業公民意識戰士」，並且透過輔導計畫加以訓練，以確保企業公民意識有效地落實於公司的文化中。

DHL現在認爲，企業公民行爲應該涵蓋下列三項工作：
1. 內部企業社會責任：爲員工營造職場社會正義。
2. 外部企業社會責任：與外部利益關係人建立負責任的關係，並把經營實務與社區投資包含在內。
3. 環境管理：把DHL的營運活動對環境造成的衝擊降到最低。

DHL所面對的挑戰，是把企業公民意識的價值深值於公司內部，並且確保亞洲與其他地方的各地員工，透過公平的工作條件、訓練與管理支援，得到授權，依照那些價值觀與當地的需求採取行動。

企業公民意識也要求企業發揮經營效率與競爭力，DHL相信企業公民意識談的是「我們的營運方式」，而負責任的經營實務，則是指善用高效率企業的核心能力，廣泛貢獻社會及其經濟、社會與環境的永續發展。因此，全球型企業營運最好的是，依循本身的最佳標準、國際法所建議的標準，以及普世認可的行為準則；各地員工能就他們所知，助以一臂之力，以達真正的企業公民意識。【案例16-2】是杜邦公司永續經營的作法，值得參考。

16.5 跨國企業的公民經驗

本節探討跨國企業的公民經驗，討論的議題有：企業應否承擔社會責任？全新典範的到來、亞洲企業公民經驗、另一種企業領導方式，以及邁向世界標準等。

一、企業應否承擔社會責任？

二次世界大戰之後，大企業的力量及影響與日俱增。企業應否負責公民責任，幾經激辯。主張企業應負責任公民的一方，認為私人公司對社會負有利潤動機以外的責任；企業必須為更廣泛的社群服務，不只是效力股東；企業應該抱持開明的自利觀點，因為協助解決社會問題，才能為自己創造更好的經營環境。而主張自由放任一方，堅稱企業的唯一使命是生產產品與服務以求獲利，因為在這麼做的同時，企業已經對社會作出最大貢獻，所以已經負起社會責任。

案例 16-2

杜邦公司永續經營、貫徹員工安全觀念

從1802年起，以製作火藥起家，長達二百零三年歷史的美國企業——杜邦公司，最深刻的要求不是業績暴增，而是「安全零傷亡」的觀念，深耕實踐每位員工作對每件事就是永續經營的核心價值。

全球各地的化學工廠均將「公安至上」列為最高指導原則，但是要如何達成最高指導原則可就大有學問。作火藥起家的杜邦公司更是危險行業，早年歷經二百多次的爆炸，死亡2百多人的慘痛經驗中學到，安全不是紙上作業或是口頭說說就了事，而是要貫徹到每一位員工的公、私生活中。

Deepwater這座工廠占地1,700英畝，其中50%是工廠建物，廠內主要生產氟化合物、環保冷凍劑、纖維、特殊纖維——KEVLAR、NORMEX的中介物質、汽車工業用聚合物、滅火劑、潤滑劑、觸媒劑，以及Jackson Lab和研發中心、大型廢水處理廠等。

這些化學物質有些具有強毒性，所以更得要小心謹慎安全至上；他們的工作目標是「零傷亡」——避免發生環境及倫理道德的意外。他用一個塔型指標來解釋意外發生的來由，三十萬個危險行為造成三萬個疏忽，三萬個疏忽再造成三百個相關傷害，三百個相關傷害形成三十個傷亡，三十個傷亡釀成一個重大意外事故。

有了這樣觀念，工廠每一位員工全年工時中，約5%到6%是用來作安全講習訓練，此外，他們還支援當地的消防隊、青年會、地方性活動，也成為整個郡的緊急動員的一環，與當地社區緊密的結合，處處以公共安全為著眼點。

因為杜邦重視公共安全，員工也都樂於在廠區外圍購買杜邦公司幫他們建構的房舍，畢竟員工們平日在工作時就注重安全，家人也住得安心，公安的觀念緊緊地綁住每位員工的公、私生活，形成一個安全共同體，因此太多杜邦的員工是從18歲作到65歲退休，約有45～50%的員工幾乎是從爺爺做到孫子，全家族世代都在杜邦工作，形成非常特殊的文化。

廠內每位員工每週都要寫安全週記給主管，雖然週復一週重複有點無聊的工作，但主管們很用心地以各種新鮮有趣的方法，鼓勵員工在各個工作點上發現安全問題，提出修正的辦法。如果員工提出的好建議、好辦法，經過廠內的委員會議通過後，不但會立刻修正生產程序，並頒贈一張卡片給員工。

杜邦重視公安不僅在員工的工作上，甚至還延伸到倫理道德的安全，這座廠平常用電腦亂數

法則抽驗員工尿液，測試員工有無吸食大麻、毒品等，再用口腔刷劑測試酒精濃度，若發現員工尿液有不正常反應，將會立即再送獨立的檢驗機構進行詳細的檢測，以防止這些麻醉品或毒品影響人的精神和判斷力，防止公安意外的發生。

經由這套制度，這座廠幾十年下來沒有發生過職業災害意外，員工和家屬都很安心的住在附近。因此，「深耕實踐每位員工做對每件事」不但是操作守則的規範（discipline），更是永續經營的核心價值。

台灣杜邦公司內部舉行會議時，一開始都不是在討論營運績效，而是各部門攤開報表比較安全管理績效，哪個單位發現什麼安全問題，如何改善，多少時間內未發生職災意外，員工在廠外和公司外有無發生安全事故？如何造成的？責任歸屬為何？甚至付費讓員工學習安全駕駛，這種「安全至上」的觀念非常值得其他企業學習。

亞洲地區比較沒有產生如此清楚的辯論，企業對社會的進步與國家的發展，作出實質貢獻的觀念，長久以來一直是傳統的一部分，而且社會也對企業抱持這種期望。產生這種現象的關鍵原因，在於大部分亞洲社會，尤其是日本社會中，企業與社會之間的關係似乎遠比西方緊密，大部分亞洲文化在某方面都反映出這種合作精神，只是實行上可能不盡理想。另外，亞洲大型公司為國有或政府持有部分股份，這種情況下企業當然被視為社會追求進步的重要一環。即使在1990年代國營企業民營化的熱潮中，企業與社會相繫的方式依然不變。

二、全新典範的到來

經過二十世紀末至二十一世紀初，新的國際經營環境形成，亞洲與西方的這些不同的傳統逐漸拉近。全球各地掀起「企業新經營方式」的相同力量，也助長人們對企業公民意識產生全新關注。北美、歐洲與亞洲三大洲中，以歐洲的企業公民與社會責任標準發展得最為進步，且率先採行創新辦法。美國

已開始發展本身的公民表現監督及評估系統，亞洲正開始迎頭趕上。企業的社會責任，可視為企業的公民責任。「企業公民」意味著企業不能只滿足於做個「經濟人」，還要做一個有責任感與道德感的「人」。企業應盡快建立企業公民意識，這是企業參與國際競爭的必然選擇，也是企業貢獻於和諧社會的必經之路。

企業公民與社會的個人公民相似，公民作為廣大社群的一員，有其權力與責任；企業做為社會中營運的一員，也有它的權利與責任。從最基本層次來說，企業身為社會一員，必須履行若干經濟、法律、環境與社會責任，應對業務經營處所社群的提升與發展作出貢獻。這種新的企業公民模式，本質上抱持的信念是，處於全球化的環境中，企業參與全球事務的角色與範疇大於以往。企業公民意識必須是一種心念思維、一種哲學，此已被視為企業策略規劃不可或缺的一部分。企業在社會中扮演角色日重，政府功能逐漸從供應轉換為協助管理，人們對企業公民身分的興趣更加濃厚。

> 「企業公民」意味著企業不能只滿足於做個「經濟人」，還要做一個有責任感與道德感的「人」。企業應盡快建立企業公民意識，這是企業參與國際競爭的必然選擇，也是企業貢獻於和諧社會的必經之路。

三、亞洲企業公民經驗

1980年代末期與1990年代上半期的亞洲經濟奇蹟期間，亞洲企業日益重視如何成為負責任的企業公民。但1997年亞洲爆發金融危機與日本深陷經濟遲滯，導致這個趨勢突然終止，大部分公司的注意力移轉到經營存續問題。由於裙帶資本主義被指為危機的禍首之一，因此近年得注意焦點多放在公司治理，以及如何經營企業上，對社會責任問題反遭冷落。

（一）企業公民組織形成

有兩個組織能夠反應亞洲對企業公民意識的覺醒。其一是日本的經濟團體聯合會（經團聯），經聯團是日本政府最大也是

最古老企業組織，對日本政治經濟影響深遠，也是推廣企業公民觀念的主力。在1991年4月訂定了全球環境規約（Global Environmental Charter），1991年9月經聯團訂定了企業良好行為規約（Charter for good Corporate Behavior）。

　　另一是菲律賓企業支持社會進步組織（Philippine Business for Social Progress, PBSP），PBSP是個基金會，由菲律賓許多知名公司加入會員貢獻己力。它的使命是：「透過策略性的貢獻，改善菲律賓窮人生活品質；促進企業部門投入社會發展大業；將資源善用於具建設性的計畫，邁向自力更生與社會發展」。

（二）日本的經濟團體聯合會

日本經聯團七大原則如下：

1.努力提供對社會有用的優異產品與服務。

2.致力於讓員工過舒適及豐富的生活，而且尊重他們生而為人的尊嚴。

3.執行企業活動時，納入環境保護。

4.努力透過公益慈善與其他活動，對社會有所貢獻。

5.努力藉由經營活動，改善社群社會福利。

6.不可違背社會規範，包括不與破壞社會秩序與安全的組織往來。

7.經由公共關係活動與公開聽證，與消費者溝通，並且堅守企業行為應符合社會規範的原則。

（三）菲律賓企業支持社會進步組織

PBSP其承諾聲明簡述如下：

1.民間企業應發揮資源創造就業機會，改善國民的生活品質。

2.企業目的是建立社會與經濟條件，促進人的發展與社群福

社。

3.企業成長與蓬勃發展，必須利基於良好的經濟與社會狀
  況中。

4.企業需要推動獨特潛能，善盡對社會責任；參與社會發
  展，貢獻國家整體福祉。

5.企業可以在凋敝的社區中，協助提供社會發展的整體方
  法。

6.企業與社會力量應相互結合，分攤對國家社群履行義務與
  責任，協助在菲律賓創造並維持應有尊嚴國家。

四、另一種企業領導方式

就某種意義來說，負責任的企業就是另一種方式展現領導
力。**阿亞拉基金會**（Ayala Foundation）把社會承諾與**服務式領
導**（servant leadership）觀念，灌輸給菲律賓的未來領袖，並形
成她們之間緊密關係的理想方式。**泰國企業鄉村發展**（Thai
Business Initiative in Rural Development, T-Bird）鼓勵曼谷的外來
勞工，回流家鄉省分與社區服務。

聯合利華印度子公司（Hindustan Lever）在當地400座村
落，農民太窮養不起牛，公司提供無息貸款給農民，幫助她們
飼養照顧牛隻，改善牛奶質量，努力改善社區居民及動物健
康。短短幾年乳品工廠獲利不少，並將利潤再投資於社區。

五、邁向世界標準

企業公民與社會責任標準發展，採取了一些新的創新辦
法。美國已開始發展本身的公民表現監督及評估系統，亞洲正
在開始迎頭趕上。**社會會計**（social accountability）標準與**社會
稽核**（social auditing）的發展，是企業公民意識正加速改善的

正面訊息。近年來，社會責任8000（SA8000）、**環境稽核**（environment auditing）等國際標準陸續出現，提供一套準繩，監督與評估企業在人權、勞工權益、健康、安全，以及評估企業在環境保護表現、企業利益及關係人，對社會造成的社會衝擊與倫理行為等，在衡量公司成敗時，並協助改善生活品質與社會關注的事務。

在亞洲經濟危機發生後，當我們試著展望未來時發現，人們開始重視企業倫理價值及社會責任。亞洲企業向來是活力十足的經濟動力，也是關懷社會的機構。追求最高利潤、增進股東的持股價值、貢獻於社會進步等目標，長期而言必將是融合成一體，互不衝突。

企業倫理的發展，從以前企業是否為整體國家社會的公民，以及是否需要擔負社會責任的爭論。時至今日，發展到許多國家或地區，均甚為重視企業的公民表現，甚至設置了些標準及稽核單位，來監督及評估企業倫理方面之表現。以印度利華公司的例子中，可以發現企業善盡公民責任，雖然經營成本提高，但是整個社區農民生活條件卻因而改善，企業從原本的虧損經營狀態反而成為長期獲利狀態，社會及企業可說是雙贏。【案例16-3】則是介紹國內統一企業的願景，以及其相關活動的設計。

案例 16-3

林蒼生發豪語「統一願景：一統天下」

統一企業集團總裁林蒼生以「統一世界」為未來願景，統一舉辦嘉年華會，希望讓消費者感受到市場如家庭的氣氛，並更瞭解統一集團，預估全省三場活動將可吸引超過10萬人次。統一已花費十年時間在亞洲各國建構完整骨架，目前於中國大陸、台灣、香港、菲律賓、泰國、印尼、越南等地都設有據點，未來統一企業集團要「統一世界」。

統一舉辦嘉年華會已經有五年，從原先只有統一企業集團員工與眷屬的參與，擴大到一般民

眾。嘉年華會的活動愈來愈豐富，而且有濃厚的家庭氣氛，依照關係企業的屬性，把和民眾生活相關的生活健康產業分成多個主題展館，原本單純的銷售關係，變成和消費者有直接互動的機會，也讓消費者更瞭解集團的相關產業，讓統一集團與消費者建立更親近的關係。

討論與分享

企業倫理，又可稱為企業道德，是指任何企業的經營必須以合法方式營利。其可分為：

1. 內部企業倫理：是指規範企業業主與員工之間的倫理原則，使勞資關係和諧，利於經營發展。

2. 外部企業倫理：是指規範企業與社會責任間的倫理原則，以公平合法方式經營，獲取利潤，使企業持續發展。

本篇案例隱含了如下幾個倫理的議題：

1. 在工作願景上，統一企業集團的目標就是要將版圖擴展到世界各地，打造一個一統世界的統一王國。

2. 在跨國文化上，為了擴展統一版圖，統一企業的第一步就是跨越國際，入主亞洲市場，將統一的觸角植入到世界各地人民的生活中。

3. 在倫理領導上，在統一企業的總裁及其他董事與各級主管的領導下，在十年的時間裡，用心地經營企業運作，妥善地管理運用人力及其他相關資源，才有辦法將組織建構穩固。

4. 在教育訓練上，在統一企業版圖廣大及範疇眾多的組織裡，除了本身的投資之外，也包含了外界的加盟經營，但是如果沒有完善的教育體系及營運規章的話，別說是內部員工，就連外部加盟的夥伴也都難以掌控，當然也就無法造就出今天的統一集團。

5. 在經營管理上，在統一企業廣大的版圖之中，如在國內眾多的營運範疇中，大家最熟悉的就是"7-ELEVEN"，它二十四小時全天候的經營，提供了多項的便捷服務，它的方便性，不但讓消費大眾省去了許多不必要的麻煩，同時在其全省三千多家分店的規模下，也創造了更多的就業機會。

6. 在社會關懷上，想要有更好的經營氣氛，就必須與社會大眾建立良好的關係，定期或是不定期舉辦嘉年華會及其他相關活動，從相關企業到加盟團體，從員工及眷屬，拓展到一般的消費大眾，人人都可參加，你我都是一家人，不但建立了良好的合作關係，也打破了狹隘的家庭觀念。此外，在活動中還有許多不同的主題館，藉由此種雙方互動的設計，將統一企業所希望的資訊傳達給所有的消費大眾。

16.6 跨國企業的區域關係

　　本節之目的，在於找出亞洲企業有哪些層面，可對全球社會的倫理發展作出貢獻。在亞洲地區，不論企業大小，人際關係及信任是長期培養出來的；做生意與交朋友密不分。國際社區的嚴重問題，在於「企業品德」與「全力追求利潤」能否相容並存。需要用廣義的概念，來定義「企業倫理」：

1. 企業應該爲員工的社經福利竭盡所能。
2. 追求利潤雖十分重要，但是對發展人力資源、提升創新能力、支援各項活動等方面的相關成本，應該有所準備。
3. 法治及良善治理應獲尊重並實施。
4. 經濟發展水準高，企業才有能力、也有意願爲員工提供社經福利。

一、印尼企業倫理的演進

　　印尼爲開發中國家，1997～1998年經濟成長爲「負值」，到2003年雖轉爲「正值」，卻只能勉強履行債務，更別說建立社會及福利架構。近來勞動成本升高，促使部分企業決定遷移造成問題接踵而至，此爲不合乎倫理的企業經營。杜哈宣言，未能履行貿易談的承諾，故欠缺倫理道德的商業行爲。

　　印尼社會提倡倫理，最好是透過改善教育與社會服務，確保資源分配最適化，以及透過經濟成長，確保人民生活富足來達目標。印尼許多家族企業只顧賺取短期利潤，不思擬定長期策略。加上國際銀行迅速通過印尼公司的貸款案，鼓勵它們進行非核心資產，尤其是不動產的投機行爲。只重短期利潤並把投資轉向非核心資產這種致命的組合，影響許多亞洲公司，不只是印尼而已。

隨著亞洲的危機愈演愈烈,亞洲社會中的工業網迫切需要更詳細加以檢視,印尼工業的結構也急切需要重新檢討。西方企業倫理的模式,則是:實施法治、採用合理公平的會計準則、管制證券的交易,都是用於保護企業倫理的特質。

二、符合倫理的良好企業實務

私人機構符合倫理的良好企業實務,如下要項:

1. 重視企業倫理的公司會對員工負起責任。
2. 致力發展人力資源。
3. 激起員工熱情。
4. 訂定公平的工資水準。
5. 根據績效制定升遷政策,以發掘頭角崢嶸的人才。

三、暹邏公司的倫理規範

泰國暹邏水泥公司是1913年成立的家族公司,該公司在印尼設有許多分公司,所採行的倫理規範可供參考,其四大原則如下:

(一)恪遵公平原則

1.以適當與公平的價格,供應高品質的產品與服務。
2.給付員工的薪資及福利,應該向業內的領導廠商看齊。
3.努力追求業務的成長與穩定,為股東賺取良好的長期報酬。
4.公平對待顧客、供應商、其他人等所有往來對象。

(二)相信人的價值

公司認為員工是它最寶貴的資產,公司如果能夠成長與繁

榮，員工位居首功。強調雇用高素質的員工，並且鼓勵他們和公司一起成長。

（三）關懷社會責任

公司強調，置身其中的國家社會懷有堅定不移的責任並以此經營。暹邏水泥公司將國家利益，置於本身的經濟利得之上。

（四）追求卓越

公司強調創新的重要性，意即認為永遠有更好的做事方式。因此努力透過資源的運用，追求改善並期望有更好的表現。

四、印尼企業倫理的提倡

在提升印尼的企業道德作法上，有如下幾點要項：
1. 促進資源適當分配。
2. 推動重視績效的環境。
3. 社會安全網。
4. 生活素質。
5. 民間機構。
6. 創造倫理環境。
7. 區域主義。

五、企業倫理環境的創造

廣義的企業倫理，包含參與一國社會與福利的發展性，所以必須考慮以下的需求：
1. 吸引外來投資。

2.鼓勵國內投資以支持理想。

3.區域層級的行為準則。

4.區域研究發展及科技移轉提案。

5.區域層級的共同立場。

6.全球方案。其作法如下：

　（1）開發中國家極需打開市場通路。

　（2）工作條件應採行國際標準。

　（3）倫理標準應符合國際標準。

　（4）國際放款應作風險評估與管制。

六、跨國企業倫理的看見

　　企業倫理的發展，有賴於我們日常服務與營運的團體，一味地重視利潤，結果沖淡了倫理標準。因此，把利潤的追求和其他目標連結起來，十分重要。所謂其他的目標，包括：貢獻於公司經營所在的國家社會網，以及貢獻於員工的社會與經濟福利。

　　開發中國家的一大問題，是缺乏財富的創造，以支持政府與民間部門層級的社會與福利的發展。資源分配的最大化及鼓勵績效取向的環境，也各有相關的問題存在。全球經濟的競爭日趨激烈，更加凸顯開發中國家面臨的問題，這種環境無助於倫理標準的普及，原因很簡單：因為開發中國家根本無力採行倫理標準。

　　在區域增層級，亞洲國家應該團結起來，在貿易談判上採取共同立場。我們也應該鼓勵更合乎倫理的方法，以吸引外商直接投資。國際層級方面，國際組織扮演的角色應予強化；採行標準的公司應獲適當認證。

　　要創造一個以負責與倫理政策為基礎的社會，成功的前提是，已開發國家願提供合乎倫理的企業經營環境。區域內各國

攜手合作，才有可能說服已開發國家相信，基於倫理價值，來發展永續型社區，則人人同受其利。

重點摘錄

§ 除非企業倫理能成為整個企業運作的一環，否則不可能落實。徒法不足以自行，光有好的倫理守則也不能保證有好的倫理決策，必須有人去推動才行。

§ 利益衝突是指只有一方的利益能顧及，其他的人利益都必須放棄。

§ 利益競爭則是指各造的合法利益不能全部實現，解決衝突可以用利益之平衡，藉各方面的利益都能部分顧及而達到。

§ 企業報告供應鏈說明了企業報告資訊的產生、製作、溝通與使用的過程中，相關組織與個人扮演的角色，以及彼此之間的關係。

§ 將一套影響深遠的建議呈現出來，而將報告與稽核帶到新的卓越水準。企業透明化三層模型觸及企業資訊的三個相關層次，第一層：全球性一般公認會計原則；第二層：產業基本標準；第三層：個別企業資訊。

§ 所謂的「社會營運執照」，意即居民發給的非正式同意書。得不到地方社區的支持，就沒辦法回收預期中的投資報酬。

§ 「企業公民」意味著企業不能只滿足於做個「經濟人」，還要做一個有責任感與道德感的「人」。企業應盡快建立企業公民意識，這是企業參與國際競爭的必然選擇，也是企業貢獻於和諧社會的必經之路。

重要名詞

利益衝突（a conflict of interest）

利益競爭（competing interests）

馬來西亞會計標準局（MASB）

國際會計標準（IAS）

企業揭露與治理協調會（CCDG）

財務會計標準委員會（FASB）

企業報告供應鏈（corporate-reporting supply chain）

企業透明化三層模型（three-tier model of corporate transparency）

公認會計原則（GAAP）

團體（batsu）

建前（tatemae）

本音（honne）

企業社會責任（Corporate Social Responsibilities, CSR）

規範（discipline）

全球環境規約（Global Environmental Charter）

企業良好行為規約（Charter for good Corporate Behavior）

菲律賓企業支持社會進步組織（Philippine Business for Social Progress, PBSP）

阿亞拉基金會（Ayala Foundation）

服務式領導（servant leadership）

泰國企業鄉村發展（Thai Business Initiative in Rural Development, T-Bird）

聯合利華印度子公司（Hindustan Lever）

社會會計（social accountability）

社會稽核（social auditing）

環境稽核（environment auditing）

問題與討論

1. 請分享你個人在第十六章節所學習到的心得？最令你印象深刻的議題為何？

2. 跨國公司倫理守則的問題為何？請簡述之。

3. 針對「Nike力圖擺脫剝削形象」之案例，你個人有何分享的心得？

4. 阻礙亞洲的透明度與責任感增強認知與實際障礙為何？請簡述之。

5. 企業報告供應鏈的學理內涵為何？請簡述之。

6. 企業透明化三層模型的學理內涵為何？請簡述之。

7. 亞洲全球企業公民意識面對挑戰為何？請簡述之。

8. 企業公民意識的重要商業利益為何？請簡述之。

9. 針對「杜邦公司永續經營、貫徹員工安全觀念」之案例，你個人有何分享的心得？

10. 針對「林蒼生發豪語 統一願景：一統天下」之案例，你個人有何分享的心得？

11. 書中提及泰國暹邏水泥公司，所採行的倫理規範之原則為何？你個人有何看法？

Note

參考書目

一、中文部分

王俊秀（1994）。《環境社會學的出發》。台北：桂冠圖書公司。

司徒達賢等（1997）。《使命與策略》。台北：旭昇出版社。

江明修（2000）。《第三部門經營策略與社會參與》。台北：智勝出版社。

江明修（1994）。非營利組織領導行為之研究。國科會專題研究報告。

李誠（2001）。〈什麼是知識經濟？〉。收錄於李誠主編，《知識經濟的迷思與省思》。台北：天下文化。

李鴻章（2000）。〈出身背景、教育程度與道德判斷之相關研究〉。《教育研究資訊》，第8卷，第3期，頁147-171。

李裕光（1979）。角色認取與道德判斷之關係。碩士論文，國立台灣師範大學教育研究所。

何永福、楊國安（2002）。《人力資源策略管理》。台北：三民書局。

何懷宏（2002）。《倫理學是什麼？》。台北：揚智文化。

沈清松（1992）。《傳統的再生》。台北：業強出版社。

余坤東（1995）。企業倫理認知之研究。博士論文，國立台灣大學商學研究所。

余佩珊譯（1994）。杜拉克原著。《非營利機構的經營之道》。台北：遠流出版公司。

邱昌其（1998）。台灣企業界中領導者特質與角色扮演相關之研究——以台北市扶輪社為例。碩士論文，國立中興大學企業管理研究所。

吳成豐（1998）。〈員工企業倫理滿意度與工作滿意足及道德決策考量因素：以中小企業為例〉。《勞資關係論叢》，第8期。

吳成豐（2002）。《企業倫理的實踐》。台北：前程企業管理有限公司。

林有土（1995）。《倫理學的新趨向》。台北：台灣商務印書館。

林邦傑、胡秉正、翁淑緣（1986）。大專生道德判斷測驗使用手冊。教育部委託研究計畫。

林煌（1991）。道德判斷與道德價值取向之相關研究。碩士論文，國立台灣師範大學教育研究所。

林琨堂（1997）。企業主管領導型態與部屬溝通滿足及領導效能之關係研

究——以台糖公司為例。碩士論文，國立成功大學企業管理研究所。

林靜鈺（2000）。企業主管領導型態、激勵語言對部屬工作滿足之影響研究。碩士論文，國立成功大學企業管理研究所。

岩佐茂（1994）。《環境的思想》。北京：中央編譯出版社。

岸根卓郎（1999）。《環境論——人類最終的選擇》。南京：南京大學出版。

洪明洲（1997）。《管理》。台北：科技圖書公司。

姜誌貞（1998）。非營利組織政策倡導之研究——以婦女團體為例。碩士論文，東吳大學政治學研究所。

高希均（2004）。〈事業雄心應植基於企業倫理〉。收錄於李克特、馬家敏原編。《企業全面品德管理》。台北：天下文化公司。

孫永文（1999）。非營利組織的使命落實研究——以基金會為例。碩士論文，東海大學企業管理研究所。

孫震（2003）。《人生在世：善心、公義與制度》。台北：聯經出版社。

韋政通（1994）。《倫理思想的突破》。台北：水牛出版社。

許士軍（1995）。〈新管理典範下的企業倫理〉。《世界經理文摘》，第101期。

許士軍（2001a）。〈知識經濟時代的企業改造〉。錄於李誠主編，《知識經濟的迷思與省思》。台北：天下文化。

許士軍（2001b）。《管理學》，台北：東華書局，第十版。

程小危、雷霆（1981）。"Performance of Taiwan Students on Kohlberg's Moral Judgement Inventory"。

程香儒（1990）。組織使命的志工組織永續諾相關影響因素之研究：以高雄三家非營利機構為例。碩士論文，國立中山大學人力資源管理研究所。

陳英豪（1978）。〈我國青少年道德判斷的發展及其影響的因素〉。《國立高雄師院學報》，第6期，頁343-410。

陳英豪（1979）。〈討論與角色取替對道德認知發展之影響〉。《教育學刊》，第1期，頁325-361。

陳英豪（1980）。〈修訂道德判斷測驗及其相關研究〉。《教育學刊》，第2期，頁318-356。

陳嵩、蔡明田（1997）。〈倫理氣候、倫理哲學與倫理評價關係之實證研究〉。《台大管理論叢》，第8卷，第2期。

陳聰文（1988）。〈高職學生企業倫理的教學之探討〉。《教育資料與研究》。

馮蓉珍（1995）。〈商專學生道德判斷之研究〉。《國立屏東商專學報》，第3期，頁81-109。

張在山譯（1991）。《非營利事業的策略性行銷》。台北：授學出版社。

張定綺譯（1999）。韓福光、華仁與陳澄子原著。《李光耀治國之鑰》。台北：天下文化公司。

張雅婷（2001）。出身背景、學校教育與道德判斷標準。碩士論文，國立台東師範學院教育研究所。

張鳳燕（1980）。性別、道德判斷、情境變項對我國高中生誠實行為的影響。碩士論文，國立政治大學教育學研究所。

單文經（1980）。〈兒童道德判斷發展與討論式教學法之運用〉。《今日教育》，第37期，頁44-52。

黃培鈺（2004）。《企業倫理學》。台北：新文京公司。

曾華壁（1998）。〈1970年代台灣資源保護注意之發展：以政府角色為主之研究〉。《思與言》。第36卷，第3期，頁61-104。

楊政學（2002）。〈管理教育中定性與定量研究方法之整合應用〉。《2002創意教學與研究研討會論文全文集》，頁2-173～2-177。苗栗。國立聯合技術學院。

楊政學（2003a）。〈農企業研究方法整合應用之探討：由指導服務行銷型農企業實務題製作談起〉。《農業經濟論叢》，第9卷，第1期，頁63-96。

楊政學（2003b）。〈技職學生道德判斷量測之研究：以明新科大學生為例〉。《第一屆企業倫理理論暨實務研討會論文集》，頁88-106。新竹：明新科技大學。

楊政學（2004）。〈校園倫理教育的定位與推行：以明新科大學生道德量測與教職員工深度訪談為例〉。《第一屆提昇全人基本素養的通識教育研討會論文集》，頁125-136。新竹：明新科技大學。

楊政學（2005a）。〈技職教育中校園倫理教育的實施與回饋〉。《2005區域產業發展暨人文科技論壇論文集》。苗栗：親民技術學院。

楊政學（2005b）。《實務專題製作：企業研究方法的實踐》。第二版，台北：新文京公司。

楊政學、邱永承（2001）。〈壽險業知識管理實務模式探討〉，《第三屆永

續發展管理研討會論文集》，頁261-285。屏東：國立屏東科技大學。

楊政學、紀佩君（2006）。〈非營利組織領導之探討：模式建構與個案分析〉。《明新學報》，第32期。

楊瑪利（2001）。《環境台灣》。台北：天下雜誌社。

鄔昆如（1999）。《倫理學》。台北：五南圖書公司。

劉益榮（2001）。商學學生個人價值觀與道德判斷及其關聯性之探討。碩士論文，逢甲大學會計與財稅研究所。

劉建人、柯菁菁、陳協志編著（2004）。《資訊倫理與社會》。台北：普林斯頓。

劉建人、陳儀芬（2000）。〈網際網路虛擬學習社群在資訊倫理教育之應用〉。《第一屆電子化企業經營管理理論暨實務研討會論文集》，頁426-436。

葉匡時（1996）。《企業倫理的理論與實踐》。台北：華泰書局。

葉保強（2005）。《企業倫理學》。台北：五南圖書公司。

葉桂珍（1995）。〈道德倫理觀與組織承諾、工作滿意度、及離職意向之關係研究〉。《中山管理評論》，第3卷，第3期，頁15-29。

鄭文義（1989）。《公益團體的設立與經營》。台北：工商教育出版社。

韓詠蘭（1999）。企業主管領導型態、組織生命週期、部屬人格特質與領導效能關係之研究──以台灣食品業為例。碩士論文，國立成功大學國際企業研究所。

蘇洺賢（2000）。我國非營利組織跨國組織合作關係類型及管理機制之研究。碩士論文，靜宜大學企業管理研究所。

魏世台（1991）。〈社會變遷中大學生道德認知發展之趨向研究〉。《中華心理衛生學刊》，第5卷，第2期，頁89-102。

羅素（1995）。《西洋哲學史》。台北：五南圖書公司。

羅耀宗等譯（2004）。李克特、馬家敏原編。《企業全面品德管理》。台北：天下文化公司。

二、英文部分

Anthony, R. N. & Herzlinger, R. E. (1975). *Management Control in Nonprofit Organizations,* Homewood, Ill. : Richard D. Irwin.

Bandura, A & McDonald, F. J. (1963). "The Influence of Social Reinforcement and the Behavior of Models in Shaping Children Moral Judgments",

Journal of Abnormal and Social Psychology, 67, 274-281.

Beauchamp, T. L. & Childress, J. F. (1979). *Principles of Biomedical Ethics,* Oxford: Oxford University Press.

Boatright, J. R. (2000). *Ethics and the Conduct of Business,* Upper Saddle River, New Jersey: Prentice Hall.

Bowie, N. (1982). *Business Ethics,* Englewood Cliffs, N. J. : Prentice-Hall.

Brooks, L. J. (1989). "Corporate Ethical Performance: Trends, Forecasts and Outlooks", *Journal of Business Ethics,* 8, 39-50.

Buchholz, R. A. & Rosenthal, S. B. (1998). *Business Ethics: The Pragmatic Path Beyond Principles to Process,* Hemel Hempstead: Prentice-Hall Inc.

Butcher, W. C. (1997). "Ethical Leadership", *Executive Excellence,* June, 5.

Cable, S. & Cable, C. (1995). *Environmental Problems Grassroots Solutions,* New York, St, Martin's Press.

Carroll, A. B. (1996). *Business and Society: Ethics and Stakeholder Management,* 3rd edition, Cincinnati, Ohio: South-Western Publishing Co..

Cavana, R. Y., Delahaye, B. L. & Sekaran, U. (2001). *Applied Business Research: Qualitative and Quantitative Methods,* 3rd edition, New York: John Wiley & Sons, Inc.

Cohen, A. R., Fink, S. L., Gadon, H. & Willits, R. D. (1976). *Effective Behavior in Organizations,* Homewood, Ill. : Richard D. Irwin.

Connolly, M. (2002). "What is CSR?", *CSRWire,* http://www.csrwire/page. cgi/intro.html.

Corrado, M. & Hines, C. (2001). "Business Ethics, Making The World a Better Place", March 21, *Brighton, MRS Conference 2001,* from MORI website.

Dahlaman, C. & Anderson (2001). *Korea and Knowledge-based Economy: Making the Transition,* OECD.

Dawkins, J. (2004). *The Public's Views of Corporate Responsibility 2003,* MORI.

Elkington, J. (1998). *Cannibals with Forks: The Triple Bottom Line of 21 Century Business,* Cabriola Island, B. C. : New Society Publishers.

Enderle, G. (1987). "Some Perspectives of Managerial Ethical Leadership", *Journal of Business Ethics,* 6, 657-663.

Evan, W. M. & Freeman, R. E. (1993). "A Stakeholder theory of Modern Corporation: Kantian Capitalism", in Beauchamp, T. and Bowie, N. eds. *Ethical Theory and Business,* Englewood Cliffs, N. J. : Prentice-Hall, 75-84.

Frankena, W. K. (1973). *Ethics,* 2rd edition, Englewood Cliffs, N. J. : Prentice-Hall.

Fritzsche, D. J. (1997). *Business Ethics: A Global and Managerial Perspective,* New York: McGraw-Hill.

Gray, S. T. (1996). "The Impact of Unethical Behavior", *Association Management,* November, 112.

Greider, T. & Garkovich, L. (1994). "Landscape: The Social Construction of Nature and the Environment", *Rural Sociology,* 59(1).

Groner, D. M. (1996). *Ethical Leadership: The Missing Ingredient,* National Underwriter, December 16, 41.

Hall, P. D. (1987). "A Historical Overview of the Private Nonprofit Sector", in Powel, W. W. (ed.). *The Nonprofit Sector: A Research Handbook,* New Haven: Yale University Press.

Hitt, W. D. (1990). *Ethics and Leadership: Putting Theory into Practices,* Columbus: Battelle Memorial Institute.

Hansmann, H. (1980). "The Role of Nonprofit Enterprise", *Yale Law Journal,* 89(5), 835-901.

Hersey, P. & Blanchard, K. H. (1977). *Management of Organizational Behavior,* 3rd edition, Englewood Cliffs. N. J.: Prentice-Hall.

Hopkins, M. (2003). *The Planetary Bargain-Corporate Social Responsibility Matters,* London: Earthscan Publication Ltd.

Hornsby, J., Kuratko, D., Naffziger, D., Lafollette, W. & Hodgetts, R. (1994). "The Ethical Perceptions of Small Business Owners: A Factor Analytic Study", *Journal of Small Business Management.*

House, R. J. & Mitchell, T. (1977). "Path-Goal Theory of Leadership", *Journal of Contemporary Business,* Autumn, 81-97.

Keith, D. & Bloomstrom, R. L. (1975). *Business and Society: Environment and Responsibility,* 3rd ed., New York: McGraw Hill.

Kohlberg, L. (1975). *Moral Stage Scoring Manual,* Unpublished Manuscript, Center for Moral Education, Harvard Graduate School of Education.

Kohlberg, L., Colby, A., Gibbs J. & Dubin, B. S. (1978). *Moral Stage Scoring Manual,* Unpublished Manuscript, Center for Moral Education, Harvard University.

Kohlberg, L. & Turiel, E. (1971). "Moral Development and Moral Education", in Lesser, G. S. (Ed.) *Psychology and Educational Practice,* Illinois: Glenview.

Laudon, K. C. & Laudon, J. P. (2000). *Management Information Systems: Organization and Tchnology in the Networked Enterprise,* Prentice Hall.

Mason, R. O. (1986). "Four Ethical Issues of the Information Age", *MIS Quarterly,* 10(1), 5-12.

Mason, R. O. (1995). "Applying Ethics to Information Technology Issues", *Communication of the ACM,* 38(12), 55-57.

McGuire, J. W. (1963). *Business and Society,* New York: McGraw Hill.

Meadows, D. H. (1972). *The Limits to Growth,* New York: Universe Book.

Nash, L. L. (1993). *Good Intentions Aside: A Manager's Guide to Resolving Ethical Problems,* Boston, Mass. : Harvard Business School Press.

O'Neil, M. (1990). *Ethic in Nonprofit Management: A Collection of Cases Institute for Nonprofit Organization Management,* University of San Francisco.

Paluszek, J. L. (1976). *Business and Society: 1976-2000,* New York: AMA-COM.

Pratley, P. (1995). *The Essence of Business Ethics,* Hemel Hempstead: Prentice-Hall Inc.

Rawls, J. (1999). *A Theory of Justice,* revised edition, Cambridge, Mass: The Belnap Press of Harvard University Press.

Reimer, J. B. (1977). *A Study in the Moral Development of Kibbutz Adolescents,* Unpublished Doctoral Dissertation, Harvard University.

Rest, J. R. (1973). "Development Psychology as a Guide to Value Education : A Review of Kohlbergain Programs", *Review of Educational Research,* 44, 241-259.

Rubin, R. (1996). "Moral Distancing and the Use of Information Technology:

The Seven Temptations", in J. M. Kizza (ed.), *Social and Ethical Effects of the Computer Revolution,* Jefferson, NC: McFarland.

Salamon, L. M. (1995). *Partners in Public Service: Government-Nonprofit Relations in the Modern Welfare State,* Baltimore, Maryland: The Johns Hopkins University Press.

Schnaiberg, A. (1980). *The Environment: From Surplus to Scarcity,* New York, Oxford University Press.

Tannenbaum, R. I., Weschler, R. & Massarick, F. (1961). *Leadership and Organization: A Behavioral Science Approach,* New York: McGraw-Hill.

Tannenbaum, R. I. & W. H. S. (1958). "How to Choose a Leadership Pattern", *Harvard Business Review*, 36, 95-101.

Terry, G. R. (1960). *Principle of Management,* 3rd edition, Homewood, Ill. : Richard D. Irwin.

Turiel, E. (1966). "A Experimental Teat of the Sequentiality of Developmental Stages, in the Child's Moral Judgments", *Journal of Personality and Social Psychology,* 3, 611-618.

Turiel, E. (1974). "Conflict and Transition in Adolescent Moral Development", *Child Development,* 45, 14-29.

Van Luijk, H. (1994). "Business Ethics: The Field and Its Importance", in Harvey, B. (ed.), *Business Ethics: A European Approach,* Hemel Hempstead: Prentice-Hall Inc.

Victor, B. & Cullen, J. B. (1988). "The Organization Bases of Ethical Work Climates", *Administrative Science Quarterly,* 33, 50-62.

Vyakarnam, S., Baily, A., Myers, A. & Burnett, D. (1997). "Toward an Understanding of Ethical Behavior in Small Firms", *Journal of Business Ethics,* 16, 1625-1636.

Weiss, J. W. (1994). *Business Ethics: A Managerial Stakeholder Approach,* Belmont: Wadsworth Publishing Company.

Yukl, G. A. (2002). *Leadership in Organizations,* Englewood Cliffs, N. J. : Prentice-Hall Inc.

中英索引

360度品牌管理 360 degree branding 121
CSR管理委員會 CSR Management Board 119
CSR歐洲 CSR Europe 14

一劃

一定的穩定性 constancy through time 256

二劃

人力 human power 330
人力工程 human power engineering 334
人力資本 human capital 336
人力資源 human power resources 330
人力資源庫 the barn of human resources 334
人力資源規劃 human power planning 331
人力機制 human power mechanism 331
人際關係和諧導向 the interpersonal concordance or "good boy-nice girl" orientation 171
人權安檢查核協定 Human Right Compliance Agreement 119

三劃

三角測定 triangulation 168, 194, 271
三重基線企業 triple bottom line business 135
三菱汽車 Mitsubishi Motors 11
千禧年民調 millennium poll 13
工具性相對導向 the instrument relativist orientation 170
工程機制 engineering mechanism 334
不完全的程序正義 imperfect procedure justice 60
不倫理行銷 unethical marketing 307
不傷害 do no harm 21
不道德 immoral 39
不屬於任何一個類型 non-types 179

四劃

什麼是美好的人生 what is a good life 25
什麼是對的行為 what is the right act 25
公司治理 corporate governance 134
公司政治 company politics 299
公正正直的行為 veracity 401
公共利益的考量 public orientation 401
公式 formulations 58
公認會計原則 GAAP 423
分享論 sharing theory 248
反建設導向 antiestablishment orientation 180
反效益 disutility 41
引領 pull 283
文獻分析 documentary analyze 272
文獻分析法 analyzing documentary realities 167, 194, 271

五劃

世界通訊 World Com 11, 258
世界銀行 World Bank 125
主型 major type 179
主席及環保長 Chief Environmental Officer 119
他律的階段 the stage of heteronomy 169
代理伺服器 proxy server 376
功利論 utilitarianism 248
包容或吸納性行為 accommodation 114
卡爾路 Carroll 112
可證明傷害準則 the criterion of demonstrable harm 82

市場調查公司 Market & Opinion Research International, MORI 12
本我 id 169
本音 honne 426
本益分析 cost and benefit analysis 82
正善 bonum honestum 33
正當 right 27
正義 justice 8
正義才是關鍵 justice is the key 172
永續企業 sustainable business 139
永續發展商業契約 Business Character for Sustainable Development 134
生命週期產品 life-cycle products 137
生命醫學倫理學 biomedical ethics 146
生活品質 quality of life 363
生氣者角色 animator role 280
生產者 producer 280
生態方向盤 eco-compass 140
生態成本 ecological cost 138
生態足跡 ecological footprints 138
生態的生命週期 ecological life-cycle 138
生態效率 eco-efficiency 138
皮亞傑 Jean Piaget 169

六劃

交叉持股 crossholding 259
交易式領導 transactional leadership 281
企業公民 corporate citizenship 130
企業公民價值 corporate citizenship value 124
企業良好行為規約 Charter for good Corporate Behavior 436
企業的生命週期 business life-cycle 138
企業的社會表現 corporate social performance 133
企業社會表現模式 corporate performance model 114

企業社會責任 Corporate Social Responsibilities, CSR 112, 428
企業社會責任指標 indices of corporate social responsibility 131
企業倫理 business ethics 50
企業倫理中心 Business Ethics Center 217
企業倫理守則 codes of ethics 253
企業倫理評審 business ethics audit 133
企業倫理獎 business ethics award 133
企業倫理學 business ethics 51, 146
企業責任 corporate responsibilities 112
企業透明化三層模型 three-tier model of corporate transparency 422
企業報告供應鏈 corporate-reporting supply chain 422
企業揭露與治理協調會 CCDG 421
先申請先登記 first come, first serve 379
全國職工總會 NTUC 341
全球永續性報告推動計畫 GRI 125
全球企業消費者憲章 Consumer Character for Global Business 316
全球資訊網 World Wide Web 376
全球環境規約 Global Environmental Charter 436
共同善 common good 8
共享軟體 shareware 378
合作發展遵守標準與準則申報 ROSC 127
因果不確定性 causal uncertainty 216
在手段上的限制 restrain on means 401
好的倫理為經營之道 good ethics is good business 299, 338
存取權 accessibility 359
安隆 Enron 11, 258
安德遜會計事務所 Arthur Anderson LLP 12
自我 ego 169
自我力量 ego-strength 174
自律的階段 the stage of autonomy 169

自然資本 natural capital 136
行政倫理 public administration ethics 401
行為守則 code of conduct 51
行為效益論 act utilitarianism 41

七劃

佛洛依德 Sigmund Freud 169
利益衝突 a conflict of interest 417
利益關係人 stakeholder 8, 54
利益競爭 competing interests 417
快樂 pleasure 41
技能提升計畫 SRP 342
把事情做好 do things right 275
改變者的角色 change agent role 280
杜威 John Dewey 169
沙巴尼期—歐克斯雷法 Sarbanes-Orxley Act 260
決疑法 casuistry 25
系統品質 system quality 363
良心企業 corporation with a conscience 130
良知 conscience 8
防衛性行為 defense 114

八劃

事件行銷 events marketing 321
事前準備行為 proaction 114
事後回應行為 reaction 114
事情的處理方式 how 275
事情的意義 what 275
事實不確定性 factual uncertainty 216
亞好 Ahold 11
供應鏈 supply chain 307
協調者 coordinator 280
奇魅 charismate 281
奇魅式領導 charismatic leadership 281

幸福 happiness 41
抵換 trade-offs 83
服務 service 283
服務式領導 servant leadership 283, 437
法律、秩序導向 the "law and order" orientation 171
法律的正當性 legitimacy 113
法律責任 legal responsibilities 113
泛倫理性原則導向 the universal ethical principle orientation 171
爭議性的觀念 contestable idea 112
直覺人道主義的道德 the morality of intuitive humanism 180
社會投資運動 social investment movement 134
社會契約合法導向 the social-contract legalistic orientation 171
社會契約的道德 the morality of social contract 180
社會基線 social bottom line 137
社會規範 societal norm 51
社會責任型投資 Social Responsible Investment, SRI 119
社會會計 social accountability 437
社會審計 social audit 137
社會稽核 social auditing 437
花旗銀行 Citi Group 11
金字塔控股 pyramid-holding 259
金融服務行動計畫 FSAP 127
長青企業 green corporation 130
阿亞拉基金會 Ayala Foundation 437
非政府組織 NGOs 125
非道德 nonmoral 39

九劃

信心評分 confidence score 220

企 業 倫 理 Business Ethics

保留訊息 withholding information 349
促成者角色 enabler role 280
促進快樂 promote happiness 21
品行氣質 character 274
品牌新形象 brand new image 321
奎斯特 Qwest Communications International Inc. 258
建前 tatemae 426
建構 construction 334
指導者 director 280
政治倫理學 political ethics 146
故意欺騙 deliberate deception 349
氟氯碳化物 CFC 104
科學倫理學 science ethics 146
重構 reconstruct 216
革新者 innovator 280
頁框 frames 377
風俗習慣 custom or habit 274

十劃

個人私利 private interest 8
個案研究 cases study 272
倫理 ethics 20
倫理決策 ethical decision 218
倫理兩難 ethical dilemma 364
倫理基金 ethical funds 134
倫理專員 ethical officer 134
倫理責任 ethical responsibilities 113
倫理解困能力 ethical problem solving capacity 8
倫理資源中心 Ethics Resource Center 218
倫理過濾器 ethics filter 220
倫理模糊性 ethical or moral ambiguity 216
倫理學 the principle of ethics 22
原則性的道德分數 principled morality score 179
原則期 principle level 171

哲學倫理 philosophy ethics 357
娛善 bonum delectabile 33
差異性 differentiate 152
效益 utility 41
效益原則 principle of utility 41
校園倫理 campus ethics 196
泰科 Tyco International Ltd. 258
泰國企業鄉村發展 Thai Business Initiative in Rural Development, T-Bird 437
消費者國際 Customer International 316
海外可轉換公司債 ECB 264
海外存託憑證 GDR 263
班尼學院 Bentley College 217
益善 bonumutile 33
站不住腳的 self-defeating 59
純綷程序正義 pure procedure justice 59
財務基線 financial bottom line 135
財務會計標準委員會 FASB 421
財產權 property 359
財產權利與義務 property rights and obligations 362
馬來西亞會計標準局 MASB 420

十一劃

做一個好的企業公民 be a good corporate citizen 114
做對的事情 do the right things 39, 275
副型 submajor type 179
參與倫理 participatory ethics 285
參與領導 participatory leadership 284
問卷調查法 questionnaire survey 167, 194, 272
國際金融公司 IFC 127
國際貨幣基金 IMF 127
國際會計標準 IAS 420
國際標準組織 International Organization for Standardization, ISO 102

基本需求的權利 right to basic needs 316

執行力 execution 336

執行者角色 executive role 280

專業人員 professionals 387

專屬訊息 proprietary information 349

常態準則 the normalcy criterion 81

從搖籃到墳墓 from cradle to grave 138

從屬關係 followership 282

控制 control 283

控權股東 controlling shareholder 259

措施研議 plans suggestion 272

推動 push 283

教練 mentor 280

深度訪談法 in-depth interview 167, 194, 272

深思熟慮的選擇 reflective choice 401

理想社會合作原則的道德 the morality of principles of ideal social cooperation 180

理論建構 theoretical framework 272

產品行銷 product marketing 307

產品責任 product liability 306

統合倫理學 metaethics 24

被腐化 corrupted 351

規則效益論 rule utilitarianism 41

規劃 planning 331

規範 discipline 434

規範倫理學 normative ethics 24

責任中心 deontological 55

責任歸屬與控制 accountability and control 362

貪婪 greed 8

郭爾堡 Lawrence Kohlberg 169

陳構出來 formulate 216

十二劃

最大保護準則 the criterion of maximum protection 82

最適污染減少準則 the criterion of optimal pollution reduction 82

創新者角色 innovator role 280

尊重個人的原則 respect for persons 60

彭馬拿 Parmalat 11

惡行 vice 8

描述倫理學 descriptive ethics 24

普遍性學問 universal erudition 51

欺騙 bluff 61

欺騙 fraud 307

欺騙性廣告 deceptive advertising 312

殼牌石油 Royal Dutch Shell 11

無上命令說 the categorical imperative 58

無往的階段 the stage of anomy 169

無知之幕 veil of ignorance 59

程序規則的尊重 process respect 401

善 good 40

善因行銷 cause marketing 408

菲律賓企業支持社會進步組織 Philippine Business for Social Progress, PBSP 436

虛擬企業 pure play 372

買方小心 buyers beware 315

超文本 hyper text 380

超我 superego 169

超連結 hyperlink 377

超越最低線 beyond the bottom line 130

開創者角色 entrepreneur role 280

階段 stage 170

十三劃

傳播倫理學 communication ethics 146

傷害程度準則 the degree-of-harm criterion 83

慈善責任 philanthropic responsibilities 114

搖籃到搖籃 from cradle to cradle 139

新公共行政 new public administration 400

新聞倫理學 journalism ethics 146
新聞群組 newsgroup 375
楷模學習 modeling 367
經紀人 broker 280
經濟責任 economic responsibilities 112
經濟發展委員會 Committee for Economic Development 130
經濟優先秩序議會 Councilon Economic Priorities, CEP 131
經驗倫理學 empirical ethics 25
義務 obligations 41
義務論 deontological theory 248
誇大其詞 shrewd bluffing 60
資訊不對稱 information asymmetry 315
資訊法律 information law 368
資訊倫理 information ethics 359
資訊權利與義務 information rights and obligations 362
資源 resources 330
道德 moral 21
道德危機 moral hazard 43
道德成規前期 pre-conventional level 170
道德成規後期 post conventional level 171
道德成規期 conventional level 170
道德判斷量表 MTS 174
道德兩難 moral dilemma 216
道德承擔 moral commitment 165
道德的最低限 the moral minimum 57
道德知識 moral knowledge 176
道德感情 moral sentiments 165
道德警報系統 moral warning system 217
電子郵件 e-mall 375
電腦倫理 computer ethics 357

十四劃

團體 batsu 425
實虛並存 click and mortar 372
實際義務 actual duties 28
實證架構 methodological framework 272
監督者 monitor 280
精實生產 lean production 139
精確性 accuracy 359
網域名稱 domain name 379
網路 web 375
網路上的內容 web content 377
網路倫理 cyberspace ethics 358
網際網路 internet 356
網際網路服務提供者 Internet Service Providers, ISP 377
網點 site 377
認知發展 the cognitive-development 169
說謊 lying 348
輔助者 facilitator 280

十五劃

價值 value 40
價值流 value flow 140
價值澄清 value clarification 367
審計 audit 135
層級 level 170
德 virtue 40
德性 virtue 8
數位媒體的特質 natural of medium 363
數位落差 digital divide 365
暫存緩衝區 cache 376
標準普爾 Standard & Poor's, S&P 259
模糊性 ambiguity 216
歐洲道瓊 Europe Dow 140

澄清 specify 254
線上即時聊天室 internet reply chat 375
線上即時傳呼 ICQ 375
賠償 redress 316

十六劃

機制 mechanism 334
機會教育 opportunity education 368
機構 organization 334
歷險者角色 adventurer role 280
獨立自主的道德自我 autonomous moral self 165
獨立董事 independent director 260
辨識 identify 216

十七劃

應當 ought 27
檔案伺服器 FTP servers 375
濫權 abuse 8
環保業績 environmental performance 136
環球電訊 Global Crossing 258
環境基線 environmental bottom line 136
環境稽核 environment auditing 438
聯合利華印度子公司 Hindustan Lever 437
薛頓 Gerald Schatten 230
隱私權 privacy 359

十八劃

轉型式領導 transformational leadership 281
醫學倫理學 medical ethics 146

十九劃

懲罰與服從導向 the punishment and obedience
    orientation 170

羅斯 John Rawls 59
羅爾斯頓 Holmes Rolstot 101
類比性 analogy 152
類似性 analogous 152

二十劃

嚴格責任 strict liability 306
競值途徑 competing values approach 280
議題界定測驗 Defining Issue Test, DIT 167, 194

二十二劃

權利 rights 41

二十三劃

顯兄義務 prima facie duties 27

企業倫理 Business Ethics

英中索引

360 degree branding 360度品牌管理 121

 A

a conflict of interest 利益衝突 417

abuse 濫權 8

accessibility 存取權 359

accommodation 包容或吸納性行為 114

accountability and control 責任歸屬與控制 362

accuracy 精確性 359

act utilitarianism 行為效益論 41

actual duties 實際義務 28

adventurer role 歷險者角色 280

Ahold 亞好 11

ambiguity 模糊性 216

analogous 類似性 152

analogy 類比性 152

analyzing documentary realities 文獻分析法 167, 194, 271

animator role 生氣者角色 280

antiestablishment orientation 反建設導向 180

Arthur Anderson LLP 安德遜會計事務所 12

audit 審計 135

autonomous moral self 獨立自主的道德自我 165

Ayala Foundation 阿亞拉基金會 437

 B

batsu 團體 425

be a good corporate citizen 做一個好的企業公民 114

Bentley College 班尼學院 217

beyond the bottom line 超越最低線 130

biomedical ethics 生命醫學倫理學 146

bluff 欺騙 61

bonum delectabile 娛善 33

bonum honestum 正善 33

bonumutile 益善 33

brand new image 品牌新形象 321

broker 經紀人 280

Business Character for Sustainable Development 永續發展商業契約 134

business ethics 企業倫理 50

business ethics 企業倫理學 51, 146

business ethics audit 企業倫理評審 133

business ethics award 企業倫理獎 133

Business Ethics Center 企業倫理中心 217

business life-cycle 企業的生命週期 138

buyers beware 買方小心 315

 C

cache 暫存緩衝區 376

campus ethics 校園倫理 196

Carroll 卡爾路 112

cases study 個案研究 272

casuistry 決疑法 25

causal uncertainty 因果不確定性 216

cause marketing 善因行銷 408

CCDG 企業揭露與治理協調會 421

CFC 氟氯碳化物 104

change agent role 改變者的角色 280

character 品行氣質 274

charismate 奇魅 281

charismatic leadership 奇魅式領導 281

Charter for good Corporate Behavior 企業良好行為規約 436

Chief Environmental Officer 主席及環保長 119

Citi Group 花旗銀行 11

click and mortar 實虛並存 372

code of conduct 行為守則 51

codes of ethics 企業倫理守則 253

Committee for Economic Development 經濟發展委員會 130

common good 共同善 8

communication ethics 傳播倫理學 146

company politics 公司政治 299

competing interests 利益競爭 417

competing values approach 競值途徑 280

computer ethics 電腦倫理 357

confidence score 信心評分 220

conscience 良知 8

constancy through time 一定的穩定性 256

construction 建構 334

Consumer Character for Global Business 全球企業消費者憲章 316

contestable idea 爭議性的觀念 112

control 控制 283

controlling shareholder 控權股東 259

conventional level 道德成規期 170

coordinator 協調者 280

corporate citizenship 企業公民 130

corporate citizenship value 企業公民價值 124

corporate governance 公司治理 134

corporate performance model 企業社會表現模式 114

corporate responsibilities 企業責任 112

corporate social performance 企業的社會表現 133

Corporate Social Responsibilities, CSR 企業社會責任 112, 428

corporate-reporting supply chain 企業報告供應鏈 422

corporation with a conscience 良心企業 130

corrupted 被腐化 351

cost and benefit analysis 本益分析 82

Councilon Economic Priorities, CEP 經濟優先秩序議會 131

crossholding 交叉持股 259

CSR Europe CSR歐洲 14

CSR Management Board CSR管理委員會 119

custom or habit 風俗習慣 274

Customer International 消費者國際 316

cyberspace ethics 網路倫理 358

deceptive advertising 欺騙性廣告 312

defense 防衛性行為 114

Defining Issue Test, DIT 議題界定測驗 167, 194

deliberate deception 故意欺騙 349

dcontological 責任中心 55

deontological theory 義務論 248

descriptive ethics 描述倫理學 24

differentiate 差異性 152

digital divide 數位洛差 365

director 指導者 280

discipline 規範 434

disutility 反效益 41

do no harm 不傷害 21

do the right things 做對的事情 39, 275

do things right 把事情做好 275

documentary analyze 文獻分析 272

domain name 網域名稱 379

ECB 海外可轉換公司債 264

eco-compass 生態方向盤 140

eco-efficiency 生態效率 138

ecological cost 生態成本 138

ecological footprints 生態足跡 138

ecological life-cycle 生態的生命週期 138

economic responsibilities 經濟責任 112

ego 自我 169

ego-strength 自我力量 174

e-mall 電子郵件 375

empirical ethics 經驗倫理學 25

enabler role 促成者角色 280

engineering mechanism 工程機制 334

Enron 安隆 11, 258

entrepreneur role 開創者角色 280

environment auditing 環境稽核 438

environmental bottom line 環境基線 136

environmental performance 環保業績 136

ethical decision 倫理決策 218

ethical dilemma 倫理兩難 364

ethical funds 倫理基金 134

ethical officer 倫理專員 134

ethical or moral ambiguity 倫理模糊性 216

ethical problem solving capacity 倫理解困能力 8

ethical responsibilities 倫理責任 113

ethics 倫理 20

ethics filter 倫理過濾器 220

Ethics Resource Center 倫理資源中心 218

Europe Dow 歐洲道瓊 140

events marketing 事件行銷 321

execution 執行力 336

executive role 執行者角色 280

facilitator 輔助者 280

factual uncertainty 事實不確定性 216

FASB 財務會計標準委員會 421

financial bottom line 財務基線 135

first come, first serve 先申請先登記 379

followership 從屬關係 282

formulate 陳構出來 216

formulations 公式 58

frames 頁框 377

fraud 欺騙 307

from cradle to cradle 搖籃到搖籃 139

from cradle to grave 從搖籃到墳墓 138

FSAP 金融服務行動計畫 127

FTP servers 檔案伺服器 375

GAAP 公認會計原則 423

GDR 海外存託憑證 263

Gerald Schatten 薛頓 230

Global Crossing 環球電訊 258

Global Environmental Charter 全球環境規約 436

good 善 40

good ethics is good business 好的倫理為經營之道 299, 338

greed 貪婪 8

green corporation 長青企業 130

GRI 全球永續性報告推動計畫 125

happiness 幸福 41

Hindustan Lever 聯合利華印度子公司 437

Holmes Rolstot 羅爾斯頓 101

honne本音 426

how 事情的處理方式 275

human capital 人力資本 336

human power 人力 330

human power engineering 人力工程 334

human power mechanism 人力機制 331

human power planning 人力資源規劃 331

human power resources 人力資源 330

Human Right Compliance Agreement 人權安檢查核協定 119

hyper text 超文本 380

hyperlink 超連結 377

I

IAS 國際會計標準 420

ICQ 線上即時傳呼 375

id 本我 169

identify 辨識 216

IFC 國際金融公司 127

IMF 國際貨幣基金 127

immoral 不道德 39

imperfect procedure justice 不完全的程序正義 60

independent director 獨立董事 260

in-depth interview 深度訪談法 167, 194, 272

indices of corporate social responsibility 企業社會責任指標 131

information asymmetry 資訊不對稱 315

information ethics 資訊倫理 359

information law 資訊法律 368

information rights and obligations 資訊權利與義務 362

innovator 革新者 280

innovator role 創新者角色 280

International Organization for Standardization, ISO 國際標準組織 102

internet 網際網路 356

internet reply chat 線上即時聊天室 375

Internet Service Providers, ISP 網際網路服務提供者 377

J

Jean Piaget 皮亞傑 169

John Dewey 杜威 169

John Rawls 羅斯 59

journalism ethics 新聞倫理學 146

justice 正義 8

justice is the key 正義才是關鍵 172

L

Lawrence Kohlberg 郭爾堡 169

lean production 精實生產 139

legal responsibilities 法律責任 113

legitimacy 法律的正當性 113

level 層級 170

life-cycle products 生命週期產品 137

lying 說謊 348

M

major type 主型 179

Market & Opinion Research International, MORI 市場調查公司 12

MASB 馬來西亞會計標準局 420

mechanism 機制 334

medical ethics 醫學倫理學 146

mentor 教練 280

metaethics 統合倫理學 24

methodological framework 實證架構 272

millennium poll 千禧年民調 13

Mitsubishi Motors 三菱汽車 11

modeling 楷模學習 367

monitor 監督者 280

moral 道德 21

moral commitment 道德承擔 165

moral dilemma 道德兩難 216

moral hazard 道德危機 43

moral knowledge 道德知識 176

moral sentiments 道德感情 165

moral warning system 道德警報系統 217

MTS 道德判斷量表 174

natural capital 自然資本 136
natural of medium 數位媒體的特質 363
new public administration 新公共行政 400
newsgroup 新聞群組 375
NGOs 非政府組織 125
nonmoral 非道德 39
non-types 不屬於任何一個類型 179
normative ethics 規範倫理學 24
NTUC 全國職工總會 341

obligations 義務 41
opportunity education 機會教育 368
organization 機構 334
ought 應當 27

Parmalat 彭馬拿 11
participatory ethics 參與倫理 285
participatory leadership 參與領導 284
philanthropic responsibilities 慈善責任 114
Philippine Business for Social Progress, PBSP 菲律賓企業支持社會進步組織 436
philosophy ethics 哲學倫理 357
planning 規劃 331
plans suggestion 措施研議 272
pleasure 快樂 41
political ethics 政治倫理學 146
post conventional level 道德成規後期 171
pre-conventional level 道德成規前期 170
prima facie duties 顯見義務 27

principle level 原則期 171
principle of utility 效益原則 41
principled morality score 原則性的道德分數 179
privacy 隱私權 359
private interest 個人私利 8
proaction 事前準備行為 114
process respect 程序規則的尊重 401
producer 生產者 280
product liability 產品責任 306
product marketing 產品行銷 307
professionals 專業人員 387
promote happiness 促進快樂 21
property 財產權 359
property rights and obligations 財產權利與義務 362
proprietary information 專屬訊息 349
proxy server 代理伺服器 376
public administration ethics 行政倫理 401
public orientation 公共利益的考量 401
pull 引領 283
pure play 虛擬企業 372
pure procedure justice 純綷程序正義 59
push 推動 283
pyramid-holding 金字塔控股 259

quality of life 生活品質 363
questionnaire survey 問卷調查法 167, 194, 272
Qwest Communications International Inc. 奎斯特 258

reaction 事後回應行為 114
reconstruct 重構 216
redress 賠償 316

reflective choice 深思熟慮的選擇 401

resources 資源 330

respect for persons 尊重個人的原則 60

restrain on means 在手段上的限制 401

right 正當 27

right to basic needs 基本需求的權利 316

rights 權利 41

ROSC 合作發展遵守標準與準則申報 127

Royal Dutch Shell 殼牌石油 11

rule utilitarianism 規則效益論 41

S

Sarbanes-Orxley Act 沙巴尼期一歐克斯雷法 260

science ethics 科學倫理學 146

self-defeating 站不住腳的 59

servant leadership 服務式領導 283, 437

service 服務 283

shareware 共享軟體 378

sharing theory 分享論 248

shrewd bluffing 誇大其詞 60

Sigmund Freud 佛洛依德 169

site 網點 377

social accountability 社會會計 437

social audit 社會審計 137

social auditing 社會稽核 437

social bottom line 社會基線 137

social investment movement 社會投資運動 134

Social Responsible Investment, SRI 社會責任型投資 119

societal norm 社會規範 51

specify 澄清 254

SRP 技能提升計畫 342

stage 階段 170

stakeholder 利益關係人 8, 54

Standard & Poor's, S&P 標準普爾 259

strict liability 嚴格責任 306

submajor type 副型 179

superego 超我 169

supply chain 供應鏈 307

sustainable business 永續企業 139

system quality 系統品質 363

T

tatemae 建前 426

Thai Business Initiative in Rural Development, T-Bird 泰國企業鄉村發展 437

the "law and order" orientation 法律、秩序導向 171

the barn of human resources 人力資源庫 334

the categorical imperative 無上命令說 58

the cognitive-development 認知發展 169

the criterion of demonstrable harm 可證明傷害準則 82

the criterion of maximum protection 最大保護準則 82

the criterion of optimal pollution reduction 最適污染減少準則 82

the degree-of-harm criterion 傷害程度準則 83

the instrument relativist orientation 工具性相對導向 170

the interpersonal concordance or "good boy-nice girl" orientation 人際關係和諧導向 171

the moral minimum 道德的最低限 57

the morality of intuitive humanism 直覺人道主義的道德 180

the morality of principles of ideal social cooperation 理想社會合作原則的道德 180

the morality of social contract 社會契約的道德 180

the normalcy criterion 常態準則 81

the principle of ethics 倫理學 22

the punishment and obedience orientation 懲罰與服從導向 170

the social-contract legalistic orientation 社會契約合法導向 171

the stage of autonomy 自律的階段 169

the stage of anomy 無往的階段 169

the stage of heteronomy 他律的階段 169

the universal ethical principle orientation 泛倫理性原則導向 171

theoretical framework 理論建構 272

three-tier model of corporate transparency 企業透明化三層模型 422

trade-offs 抵換 83

transactional leadership 交易式領導 281

transformational leadership 轉型式領導 281

triangulation 三角測定 168, 194, 271

triple bottom line business 三重基線企業 135

Tyco International Ltd. 泰科 258

U

unethical marketing 不倫理行銷 307

universal erudition 普遍性學問 51

utilitarianism 功利論 248

utility 效益 41

V

value 價值 40

value clarification 價值澄清 367

value flow 價值流 140

veil of ignorance 無知之幕 59

veracity 公正正直的行為 401

vice 惡行 8

virtue 德 40

virtue 德性 8

W

web 網路 375

web content 網路上的內容 377

what 事情的意義 275

what is a good life 什麼是美好的人生 25

what is the right act 什麼是對的行為 25

withholding information 保留訊息 349

World Bank 世界銀行 125

World Com 世界通訊 11, 258

World Wide Web 全球資訊網 376

企業倫理

管理叢書 7

著　　　者／楊政學

出 版 者／揚智文化事業股份有限公司

發 行 人／葉忠賢

總 編 輯／林新倫

執行編輯／吳曉芳

登 記 證／局版北市業字第 1117 號

地　　　址／台北市新生南路三段 88 號 5 樓之 6

電　　　話／(02)23660309

傳　　　真／(02)23660310

郵政劃撥／19735365　戶名：葉忠賢

法律顧問／北辰著作權事務所　蕭雄淋律師

印　　　刷／大象彩色印刷製版股份有限公司

E-mail／service@ycrc.com.tw

網　　　址／http://www.ycrc.com.tw

初版一刷／2006 年 4 月

定　　　價／新台幣 550 元

I S B N／957-818-784-X

國家圖書館出版品預行編目資料

企業倫理 ＝Business ethics / 楊政學著. --
　初版. -- 臺北市：揚智文化，2006[民 95]
　面；　公分 --（管理叢書；7）

ISBN　957-818-784-X（平裝）

1.企業倫理

198.49　　　　　　　　　　95004672